自閉スペクトラム症の少女が大人になるまで

親と専門家が知っておくべきこと

シャナ・ニコルズ
ジーナ・M・モラヴチク、サマラ・P・テーテンバウム 著
辻井正次・稲垣由子 監修
テーラー幸恵 訳

Shana Nichols with
Gina Marie Moravcik and Samara Pulver Tetenbaum
GIRLS GROWING UP ON THE
AUTISM SPECTRUM

東京書籍

編集注

自閉症スペクトラムから自閉スペクトラム症へ：
本書の初版では、autism spectrum disorder の訳語として「自閉症スペクトラム（障害）」を充てていたが、その後12年を経て、DSM-5 日本語版での診断名「自閉スペクトラム症」を多くの専門医が使用するようになっており、この2刷では後者を使用することとする。

なお本書には、当時使われていた自閉症、自閉性障害、高機能自閉症、アスペルガー症候群、広汎性発達障害（PDD）などの用語が本文やケースで出てくるが、これらすべてはアメリカ精神医学会の現在の診断基準DSM-5を基にした日本精神神経学会の新診断名「自閉スペクトラム症」におおむね含まれる。（15頁の著者による注記も参照）

注意欠如・多動症：上記と同様に、ADHDは注意欠陥・多動性障害から注意欠如・多動性障害、さらに注意欠如・多動症と日本語では表記されるようになった。英語の略称ADHDは変わっていない。本書では、ケース等の記述当時に使用されていた日本語名称を使用している箇所もある。

定型発達：非定型な発達に対する概念として使用されている。平たく言えば、発達障害などを伴わない多くの人にみられる一般的な発達のこと。

構造化：障害のある（とりわけアスペルガー症候群・高機能自閉症を含む広汎性発達障害（PDD）/自閉スペクトラム症（ASD）の）子どもや大人たちの特性に合わせて、環境（周囲の人や物）を調整し、彼らに理解しやすく、また安心できる状況を用意すること。

GIRLS GROWING UP ON THE AUTISM SPECTRUM

What Parents and Professionals Should Know About the Pre-Teen and Teenage Years

by
Shana Nichols with Gina Marie Moravcik and Samara Pulver Tetenbaum
Foreword by Liane Holliday Willey

First published in 2009 by Jessica Kingsley Publishers

Copyright © 2009 by Shana Nichols, Gina Marie Moravcik and Samara Pulver Tetenbaum
Foreword copyright © 2009 by Liane Holliday Willey

Japanese edition text copyright © 2010 and 2022 by Yukie Taylor
This Japanese edition published by Tokyo Shoseki Co., Ltd., Tokyo
Japanese translation rights arranged with Hodder & Stoughton Limited for and on behalf of Jessica Kingsley Publishers, London, through Tuttle-Mori Agency, Inc., Tokyo.

No part of this book may be reproduced or transmitted in any form or by any means, electronic or mechanical, including photocopying, recording or by any information storage and retrieval system, without prior written permission from the Japanese publishers.
All rights reserved.

Printed in Japan

すべての少女と..

すべての女性に、

そして、彼女たちを支える人たちに捧げます。

私たちにも皆さんの目線で

未来を見つめさせてください。

かけがえのない未来は

もう始まっているのですから。

少女たちの健やかな自立をめざして

　自閉症は1943年カナーが発表したことに始まります。その時、カナーは明らかな脳の器質的な障害や遺伝的な要因が認められず、両親に心理的な問題が認められると報告したことから、わが国では母親に関係したあやまった養育論が論じられた時代がありました。しかし、1968年にラターによって言語／認知障害説が発表されたことから、急速に生物学的原因の方向転換がなされ、概念の変遷も起こりました。そしてその後、知的には遅れていない症例や認知機能の特性、対人関係におけるコミュニケーションのスタイルなど研究が進み、アスペルガー症候群をはじめとする知的遅れのない発達障害を含んで今では自閉スペクトラム症として認識されるようになって来ています。そのような研究の成果は介入援助にも取り入れられるようになり、さまざまな神経心理学的プログラムや治療・教育プログラムが進んできました。

　本書にも取り上げられているように、発症率については男性が多く、女性は少ないという性差が問題とされてきました。しかし、1990年代に入り、ドナ・ウィリアムズやテンプル・グランディンらが自らの体験や内面を語るようになり、女性の自閉症に注目が当てられるようになってきたのです。幼いころから男児のほうが女児に比べて目立つ存在だったということかもしれません。社会の中で障害がありながらも、その人らしく生き生きと暮らしていけるように自立に向けて育っていってほしいと願うのは、親の希望としては当然のことと思われます。

　本書は、長年ニューヨークで女性の自閉症の方たちを対象にクリニックを運営してこられた専門家が、女性の自閉症児を育てていく際に、生活の中で伝えたいこと、そして最も重要なテーマである性の問題について、豊富な経験と実践から得られたさまざまな方法や技術について、大変細かく具体的に示されています。勿論、理論や研究成果のエビデンスに裏打ちされて書かれていますので、わが国で子育て中の親御さんたちが「そのとおり！なるほど」と納得されることが多いと思います。本書の序文にリアンが書いているように、自分自身が育っていく過程の中で、自閉症の女性が抱える問題に真摯に向かい合い、そして、真に支えとなる情報を提供して

くれていること、特に性的な課題に対しても具体的に教えてくれていることに大きな意義を見出しています。

　自閉症と私とのかかわりは、私が発達行動小児科医として乳幼児期から診断し、子育て・子育ちに援助してきたことです。最近では成人式の写真を送っていただいたり、その子らしく特性を生かしながら就職し仕事についている姿に接したりしています。振り返ってみれば私自身、小児科医として親御さんとともに子どもを学び、子どもに学び、子どもと学んできた軌跡を感じます。

　本書の内容は、自閉スペクトラム症の理解から始まり、定型発達の過程との比較と自閉スペクトラム症の特徴について脳科学的な認知機能を紹介し、幼児期の様子なども書かれています。そして思春期の問題、特に女性が直面する生理について正面から取り上げ、具体的な対応の仕方を丁寧に細かく提示しています。一般的な思春期の女性に対する性教育に十分利用可能な記述が盛り込まれています。さらに、思春期の重要な発達課題であるアイデンティティ形成について、社会性の確立について、セクシュアリティとジェンダーについて、そして対人関係、特に男性との恋愛についてと、多岐にわたる問題をとりあげて、社会の中で性的な領域での安心・安全を確保しながら生きていく術を示してくれています。最後の第9章では本人と親御さんの手記が載っています。この章を読まれるだけでも胸がつまり感動されることと思います。

　翻訳されたテーラー幸恵さんと東京書籍の大山茂樹さんに監修をさせていただいた感謝を申し上げ、日本の、今そしてこれから育ち行く自閉スペクトラム症の女性たちが健やかな自立を成し遂げられ、生き生きとした人生を送られますことを祈っています。必ずや本書が役立ちますことを確信して……！

甲南女子大学　名誉教授　稲垣 由子

自閉スペクトラム症のある女の子たちと
そのご家族へ

　本書は、今まで十分な注目を浴びてこなかった、女性の自閉スペクトラム症（ASD）の子どもや大人の支援の内容に踏み込んだ、非常に実践的で、日常での支援において有益な内容が豊富な本である。本書の筆頭著者のシャナ・ニコルズさんは、臨床的に意義の高いASDの方を対象とした少女のサポートグループや、性教育プログラムなどを実施されており、誠実な態度で臨床に取り組んでおられる女性の臨床家である。

　この本で扱われているように、これまでのASDの支援に関しては、明らかに男性が中心となって描かれてきた。症状のいくつかの説明などでも、ミニカーを並べるとか、男児特有の行動が中心に描かれ、女の子たちの場合を明確に描いてこなかった。実際、男の子と女の子とでは、状態像にも違いがあるように思いつつ、そもそも女児のASDが男児ほどにはいないために、十分な比較研究も行えていなかった。私たちの臨床活動の場であるNPO法人アスペ・エルデの会のなかでは、「女の子グループ」という、少女たち（成人女性も時に参加してくれるが）のグループ活動を行うなど、さまざまな取り組みを行ってきている。特に余暇活動での好みなどは男女で異なるために、女の子グループに入って生き生きとしているメンバーも少なくない。

　一見すると、明確なトラブルを起こさない受け身的なASDの女児の場合、家族が継続して相談を続けようという意欲に乏しいこともあり、幼児期に相談にのっていた子どもでも就学後にいったん相談が途絶え、次に出会うと思春期にとても深刻な状態になっていることをいくつか経験してきた。状態がかなり悪化していても、自殺未遂など、明確なトラブルを起こさないと、家族が支援に動いてくれなかったケースもある。

　本書のなかでも紹介されているように、生物学的な性差の基盤を想定しなければならない問題もある。例えば、何人かの少女は、初潮周辺から月経周期の不安定さと問題行動とを頻発させ、主治医（女医）が月経周期の安定のための薬物療法（漢方）に切り替えてから、行動の安定がみられる

ような例もある。しかし、本書で示されているように、それ以上に、社会的に女性であることで、少女たちの集団のなかで日常生活を過ごすことには、いくつかの難しさを含むようである。我が国の文化のなかでも、ASDの少年が自分の趣味のこだわりに没頭していても、わりと周囲は受容的だったりするが、これが少女だと皆と同じことをしていないことに対する周囲の違和感は大きいことが多いようである。受け身的で大人しく過ごしてくることで問題が顕在化してこなかったような場合でも、周囲が思春期になって、思春期的な少女たちの集団に変質するなか、精神的に不安定な友人に振り回されて不安定になることもある。ある少女は、友人に「絶交！」と言われ、不登校状態になった。彼女は「絶交って、交わりがたたれてしまうんですよね」と、比喩的な表現が理解しきれずに困っていた。マイペースな振る舞いができればいいのだが、それもできずにいた。こうした本人の苦悩はなかなか学校関係者にわかってもらえないようであった。

　このような筆者らの臨床経験から考えても、本書は、すべての臨床家が知っておくべき多くのことを描いている。また、本書の内容を把握しないで、積極奇異型の男児のASDばかりを想定していると、受け身型で、夢見がちにファンタジーに没頭しているASDの女児たちの支援のニーズを把握することは難しいと思える。私たちがアスペ・エルデの会という長期にASDの少女たちとかかわることができる場からみていても、不器用ながらに成長していく女の子たちが、着実に女性になっていく姿を嬉しく見ながら、一方で、その危なっかしさに心配しながら取り組んできた。ASDの少女たちには、知っておくべき多くの人生のコツがある。本書が1つの契機となって、女性のASDの人たちに特徴的な支援のニーズが正しく把握され、より幸福な明日を彼女たちが生きていくことをサポートできるようになることが、多くの関係者や家族のすべきことなのであろう。

中京大学 現代社会学部 教授　辻井 正次

目　次

少女たちの健やかな自立をめざして ……………… 稲垣 由子 …… 5
自閉スペクトラム症のある女の子たちとそのご家族へ … 辻井 正次 …… 7
注記 …………………………………………………………………… 15
謝辞 …………………………………………………………………… 16
序文 ……………………………………… リアン・ホリデー・ウィリー …… 18

第1章　自閉スペクトラム症の少女について
わかっていることは？……………………………………21

質問　　　　　　　　　　　　　　　　　　　　　　　21
  ケーススタディ：カレン 22　家族の見解 23
  ASDの少女について私たちが知っていること・知らないこと 24
疫学と診断率の謎　　　　　　　　　　　　　　　　　24
同じ障害で違う症状？ 男女の症状表出の違い　　　　25
  臨床研究におけるASDの男女の違いのまとめ 29
性差と診断の関係　　　　　　　　　　　　　　　　　30
介入と支援　　　　　　　　　　　　　　　　　　　　33
ASDにおける性差はなぜ生じるのでしょう　　　　　　34
他の発達障害における性差　　　　　　　　　　　　　38
定型発達の性差を理解する重要性　　　　　　　　　　39
臨床プログラム：あなたの地域にプログラムはありますか？ 41
知識の窓：ASDの女性たちの物語　　　　　　　　　　42
診断への道のり：本人と家族にとって　　　　　　　　44
娘の診断名がまだわからないのですが…　　　　　　　46

第2章　思春期へ：予感、不安、適応、そして…受容？…… 47

思春期：つまり、でこぼこ道　　　　　　　　　　　　47
発達上の課題　　　　　　　　　　　　　　　　　　　48
  身体的な発達 49　社会性の発達 51
  自己アイデンティティ 52　認知発達 54　自立と自律 55
思春期×自閉症＝どちらも2乗？　　　　　　　　　　55
思春期の具体的な問題　　　　　　　　　　　　　　　56
  早熟 57　てんかん発作 57　うつ 58　不安 59
  ボディイメージと食生活の乱れ 60
  衛生の問題 63　行動上の問題 64
性とマスターベーション　　　　　　　　　　　　　　65
指導の道具箱：ガイダンスとテクニック　　　　　　　66

ニモから学ぶこと　　　　　　　　　　　　　　　　　72
　　　　　映画を使って教えましょう！ 72

第3章　思春期：「パパとママはあなたがここにいるって知っているの？」......... *75*

　　　心の準備はできていますか？　　　　　　　　　　　　75
　　　　　思春期の始まりに対する複雑な思い 76
　　　　　ケーススタディ：ケイトリン 77　思い切って飛び込んでみる 78
　　　ASDと思春期への適応　　　　　　　　　　　　　　78
　　　　　思春期はいつ始まるのか 79
　　　　　指導のヒント：診察について 80
　　　基本スキル　　　　　　　　　　　　　　　　　　　82
　　　　　公の場では服を着ていなければならない 82
　　　　　ケーススタディ：ジェシカ 83　適した装い 85
　　　　　ケーススタディ：マディソンとケイトリン 86
　　　　　プライベートな話題 87　ケーススタディ：カレン 88
　　　　　プライベートな行動 88　体の清潔と身だしなみ 89
　　　　　ケーススタディ：クリスティ 90
　　　　　視覚・視覚・視覚！：清潔と身だしなみスキルの習得支援 92
　　　　　自分の体を清潔にするのは「なぜか」を教える 94
　　　　　ケーススタディ：ベサニー 95　プライバシーの尊重 96
　　　　　指導のヒント：基本スキルのチェックリスト 96
　　　思春期の変化をくぐりぬける　　　　　　　　　　　　97
　　　　　変化について話す 99　ケーススタディ：ポーラ 100
　　　　　指導のヒント：娘に話すとき 101
　　　　　変化を正常なものだと見なす 101　教材を探す 101
　　　更衣室　　　　　　　　　　　　　　　　　　　　　104
　　　ホルモンと感情　　　　　　　　　　　　　　　　　107

第4章　赤い点々：生理、ナプキン、下腹部の検査......... *109*

　　　目標1：前向きな雰囲気を作る　　　　　　　　　　　110
　　　　　文化的なタブーを克服する 111
　　　　　幸福な生理 111　お祝いの仕方 112
　　　　　ケーススタディ：アリソン 113
　　　目標2：正確な情報を与える　　　　　　　　　　　114
　　　　　指導のヒント：月経について教えるべきこと 115
　　　　　体の部位を学ぶ 116
　　　　　指導のヒント：月経の基本 116
　　　　　月経の説明 117
　　　　　指導のヒント：月経の簡単な説明 118
　　　　　指導のヒント：月経の知識の「上級編」119
　　　　　月経に関するヒント 119
　　　目標3：先回りしてスキルを養う　　　　　　　　　　121
　　　　　体に慣れさせる 123　ケーススタディ：ポーラ 124
　　　目標4：初潮に備える　　　　　　　　　　　　　　125

月経中の清潔保持の秘訣　　　　　　　　　　　　　　　126
　　　　月経周期を知っておく　126　　月経中の衛生について　127
　　　　指導のヒント：行動療法のテクニック　130
　　　　PMS（月経前症候群）には親と本人が備えなければなりません　132
　　大論争：ナプキンかタンポンか、あるいは両方か　　　　　135
　　　　ケーススタディ：ジェシカ　137
　　婦人科検診　　　　　　　　　　　　　　　　　　　　　138
　　１人でできるようになるには　　　　　　　　　　　　　141

第5章　外も中も気持ちよく：自己受容と自信 ……………*143*

　　自分の外見への思い　　　　　　　　　　　　　　　　144
　　ボディイメージと容姿　　　　　　　　　　　　　　　145
　　食事に関する問題：複雑化から疾患へ　　　　　　　　147
　　体重コントロール　　　　　　　　　　　　　　　　　151
　　フィットネスと運動　　　　　　　　　　　　　　　　152
　　　　適切な活動を選ぶ：娘さんにはどんなフィットネスがよいか　153
　　健全な自己イメージを作る　　　　　　　　　　　　　157
　　初めてのブラとその後：下着の世界　　　　　　　　　157
　　　　初めてのブラの準備　158　　正しいブラの選び方　160
　　　　なぜ女性にはバストがあってブラをつけるの？　161
　　ファッションと個性を楽しんで　　　　　　　　　　　163
　　　　他の同年代の少女はどんなものを着ているのでしょう？　164
　　　　娘さんはどんなものを着るのが好きですか？　165
　　　　ケーススタディ：モーラ　168　　個性を伸ばす　171
　　　　総まとめ：ファッション、お手入れ、清潔保持、自分のスタイル　172
　　内面について　　　　　　　　　　　　　　　　　　　173
　　成功経験を築く　　　　　　　　　　　　　　　　　　174
　　自立、自己依存、責任感を伸ばす　　　　　　　　　　176
　　「私は誰？」自分を知る 〜自己認識を高める　　　　　178
　　興味を育み、広げる　　　　　　　　　　　　　　　　179
　　自己コントロールと感情の理解　　　　　　　　　　　181
　　心の健康を培う　　　　　　　　　　　　　　　　　　183
　　　　うつ　184　　不安　186　　自傷　187
　　　　精神保健にかかわる介入の仕方　188
　　「お話」娘さんに ASD について教える　　　　　　　191
　　　　ケーススタディ：ターシャ　193
　　ASD であることの意味　　　　　　　　　　　　　　193
　　　　自己決定とセルフアドボカシー（自己権利擁護）　194
　　　　ケーススタディ：ジェシカ　194
　　　　診断のことを他者に打ち明ける　195
　　　　他の ASD の少女たちと知り合いになる　196
　　親が自尊心の手本を見せる　　　　　　　　　　　　　197

第6章 思春期の社交事情：友だち関係と社会的ステータス……199

「友だち第一！」の時期　199
　友だちづくりを促す *200*　友だち関係の維持 *202*
　言語能力が低い子の友だち関係 *203*
　ソーシャルスキルグループの選び方 *204*

友だちの理解と関係を高めるスキル　205
　ケーススタディ：マンディ *208*
　ソーシャルスキルの標準評価 *209*
　ソーシャルスキルの測定 *211*

友だち関係の段階　211
　物を共有する、交代で使う *214*　感情の理解 *215*
　友だち関係に気をつける *216*　感情のコミュニケーション *217*

人気とソーシャルステータス　217
　ケーススタディ：アマリー *218*

ASDの少女特有の問題　219
　関係性攻撃 *220*　独占欲 *222*
　ケーススタディ：タリア *223*　電話での会話 *224*

羅針盤を見つけましょう　227

第7章 健全なセクシュアリティ……229

セクシュアリティの定義：一般的な意味は？　229
性的態度と価値観　232
　性的神話 *233*　親の役割 *235*
　ASDの少女の健全なセクシュアリティ権 *237*

なぜセクシュアリティの教育が大切なのでしょう　238
　ASDの少女のためのセクシュアリティ教育 *239*

ASDの少女が抱える困難　240
　社会性の困難 *240*　コミュニケーションの困難 *241*
　行動上の困難 *241*　感覚上の困難 *242*
　認知の困難 *242*　心の健康上の問題 *243*

定型発達の少女にとってセクシュアリティとは　244
ASDの女性にとってセクシュアリティとは　247
性教育計画　249
　セクシュアリティ教育の一般ガイダンス *250*
　ASDの子はセクシュアリティをどう学ぶのか *251*
　セクシュアリティ教育の基本計画の立て方 *253*
　境界線：パーソナルスペース、接触、愛情 *255*

性の目覚めとマスターベーション：
　どんなことが正常なのでしょう　260
　性的欲求とマスターベーションについて娘さんに話しましょう *262*
　考えられる問題 *263*

恋と誰かさんへの興味　264

ケーススタディ：モーラ 267
恋愛への興味からデートへ 268　安全な支援付きデート 272
セックスと性的活動について 275

学校のセクシュアリティ教育の授業に参加するかどうか　　278
ジェンダーアイデンティティと性的指向　　280
我が子をどう支えたらよいでしょう 283

読み物を与える　　284

第8章　現実社会での安全を確保する……287
ASD女性の安全の権利 288

虐待と発達障害　　289
虐待とASD 289

我が子を被害から守るには…虐待防止の方法　　293
ソーシャルスキル 294　ソーシャルコミュニケーション 294
感情的な気づき 295　セクシュアリティ教育 296
プライバシーの気づき 297
パーソナルスペース、接触のルール、境界線 297
ケーススタディ：ザイラ 298
「ノー」の承諾、「ノー」と言える力 298
カリキュラムに「安全」に関する項目を入れる 302
虐待予防指導の7つの要素 303

学校でのセクシュアルハラスメントといじめ　　303
親と子のためのセクハラ予防策 306

虐待のサインとは　　307
虐待のサインがわかりますか？ 308
ケーススタディ：サラ 309

安全ネットワークを築く　　310
指導のヒント：緊急時の報告方法 310

虐待への対処法　　312
他者の境界線を尊重させる：
　本人と他者の安全を保持する　　313
ケーススタディ：クリスティ 315

性的活動への同意　　317
インターネットの安全性：被害から娘さんを守るには　　319
インターネットの危険性に対応する 322
ケーススタディ：ポーラ 323
親として我が子を守るためにできること 325

第9章　私たちの道のり：アスペルガー症候群の少女と
その母の手記……329
私たちの旅路：BD（診断前）　　333
私たちの旅路：AD（診断後）　　346
いじめ──悪夢の中学校時代　　350

	高校：山あり、谷あり、平地あり	360
	そして今	368
	アスペルガー症候群の女性であるということ	370
	アスペルガー症候群の娘をもつ母としての思い	371

まとめ：変化に取り組む……………………………………*373*

訳者あとがき……………………………………テーラー 幸恵……*377*
本書を読んで………………………………………………泉　流星……*378*
資料 ……………………………………………………………………*380*
参考文献 ………………………………………………………………*393*
索引 ……………………………………………………………………*400*
著者・監修者・訳者等 紹介…………………………………………*414*

図表一覧

表 2-1	年齢別による「成長」にかかわる不安　親と子の報告	61
表 3-1	思春期にあなたの娘さんが学べること	91
表 3-2	思春期の女の子の正常な変化	98
表 4-1	月経周期：娘さんが学べること	128
表 7-1	十代の典型的なセクシュアリティの発達	245
図 7-1	ASD 女性の健全なセクシュアリティの連続体	247
表 7-2	セクシュアリティ教育の基本計画—内容	254
図 7-2	「円の概念図」の例	257
表 7-3	デートに対する意識と興味のレベル	266-267
表 7-4	「安全な支援付きデート」の進め方	273-274

注 記

- 本書全編にわたり、「自閉スペクトラム症（ASD）」という用語を使っています。これには2ページの編集注に記したように従来の「自閉症」「自閉性障害」「高機能自閉症」「アスペルガー症候群」「広汎性発達障害（PDD）」「自閉症スペクトラム」が含まれますが、その当時の慣例的呼称・診断名としてそれらが出てくる箇所もあります。（編集にて更新・補足）

- 本書は基本的にASDの少女のいる親御さんに向けて書かれました。そのため、「（あなたの）娘さん」という呼び方を使っています。しかし、私たちは、本書は親御さんだけに限らず、教師、医師、支援者、心理士、福祉関係者、家族・親戚の人たちなど幅広い層に価値があるものと信じています。「あなたの娘さん」は「あなたの生徒さん」「あなたの患者さん」「あなたの姪御さん」など、立場に応じて置き換えてください。

- 9歳から12歳はプリティーンと呼ばれ、「十代（ティーン）」とは13歳から18歳までを指します。「若い女性」「若年成人」と記したヤングアダルトは19歳から25歳までが入ります。

- 女性と男性を生物学的に記す際、「性」という言葉を使っていますが、その場合、社会的な概念である「ジェンダー」とは区別しています。「ジェンダー」は自己の発達に関して使われています。

- 本書で述べた多くの方法は、アスペルガー症候群や高機能自閉症の少女や女性に最も適したものですが、言語能力に制限があったり、認知スキルが平均以下のお子さんにふさわしい方法もほとんどの章で挙げています。推薦図書やカリキュラムなどは幅広い能力に対応するものを選びました。

- 巻末に「資料」のページを設けています。専門的な研究論文や文献についても巻末に載せています。本書で薦めている書籍、文献、カリキュラムはすべて著者自身が読み、使ったことのあるものです。

- 文化、宗教によっては、非常に微妙な問題を呈する箇所もあります。専門家として、私たちはご家族がお子さんのために信念や信仰に基づいた選択をされることを尊重しています。本書で述べた情報や推奨していることに疑問をもたれたときには、ご家族の宗教あるいは文化の指導者にアドバイスを求めてください。

謝　辞

　10年前、本書は、ぼんやりとした、ささやくようなアイデアから生まれました。インスピレーションをくれたのは金色の髪をした少女でした。名前が内面の輝きにぴったりの子でした。それ以来、この本はゆっくりと命を得てきました。これまで出会ってきたすばらしいご家族、そして慈しみ深く勇敢に自閉スペクトラム症を生きている、若くて賢い少女や成人女性たちのおかげです。ありのままの娘を抱きしめる親御さんや、世の中や自分の立場を理解しようと一生懸命もがいている少女たちから私が学んだことは数えきれません。女性には姉妹愛の歴史があります――希望、困難、決心の物語が織り込まれた厚い歴史――私たちはそこから得られた知識を次の世代へと伝えていくのです。自閉スペクトラム症（ASD）の女性の物語は始まったばかりです。私がこのような形で物語に貢献できるよう導いてくれた皆さんに心から感謝の意を表します。

　アイデアを得た後、それを魅力的な、読みやすい、まとまった作品に仕上げることは、すべての書き手の願いです。しかし、通常、それには献身的かつ有能な編集者の助けが欠かせません。その点で、私は夫のJ・P・グロスマンに感謝を捧げます。日中はコンピュータエンジニアとして、夜は才能に恵まれたアマチュア編集者として働いてくれました。編集の貴重な手伝いだけではなく、必要なことはすべてしてくれました。私が執筆ばかりしていても理解を示し、励ましのメールを送り、1人にさせてくれました。

　資料、参考文献の調査とその他のあらゆるまとめ役をしてくれたジャック・エーデルソン氏にも感謝いたします。

　「自閉スペクトラム症の成長期の少女」のグループを設立し、運営していくことは驚くべき道のりでした。創造性とエネルギーに満ちた専門家たちと共に取り組んできたことは大きな力になっています。このすばらしいプログラムを一緒に率いてきたジーナ・マリー・モラヴチク、サマラ・パルヴァー・テーテンバウム、ハリー・セーリア、ありがとう。また、同僚の支援者、学部生アシスタント、大学院の研修生の皆さんは、グループの参加者のみならず、先導する私たちにも測り知れないほど豊かな経験をもたらしてくれています。

謝辞

　ASDの人たちには、経験に基づいた支援介入と、臨床的な実践と応用研究の統合が必要だと私は強く思っています。トロント、ハリファックス、コロラド、ニューヨークでお世話になった指導教官、アドバイザー、支援者の方々には言い尽くせないご恩を感じています。特に、本書にも反映されている上記の考えを促し、育ててくれた、ダルハウジー大学、デンバーグループのイザベル・スミス氏には深く感謝を申し上げます。

　本章の最終章はモーリーンとモーラ・ペトロ、親子による手記です。2人は特別なパートナーシップで結ばれています。アスペルガー症候群の少女としてモーラがどのような経験を重ねてきたかが詳しく綴られています。私たちはモーリーンとモーラを長年に渡って知っています。2人が読者に向けて自らの物語を明かしてくれたことを私たちは非常に光栄に思っています。

　本書を書き始めたとき、私たちはASDの女の子の親御さん方に成長にまつわる体験談を募集しました。すると、驚くほどたくさんの寄稿がありました。応募してくださったご家族、女性の皆さん、本当にありがとうございました。その多くを本書に掲載させていただきました。皆さんの物語は、きっと多くの家族や女性たちの道標となるはずです。

　本書の執筆がいかに大きな仕事であるかを了解し、支えてくれた家族、友だち、同僚、多くの人たち。彼らがいろいろなことを後回しにして、執筆を優先し専念させてくれたこと、本は必ず出来上がるだろうと信じてくれたことを私たちは心からありがたく思っています。

　最後にこのプロジェクトを信頼してくださり、基盤を与えてくださったジェシカ・キングスリー社とリアン・ホリデー・ウィリーにも感謝を捧げます。──ありがとうございました。

序　文

　私が本書の著者、シャナとジーナに会ったのは、2～3年前、アスペルガー・高機能自閉症協会のニューヨークグループで講演を行ったときのことでした。同じテーブルについた私たちは、何となく自閉スペクトラム症の女性が直面する危険性について話し始めました。そしてその問題があまりにも知られていないことに同意し合いました。シャナとジーナは自分たちが運営しているクリニックについて話してくれました。驚いたことに、自閉症の少女を対象にしたそのクリニックを私は知りませんでした。話を聞いてとても興奮しました。この2人こそ、私がチームに求めるエキスパートだとすぐに思いました。シャナとジーナは希望と信頼の可能性に満ち溢れた環境を作り上げてきた才気あふれる臨床家です。彼女たちは本書でも様々な読者のためにその環境を取り込んでいます。私はただただ喝采を送ってやみません。

　「成長期のアスペルガー症候群の少女」であることがどれだけたいへんなことか、私は個人的な経験から身にしみて知っています。しかし私はラッキーな方でした。支援者に恵まれていたからです。医師たちは私がもっている「違い」を発掘して整え、私が自分ならではの道を探すのを手伝ってくれました。友だちや家族は私が特異で扱いにくくても、そばにいてくれました。そういう背景が、アスペルガー症候群への洞察や理解と相まって大きな力となりました。

　もっとも、当時アスペルガー症候群という名前はよく知られておらず、発達障害だということすら認識されていませんでしたが……。

　ラッキーな環境にあっても、やはり私はひどく苦しみました。重いうつ症状、摂食障害、知人の男性から受けた乱暴、低い自尊心、生きたいという思いの希薄さ。人生最悪の頃にはそういうことがありました。

　しかし振り返るのはいけません。変えられない過去のいやな出来事を振り返って思い出すなど、まったく非生産的で不健康なことです。時間が無駄なだけでなく、私にとっては自分を打ち砕くようなことなのです。しかし人間の本性はどうしても過去を思い出させ、悔やませ、嘆きにおとしいれてしまいます。もし本書が、当時の私のベッドサイドにあったら、家族

の書棚にあったら、診察室のテーブルにあったら、職員室にあったら、どんなに私の若い頃は違っていただろうと思わずにはいられません。

　もちろん、本書には読者によっては快く読めない箇所もあります。成熟、セクシュアリティ、清潔、その他思春期の少女が抱える問題に関しては、どんな話し合いや討論もぎこちなく終わってしまいがちですが、率直に話さない限り、自閉スペクトラム症の少女たちは助けを得ることができません。本書は現実の問題に真正面からぶつかっています。論議や心地悪さを恐れるような書き方をしていません。勇敢なる３人の著者は、臨床家としての自らの経験を綴りつつ、自閉スペクトラム症の少女に起こりうるありとあらゆる問題を追跡しています。そして問題に対して作戦を示し、しっかりとした研究に裏打ちされた理論を展開しています。これらの理論は、自閉症が女性に与える影響について、さらなる情報をもたらす道となることでしょう。

　本書の各章には、全体と同じほどの意義があります。実に重要な情報が満載されています。本書は自閉スペクトラム症の女性への支援を目的として書かれていますが、自閉症の人たちの独特のニーズに対する解決法をも読みとることができます。専門的な知識を与えつつ、親しみやすく、あたたかい語り口の本書にはきっと満足されることでしょう。専門用語ははっきりと定義づけられ、難解になりがちな理論概念はわかりやすく書かれています。

　私が本書を推薦する何よりの理由は、この分野で最も優れた情報を与えていることもさることながら、その情報が自閉症の女性たちの勇気ある告白に基づいた的を得た支援となっていることです。

　本書をひもとき、著書の３人と、自らの物語を語ってくれた多くの女性たちの旅路を追ってください。旅路は最初から最後まであなたを豊かにし、啓発し、惹きつけてやまないことでしょう。その後、ぜひ、周囲の人たちをもこの旅路に誘ってください。本書による知恵と知識が世の中に行き渡るなら、自閉症の女性の苦労は、かなり軽減されるのですから。

リアン・ホリデー・ウィリー

『アスペルガー的人生』"Asperger Syndrome in the Family:Redefining Normal"、"Asperger Syndrome and Adolescence: The Ins, the Outs and Things In-Between" の著者

第1章
自閉スペクトラム症の少女についてわかっていることは？

　18歳の娘は去年アスペルガー症候群と診断されたばかりです。去年の夏まで私はその診断名を耳にしたことさえありませんでした。同僚に娘のエピソードを話すと、アスペルガーの診断は受けたのかと聞かれました。私はインターネットでアスペルガー症候群のことを調べました。そしてコンピュータに向かったまま泣きました。私たちが娘についてそれまでまったく知らなかったこと、一度も理解できず対応できなかったことがようやく全部わかったのです。私はすぐに妹に電話をかけました。妹もインターネットで調べてくれました。妹と私はアスペルガー症候群の情報を何度も何度も読み、そのつど驚いて息をのむばかりでした。

（アスペルガー症候群の18歳の少女の母親）

　1990年代の初めは、女の子に自閉スペクトラム症（ASD）の診断がつくことはあまりありませんでした。私の性格のいろいろな部分が何らかの形でASDに関連しているなんて、家族も私自身も知りませんでした。私はただ自分が「ユニーク」か、さもなければ「変わり者」なのだと思っていました。

（不安とうつのあるASDの31歳の女性）

質問

　本章のタイトルとして掲げた質問は、ごく最近まで学術的にはほとんど注目されていませんでした。しかしASDの娘のいる家族や教育の現場で彼女たちにかかわる人たちは日々この質問を投げかけ、答えを探している

のです。子どもをもっとよく理解できるように、教育と治療に向けたより良い方法が見つかるように、そして子どもが健康かつ安全に思春期を乗り越えて大人になれるように。私たちは家族とかかわる中で、頻繁にまた様々な形でこの質問を投げかけられます。

- 「他にもASDの女の子はいるのですか」
- 「自閉症の少女に関する情報が見つからないんです」
- 「自閉スペクトラム症の娘のいる家族を支援するグループはありますか」
- 「娘は自分と同じような子を知らないのでふさぎこんでいます。助けてくれませんか」
- 「娘は15歳になります。非常に賢い子なのですが、生理に対処できません。どうしたらいいでしょう」

本書をお読みのあなたも、もしかすると同じような疑問を抱えて、答えを探しているかもしれません。娘の将来、あるいは児童生徒の教育、患者さんの福利厚生を案じている方かもしれません。いずれにしてもASDの少女に関する答えを求めていることでしょう。本書は親御さんのためのガイドブックですが、家族だけではなく、思春期の入り口や真只中で困難にぶつかっているASDの少女に親しくかかわる人たちにもきっと役立つはずです。

ケーススタディ：カレン

クリニックに来たカレン（14歳）は、内気で不安を抱えており、自信がほとんどないように見えました。穏やかな話し方で、優しく、適切な場面でほほえんだり静かに声を立てて笑ったりもしました。会話を進めることはできましたが、意見を言うまでに時間がかかることがよくありました。カレンはネコとエジプトに非常に強い興味をもっていました。検査の面談でそのことを話すよう促されると、最初は戸惑っ

> ていましたが、次第に楽しんで話していました。カレンは非常に控えめでした。前かがみの姿勢で頭を下げ、よく床をじっと見つめて立っていました。長い髪が顔を覆い、だぶだぶの服を着ていました。カレンには不安症があると言われていましたが、母親は何か別なものではないかと感じていました。カレンが抱える難しさは単に不安から来るものだけではないように思われたのです。

家族の見解

　ASDの少女や成人女性、その家族と話し合う中で、私たちはASDの男女の違いをどのように感じているのかを尋ねてきました。住んでいる地域が非常に狭いのでASDの他の子どもはせいぜい1人か2人しか知らない、あるいはまったく知らないためよくわからないという親御さんもいます。多くの家族やASDの女性自身は、漠然と、あるいははっきりと、ASDの男女には何らかの違いがあると感じています。生物学、診断過程、コミュニケーションや行動、その他の臨床症状に関連した仮説もあります。私たちが当事者と家族から実際に聞いた意見をまとめてみると、様々な見解が見えてきます。

- 「女の子や成人女性は診断を受けていないことが多い。診断されるまでの期間が男の子よりも長い」
- 「経験から見て、女の子の方が男の子よりもてんかん発作が多いようだ」
- 「女の子の症状は見過ごされやすい。男の子よりも内気な傾向がある」
- 「男の子の症状の方がより典型に近いと思う」
- 「女の子の症状は不安などもっと内面化されたものとなり、見落とされることがある」
- 「女の子は攻撃性や侵略性が男の子よりも弱いことが多い」
- 「女の子は男の子に比べてコミュニケーションの障害が少ないようだ」

- 「私の娘はASDの男の子より感受性が強いようで、泣きやすい」
- 「娘の幼稚園ではまだ明らかな男女差を見たことがない」

ASDの少女について私たちが知っていること・知らないこと

本章では少女におけるASD/広汎性発達障害について現在知られていることを振りかえってみましょう。次の点に関することがらを追っていきます。

- ASDの男女間における発生率の違い
- 症状や臨床的な表れ方の違い
- 診断と療育の問題
- 性差による違いの原因として考えられること
- 他の障害や定型発達における男女の違い

疫学と診断率の謎

　疫学を専門に勉強したことがなければ、疫学とは人口における症状の分布や原因をつきとめる科学的な調査だと思うでしょう。疫学では多くの場合、有病率（ある時点の人口における症例総数）と発生率（特定期間内の人口において新たに生じた症例数）を調査します。アメリカ保健社会福祉省の疾病対策予防サービスセンターによると、2007年2月時点でのASDの有病率は150人に1人でした。これは2004年1月に発表された166人に1人の割合を上回っています。どちらの結果も初期の10,000人に4～5人（Lotter 1966）という推定率と大きく異なっています。ASDだと見なされる子どもの数が増えている理由は、実際にこの障害が増加しているからなのか、それとも自閉症への意識が高まり、その様々な特徴が知られるようになったからなのか、どちらなのかは未だ明らかではありません。いずれにせよ、現在はこれまでにないほど多くの子どもたちが診断を受けています。

　しかし、実際の有病率よりも知られていないこと、それはASDの有病率の男女差です。フォンボン（Fombonne 1999, 2001）はASDの疫学的な研

究論文を調べ、しっかりとした研究でもASDの男女の比率には2:1から16:1まで広い差があると指摘しています。主流文献の統計では、ASDの男性は女性に比べて4倍多い、つまりその比率は4:1と報告されています。しかし本当にこの比率は正しいのでしょうか。親だけではなく専門家の中にも、この4:1の比率を疑問視する声があがっています。研究対象となる男の子の数が女の子よりも多い、女の子のASDを発見する評価ツールの精度、男女で異なる症状が現れる、など別な要因が数字に影響を及ぼしているのではないかと考えているのです。さらに有病率は障害の程度によっても変わることがあります。アトウッド（Attwood 1998）は、4:1の比率が「典型的」自閉症の人たちに当てはまるのに対し、クリニックで出た10:1の比率はむしろアスペルガー症候群の比率だろうと述べています。しかしアスペルガー症候群と診断された人たちの男女比を調査した研究はまだありません。また、ASDは「重度」から「軽度」まで幅が広いのです。結局、ASDの少女については、ほとんどわかっていないのが現状です。そしてそれゆえ、早期発見と支援が遅れているのかもしれません。

同じ障害で違う症状？ 男女の症状表出の違い

　うちの娘（18歳、ASD）は私たちが知っている自閉症の男の子たちとは全然違うようなのです。彼らは電車や天気など特定のことに強い関心があるらしいのですが、娘はそういうことにはまったく興味がありません。アスペルガー症候群の男の子たちは科学やスポーツなど自分の好きなことばかり話すので、娘は一緒にいるのをとても嫌がります。娘が話したいのは、人間関係、美術、音楽、感情のことなのです。こういう点は結局男女の典型的な違いに他ならないと私は思っています。女の子は男の子ほど特定の物にこだわった関心を示さないため、医者によっては自閉症を見逃してしまうことがあるのではないでしょうか。
　　　　　（4人娘の母。18歳の長女がアスペルガー症候群、末娘が典型的な自閉症）

　一番下の娘が自閉症です。これまで何度も検査を受けましたが、いつも「自閉症にしては愛情を示しすぎる」と言われました。自閉症の特徴がた

くさん現れていたのに、そう言われるばかりでした。娘は6歳になるまで診断を受けませんでした。もっと女の子向けの自閉症の診断基準があればいいのにと強く思います。自閉症であろうがなかろうが、女の子は男の子よりも生まれつき情や憐れみが深いのです。それが診断の妨げになっているのです。　　　　　　　　　　　　（6歳で自閉症の診断を受けた7歳の女の子の母親）

　上記のように、ASDの少女を見分けることが難しい理由の1つに症状の違いがあります。性差やASDの女性に関してこれまで出版されてきた文献では、そのほとんどが生物学的なこと（遺伝子や脳イメージング）や、症状・発達の違い（主に幼児期、就学前の時期）など、少数のトピックに限られたものでした。臨床の分野では療法士（セラピスト）、教育者、ASDの女性本人が意見を述べ、自閉症全般について注意喚起するようになってきています。研究自体はまだ乏しいものの、ASDにおける男女の違いは確かに存在し、注目に値することを自叙伝やエピソード、臨床報告が強く指し示しています。これまでに認められてきた性差について要約していきましょう。
　広汎性発達障害（PDD）の男子のIQは同じ障害をもつ女子よりも高いことが一般的に知られています（e.g. Tsai and Beisler 1983）。また群として男子の方が「より高機能」であると考えられています。しかし知的機能のレベルが同等の場合、臨床的にどのような差が現れるのかについてはごくわずかの研究しかなされていません。マクレナン、ロード、ショプラー（McLennan, Lord, and Schopler 1993）の研究では、自閉症の男性では幼児期の社会性・コミュニケーションの障害がより深刻であるのに対し、女性は思春期（12歳以降）になって社会的相互作用（やりとり）の困難が現れやすいことがわかりました。さらに男の子の遊びは女の子よりも限定されがちで、遊びの中に繰り返しが多い傾向がありました（Lord, Schopler, and Revicki 1982も参照）。私たちの取り組みでは、ASDでも、より症状の軽い少女たちは最終的に社会的な場面やコミュニケーション、友だち関係についての質問にも答えられるようになることが多いのですが、男の子の場合、同じように高機能でも女の子ほど答えられません。ただ、女の子の答えは自然に素早く出てくるわけではありません。情報処理に普通よりも時間がかかること

が多く、答えは遅れがちです。彼女たちが学校でクラスメイトたちのおしゃべりについていくのがいかに難しいかは容易に想像がつきます。さらにASDの女の子の返答には定型発達の女の子たちに見られるような社会的な含蓄、認識や配慮の深さがなく、会話を表面的にしか理解していないことが現れています。

2006年の国際自閉症研究大会（International Meeting for Autism Research: IMFAR）では、2つのグループが変数の範囲を超えた性差についてそれまで未発表の研究結果を報告しています。ホールらの研究グループ（サウスカロライナ大学とデューク大学）は自閉性障害の子どもたち（年齢は報告されず）における注意欠陥・多動性障害（ADHD）の症状の性差を調べました。ADHDの行動に関する親への質問調査（SNAP-IV）では、不注意尺度（Inattention Subscale）の点数から、自閉症の男児の方が女児よりも集中しづらく、気が散りやすいことがわかりました。

コネティカット大学のヴァーバリスらの研究グループは、自閉症あるいは特定不能の広汎性発達障害（PDD-NOS：Pervasive Developmental Disorder - Not Otherwise Specified）と診断された幼児の認知機能、適応スキル、自閉症状を測り、男女の違いを調べました。ASDの特徴をすべて備えてはいなくても、いくつかはもっている子たちはPDD-NOSと診断されていました。

女児は自閉症のスクリーニングテストで点数が低く（つまり、より軽度）、指差し、ごっこ遊び、大人の視線を追うなどの個別問題で男児よりも良い反応を示しました。また、ヴァインランド適応行動評価尺度（the Vineland Adaptive Behavior Scales）（適応機能の尺度：Sparrow, Balla, and Cicchetti 1984）でも良い点（高得点）を獲得しています。診断評価で女児はコミュニケーションと遊びの2項目で男児よりも良い得点を示し、自閉性障害ではなくPDD-NOSと診断されがちでした。

その翌年、同学会ではASDの子どもたちにおける様々な変数を超えた性差に注目した研究が2件発表されました。ワシントン大学自閉症センター研究プログラム（University of Washington Autism Center Research Program）のヴァーリーらの研究グループは自閉症複数発症家系（ASDの子どもが複数いる家族）の研究で性差を調査しました。その結果、積み木課題で女児は男児よりも点数が低く、自閉症の診断を受けた男児のうち、自閉症の

姉妹がいる子どもは、自閉症の兄弟がいる子どもよりも多くの課題で点数が低いこと（微細運動スキルに障害がある、言語スキルが受容・表出共に低いなど）がわかりました。

IQ値の低い幼児の自閉症状と適応機能の差異を調べたペンらの研究グループ（Penn et al. 2007、ヨーク大学、サリー・プレイスセンター、東オンタリオ子ども病院）はASDの女児は男児よりも運動機能と適応機能全般が良いことを発見しました（ヴァインランド適応行動評価尺度による）。彼らの予想に反して、社会性では女児よりも男児の方が高得点を取っていました。

ASDの幼児の性差に関する研究は2007年の機関誌『自閉症と発達障害（Journal of Autism and Developmental Disorders）』に掲載されました。カーターら（Carter et al. 2007、マサチューセッツ大学、ボストン大学医学部）が行ったこの研究では、認知、言語、運動、社会性、臨床症状を含む複数の分野で数々の男女の差が示されています。かいつまんで言うと、男児は言語、運動、社会性が女児よりも高く、女児は視覚受容力（非言語スキル）が高い結果となっています。カーターらは母親たちが「女児よりも男児の方が社会スキルが高い」と見積もっていることがとりわけ興味深いと記しています。このことは先に挙げた1990年代前半の研究結果とも、また典型的な発達研究とも一致しません。その理由として、女児の母親は娘には男児よりも社会的な発達をより強く期待しているからではないか、そのために女児のスキルが低く評価されているのではないかとカーターらは述べています。この研究の対象となった幼児は全員、発達の遅れやASDを伴う子ども向けの早期介入プログラムに参加していました。障害が軽い女児の場合、幼いときにそのようなプログラムを受けていなかったり、強みと弱みの特性が男児と大幅に異なることも考えられます。

破壊的行動におけるASD男女の特性研究もあります。リースらの研究グループ（Reese et al. 2005、カンザス大学、メリーランド大学ボルティモア校）は就学前のASD幼児の破壊的行動の意味（目的）を調査しました。自閉症の男児17名と女児6名の行動を比較した結果「男児は欲しい物を獲得するため」「反復行動の最中に要求されたことから逃れるため」「不快な感覚刺激から逃れるため」に破壊的行動をとりがちでした。一方、女児の場

合、発達に遅れのある子ども全般と同じような理由、例えば、「介護者の注意をひくため」「介護者からの一般的要求を避けるため」が見られました。この研究では対象幼児は少人数の上、親の報告のみに頼っていましたが、たとえ予備的な発見であっても、親や臨床家にとってASDの男女は全く異なった目的で破壊的行動をとる可能性があることを理解する上で非常に興味深いものです。

臨床研究におけるASDの男女の違いのまとめ

上述の研究を振り返ると、対象となった子どもの年齢（幼児/就学児童）、知的なレベル（IQが低い/平均的）、症例のタイプ（受診を勧められた子/既に早期介入プログラムを受けている子）、行動・スキルの評価法（親による報告/直接観察）によっても結果が若干違っています。その点は考慮すべきです。矛盾が生じる恐れもあり、確固とした結論を引き出すのは難しいのですが、それでも諸研究には次のように注目すべきことがいくつかあります。

- ASDの男児はASDの女児よりも全体的にIQが高い傾向にある。
- 男児の遊びは女児に比べ領域が狭く、反復的である。一方女児は男児よりもごっこ遊びがうまく、遊びの評価の診断尺度では高得点である。
- 女児は診断尺度（親の報告、直接観察）で男児よりも高いコミュニケーションスキルを示し、指差しや視線を追うなどのコミュニケーションに関連する特定行動でも高得点を得ている。
- 社会性の障害は時の経過と共に明らかになるが、男児には早期に、女児には思春期の初めに現れる。
- 男児は女児よりも注意がそれやすく、集中することが難しい。
- 破壊的行動の目的は男児の場合、物の獲得などであるが、女児では介護者の注意をひくためなど、より社会的である。
- 子どものスキルに関する親の報告では、女児の能力が過小評価されている。これは親が娘に対して特にコミュニケーションやソーシャルスキルの分野で、高い期待をかけていることが考えられる。

- 調査対象となっている早期介入プログラムの子どもたちに、軽度の女児は含まれていないことがある。
- スクリーニング検査では、女児は男児よりも得点が低いこと（つまりより軽度）が多く、自閉症よりも特定不能の広汎性発達障害（PDD-NOS）と診断される傾向が強い。

このような証言からASDにおける男女差は確実に存在することがわかります。しかしその差が実際にどのようなもので、どんな意味があるのかは不明な部分があります。現在わかっていることは複雑なジグソーパズルのピースのようなもので、解決にはもっと多くの人たちの取り組みが必要です。ASDの少女たちが独特の困難を抱えるのは、女性だからということよりも、ASDそのものが少年たちとは違った形で現れるからなのです。

性差と診断の関係

　娘にいったい何が起こっているのか、どう対処したらよいのか、私たちは何年間もわからずにいました。当時（1998年）、アスペルガー症候群はよく知られていませんでした。私たちもまったく知りませんでした。娘は非常に賢い子でしたので、どこかが悪いなど考えられず、私はただリラックスの仕方を教えればよいと思っていました。娘がようやく診断を受けたとき、担当の心理士は薬の処方のために精神科医に診てもらうようにと言いました。精神科医は娘がとても知的で自己表現も上手なので、アスペルガー症候群だとは考えませんでした。しかし、知的で自己表現ができることがアスペルガー症候群の診断をひるがえす理由にはならないと私は知っていました。　　　　　（アスペルガー症候群とうつ病の16歳の少女の母）

　娘が生まれた日、この子はどこか違うと私にはわかりました。その後、次々に様々な診断名が与えられましたが、どれも誤診だと感じました。娘に最も当てはまる診断を求めて私は戦い続けてきたのです。
　　　　　　　　　　　（11歳で広汎性発達障害と診断された13歳の少女の母）

　ASDの男女の違いは評価と診断に大きく関係します。ASDの女児は評

価の段階で見過ごされたり、大目に見られることがあります。なぜでしょう。専門家がASDの男性の原型に基づいて特徴づけているからでしょうか。そのために女児は該当しないのでしょうか。女児の症状は学校でも目立たず、教師や学校心理士も気がつかないのでしょうか。しかし、1980年代初期からは、女児の場合、過小診断や見過ごされるケースがあること、また症状が通常とは違う形で現れる場合があることが専門家から指摘されています（Attwood 2007; Ehlers and Gillberg 1993; Kopp and Gillberg 1992; Nyden, Hjelmquist, and Gillberg 2000; Smith 1997; Wing 1981）。残念ながら今のところ、女児の具体的な診断のガイドラインに関する文献は限られていますが、女児の診断過程に重大な偏りが生じうることは示唆されています（Koenig and Tsatsanis 2005; Volkmar, Szatmari, and Sparrow 1993; Smith 1997）。『女児の行動と感情の問題への対応法』("the Handbook of Behavioral and Emotional Problems in Girls" Koenig and Tsatsanis 2005）の中で、ケーニヒとツァツァニスは次の項目を含む「評価への提言」を述べています。

- スクリーニング検査の全領域で障害に非常に近い結果が出たときには、基準に完全には当てはまらなくても、将来再度評価を行う。
- 女児の場合、障害の兆候は後に、例えば思春期に入った頃に一層はっきりと現れる可能性があることを考慮する。
- 社会性とコミュニケーション能力を同年齢の女児の標準的な行動や認知力と比較する。
- 社会性、コミュニケーション、行動、さらに、社会的・文化的な規範における定型発達の男女の差をしっかりと理解する。
- 男性の自閉症に見られる典型的な特徴と女性の症状との比較を避ける。
- ASDの女児は男児と同レベルの反復行動や興味の限定を示さないという研究結果を考慮する。
- 女児は男児と同様の破壊行動を起こすとは限らない。そのため社会性とコミュニケーション能力の弱さに関して注意深く記録する。男児の場合、教室でも弱さが見えやすく、評価を受けるよう求められることが多い。

現在の診断ツールを見て難しいと思うことの１つに、社会的な場面での質問に対する回答時間がはっきりと記されていないことがあります。実際の場面では、適切なタイミングで応答をし、会話のペースについていくことが大切です。この点は、特に高機能の少女の診断で問題となります。高機能の女の子たちの多くは、１対１の設定で質問に正しく答えることができます。しかし定型発達の女の子たちに比べると返答の速度がかなり遅いのです。「自閉症診断観察スケジュール（ADOS; Lord et al. 1999）」のような今日一般的に使われている評価ツールでは、半構造化された状況で社会的行動とコミュニケーション行動を観察しますが、高機能の女児の点数は診断基準ぎりぎりなことがあります。「自閉症診断面接 – 改訂版（ADI-R; Lord, Rutter, and LeCouteur 1994）を使った親への補足インタビューでは、彼女たちが、実用言語、他者の理解、友だちづくりや関係の維持に、以前からずっと問題を抱えているという報告がなされています。私たちのクリニックでも、思春期のソーシャルスキルプログラムを受けようとする女の子たちには、以前の個人面談や評価で明らかとなった問題点が一層はっきりと現れています。特に、支援者になっている定型発達の同年代の高校生が示すスキルと比べると明らかです。

　アトウッド（Attwood 2007）は、著書『アスペルガー症候群 完全ガイド（The Complete Guide to Asperger's Syndrome）』で、アスペルガー症候群の女子は早期に培われた対処メカニズムを備えていることがあり、臨床医にとって男子よりも診断が難しい傾向があると述べています。この対処メカニズムは、知的に処理されたもの、つまり社会的場面への対処法として学習されたもののようなのですが、短時間の個別診断でははっきりとわかりません。女の子たちの問題の幅の広さは、学校での観察やさらなる評価によって明らかになるものです。また、女の子は自分自身を傍から見て、障害を隠すこともあります。現在の診断尺度で明らかになっている男女の違いには、女の子は同年齢の子どもたちと関係を築く上での質的な障害があること（これは男の子が友情をまったく発展させることができないのと対照的です）、強い興味の対象が男の子のように特異なものではないことなどもあります。

ASDの可能性がある女児、特に認知力、社会性の高い子の評価や診断をどう適切に行うかについては、研究グループと自閉症センターが国際的に一丸となって取り組むことが必要です。2007年8月5日発売のニューヨーク・タイムズに「自閉症の女の子はどのようにできているのか」というタイトルの記事が掲載されました。その中でイェール大学自閉症プログラムのディレクターであるアミ・クリンは自閉症の女性たちを「研究から取り残された孤児」と評しています。自閉症と診断された女性は男性よりも少なく、十分なサンプル数を確保できないため、研究対象から外されることが多いのです。つまり、悲しいことに、女性の自閉症に光をもたらすような重要な研究からも遠ざけられているのが現状です。

介入と支援

　介入に関しては、治療計画の指針となるような情報すら、わずかしかありません。ただ1件だけ、破壊行動の治療としてフルボキサミン（プロザック）を使ったオープンラベルの研究（研究者が子どもが服用しているのが有効な薬か薬効のない偽薬(プラシーボ)かを承知して行う研究）があり、ASDの女性は男性よりも反応が良かったという結果が出ています（Martin et al. 2003）。私たちはASDの診断と治療を専門とする著名な小児精神科医たち(注)と話し合い、論文概要を読み返しました。しかし、薬剤反応に男女差があるという証拠はその研究以外に得られませんでした。薬の服用が月経周期にかかわるホルモンにどう影響するかについてもわかりませんでした。サンプル数が多い（80人以上）薬剤研究でも、性差の分析はまだなされていません。

　心理療法、行動療法における性差の有無についても同様です。スミス（Smith 1997）は、早期行動介入プログラムの研究では女児と男児の反応の

(注) ジョエル・ブレグマン博士（ニューヨーク州ロング・アイランドのフェイ・J・リンドナー自閉症センターメディカルディレクター）2007年3月、ピーター・ザトマリ博士（カナダ、トロント南西のオフォード小児研究センターディレクター）2007年5月、パーソナルコミュニケーション。

違いを検証することが必要だと提言しています。しかし、子どもの興味、好む余暇活動や強化子の種類、社会性や職業における能力の強弱が男女によってどう違うのかを調査した文献がほとんどない中で、治療アプローチの質を高めていくのは難しいところです。

特に思春期に入る子どもたちへの介入には、コミュニケーション、社会的行動、社会的要求、自尊心、精神衛生、適応スキルにおいて思春期ならではの男女の違いを考慮したアプローチが必要です。家族や専門家は本人と共に、月経周期のホルモンの変化が行動にどう影響し、月経前の1週間は環境をどう整え、どんなことを予測すべきかを十分に考える必要があります。

親の支援と指導プログラムにはどのようなものがあるでしょう。男の子であれ女の子であれ、ASDの子をもつ親御さんは非常によく似た経験をしていますが、女の子の場合は、月経、いじめられやすさ、社会的・文化的な行動規範など独特な問題を抱えます。親御さんによっては悩みや希望を分かち合う支援の場が見つからない、あるいは支援の情報すら得られないことがよくあります。私たちのグループプログラムに娘を参加させているお母さん方は、参加のメリットは娘にだけではなく、親自身にもあると報告しています。親御さんたちは打ち解けたグループをつくり、情報や友情、ユーモア、忍耐（十代の少女のことを話し合うのですから！）、希望、そして何よりも支援の体制を築いています。親教育(parent education)のプログラムの開発と評価では、内容、問題点、対処モデルにおける男女の違いを考慮することが大切です。

> 娘はガールズ・グループ（プログラム）をとても喜び、楽しみにしています。そこは娘にとって友だちを作るクローゼットみたいなものなのです。私も他のお母さん方と話すのが楽しみです。過去現在共に同じ体験をしている人たちと一緒にいるのはいいものです。自分が一人ぼっちではないと知るのも嬉しいことです。他のお母さん方がどんなに私とそっくりな経験をしてきたかを聞いてびっくりしました。
> 　　　　　　　　　　　　　　（16歳のアスペルガー症候群の娘の母）

ASDにおける性差はなぜ生じるのでしょう

　「冷蔵庫ママ」（Bettelheim 1967）という言葉が現れ、自閉症は我が子を十分に愛さない結果だと信じられていたあの時代からずいぶん長い年月がたちました。ASDの潜在的な原因については、遺伝子研究によって以前よりは知られるようになっています。しかし、観察されてきた男女の差がなぜ生じるのかはほとんどわかっていません。

　その解明に向けてケーニヒとツァツァニス（Koenig and Tsatsanis 2005）が傾向/閾値モデル（LTM）、変動モデル（GVM）、脳の相違モデル（BDM）という3つの総合理論をまとめています。
（傾向/閾値モデル：the Liability/Threshold Model、変動モデル：the Greater Variability Model、脳の相違モデル：the Brain Differences Model）

　初期のモデルの1つであるLTMによると、ASDの率は男女共に等しいと考えられるものの、障害の境界点は男性よりも女性の方が高いと出ています。つまりASDの症状を示す女性は男性よりも少ない一方で、女性の方がASDの影響を大きく受けているという所見です。ツァイ、スチュワート、オーガスト（Tsai, Stewart, and August 1981）はこのモデルを基盤にASDの女性には男性よりもASDの一親等近親者が多くいるはずだと論じました。これは興味深い推測ですが、疫学的には確証されてはいません（Pickles et al. 1995; Szatmari et al. 2000）。

　GVMでは、測定可能なASDの特徴において男性の方が様々なバリエーションを現すことを示しています。そのため軽い障害でも観察できる症状となって現れ、診断に結びつくのです。ところが、女性はそのバリエーションが少ないため、重度でない限り診断基準を満たすだけの症状が現れていないことがあります。このモデルはもともとウィング（Wing 1981）が言い出したものです。後にコンスタンティーノら（Constantino et al. 2000）によってGVMは外部要因（遺伝、環境）あるいは内部要因（女児は一般的に男児よりも社会的受容力があり、現れるASDの症状が少ないこと）のいずれかから生じると提唱されました。

　BDMは最も一般的かつ率直なモデルで、ASDの性差は単に男女の脳の違い（ホルモン、脳構造、回路、脳領域の活性化パターンを含む）に由来するというものです。例えば、男性の脳はシステムの理解・構築に関して

「配線」が良く、女性は共感の「配線」が良いので社会性が男性よりも高い、そのためASDの疑いをもたれることが少ない、と考えます。このモデルは1997年に初めて発表され（Baron-Cohen and Hammer 1997）、後にバロン＝コーエン（Baron-Cohen 2003）の著書『共感する女脳、システム化する男脳』（三宅真砂子訳 日本放送出版協会 2005年）の中で「究極の男性脳」(extreme male brain)として語られています。

いずれも関心をそそられる理論ですが、実験報告による確固とした基盤は弱く、これまでに観察されてきた男女差を十分に説明するものではありません（ただし「究極の男性脳」理論は科学的によく引き合いに出され論じられています）。ASDになぜ男女の違いが存在するのか、その違いはどの程度生物学的または社会的なのか、さらに診断の偏りにどう影響を及ぼしているのか。こういったことをさらに知るには当然もっと多くの研究が必要なのです。

最近の研究では遺伝子と神経学的な相違に原因があるとも言われています。2006年、シェレンバーグらは子どもがASDの男子しかいない家族、あるいはASDの女子が少なくても1人いる家族を調べ、遺伝子連鎖についての研究を発表しています。これは新聞各紙の見出しにもなりました。自閉症の原因と考えられる遺伝子は男女で異なるのではないかというのがこの研究の主な結論でした。自閉症の一因となる遺伝子は多く、主要なものから二次的なものまでその数は30にも及ぶと言われています。シェレンバーグらは、女児の場合「リスク遺伝子」がより一層作用している可能性があり、そのことが男児に高い率で発生する原因となっているかもしれないと述べています。

男女の脳の違いに関する書籍は自閉症と性差（目に見える違い、見えない違いを含む）の理解に大きな影響を与えています。ここ何年もの間、マスコミでは「ジェンダーの違い」と呼ばれるようになった男女差に注目し、話題性が高く興味深いものとして楽しい雰囲気の中で取り上げてきました。互いをできるだけ「理解」しようとする男女に、このような本は飛ぶように売れました。例えばジョン・グレイ（Gray 1992）の『ベストパートナーとなるために ── 男は火星から女は金星からやってきた』（大島渚訳 三笠書

房2001）は何年にも渡ってニューヨークタイムズのベストセラーでした。あなたがいくら「男と女は似ている」と思っても、社会は圧倒的に「男女はまったく違う」「子どもでも違う」という風潮を支持する傾向にあります。確かにこのような意見は、男女のコミュニケーションの違いや、また、幼いうちは砂場で、大人になれば結婚生活で、異性といかにうまくやっていくか（やっていけないか）を知る手がかりになります。このトピックはいくぶん偏見をもたらしてはいるものの、性差、特に男女の脳の違いへの関心は重要な科学的研究につながっています。ASDの女性をより深く理解する手助けにもなってほしいと願うところです。

　神経科学の研究では、男女の脳が構造、化学反応、遺伝子、ホルモン、機能の面で異なることが明白になっています。サンフランシスコで「女性と十代の精神とホルモンに関する診療所」を設立した神経精神科医ルーアン・ブリゼンディンは、女性独特の生態、特に脳が女性をいかに女性ならしめているかについて、『女性脳』(The Female Brain)（Brizendine 2006：邦訳書『女は人生で三度、生まれ変わる──脳の変化でみる女の一生』吉田利子訳　草思社　2008年）という興味深くかつ包括的な本を書いています。私たちはこの本を読みながら、自閉症研究の方向づけに関して何と多くの刺激的かつ重要な問いが投げかけられていることかと、はっとする思いがしました。例えば、ASDの女性はテストステロンのレベルが高いのか、ASDの女児は定型発達の女児とは違う遊び行動をとるのか、ASD女性の視床下部-下垂体-卵巣系(hypothalamic-pituitary-ovarian system)の化学反応は違うのか、という問い。中でも「十代女性の脳」(Teen Girl Brain)の章は、ASDの有無にかかわらず毎月気分の浮き沈みが激しい十代の娘のいる親ならぜひ読んでおくべき箇所です。他にも、男女の脳の構造上（扁桃体、前帯状皮質、前頭皮質など）の違いは自閉症に関連するのか、例えばASD女性とASD男性との比較、さらに重要なこととして（年齢やIQなどの重要変数が一致する）定型発達の女性との比較をした場合、相違は現れるのかといった疑問が挙げられています。ブリゼンディン博士の説明は単によく書けているだけではなく、楽しみながら読めます。

　自閉症の女児と男児の脳の解剖比較を行った研究は2件あります。そのうちの1件では定型発達の女児と自閉症の女児との比較も行っています。

ユタ大学の脳研究所のラインハートらは1997年、ASD女性の脳はASD男性の脳よりもサイズが大きい（大頭症 macrocephaly）という論文発表を行いました。これはASDの被験者（子どもと成人）のコミュニティサンプルの平均頭囲を元にしています。最近ではブロスとクーシェン（Bloss and Courchesne 2007）が自閉症男児と女児の神経解剖学上の異常パターン比較に取り組んでいます。この研究では、自閉症の子どもとそうでない子どものMRIを検証した結果、脳のサイズに関連した異常は自閉症の有無にかかわらず男女のどちらにも見られることが発見されました。さらに自閉症の女児には側頭葉の肥大と小脳の容量縮小が見られました。また、女児には年齢と白質量に因果関係（年齢が高い子ほど白質量が多い）がありましたが、男児にはありませんでした。

　これらをまとめると、どういうことになるのでしょうか。研究がわずかしかないので結論づけることは難しいのですが、いくつかの仮説は立てられます。ブロスとクーシェン（Bloss and Courchesne 2007）は女児に見られた神経解剖学的異常のパターンは障害の始まりが男児よりも早いことを示唆し、女児にしばしば見られる自閉症の重症度に関連があるかもしれないと述べています。男女両方を対象にしたこの種の研究の発展は、自閉症の神経学的要因と遺伝的ルーツの解明に重要な役割を担うはずです。

他の発達障害における性差

　ASDの少女たちについては、あまりにもわからないことが多く、何が診断や支援の妨げになっているのかも明らかではありません。娘、生徒、クライアントと立場は様々であれ、彼女たちはなかなか診断を受けられず、あるいは受けたとしても誤診だったという犠牲を払っているのです。自閉症だけではなく、注意欠如・多動症（ADHD）、反抗挑戦症（ODD oppositional defiant disorder）など他の発達障害の女児や女性も同じような状況に置かれてきました。

　ADHDとODDが女性にどう現れるかに私たちが着目したのは、ASDの性差を知るずっと前のことでした。1994年、国立衛生研究所（NIH）が

ADHDの性差に関する学会を開き、その概要が1996年に出版されました。1997年までにはメタ分析に十分な研究がなされ、その結果、数々の研究が大きく1つにまとめられました (Gaub and Carlson 1997)。2006年、ウォシュブシュ、キング、そして「Northern Partners in Action for Children and Youth」が「ADHDとODDの評価に性別固有の規範を用いるべきか」を問う研究論文を "Journal of Consulting and Clinical Psychology" に発表しました。「偏った診断基準」がADHDとODDの性差の一因となっている、というのが彼らの仮説です。偏った診断基準とは基準の要素（つまり症状の種類）と基準を満たす要素の数を指します。親と教師の報告による調査では多くの女子小学生が高い点数を示していながら、「精神疾患の分類と診断の手引き 第4版（DSM-Ⅳ）」(APA 1994) のADHDとODDの基準を十分に満たしていませんでした。しかし性別固有の規範を用いたところ、彼女たちには他の女子被験者よりも、明らかにずっと重度の障害があることがわかりました。この発見は「性別固有の規範を用いて最低基準をより下げた診断が、底辺にいる見過ごされやすい女児のグループを識別するのに欠かせない」とする近年の自閉症の文献で提唱されていることに似ています。

　自閉症の分野で、性差がこれほど意識されるようになるには、かなりの時間がかかりました。診断基準のような重要な課題については、まだわずかの研究しかなされていません。ASDの少女たちを真に理解し、彼女たちの可能性を最大限に引き出すためには、ADHD、ODDの研究者たちが指し示したように、もっと性差にスポットライトを当てていく必要があります。

定型発達の性差を理解する重要性

　ASDの性差を考えるには、定型発達を含めた女児の特徴をとらえることが大切です。定型発達の同年齢の少女たちはどうふるまい、考え、感じ、発達していくのでしょう。男性と女性の概念を形作ってきた社会的・文化

的な要求とはいったいどんなものでしょう。人間の発達については何十年も研究がなされてきました。それらの研究が今回の定型発達とASDの女児の比較に役立ちます。どの年齢層でも、女性は男性よりも次の能力が高いことがわかっています。①顔の表情の読み取りや愛情の認識（McClure 2000）、②非言語によるコミュニケーションの合図の読み取り（つまりジェスチャーの解釈）、③共感反応、④感情表現、⑤他者の視点に立って考える力、あるいは「心の理論」（Baron-Cohen, Tager-Flusberg, and Cohen 2000）。1998年、ベーコンらは機関誌『自閉症と発達障害』に定型発達の幼稚園児、自閉症児、言語障害のある児童における共感反応を調べた論文を発表しています。自閉症グループを含め、診断を受けていたグループでは女児の方が、困っている子にプロソーシャル行動（向社会性行動）を示す傾向にありました。自閉症グループの子どもたちは全員がソーシャルスキルとその理解に障害があるにもかかわらず、共感反応での男女の違いは明らかだったことをベーコンらは強調しています。さらに、定型発達の女児は、かかわりや遊びの際、協力し合って仲間同士の交流をより重視し、競争は男児ほど重視していませんでした。

女の子が直面する独特の社会的な難しさは、自閉症による機能障害が現れる態度などにも影響することがあります。例えば、思春期になると、女の子の場合、社会的相互作用や人間関係が一般的にそれまでよりも複雑になります。このことは、同じ自閉症でも、この発達段階では女の子の方が男の子よりもはるかに大きな社会的困難を抱えるという報告に一致します。十代の女の子たちの人間関係は、何より「おしゃべり」と仲間内の社会的なコミュニケーションがベースになっています。一方、男の子の場合は「何かすること」が基本です。ASDの女の子が同性の仲間に入るのは男の子よりもずっと難しいでしょう。高いレベルのコミュニケーションスキルと社会性の理解が要求されるからです。

男の子と女の子とではけんかの仕方が違うこともよく知られています。ミネソタ大学児童発達研究所のディレクターであるニッキ・クリックらは1990年代半ば、女性の攻撃性の研究を始め（Crick and Grotpeter 1995）、攻撃性の男女の違いは幼稚園の年齢で現れることを見出しました。男の子の

攻撃性は表立ったものですが、女の子の場合、それはもっと微妙でとらえにくく間接的でした。「関係的攻撃性」(relational aggression)と呼ばれるように、女の子は他の女子を傷つけるために第三者を巧みに使う方法をとります。「関係的攻撃性」の例には、噂を広める、陰口を言う、のけ者にする、無視する（「暗黙の処置」(the silent treatment)）、非言語性の行動（クスクス笑ったり、眼をぐるりと回すなど）があります。学校や地域で起こりかねないこのようなことに子どもが対処できるようにするには、親として、また専門家や教師として、女児のけんかやいじめの方法をしっかりと知っておくことが必要です。第6章で再び、友だち関係と社会的相互作用について、また関係的攻撃性と十代前後の女の子たちの文化について述べていきます。

臨床プログラム：あなたの地域にプログラムはありますか？

　過去2年間、私たちのセンターでは「ASDの少女たちのための成長プログラム」を行い、かなりの成功を収めてきました。このプログラムはもともとシャナ・ニコルズがデンバーのコロラド大学の「自閉症と発達障害のためのJFKパートナーセンター」と「健康科学センター」で始めたものです。プログラムには、グループセラピー、ASDの十代女性のための友人関係スキルの指導、地域参加、親の支援とネットワーク作り、思春期や月経などの発達に関する相談とトレーニングが含まれています。このプログラムに参加経験があり、18歳以上であれば、若年成人向きのプログラムに入れます。そこでは、これまでに学んだスキルを男女混合で実践する機会が与えられます。この大人のプログラムに参加することが、若い女の子たちの大きなゴールにもなっています。本書を書くにあたり、同様のプログラムが他州のクリニックにもあるだろうかと私たちはたいへん興味をもちました。専門家と指導者がASDの女児や女性をサポートする仕組みは他の地域ではどのようなものでしょう。

　インターネットでは広範囲の検索ができますが、私たちが入手できた（英

語を母語とする）プログラムはほんのわずかでした。もしあなたが、娘さんのために、ASDの少女の問題を特に扱っている介入・教育プログラムをお探しなら、地元の自閉症協会に聞いてみてください。広く宣伝されているプログラムは非常に少ないのが現状です。

知識の窓：ASDの女性たちの物語

　学術論文でASDの女性の体験が綴られているものはほとんどありません。しかしありがたいことに、多くのASDの女性が自らのことを自叙伝や、インターネットの記事、ブログに書いています。そのような個人的な記述のおかげで、私たちはASDの女性ならではの困難さや経験を洞察することができるのです。また、彼女たちの体験談は性差に関する重要な研究への道も開いてくれます。ASDの女性の著作で、よく知られているのは、テンプル・グランディン、ドナ・ウィリアムズの他に、リアン・ホリデー・ウィリーの『アスペルガー的人生』（ニキ・リンコ訳　東京書籍　2002）、編集本には『別の惑星から来た女性』("Women from Another Planet") があります。どの女性の体験もまぎれもなく独自のものですが、彼女たちの記述を読むと次のような共通点が浮かび上がります。

- 行動、思考、感情の面で「女性はこうあるべきだ」と家族や社会から期待されていた。
- 性別にかかわる問題。女性の役割というものがわからない。
- アイデンティティと自尊心に関する悩み。
- 他の女の子たちとなかなか遊べず、友だち関係を築くのが難しかった。
- 社会的場面での混乱。誤解されることが多い。
- 感情的に過敏。
- 成長に関連する恐れ。
- 性的関係の多様性。

- あどけなく、攻撃されやすい。人に利用されたり、だまされたり、虐待された経験をもつ。
- 不安、圧倒感、感覚過剰。
- 精神保健上の悩み。うつ病、不安、孤独感。
- 動物に対する強い関心と結びつき。
- 誤診、病院めぐりの経験。

ウェンディ・ローソン（Lawson 2003, p.81）は著書『自分自身の人生を：AS の人のためのセルフヘルプガイド』(Build Your Own Life: A Self-Help Guide For Individuals with Asperger Syndrome)で、自閉症であり、女性であることを記しています。

自閉症：私の性

私の性と私は一つのパッケージ
この性は私に配られた札
「でも自閉症はもっと大きなダメージなのです」
「感じることを見てごらん」

こんな気持ちは説明できない
強烈で極端な感情
日常生活でも問題にぶつかると
わめいたり、どなったり、叫んでしまう

あんなお化粧をしたいと思わない
ファッションやハイヒールにも興味なし
香水も、髪を切るのも嫌い
私に必要なのは「理解」
それは真実

私にかけられた期待
女性であること、あらゆること
それが私を痛みと悲嘆に押し込める
背中を壁に押し付ける

「一度にいろんなことができないの」と私は言う
「でもしなくちゃ。女だもの。できるわよ」
料理に掃除、整理整頓、そして
男を支える役割を

子どもたちも男たちもあなたに頼る
強くあれ、自制と自信をたずさえて
「もしできなかったら？」
「もしタイミングが悪かったら？」

「もっと一生懸命に。もっとがんばりなさい。
社会が言うこと、決めることに見合うように」
「でも自閉症であること、女性であること、両方が私なの
わかるでしょう、両方が私のあり方を左右しているの」

女性として私は違うやり方で機能する
女性として私は考え、見て、感じる
女性として私はこれが私と評価する
私の自閉症は配られた札の一枚

診断への道のり：本人と家族にとって

　私たちはこれまで何年にも渡り、何百というASDの女性本人やご家族とかかわり、「診断への旅路」について伺ってきました。彼女らは正式な診断をどのようにして受けたのでしょう。聞き取りから明らかになったのは、診断までの過程は家族によって非常にまちまちだということでした。道のりが短かった少女たちは、幼いうちに典型的な自閉症の症状を現し、5歳前に診断を受けていました。その一方で回り道をし、迷路に入り込み、何度も右往左往せざるをえなかった少女や成人女性がいます。家族は混乱し、途方にくれて苛立ち、落胆します。システムとは泥沼ではなく、本来、

娘のことをよりよく理解できるように支援してくれるものではなかったか、と失望するのです。最終的な診断を受けるまでに本人と家族がたどる過程には次のようなものがあります。

- 誤診（複数のこともある）。誤診例には、ADD/ADHD、不安、うつ、気分の不安定、強迫症、言語障害、摂食障害などがある。年齢が上がるほど診断名が多くなる。
- 社会的不安症と診断される。あるいは社会的困難や社会的場面での動揺に対する全般的な不安があると言われる。
- 年齢が上がってからASDと診断を受けた女性は、以前、統合失調症や精神障害と診断されていたことが多い。
- きょうだいや家族の中にASDの診断を受けている者がいると、両親は、まだ診断を受けていない娘も実はASDではないかと疑い始める。

　　下の娘は7歳です。6歳になるまで正しい診断を受けませんでした。生まれたときから全体的に発達がゆっくりで、知的にも遅れがあります。しかしこの子の問題のほとんどは自閉症と感覚障害から来ています。それから、10歳の長女がアスペルガー症候群かもしれないので、2〜3週間以内に検査を受ける予定です。長女にはこれまでずっと自閉症の傾向がありましたが、学校ではうまくやっているし、友だちもいます。症状がとても軽いので、診断を受けることになるとは思ってもいませんでした。しかし。自閉症の女の子たちのことを学び、自閉症の男の子との違いを知るにつれ、長女は本当にアスペルガーかもしれないと思っています。実際、長女自身が、どうして自分は同級生の女の子たちとは違うのか、どうしてみんなと違う考え方をするのかと尋ねてくるようになりました。あの子は自分のどこが悪いのかを知りたいのです。診断を下すのは難しいと思います。行儀が良いとか、友だちがいるとか、たとえ自閉症でも普通の女の子と同じところがあるのですから。どうなることでしょう。

（自閉症と診断された娘の母親。上の娘はアスペルガーの可能性がある）

- 症状が軽い女の子の場合、思春期に入り、中学校にあがると成績と社会性が下がってくる。勉強も社会的なことも複雑になるためである。不安、うつ、自尊心の低下を見せる子が多い。教師や学校カウンセラーが気づくかもしれない。

- 思春期に近づくと、成長の変化に対応できず、問題を呈することがある。また、この時期の少女が通常興味をもつこと（ファッション、デートなど）に関心を示さない場合がある。
- マスコミがASDの少女に注目するようになっている(例：全国ニュースでの報道。モデルコンテストの番組にアスペルガー症候群の女性が出演したことなど)。報道がさかんになるにつれ、私たちのクリニックには、親や親戚、ASDの女性本人からの、たくさんの相談の電話が殺到しました。

娘の診断名がまだわからないのですが…

「娘はASDかもしれない。でもまだ診断を受けていない」。あなたはそう思いながらこの本を読んでおられるかもしれません。あるいは娘さんには別の診断名（不安症、うつ病など）がついているのに、あなたや他の家族から見れば、どうもそぐわないと思っているかもしれません。正しい診断を受けるのは早ければ早い方がよいのですが、遅すぎるということは決してありません。娘さんが小学生、中学生、高校生、あるいは大学生や社会人になっていても、もし診断を受けておらず、あるいは受けていても誤診ではないかと思うなら、自閉症の専門機関で包括的な検査を受けることが大切です。年に何百人を診察しているような自閉症の専門家（心理士、精神科医、発達小児科医など）でも、診断に関しては意見がかなり異なることがあります。現在の娘さんの機能については多くの情報が必要ですし、さらに娘さんが小さかった頃の様子も含めて総合的に考慮しなければいけません。もしかすると実際にうつがあるのかもしれません。あるいは情動が希薄で視線を合わせるのを避けているかもしれません。ASDかもしれないし、さらに気分障害があるかもしれません。そういう識別がきちんとできる専門家に診てもらうことが非常に大切です。対処アプローチは症状によって異なるからです。

第2章
思春期へ：予感、不安、適応、そして…受容？

　幼稚園のときに診断を受けて以来、今が一番たいへんです。娘の行動や機嫌が自閉症のせいなのか、思春期のせいなのか、それとも両方から来ているからなのか、わからないことがしょっちゅうなのです。どうやって分けて考えるのですか？
（家族の体験談の概要より）

思春期：つまり、でこぼこ道

　思春期をうまく通過することは、娘さんの人生で最も重要な課題の１つです。思春期の前も、最中も、そして十代がようやく終わった後まで、いろいろなことが起こります。思春期とは、親に依存する子どもが自分の行動に責任をもてる自立した大人へと変わる時期と位置づけられています。この時期、十代の子どもたちは自分の長所と短所をそれまで以上に知るようになり、対処法も学んでいきます。思春期の成功は「私は誰？」「私の居場所はどこ？」という問いに自ら答えながら、いかに自立と責任に向かって前進できるかにかかっています。しかし、問いへの答えや自立と責任の定義は子どもによって様々なものになるでしょう。

　幼少期から青年期へと移るこの時期は、急激な変化のときです。多くの研究者が思春期は難しい移行期であり、また、無事に大人になるための最重要通過点であると述べています。思春期を科学的に研究した第一人者であるホール（Hall 1904）は、「嵐とストレスのとき」と呼んでいます。この

時期全般に起こる変化はまさに大きなストレスとなります。そういう変化はまったく自然のことなのですが、いくらそう言ったところで、十代の本人とご家族には慰めにもならないことがよくあります。認知レベルや診断がどうであれ、思春期を迎えた子どもは誰でも発達上の変化を経験します。さらに発達には個々の違いがあるため、その変化は予測しづらく、一層困難になります。

　思春期の子どもの変化や様々な出来事には、びくついてしまうことがありますが、プラスの面もわくわくするような喜びもあるのです。娘さんにはぜひ全力で思春期の困難を乗り越え、あなたと共にこの刺激的な時期を楽しんでほしいと思います。本章では、この分野で秀でた専門家の意見を取り入れながら思春期の発達上の変化をふり返り、ASDの少女たちが直面する問題と、これまで効果のあった具体的な対処法について述べていきます。本章の終わりでは役に立つ一般的な指導ガイダンスとテクニックを紹介します。これらの指導方法には本書全体を通じて触れていきます。きっと便利な「道具箱」となり、娘さんの教育のあらゆる面に使えることでしょう。本章を読み終える頃には、あなたが思春期と自閉症の組み合わせに理解を深め、間もなく迎えるチャレンジへの心構えができあがりますようにと願っています。

発達上の課題

　発達研究の分野では9歳から21歳までの間に達成しておくべき課題をいくつかセットにして挙げています (e.g. Cobb 1996, Havinghurst 1971; Perkins 2001)。達成年齢は子どもの発達に応じて異なりますが、思春期における課題達成は非常に大切です。達成が自己満足感につながり、その後の発達をも促すからです。逆に達成が困難だと、不満、落胆へとつながり、以降の発達が妨げられます。発達上の課題には、運動、社会性、自己アイデンティティ、認知、自立あるいは自律性まで広域に渡ります。十代のASDの子どもたちは、これらの課題が複雑すぎてとても到達できないように感

じることがあるかもしれません。

身体的な発達

　幼い女の子は若い女性へと成長します。その変化は怖いようにすら思えるかもしれません。あなたの娘さんの身体にはどんな変化が現れるのでしょう。まず、急激な成長が見られます。平均的に9歳で女の子は身長が急に伸び始めます。11歳半でピークを迎え(Santrock 2007)、1年間で8.5cmも伸びると言われています。この急速な成長は男の子よりも約2年早く訪れます。身長と共に体重も増えます。ピーク時には1年間で平均8kgも増えるのです。

　もう1つの大きな変化は性的な成長です。これは体格の急速な発達に伴うことが多く、十歳以下の子どもと十代の子どもの見かけに劇的な違いをもたらします。性的な成長が具体的にいつ起こるのかは、子どもによって非常に異なります。あなたも自身の十代の頃を思い起こすと、女の子たちの身体的な成長は1人ひとりかなり違ってみえたことでしょう。性的な成長はセットで現れる傾向があります。まず、胸が大きくなり始め、性毛が生えてきます。それから腋毛が生え、腰周りが大きくなってきます（思春期始めの変化については第3章でも述べていきます）。以上の変化の最後に初潮（初めての月経）が起こります。月経については第4章に詳しく記します。

　自分の外見や体格の変化を受け入れることは、この時期、どの女の子にとっても容易ではありません。まして、変化を好まないことが多いASDの子には一層難しいことです。アメリカ人の女の子の40%が9歳か10歳までに自分の体重を気にしていると言っています（Smolak 2006）。思春期の変化が始まり、自分の体が文化的に理想とされている痩せ型から外れていくと、体に対する自信がますます落ち込みがちになります。研究によると、女の子の思春期初期の発達と否定的なボディイメージには関連があり(Piran and Ross 2006)、思春期の女の子の60%が自分の体重や体型に不満を抱いています（Field et al. 1999）。体に対する不満は、食生活の乱れや低い自尊心、うつにまで至ることがあります。この時期の子どもたちが体や

外見の変化を理解し、受け入れるには特別な支援が必要かもしれません。ASDの女の子が抱くボディイメージについては、まだ研究がなされていませんが、一般的に変化が苦手な彼女たちにもやはり特別な支援は必要です。この点は第5章でさらに述べていきます。

十代の女の子のボディイメージには身体的な成熟のタイミングもかかわっています。成長が早い場合は、特に問題を抱える可能性があります。先にも述べた通り、女の子の発達は同年代の男の子よりも平均して2年早いものです。さらに平均よりも早い発達を遂げる子は、友だちより背が高く、性的にも成長しており、しばしば体重も多いです。そういう子たちには、食生活の乱れ、うつ、学力低下、いじめ、早期の性行動や薬物使用、長期に渡る薬物濫用、非行に陥るリスクが高いことがわかっています（Ge, Conger, and Elder 1996、Mendle, Turkheimer, and Emery 2007）。

変化した体を公共の場でどう管理するかを学ぶには社会的な理解や洞察力、注意力も必要です。どれもASDの女の子たちには難しいスキルです。7、8歳の女の子ならスカートをはいて足を広げて座っていても見過ごされるでしょう。ところが、年齢が上がると、その座り方は不適切になります。あるお母さんは、「スコート」（スカートに半ズボンがついているもの）が便利だと気づき、14歳の自閉症の娘さんに履かせていました。

発達と共に女の子たちは「ランジェリー」という新しいジャンルに導かれます。ASDの場合、身につける物によって感覚的な問題が発生することがよくあります。ブラジャーに慣れるには、時間をかけて手助けする必要があるかもしれません。ASDの女の子をもつ母親の多くが、まずスポーツブラに慣れさせてから、留め具で肩ひもの調整ができるブラへ、さらにワイヤー入りブラへと進ませています。親子で準備をしておくことが何より効果的です。服と下着は適切なものを選ぶことも大切です。急に胸と腰周りが大きくなり、体毛も生えてきたのですから、選ぶ過程も複雑になります。ブラジャーをつけるようになっていれば、去年まで着ていたタンクトップは合わないでしょう。ストラップレスの可愛らしいワンピースには、やはり肩ひものないブラが必要になります。洋服に合う下着選びはややこしいものです。股上の浅いズボンにはどういう下着が適切か、薄い色の付

いたものか、それとも目立たないものか。ぴったりとしたズボンやトップにはどんなものがよいのか。下着選びの微妙なルールをすべて学ぶのには時間がかかるかもしれません。この問題はファッションとスタイルも含めて第5章であらためて見ていきましょう。

社会性の発達

思春期が進むにつれ、親への依存が弱まり、社会の輪は家庭の外にも広がっていきます。女の子の生活では友だち関係がますます重要になります（Sullivan 1953）。幼少時の友だち関係は遊びが中心で、「友だちになりやすい子」とは「協力して遊ぶ方法を知っている子」を指します。しかし、思春期に入ると友だち関係とそれにまつわるスキルは新しい局面を迎えます。友情とは、親密さ、プライベートな思い（特に女の子の場合）を分かち合うものとなります。このような友だち関係には、個人情報を適切に共有するスキル、他者を感情的に支援するスキル、相手を傷つけることなく意見の相違をコントロールするスキルが必要です。特に社交上の問題を解決する力は非常に重要になります。

同年齢の同性と、友だち関係を築いたり深めていくことは言うまでもなく簡単な作業ではありません。要求されることが増えるため、難しくストレスになるのです。必要なソーシャルスキルに問題があるASDの女の子には特に困難となります。しかし、このように早期の社会的な関係は、恋愛や仕事上の人付き合いを含めた将来の人間関係への備えとして重要です。また、質の高い友だち関係は、高い自尊心、コーピングスキル（ストレスなどへの対処スキル）の向上、自立の増強にもつながっていることが研究で明らかになっています（Berndt 2002）。

異性との仲間作りも大切です。8歳から12歳くらいまでの子どもたちは同性との社会的関係を深める傾向があります。異性よりも同性と遊ぶことを好むので、仲間といえば同性のみになりがちです。同年齢の異性を「気持ち悪い」とか「むかつく」と評するので、この時期は、よく「バイキン段階」と呼ばれます。異性との社会関係は13~14歳頃始まります。この段階になると子どもたちは同性、異性どちらの仲間とも楽しく過ごせるよ

うになります。この頃の友情が後の恋愛関係の基盤となることもあります。しかし友情から恋愛への移行が、ASDの女の子たちに、どの程度起こるのかは定かではありません。特に子どもの頃からずっと男の子に囲まれていた場合は、一層不確かでしょう。自閉症は男の子の比率が高いので、ソーシャルスキルのグループやセラピーでは男の子が多くなりがちなのです。

　繰り返しますが、思春期の友情はそれまでになく親密なものとなり、社交の問題解決スキルがかかわってきます。異性も仲間に加わるようになり、友だち関係は一層重要になります。これについては第6章でも触れていきます。この時期の友だち関係の変化は、どの子にとっても難題です。ASDによるソーシャルスキルの未熟さが加わると、それはよけいに重圧となるのです。

自己アイデンティティ

　アイデンティティ発達の重要さを初めて記した発達心理学者のエリク・エリクソンは、発達とは一生続く心理社会的段階の連なりだと述べています（Erikson 1950、1968）。そして思春期を、特にアイデンティティを深める時期、つまり自分は何者なのか、自分の役割は何なのかを決定しなければならないときと特徴づけています。自己アイデンティティの発達プロセスは短期間で終わるものではありません。実際、エリクソンは、アイデンティティは思春期前の出来事にも影響を受けるし、成人になってもかなり変化するものだと指摘しています。

　アイデンティティには「私は誰？」に対するあらゆる答えを含みます。例えば、

- 職業やキャリアにおけるアイデンティティ
- 政治的アイデンティティ
- 宗教的アイデンティティ（特定の宗教だけではなく、漠然とした宗教心も含む）
- 異性関係のアイデンティティ（独身か結婚か同棲か）
- 達成に向けた動機の程度

- 性的アイデンティティ（異性愛か同性愛か両性愛か）
- 文化的アイデンティティ（どれほど強く文化伝統の影響を受けているか）
- 興味（スポーツ、音楽、その他の趣味）
- 性格（内向性、誠実さ、人あたりの良さなど）
- 身体的アイデンティティ（ボディイメージ）

　何と盛りだくさんでしょう。アイデンティティの探求過程（プロセス）で、エリクソン（Erikson 1950, 1968）は思春期を心理社会的モラトリアムの時期、または「幼少期の安心と大人としての自立との狭間」と捉えています。この時期の子どもたちはまだ自己認識が十分に確立していないので、様々な役やスタイル、ありとあらゆるアイデンティティを試みます。だからこそ、思春期の女の子は毎月ヘアスタイルを変えたがったり、毎週違う感じの格好をしたり、毎日新しい親友を作っては喧嘩をしたりするのです。この自分探しは十代の子どもたち（そして親にも！）に必ずと言っていいほど不安をもたらします。複雑なことに、個人の役割は状況（例えば、家族といるときと友だちといるとき）によって変わるため、統合的なアイデンティティを見出すのは非常に困難です。ジェイムズ・マルシア（Marcia 1980, 1994）は、アイデンティティの発達期を「危機」と見なしています。自分が誰なのか、どこへ向かっているのかわからないまま、数多くの選択を迫られることは、究極の不安起爆剤となります。

　アイデンティティの探求にはストレスがつきまといます。しかしこの探求は実は非常に大切なことなのです。子どもが自分でアイデンティティを探さないと、アイデンティティの「受け取り権喪失（foreclosure）」が発生し、外部から何らかのアイデンティティを押しつけられることになります。アイデンティティを「質流れ（foreclosed）」にしてしまった子どもは変化に耐えられず、多くのストレスを抱えながら、自分の力をわずかしか発揮することができません（Rice and Dolgin 2005）。変化、決断、ストレスとなることをすべて避け、自分がしなければならない戦いを他者にまかせることで安堵を得るようにもなります。アイデンティティの「受け取り権喪失」は、「子どもに何が一番良い

かは私が知っている」と自負する親が、良かれと思って自分の決断を子どもに押しつけた結果、生じることがよくあります。親に従う子どもがすべて不幸せだという意味ではありません。子どもには命令ではなく、選択を提示するのが大切なのです。特に子どもが十代でASDの場合、親は他に選択肢があっても気がつかずに、「これしかない」と思うものだけを与えがちなため、このことはとりわけ重要になります。

　ASDの少女たちが具体的にどうアイデンティティを深めていくのかについては、ほとんど知られていませんが、「自己決定(self-determination)」はアイデンティティの発達にプラスの役割を担うはずです。自己決定とは、自己コントロールされた目的志向行動のことです。これについては第5章でも述べていきます。

　ASDの女の子たちにとって、診断はアイデンティティの一部となるでしょう。自分の強みと弱みを理解しておくことは、大人になると一層重要になっていきます。診断について説明する際には、子どもの認知能力を考慮して情報を与えましょう。アイデンティティは決して診断だけに基づくものではないのだということを、なかなか理解できない子もいます。そういう子には、この分野で経験が豊かな療法士(セラピスト)へ相談するなど、さらなる支援が役立ちます。自閉症の十代の子どもたちについて、また、自閉症が彼らのアイデンティティにどんな意味を与えるのかに関しては何人かの研究者たちが広く記しています（巻末の資料を参照）。

認知発達

　思春期への移行には、認知処理や思考能力の変化も伴います。この時期に到達する認知発達段階は「形式的操作思考(formal operational thought)」(Santrock 2007)と呼ばれています。抽象思考が発達するのもこの時期です。通常、十代になれば仮想状況について論理的に判断したり、具体的ではないこと（冷静さ、敵意、親切など）への概念理解を深めるようになります。規則に基づいた理由づけは、思春期の問題解決の基盤にはなりにくいものです。思春期には、曖昧さ、多様な視点や意見、自由な考えが規則よりも大事になるからです。また抽象思考の中でも「メタ認知(metacognition)（自分自身の思いを考えること。自分の思考に何が影響しているかを認識すること。自分の思考をモニターするこ

と)」の力はこの時期、特に発達します。しかし、物事を言葉通り具体的に考えがちなASDの十代の子どもたちにとって抽象思考は難しい領域です。

　思春期の後期になると、将来の計画と意思決定はどの若者にとっても認知上の２大課題となります。どちらにも抽象思考と仮想シナリオに対する判断が必要です。この時点で、子どもたちは将来を考え、計画を立てられなければなりません。自分で決断を下し、自分の行動がどのような結果につながり、さらに将来にどうかかわっていくかを理解するよう求められます。「実行機能（activity calendar executive function 活動の計画や管理、課題の開始、作動記憶、注意の持続、作業の監視、衝動の抑制）」に障害があることが多いASDの子どもたちには、これも難しい分野です。将来の設計や意思決定はどの子にも不安を与えますが、ASDの場合、認知の仕方に問題があったり、将来を見通す際には変化も考慮しなければならないため、特に不安は増大します。

自立と自律

　十代の子どもたちは感情的、身体的、心理的、そして経済的にと、少しずつ親からの自立を迫られます。思春期の課題はすべて自立というゴールに結びついています。乳児期の発達課題でさえも全部この最終ゴールに向けられていると言えるかもしれません。定型発達の子どもたちに比べ、ASDの子どもたちは親を頼りにしがちです。自立と自律は困難になることがあります。ASDの少女が実際にどのくらい自立できるようになるかは、認知力や障害のレベルによりますが、親からの支援は最少に、自分の力は最大に用いて機能していけるようにするために、これらのゴールは維持しておくべきです。

思春期×自閉症＝どちらも２乗？

　本章の冒頭に引用した文章は、思春期に入ったASDの子どものいる家族の多くから寄せられた典型的な体験談です。親御さん方にこの文章を見

せると、よく「その通り！」という反応が返ってきます。思春期、自閉症、どちらにも困難がいっぱいです。その２つが一緒になるのですから、混乱や思いがけないことは起こるはずです。多くの親御さんが「子どもがとった行動は自閉症で説明できるのか、思春期のせいなのか、それとも両方に原因があるのか、考えてみても日によってまちまちで、わからなかった」という経験をしています。あるお母さんが、14歳の娘さんの新しい行動のことで相談に来られました。その子は急に、朝、洗面所で長い時間を過ごすようになり、親への口答えも始まっていました。お母さんを「格好悪い」と責めることもありました。私たちは「状況から判断すると、これは娘さんの診断名（特定不能の広汎性発達障害：PDD-NOS）に関連する問題行動などではなく、単に典型的な14歳の行動です」と、お伝えしました。とうとう娘が「普通の」ふるまいをするようになったことを喜んでいいのか、腹を立てるべきかとお母さんは困惑していました。このケースは十代のASDの子どものいる親御さんから最もよく聞く質問のほんの一例です。自閉症のせいか、思春期のせいかといえば、たいていの場合、その両方です。14歳の子が朝の支度に時間をかけるようになったのは、こだわりや反復行動が増えたせいでしょうか。それとも母親の化粧品などを試しているせいでしょうか。このケースでは、後者に微細運動スキルの乏しさも加わっていました。しかし、このような判断は、洗面所にいる娘を親に定期的にチェックしてもらい、さらに母と娘の両方から話を聞いて初めて下せることです。ASDの思春期の子どもたちの行動は注意深く観察することが必要です。分析をする場合は、行動の目的と共に、その行動が発達相応かどうかも検討するべきです。

思春期の具体的な問題

　思春期には十代の少女ならではの困難が新たなセットになってやってきます。例えば、うつになる率は男女共に同じですが、女の子の場合、13歳からうつ症状が出る率がぐんと高まります（Twenge and Nolen-Hoeksema

2002)。以下は思春期に多く見られる問題の概略です。決して包括的なリストではありません。娘さんの行動に変化があれば、何であれ注意を払うことが大切です。より大きな問題をはらんでいる場合があるからです。

早熟

アメリカの子どもの成熟は通常8歳半から13歳の間に始まります（Murphy and Elias 2006）。女児の場合、早熟とはその始まりが7歳以下を指します。日本では、7歳6か月未満で乳房発育が起こる、8歳未満で性毛や腋毛が発生したり、外陰部成熟が起こる、10歳6か月未満で初潮をみる、が早熟の目安です（厚生労働省 研究班『中枢性思春期早発症の診断の手引き』2003）。

ASDの子どもは定型発達の子よりも早熟なことが多く（Sicile-Kira 2006）、医学的にも心理学的にも非常に複雑化している場合があります。早熟だと、しばしば背が低くなります。成熟が完了すると体の成長は止まります。最初は同級生より背が高くても、やがてそれ以上伸びなくなってきます。早熟な子は、自分は他の子とは違うと感じ、また同年齢の子どもたちから疎外されることもあります。その結果、低い自尊心やうつに至ることもあります。

- **注意点**：8歳前に、胸が大きくなる、月経が始まる、性毛や腋毛が生える、大人のような体臭がする、にきびが出るなら、早熟かもしれません。
- **するべきこと**：娘さんの成長が普通よりも早いと思ったら、医者に相談することが大切です。血液検査でホルモンレベルを調べれば早熟かどうかの診断がつきますし、成熟を遅らせる薬で治療もできます。

てんかん発作

てんかん発作はASDの人たちの約25％に起きています（Cantino 2007）。しかし、発作の有病率が性差に関係しているかどうかはわかっていません。12歳から29歳までのASDの人たち60人を調査した結果、38％が発作を経験していました（Rossi, Posar, and Parmaggiani 2006）。そしてそのうち

の66.7％が、12歳過ぎに初めての発作を起こしていました。発作が始まった平均年齢は11歳11か月でした。この研究は、思春期は発作が増える厳しい時期であることを示しています。十代のASDでも発作を経験しない子どもの方が多いのですが、親は発作の兆候と症状を知っておく必要があります。

- 注意点：意識がなくなる、激しい痙攣(けいれん)を起こすなど、見てすぐにわかる発作と、そうでない発作があります。反応がなかったり、宙をじっと見つめる、あるいは普通ではない体の動きなどほんのわずかな間（2秒足らずのこともあります）に、発作が起きていることがあります。周囲に気づかれないまま発作を起こしている可能性のある子どもには次のような兆候が見られることがあります。
    - 学力が急に低下する
    - 行動や認知力が衰える
    - 攻撃、自傷などの問題行動が突然に出現する
- するべきこと：発作の兆候がみられたら、神経科医に予約を入れることが不可欠です。脳の電流を測り、発作かどうかを診断するために脳波検査（EEG: electroencephalogram）を勧められるかもしれません。医師が発作を確認すれば、発作の調整や予防に効果のある薬が処方されるでしょう。

うつ

　思春期に入った女の子は、13歳までに男の子よりもはるかに多くうつ症状を現します。15歳までにうつになる女の子の率は同年齢の男の子の2倍にもなります（Santrock 2007; Twenge and Nolen-Hoeksema 2002）。また、よく注目されてきたことですが、アスペルガー症候群や高機能自閉症の人たちは、その多くが十代でうつ病を併せもつと診断されています（Ghazziudin 2002; Ghazziudin, Ghazziudin and Greden 2002）。これについては第5章で論じていきます。ASDの女の子の場合はどうでしょう。彼女たちがうつになる確率は2倍になるのでしょうか。残念ながら答えはわかりません。しかし、思春期のASDの女の子にかかわる人は、彼女たちのうつのリスクが高いことを念頭に置き、その兆候と症状についてしっかりと知っておくこ

とが重要です。

　ASDの子どもたちは思春期になると、自分が他の子たちとは違うことに気がつき始め、みんなの中にとけこみづらくなっていきます。前にも述べましたが、思春期には友だち関係の性質が変化します。単に一緒に遊ぶ間柄から、信頼、共有、支援を含むより複雑な関係へと移るのです。そのため、社会的な場面がASDの子にはさらに難しくなり、自分は疎外されているとか、みんなとは違っていると感じるようになります。常に疎外感や低い自尊心を抱えていると、うつを招きやすくなります。

- **注意点**：思春期のうつの特徴は、悲しい気分、引きこもり、怒りっぽい行動、絶望感です。さらに症状が進むと、活動に対する興味の喪失、体重の大幅な増減、睡眠パターンの乱れ、疲労感などが起こります。
- **するべきこと**：知的障害が軽い十代のASDの子どもたちには、認知行動療法（CBT）が効果的です。詳しくは第5章で説明します。ASDの人たちにかかわった経験のある精神科医であれば、うつの診断をした上で症状を和らげる薬を出すことでしょう。

不安

　テンプル・グランディンは自身の思春期を振り返り「人生最悪の年月」と書いています（Grandin 2006, p.xiii）。成熟は彼女に究極の不安とパニックをもたらしました。グランディンは「絶え間ない恐怖状態」の中で生きていたと述べています（Grandin 1995, p.111）。このような報告は他にもよくあります。思春期や成長による数々の変化は、ASDの子どもたちにとって特に不安の引き金となります。友だち関係は複雑になり、社会的な問題解決の知識が要求されるのに、その力が損なわれていることが多いのです。自立した十代として、整理整頓ももっと自分の力で行うよう期待されます。実行機能に障害があれば、これも難しいです。高校での勉強は具体性が減り、ますます抽象的になります。人間関係の機微を描いた文学作品なども読まなければなりません。登場人物の立場に立った筋書きを理解する必要が出てきますが、ASDの子どもには非常に難しいことです。

思春期は強烈な変化の時期であるだけではなく、よくわからないことが増える時期でもあります。不安を引き出す状況は様々ですが、**表2-1**にASDの若者と親からの報告による主なものを挙げました。初期の不安の大部分は身体の変化に関連しています。これは子どもには怖いものですが、予測がつき、意思決定はほとんど必要ありません。ところが、思春期後期の不安の原因は前期のように明白なものではありません。複合的なことが起きるため、意思決定も求められます。12歳では、月経やブラジャーが妨げになります。17歳になれば、通常そのような変化は通過しているのですが、新たな人間関係、仕事や大学など、高校卒業後の暮らしにまつわる不安が増えていきます。

- **注意点**：思春期の不安は様々な形で現れます。引きこもり、怒り、動揺、身体的興奮（発汗、赤面、筋緊張、速い呼吸などが増える）。ASDの十代の子どもたちの場合、固執行動やこだわりが増したり、融通性のなさが目立つようになることがあります。不安な状況では精神運動の動揺（psychomotor agitation）が起こったり、人とのかかわりを避けることもあります。食生活や睡眠の乱れが不安の現れの場合があります。

- **するべきこと**：思春期に伴う変化に対応する準備をさせておくと、不安は減ります。深呼吸やヨガなどのリラックス法も不安の緩和に役立ちます。知的障害の軽い子のうつには認知行動療法（CBT）（cognitive behavior therapy）が有効です。ASDの人たちにかかわった経験のある精神科医であれば、うつの診断と共に症状を和らげる薬を出すことでしょう。不安への対処法については第5章でもっと述べることにします。

ボディイメージと食生活の乱れ

先にも述べましたが、否定的なボディイメージは思春期の少女たちに共通するものです。彼女たちの約60％が自分の体重や体型に不満をもっています（Field et al. 1999）。摂食障害（注）の基準を満たすことはほとんどないのですが（Smolak 2006）、それでも半分以上の少女が食生活の乱れを経験

（注）食生活の乱れと摂食障害は同じものではありません。摂食障害は「精神疾患の分類と診断の手引き 第4版」の分類項目に含まれています。食生活の乱れは摂食障害ほど深刻ではなく、一般的によく見られます。

しています。体に対する不満と食生活の乱れは、よくない結果につながります。重い摂食障害へとつながるリスクが高まり、中には運動に参加できなくなる子もいます。

表2-1　年齢別による「成長」にかかわる不安　親と子の報告

十代前の不安：8～12歳
- 成熟の始まり
  - 生理
  - 胸の発達、ブラジャーの着用
  - ホルモンの変化
- 「十代」になること、「大人」になること
- 自分の社会がより複雑になる
- 勉強に対する要求が増える、カリキュラムが今よりも抽象的になる

十代前半から半ばにかけての不安：13～15歳
- 身体的な清潔に関する要求が増える
- 発毛、無駄毛の処理
- 制汗剤の使用
- にきび
- 月経の処理
- 感情の調節障害、気分の著しい変化
- 同級生たちの興味の対象が変わり、友情が保てなくなる
- 同級生たちの興味はガールフレンド、ボーイフレンドを作ること
- 子どもっぽいおもちゃやゲーム、活動への興味を手放す恐れ

十代半ばから後半にかけての不安：16～19歳
- 車の運転を習うこと（複数の処理作業をこなし、系統立てる能力、協調運動能力が必要になる）
- 高校卒業後の進路を考えなければならない（大学進学への準備、就職活動）
- 家を離れる可能性
- 責任
- 地域に出ていくこと
- 人との関係を築きたいという願い、あるいは人間関係への無関心
- 友だちの保持

摂食障害は思春期の少女たちの中で3番目に多い疾患です（Rosen 2003）。よく知られている摂食障害は拒食症と過食症です。拒食症とは、体重の増加を極度に恐れ、体重が年齢と身長に対する正常体重の85％以下になることです。「飢えを超えた痩せることへの容赦ない追求」（Santrock 2007）とも表現されています。過食症とは、大食と浄化行動（自己誘発嘔吐、下剤の使用、過剰な運動など）がパターンになってしまう症状です。拒食症、過食症どちらも女性には男性の10倍多く見られます（Santrock 2007）。拒食症と違い、過食症の人は体重が少ないようには見えません。実際、彼女たちの体重は平均か、ややそれを上回る程度です。しかし、どちらの摂食障害も極めて危険で、放っておけば死に至ることがあります。

　ASDの子の摂食障害の有病率や、履歴に関する研究はほとんどありません。このことについては第5章でも述べていきます。最近の疫学研究では拒食症の社会認知的障害に着目して、拒食症と自閉症には遺伝子上の関連がある可能性を示しています（Zucker et al. 2007）。選択摂食（選んだ食べ物以外はまったく食べないこと）はASDの人たちに非常によくみられます（Schreck and Williams 2006）。親は、子どもの偏食の原因が食感や匂いなどの感覚的な問題なのか、あるいは痩せたくて食べ物を拒否しているからなのかを見分けることが必要です。見分けるには次の2点がキーポイントになります。まず、偏食が長く続いていないかどうか。偏食が続くと選択摂食に陥りやすいのです。次に、口にしない食べ物とカロリーに相関関係がないかどうかをみます。

- **注意点**：娘さんの食習慣に目立った変化がないか、体重に大幅な増減がないかどうか、気をつけてください。娘さんが自分のボディイメージや周囲の人たち（マスコミに登場する人たちも含む）の体格について話すことにも注意します。
- **するべきこと**：食生活の乱れや体に対する不満が現れる前に、どの母親にもできることは健康的な食事とボディイメージの模範を示すことです。遺伝子は体型に大きな影響を与えるため、母と娘の身体的特徴は似る傾向があります。自分の足が太いと嘆いてばかりいる母親は、否定的なメッセージを娘に送っていることになります。娘

さんが体型の不満に悩んでいるなら、認知行動療法の療法士(セラピスト)に相談するとよいでしょう。

食生活の乱れが見られたら、医師の診察が必要です。この問題には、認知行動療法、家族療法(セラピー)、栄養相談など多くの介入方法があります。抗うつ薬が使われることもあります。

衛生の問題

ASDの十代の子どもたちは、体の清潔を保ったり、身だしなみを整えるのに苦労することが多いのですが、それには様々な理由があります。1つ目の理由は、体の変化です。それによって、衛生にまつわる処理作業(タスク)が新たに増えたり、変わったりするからです（シャワーを浴びる回数が増える、制汗剤の使用、生理用ナプキンの選択、むだ毛の処理など）。全般的に変化を嫌う子どもたちはこのようなタスクを避けようとするかもしれません。体の変化と月経に関する衛生事項については第3章、第4章でも説明します。

2つ目の理由は、微細運動機能の不全と協調運動能力の問題です。身だしなみの道具を使いやすくすることが必要かもしれません。16歳の娘が石鹸をうまくつかめないのでシャワーに入っても体を洗わないという相談を受けたことがあります。そこで、手袋状のボディタオルとポンプ式のボディソープを使わせるようにしたところ、彼女は急に、体の大半を1人で洗えるようになりました。もし作業療法を受けているなら、セラピーのプログラムに衛生に関する目標も加えられるかどうか、ぜひ相談してみてください。

3つ目に考えられる理由はASDの人たちに共通する感覚の問題です。石鹸やシャンプー、制汗剤の香りや感触が嫌なのかもしれません。香りの弱いものを選び、感触にも慣れさせていくとよいでしょう。歯茎や頭皮など、体の特定部位が特に敏感な子どもがいます。行動療法のセラピストに相談をして、過敏な部位への圧に慣れるような練習プランを立ててもらうのも一案です。

行動上の問題

　ASDの十代の多くに、他人への攻撃、器物損壊、自傷、かんしゃくなどの問題行動がみられます。このような行動があると、地域での教育や社会生活、就労の機会が限定され、生活の質にも悪い影響を及ぼしかねません（Koegel, Koegel, and Dunlap 1996）。家族や介護者のストレスも大きくなります（Lucyshyn et al. 2002）。問題行動の一般的な原因はASDの幼児の場合とよく似ています。十代の子どもたちも、特に圧倒されると、自分の欲求や必要を伝えられなかったり、複雑な感情を表現できなくなることがあります。それが怒りやかんしゃく、メルトダウン（くずれ落ちる）へとつながるのです。

　問題行動はしばしば「男の子の問題」として扱われます。社会では男の子はもともと乱暴だと思われているので、騒々しかったり、攻撃的なふるまいをしても驚かれません。十代の男の子がけんかをしても「男の子ってほんとに…」などと言われるだけです。しかし女の子は違います。優しく礼儀正しい「良い子」でいるよう期待されています。問題行動を起こそうものなら「女の子のくせに」と言われます。それゆえ女の子の問題行動は一段と目立ってしまうのです。ASDの女の子は、社会が求める「若い女性」のひな形には、なかなか合わせられません。

　問題はASDから来るものだけではありません。ASDであっても、典型的な十代の態度を現すことがあります。ASDの有無を問わず、親たちは十代の我が子を評するとき「不従順」「怠けている」「無作法」「反抗的」「気にさわる」といった言葉を使います。十代の子どもたちは、経済的にも感情的にも親から自立する準備ができていないのに、もっと自主的になりたくて、親のルール（夜間外出の禁止など）には従いたくないのです。社会化や意思決定に関連する不安も問題行動を煽る一因となることがよくあります。さらに、ホルモンも影響します。特に女の子の場合、感情的・身体的に月経の副作用として問題行動が現れることがあります。その影響は、本人がいかにホルモンと体の変化を理解し、それに対処していけるかによって左右されます。

　私たちは、娘さんの深刻な問題行動に何年も悩んでいる親御さんから、よく相談を受けます。中には子どもが思春期に入るまで何の支援も求めな

かったケースがあります。子どもの年齢が低ければ、問題行動はより対処しやすいものです。例えば、子どもが小さいうちは、店でかんしゃくを起こしても、抱き上げてその場を去ることができます。しかし娘さんの体が大きくなり、大人っぽくなると、もうそういうわけにはいきません。つらいことですが、問題行動は何年も続けば続くほど、矯正するのが難しくなります。ですから、子どもに問題行動が現れたら、間を置かずただちに適切な対処をとることがとても大切です。行動が手に負えなくなってから支援を求めるようではよくないのです。

問題行動はどんなものでも、その目的を知るために分析を行うべきです。目的には、他者の注意をひく (Durand et al. 1989)、不快な状況の回避、あるいはそこからの逃避 (Carr, Newsom, and Binkoff 1980)、具体物の獲得 (Durand and Crimmins 1988) などがあります。いくつかのメタ分析によると、行動目的に基づいた介入はそうでないものよりも成功率が２倍高いことがわかっています (Carr et al. 1999; Didden, Duker, and Korzelius 1997; Didden et al. 2006)。問題行動の目的が特定できれば、適した介入プランを立てることができるのです。

行動療法のセラピストに相談することもお勧めします。問題行動は視覚支援とトークン法などの方法を行うことで減らすこともできます。トークン法とは良い行動に対して、ご褒美としてトークン（１円玉やトランプで使うチップなど）を与える方法です。ASDで知的障害が軽い子どもには認知行動セラピストから怒りのコントロールや感情の調節方法を学ぶのもよいでしょう。

性とマスターベーション

子どもと性について話すのは難しいと、親のほとんどが感じています。しかし、マスターベーションを含めた性について、思春期を迎えたASDの子どもと話し合うことはたいへん重要です。ASDの少女たちの感情と社会性の発達は遅れることがありますが、生物的な発達は定型発達の子と同

じ時期に起こることが多いのです。

　性とは単にセックスのことだけではありません。異性関係、自分のジェンダーの確認、道徳、ボディイメージ、また性的に成熟した人間がもつ感情なども含みます。私たちはそうしたことを親や学校、同級生、宗教関係、マスコミなどから学び、総合的な性的発達を遂げるのです。性に関して知っておくべきルールはたくさんありますが、その多くはどこにも書いてはおらず、社会的な理解やニュアンスから学びとることになっています。ASDの女の子たちにはそれらの情報をはっきりと教える必要があります。そしてそういうことは親が話すのが一番なのです。親が話さないでいると、彼女たちは他の情報源に頼るようになります。そうして得た情報は不適切だったり、家族の考えに反することがあります。性の問題と、この話題を実際に娘さんにどう切り出すかについては第7章でさらに述べていきます。

　マスターベーションは性探求の一方法で、性的発達の一環としてごく普通のことです。しかし社会的には恥ずべきことだという風潮があり、マスターベーションを禁じている宗教もあります。子どもにマスターベーションのことを話すときには、自分自身と家族の考えを重視してください。マスターベーションをいつどこでするかについて具体的なルールを教えておくことはとても大切です。マスターベーション自体は正常なことですが、公共の場で行ったり、執着してしまうと問題行動となります。

指導の道具箱：ガイダンスとテクニック

　思春期の少女にはたくさんのことを教えなくてはなりません。ここまで様々なトピックについて書いてきましたが、それぞれの詳細については本書全体を通して述べていきます。思春期にまつわる問題やスキルの多くは、子どもたちにとって初めてのことでしょう。しかし、それらを教えるテクニックは別に新しいものではありません。これまでの皆さんの療育概念を用いてできるものです。信じられないかもしれませんが、子どもに名前の

書き方を教えるのと生理用ナプキンのつけ方を教えるのに大きな違いはないのです。一番の違いは、あなたの気持ちの持ち方です。思春期にかかわることは、その他のことに比べるとデリケートで恥ずかしく、話していて楽しいものではありません。以下は指導ガイダンスのまとめです。次第に慣れるものが多いと思います。

- **先を見越して**：可能な限り、問題が起きる前にスキルを教えましょう。月経など、おそらく必ず起きることは予測できます。娘さんがしっかりと備えられるように、先に計画を立て、指導しましょう。新しいスキルの習得期間を甘く見積もらないことです。娘さんが苦手な領域（感覚的なこと、変化への対応、運動機能など）をよく覚えておきましょう。新しいスキルが苦手分野にかかわる場合は、指導にかける時間を増やします。
- **具体的に**：ASDの子どもたちは抽象的なことや時間の経過にかかわる情報が苦手です。できるだけ具体的に実物を提示しましょう。例えば生理用ナプキンを替えるタイミングを「もうそろそろ」とか「あと２時間ほどで」と伝えてもわからないかもしれません。１日に何度か取り替える時間帯を決め、はっきりとしたスケジュールを作りましょう。
- **一貫して**：子どもに対する要求は一貫させてください。新しいスキルを教えるとき、一貫性は不可欠です。例えば、プライバシーについて教えるなら、着替えは必ず寝室や更衣室で行うというルールを決めます。１日でも例外を作ってはいけません。急いでいるから今日は台所で着替えてもいいなどと言ってはいけません。一旦そうしてしまうと、娘さんは混乱するでしょうし、それまでの指導の努力も水の泡になりかねません。
- **わかりやすく**：一貫性と具体性に通じることですが、娘さんへの要求には明確さも必要です。例えば、自分の部屋を片づけなさいと言う代わりに、するべきことを具体的なリストにしましょう（例：ベッドを整える、本を本棚に入れる、床にある汚れた服を拾い、洗濯かごに入れる）
- **シンプルに**：シンプルな教え方をすると、子どもはより効果的に学べます。娘さんに何を理解してほしいかのか、まず、その基本レベ

ルを決めます。それ以上のことは後で付け足すことができます。強化（ご褒美）の仕組みを複雑にする必要はありません。中には複雑にしすぎて、こなすことができなかった親御さんもいます。仕組みが複雑だと子どもは理解できず、親自身にも大きな負担となります。「シンプルに」を心がけると相互のプラスになるのです。

- **何度も繰り返す**：教えるときには、ASDの子どもたちは情報やスキルを1回ではなかなか学べないことを覚えておいてください。何度も繰り返すことが必要です。指導項目はたびたび見直しましょう。子どもの進歩が遅くてもがっかりしてはいけません。スキルを般化できるように様々な状況で教えることも大切です。例えば、知らない人が玄関のチャイムを鳴らしたとき、どうするべきかは知っていても、ショッピングモールや映画館で知らない人が近づいてきたときにはどうしたらよいのかわからないかもしれません。そんなことはわかりきったことに思えるでしょうが、娘さんにはそうでないことがあるのです。しつこくてつまらなくなることを覚悟しつつ、このような重要事項は何度も繰り返し教えましょう。

- **練習の機会を与える**：自転車を持っていない子に自転車の乗り方を教える人はいないでしょう。同様に、練習の機会を与えずに、スキルだけを教えてはいけません。例えば、あなたの同僚に「知らない人」になってもらうとか、コンビニに小さな物を買いに行かせるといったことも練習になります。髪の洗い方を教えるよりも、あなたが洗ってあげる方が楽かもしれません。しかし、それでは娘さんは洗い方を覚えません。指導したスキルの練習には十分な時間をかけてあげましょう。

- **様々な感覚に訴える**：ASDの人たちの多くは聴覚による情報処理が苦手です。だから話しかけるべきではないということではもちろんありません。言葉がけによる指示だけに頼ってはいけないということです。ASDの子どもたちの認知能力は様々ですが、どのレベルであっても視覚支援は欠かせません。子どもの力に応じて、絵や写真、文字を使います。体を使って物を操作することで学びやすくなる子もいます。その場合はその物を用いた練習も必要になります。

- **課題を小分けにする**：洗髪や洗濯など私たちが日常的に行っていることは、たいがい私たちが考えるよりもはるかに複雑です。課題分

析を行って、動作を簡単なステップに分解しましょう。例えば、むだ毛を剃るときには、シェービングクリームを塗りなさいという指示ではなく、「まず脚を濡らす」「次に手の平にゴルフボールの大きさのシェービングクリームを出す」「それから脚の前の方にクリームを塗る」「脚の横にも塗る」……と順を追って伝えるのが良い方法です。

- **適切な強化子を与える**：何かをすること自体が自然に強化子になると思ってはいけません。あなたには楽しいこと（パーティーに行く、時間をかけてシャワーを浴びるなど）が、娘さんにとっては不安を煽るものだったり、嫌いなこと、おもしろくないことかもしれません。実際に娘さんの行動を強化するものを見つけましょう（例：本、レンタルビデオ、食べ物）。娘さんが嫌いな課題を行うときには強化子を増やします。

- **社会的な目的を結びつける**：新しい課題を教える際には必ず社会的な理由を説明します（例：歯磨きをしないと嫌な匂いがするから、誰も近づかなくなるよ）。はっきり教えないと、ASDの子は行動の社会的な意味合いがわからないことがあります。また、娘さんと一緒にいるときには「教える機会」を見逃さないようにしてください。周囲で自然に起きる状況は貴重な教訓や例えを示すからです。

- **落ち着いて、支援的に、真剣に**：話すときの姿勢は、内容によって簡単なときもあれば、そうでないときもあります。しかし、その時の子どもの反応は、あなたの話し方によって変わるということを覚えておく必要があります。もしあなたが恥ずかしがって話せば、娘さんは「この話題は恥ずかしいことなのだ」と思うようになるでしょう。話すときには、いつも落ち着いて、客観的な情報源としての自分を保ってください。そして批判的ではなく、支援的に。最も大事なことは、パニックにならないことです。あなたがパニックになれば娘さんもパニックになります。自信をもって！

　以下の項目は、思春期のASDの少女たちを支援する上で私たちが有効だと認めた指導テクニックです。これらのテクニックを使えば、思春期に必要なスキルを学びやすくなり、若い女性としての役割の変化も受け入れやすくなります。十代の子は1人ひとり違います。ある子に効果があって

も別な子にはそうでないことがあります。娘さんに一番有効な方法を知っておくことが大切です。ビデオを使ったモデリングが過去に成功したなら、使い続けるとよいでしょう。もし効果がなかったら、別な方法を試してください。残念ながら、これが一番効果があるという実験記録はありません。娘さんの力に働きかけるような方法を使いましょう。1つのことを教えるのに様々な方法が必要かもしれません。最も良かった方法を書きとめておいて、特に難しいことに対処するときにはそれを思い出して使ってみましょう。あなたはもう何年も、娘さんに世の中の渡り方を教えてきたではありませんか。そのことを思い出してください。今度はその経験を活かすときなのです。

- **視覚支援**：視覚支援にはたくさんのやり方があり、様々な能力レベルに対応できます。指導にだけではなく、日課を定着させるためのリマインダー（思い出すためのヒント）としても使えます。視覚支援には、カレンダー、スケジュール表、絵や写真、リマインダーカード、チェックリスト、写真付きのスケジュール表なども含まれます。
- **日課とスケジュール**：日課とスケジュールがあれば、生活は予測しやすくなります。ASDの子どもたちには予測がしやすいことが重要です。何かしながらでも見えるように、スケジュールは紙に書いて貼り出しておきましょう。例えば、シャワーのスケジュールなら、浴び方を詳しく表してラミネートをしてシャワーのそばに掲示するとよいでしょう。また、1日の流れを示したスケジュール表も便利です。1日中それを持ち歩きたがる子もいます。
- **モデリング**：子どもに学ばせたい行動は、親、きょうだい、同年代の子どもたちが模範を示して教えることができます。子どもにはモデルが今何をしているのか、また自分が何を学ぶことになっているのかを具体的に説明します。
- **ビデオモデリング**：教えたい行動をビデオテープに撮って見せるモデリング方法も効果的です。再生や巻き戻しができる上、特に習得させたいスキルの場面で一時停止をして教えることもできます。
- **ロールプレイ**：実際に自分でしてみることで最もよく学べる子がいます。娘さんには、するべきことをロールプレイのシナリオで練習

させるとよいかもしれません。特に社会的場面、危険な場面、自然にはなかなか発生しないような状況について学ぶときに効果的です。

- **社会的場面の解説**：娘さんを主人公として社会的場面を設定し、短い解説を書きます。解説にはその場面で起こりうることと共に、そこでどうふるまい、なぜそうしなくてはいけないのかも加えましょう。
- **ソーシャルスクリプト**：ソーシャルスクリプトとは社会的場面でどうふるまい、何を言うべきかをプロンプト（動機づけの記号や文字）として書き出したものです（例：電話に出たら何と言うか、映画のチケットはどう買うかなど）。
- **パワーカード**：パワーカードとは適切な社会的相互作用を教えるために、子どもの特別な興味を用いた視覚支援方法です。パワーカードは2部構成になっており、前半には、特定のシナリオの中で子どもの好きなキャラクターがどう行動するか、どう問題に対処するかを記します。後半には、子どもが前半のシナリオに似た場面や問題に直面したときにキャラクターと同じ行動をとるよう励ます文を書きます。
- **テレビや映画**：テレビや映画には十代の子が遭遇する典型的な社会的場面がふんだんに見られます。自分が好きな登場人物は他の人物と区別がつきやすいので、影響を受けやすいという利点もあります。テレビや映画を一緒に見ていて、興味深い場面や応用できそうなことが出てくればそのことを話してあげましょう。指導の機会を大いに利用してください。
- **本やインターネット**：十代のASDの人の多くは、中でも比較的認知スキルの障害が軽い子どもたちは読書が好きです。そして、親には話したくないトピックについて読みたがることがあります。月経とかマスターベーションなどプライベートなことになると一層その傾向は強まります。子どもに読ませたいものを与え、後からそれについて話し合うのもよいでしょう。どんな読み物がよいのかは本書で勧めるウェブサイトのリストを参考にしてください。理解が難しいトピック（タンポンの使用など）についてビデオを載せているサイトもあります。良い教材となるでしょう。

ニモから学ぶこと

　何年も娘さんを守り育ててきた後、その成長を目の当たりにすると少し不安を感じることがあるかもしれません。家庭の世界は四方を壁に囲まれ安全です。しかし娘さんを壁の内側に永遠に閉じ込めておくことはできません。あるお母さんは、娘の成長に対する思いをディズニーのアニメ映画『ファインディング・ニモ』に出てくるマーリンに重ねていました。マーリンは過保護なシングルファザーで息子のニモを非常に心配しています。悪者がニモの母親と卵を残らず攻撃して以来、ニモのヒレは曲がっています。マーリンは息子を守るためにあらゆる手を尽くします。海の中にはたくさんの危険が潜みます。マーリンは絶えずニモに警告していたのですが、ニモはボートでさらわれてしまいます。そして父親から離れたところで、自力で生きていくことになり、結果的にうまくやっていきます。これは魚の物語ですが、子どもが成長し、親元を去らなければならないときに親子双方が感じる不安について多くのことを語っています。我が子が世の中に踏み出し、問題に立ち向かう姿を見るのは怖いかもしれません。しかし、ヒレが曲がっていてもニモが困難を乗り越えたように、ASDがあっても娘さんは驚くほどの成長を遂げ、問題にも対処していくことでしょう。

映画を使って教えましょう！

　私たちはテレビ番組や映画の中に、ASDの女の子たちに教えたい社会的概念の例はないかとずいぶん時間をかけて探してきました。次に挙げる番組と映画はお勧めです。時代背景が様々で、話の設定もスポーツその他、いろいろな活動がもとになっています。この中に娘さんと一緒に楽しめるものがありますように。オスカー賞にはほど遠くても、十代向けの映画の良いところは、顔の表情や声のトーン、仕草が大げさなのでわかりやすいことです。娘さんが映画鑑賞に興味を示さなければ、ご褒美や強化子を考えてみましょう。どうしたら、あなたと「映画の夕べ」を過ごしたいと思うかです。あなたの薦める映画を見たら、今度は娘さんの好きなアニメなどを見るのはどうでしょう。映画を使って学びの機会をもつことは非常に

価値のあることです。テレビや映画を使うときには次のようなこともできます。

- 短いコマ単位で見る。
- 一時停止をして話し合う。
- 音量を消し、登場人物の非言語の合図を見てメッセージを読み取る。
- 登場人物の声のトーンを聞く。そのトーンはその人が話す内容に合っているかどうかを考える。
- 物語の流れについていく。登場人物の立場に立った見方を理解できるようにする。
- 意思決定について話し合う。登場人物は何をすべきかを考える。
- 適切な行動と不適切な行動の例を示す。不適切さを数字などで表すカードを作り、それを使って娘さんに映画やテレビの中の特定の行動を評価させる。

やりとりを交えながら行いましょう。

1980年代/1990年代
『キャント・バイ・ミー・ラブ』Can't Buy Me Love
『恋しくて』Some Kind of Wonderful
『プリティ・イン・ピンク／恋人たちの街角』Pretty in Pink
『セイ・エニシング』Say Anything
『恋のからさわぎ』10 Things I Hate About You
『シーズ・オール・ザット』She's All That
『待ちきれなくて』Can't Hardly Wait

2000年代 ロマンスもの
『プリティ・ガール』The Prince and Me
『シンデレラ・ストーリー』A Cinderella Story
『ウォーク・トゥ・リメンバー』A Walk to Remember
『ラブ・アクチュアリー』Love Actually

女の子の派閥もの
『ミーン・ガールズ』Mean Girls
『クルーレス』Clueless

十代前半
『ハイスクール・ミュージカル』High School Musical

十代後半／ヤングアダルト
『バス男』Napoleon Dynamite（アスペルガー症候群かと思われる高校生の物語）
『最後の恋のはじめ方』Hitch
『10日間で男を上手にフル方法』How to Lose a Guy in 10 Days
『50回目のファースト・キス』50 First Dates
『25年目のキス』Never Been Kissed

アイス・スケート
『冬の恋人たち』The Cutting Edge
『アイス・プリンセス』Ice Princess

ダンス
『センターステージ』Center Stage
『セイブ・ザ・ラストダンス』Save the Last Dance
『ステップ・アップ』Step Up

スポーツ
『2番目のキス』（野球）Fever Pitch
『サマーリーグ』（野球）Summer Catch
『プライド　栄光への絆』（アメリカン・フットボール）Friday Night Lights
『ワン・オン・ワン　ファイナル・ゲーム』（バスケットボール）Love and Basketball
『ウィンブルドン』（テニス）Wimbledon

テレビドラマ
『アンジェラ15歳の日々』My So Called Life（非常に現実的。放送終了）
『ドーソンズ・クリーク』Dawson's Creek（単調。再放送あり）
『Degrassi Junior High』（単調。再放送あり）
『One Tree Hill』（痛快）
『The OC』（痛快）
『ゴシップガール』Gossip Girl（痛快）

第3章

思春期：「パパとママはあなたが ここにいるって知っているの？」

心の準備はできていますか？

　娘がASDだという知らせは、つらく苦しいものです。その事実を知った時期がいつであろうとも、親として未来に抱いていた希望や夢は永遠に変わってしまいます。親友、友だちの家でのお泊り、16歳の誕生会、初めてのキス、学校のダンスパーティーでのデート、結婚式で共に歩くバージンロード、孫の誕生、そういう想像はゆらぎ、代わりに別な思いが侵入してきます。いじめ、孤独、低い自尊心、虐待に対する無防備、体の変化や生理への対処、望まない妊娠、そういう心配が浮かんできます。あの子は愛されて、信頼できる人と親しい関係をもてるだろうか、と不安になります。親御さん方はよく自信を失って自分に問いかけます。「私たちはあの子を守りきれるだろうか。健康や安全や幸福を保ってやれるだろうか」。現実から眼をそらし、あの子はこれからもずっと小さな女の子のままだ、実際は成長していないのだと自分に言い聞かせる方が、ときには楽かもしれません。娘が思春期に近づき、心と体が女性に変容する頃、親の恐れはピークに達します。

　2005年、「青少年を守る会」（www.advocatesforyouth.org）は「親たちよ、話し合いのときが来た」と題して、セックスと性について子どもと話す大切さを説く教育キャンペーンを展開しました。このキャンペーンのマルチメディア教材にはビデオ漫画があり、私たちは発達障害の子どもたちの成長について講演を行うとき、必ずと言っていいほど使っています。このビ

デオ漫画は非常に大切なメッセージを伝えています。本章のタイトルもそこから引用しました。ビデオには8歳か9歳の女の子が現れます。彼女は人形を抱いたまま、困った顔で、不思議なピンクの水玉模様の象のような生き物を見上げています。その生き物の胸には派手な文字で「ししゅんき」と書かれています。女の子は恐るおそる「わたしのパパとママはあなたがここにいるって知っているの?」と聞きます。ピンクの生き物はほほえみを浮かべ、愉快そうに、いたずらっこのようなそぶりで「知らないみたい」と答えるのです。

思春期がいつ始まるのか、あるいはもう始まっているのかが、はっきりしないと、この時期の不安や心配は高まります。時には心配が過熱して、良かれと思ってしていることが、過保護へと曲がり進んでいることがあります。カナダの性科学の専門家、デイヴ・ヒングズバーガーは「保護監獄」という言葉を使いながら、子どもの安全を保ちつつ学習ニーズを満たすバランスについて述べています (Hingsburger 1995)。そのバランスは簡単に取れるものではありません。実際、私たちも過保護はもっともな反応だし、保護が行き届かないよりもずっと良いと強く思っています。しかし、親が子どものニーズと保護のバランスをうまくとれるようになると、思春期に対する思いはそれまでのように圧倒的ではなくなり、不安も和らいできます。そうなれば、思春期は、あなたと娘さん双方にとって、わくわくするような良い学びの時期になりうるのです。

思春期の始まりに対する複雑な思い

私たちのクリニックを訪れる親御さんが、娘さんの成長に示す反応は様々です。否認や憂慮の他、受容や喜びに対する恐れもあります。クリニックで行っている「ASDと大人になる」ためのプログラムの一環として、私たちは10週間に渡る親への心理教育を行っています。思春期に我が子をうまく導けるように、また子どもの性の出現をよく理解できるように支援することが目的です。このプログラムの基本目標の1つは、もっと余裕をもって思春期を受け止め、子どもの健全な発達に必要な学習の機会や経験を与えられるようになることです。娘が成長しても「旅立ち切符」なんか

要らないと思う親御さんは大勢います。しかし、心構えをしていようが、していまいが、思春期は来るのです。親として、あなたにできる最善のことは、心構えをしながら、娘さんにもうすぐ訪れる変化に関する知識や情報を備えておくことです。

> ### ケーススタディ：ケイトリン
>
> 　ケイトリンは高機能自閉症の14歳の女の子です。多くのことにとても秀でており、学校でもうまく過ごしています。ただ、けいれん発作があるため、情報処理に長い時間がかかることがあります。会話での反応が遅れがちで、話の内容を全部理解しているのかどうか、定かではありません。母親は思春期と、特に将来について心配していました。ケイトリンは身ぎれいにすることが苦手でした。洗髪が嫌いだったため、毎日きれいにしているのはなかなか大変なことでした。ケイトリンは自分の容姿や服装にほとんど気を払いませんでした。そのことでも母親は、落胆していました。ケイトリンは着心地が良さそうなルーズな服ばかりを選んで着ていました。だらしなく見えることもありました。異性やデートにも興味を示していませんでした。母親は「いつか恋愛をしたいと思っても、あの子と一緒にいたいと思う男性は見つからないのではないか」と案じていました。親向けのプログラムで、当初彼女は母として自分にはケイトリンの可能性を十分に引き出してやる力があるだろうかと不安に思っていました。しかしプログラムが終わる頃には、その思いはひっくり返っていました。将来はもはや脅威にさらされた未知のものではなくなりました。娘の未来に希望をもってもよいのだという思いに支えられていました。プログラムの感想に彼女はこう記しています。「娘には未来があるとわかりました。性的な関係と結婚についての明るい未来です。プログラムに参加する前は、先のことを考えると怖くてたまりませんでした。今は希望と喜びをもって娘の成長を見るのが楽しみです。この思いが私から娘へのより良い支援となるよう願っています」

思い切って飛び込んでみる

　本章では思春期にどう備えたらよいのか、またこの時期にスムーズに入るためのスキルや知識を親子でどう身につけていけばよいのか、について述べていきます。思春期への心構えはどの親にとっても簡単ではありません。もし娘さんに自閉症その他の発達障害があるなら、思春期への移行は一層つらく、受け入れ難いものかもしれません。喜び祝うなど到底考えられないかもしれません。発達障害がある女の子の思春期は、こっそりとやって来て突如姿を現すように見えることがよくあります。これまで私たちは多くの親御さんから「準備もしていないのに娘の生理が始まった！」という慌てふためいた電話を受けてきました。「まだブラジャーをつけていないので娘さんが更衣室でからかわれた」と学校から連絡を受けた親御さんもいます。もしかすると、親として、あなたにも思い当たることがあるかもしれません。一方で、しっかり備えている方は、こういうエピソードを聞くと逆に驚かれるかもしれません。愛情にあふれた気配りのできる親御さん方が、なぜ思春期の訪れに、こうも油断するのでしょう。幼稚園から小学校への移行をこなし、娘の教育や介入のニーズをいつも一番に考えてきた人たちなのに、どうしてでしょう。以下の２点を考えてみると、実際は驚くことでもないのです。１つ目は、思春期を迎えるASDの女の子たちの心と体の発達がアンバランスなこと。２点目は、娘を守りたい、害から遠ざけたいという親の欲求です。はじめに「保護監獄」という言葉に触れましたが、そういう状態は、しばしばあっという間に出来上がり、一旦築かれると撤去が難しくなるものです。

ASDと思春期への適応

　娘さんの自閉症が、思春期、成長、体と心の変化にどういう影響を及ぼすのかを理解することが大切です。例えば、娘さんは感覚過敏ですか、生活の変化に弱いですか、そういうことを踏まえて、どんな指導アプローチが一番良いのかを考えると、思春期への移行計画は効果的なものになりま

す。もし娘さんがすでに変化の只中にいるなら、本人がどう対処しているかを考えてください。何か助けとなる方法がないか、今までとは違った視点で考えてみてください。先に挙げた「指導の道具箱」を思い出しながら、また今現在一番効果をあげている方法を考えながら、本章を読み進めてください。どの女の子もその子ならではの思春期を過ごします。何もかもまったく同じ経験をする子は1人もいません。しかし、この時期、ASDに関連する困難さには共通するものがあります。以下の項目で娘さんに一番当てはまるものはどれでしょう。

- □ 新しいことや変化が苦手
- □ 漠然とした不安
- □ 感覚の問題
- □ 感情の調節や気持ちの伝達が難しい
- □ 実行機能（整理する、計画を立てる、時間の管理などを行う能力）の障害
- □ 手先の器用さや協調運動能力の問題
- □ 社会性の発達の遅れ

思春期はいつ始まるのか

　ほとんど（約95％）の女の子は8歳から13歳の間に思春期に入ります。民族的な背景によって前後することはあります。ASD女児の初潮の年齢については予備的な研究がなされているところですが、現段階の調査ではASD女児の身体の成長は定型発達の女児とほとんど同じです。身体の成熟が年齢相応であるなら、認知、感情、社会性、心理的な発達はどうなのでしょう。ASDの女の子たちの認知スキルには多くの場合、遅れがあることが知られています。総合的な知的能力が平均を上回るような子であっても、高レベルの認知スキルや抽象思考にはしばしば問題が見られます。身体的には実年齢の発達に近くても、精神的、感情的、社会的年齢においては2年から10年の遅れがあることが多いのです。娘さんが14歳でも、人形で遊んだり、幼い子ども向けの番組を好んで見ているのなら、月

経など思春期の変化に対応できる知識やスキルを身につけなければならない「14歳」として見なすことは難しいかもしれません。親御さんの中には、身体的発達と感情・認知の発達は並行すると思っている人たちがいます。例えば、実年齢は14歳であっても、精神年齢が7歳なら、身体の発達も7歳なのではないかと考えるのです。そう思っていると、思春期のことを想像しないので、実際に変化が起きたときに心構えができていないことになります。

　先にも述べましたが、少女の思春期は通常8歳から13歳の間に訪れます。親は娘の成長や体の変化に7歳頃から気をつけておくべきです。身体的な変化の兆候が見られたら、医師に予約を入れることをお勧めします。兆候が7歳前に見られるときは早熟が考えられますので、すぐに受診することが重要です。医師には娘さんの性心理の発達段階や、あとどのくらいで性毛が生えたり、初潮が始まるかもわかるはずです。そういった時期が具体的に予測できれば、指導プランが作れますし、娘さんに来るべき変化への準備をさせることができるでしょう。あなた自身も心構えができます。深呼吸をして、対処スキルを養ってください。きっと十分な用意ができますよ。

指導のヒント：診察について

　ASDの少女たちにとって受診は大きなチャレンジです。その理由は、感覚の問題、新奇なことやよくわからない経験に対する不安など、たくさんあります。娘さんの心の準備ができるように、診察まで十分な日にちをあけて予約してください。娘さんには診察についてよく話し、リラックスさせてあげましょう。

- □ 準備期間を設けるため、予約は診察日の1週間前には行います。
- □ 親子で確認できるようにカレンダーの診察日に印をつけます。
- □ 可能なら、あらかじめ病院に出向き、許可が得られれば、建物やスタッフの写真を撮っておきます。

- □ 本人には写真や文章を使って、病院へ行くことと、そこでどんなことをするのかを説明します。緊張したり、不快になったときにはどうしたらよいのかも教えます（例：深呼吸をする、音楽を聴く、休憩したいと頼む）。
- □ リラックスの仕方を練習しておきましょう。
- □ 診察の目的を説明するときには、視覚補助（フローチャートや図など）を使うとよいでしょう。診察を肯定的にとらえてください。たとえあなた自身が不安を感じていても、娘さんにそういう気持ちを伝えてはいけません。娘さんはできるだけ安心して前向きな気持ちをもつ必要があるのですから。
- □ もし手に入るなら、おもちゃの聴診器や血圧計を使ったり、耳や喉を見る練習をしてください。ロールプレイを行い、娘さんにも医者の役をさせてください。練習を楽しんで！
- □ 診察時間の最初か最後に予約を入れます。あるいは病院側が忙しくない時間帯を選びます。場所や検査に慣れる時間が必要なら、2日分の予約が必要でしょう。
- □ 待合室には娘さんの好きな物を持っていきましょう。音楽を聴かせるとリラックスできますし、受付のざわざわとした音も遮断できます。
- □ 新しい場所や忙しい場面に圧倒されやすいなら、病院内で落ち着いて座っていられる静かな場所を前もって探しておきましょう。
- □ 娘さんがASDであることは医師にはもちろん、病院のスタッフにも必ず伝えておきます。さらに、医師と看護師には、検査の最中、次に何をするのかを娘さんに説明してもらいましょう。手作りの診察の説明書も持参しましょう。
- □ がんばって診察を受けたことに対してご褒美をあげましょう。どんなご褒美がよいのか、またそれをもらうにはどうしたらよいのかをあらかじめはっきりと話し合っておきましょう。意思決定の機会として、娘さんに積極的にかかわらせましょう。

基本スキル

娘が8歳になるまでに親は「基本スキル（処理能力）」の指導を始めるべきです。基本スキルとは次の4つのスキルを指します。

- 公私の場の区別とそれに応じたガイドラインに従う
  （例：服装、話題、行動）
- 清潔に関する日課を守る
- 他者のプライバシーを尊重する
- ※個人空間（パーソナルスペース）と接触に関する決まりを理解する
  ※パーソナルスペースとは身体の大切な部分（下腹部、胸部、殿部、肛門、性器、顔面）をさす。

基本スキルは、診断の有無、発語、認知力のレベルにかかわらず、成長する過程でどの子にも欠かせないものです。また、これらのスキルは一般に、適切な指導と行動マネジメントによって習得可能です。そのことは私たちの研究だけではなく、ノースカロライナにおけるTEACCHの研究などでも実証されています。1982年、ゲイリー・メシボフは性について教える際の能力別スキルに関する論文の中で（Mesibov 1982）、それらのスキルの指導には弁別学習を用いることができると述べています。弁別学習では2つの事柄の区別を学びます（例：裸でいてもよい vs 服を着ていなければならない）。私たちは実際にこの方法を用いて、効果を見出しました。最適な指導方法が何であれ、とにかく思春期を迎える準備の第一歩として、娘さんには基本スキルの習得が重要です。

ここで、基本スキルの最初の3項目、公私の場、清潔、プライバシーの尊重について詳しくみていきましょう。これらは特に成熟に直接関連する事柄です。個人空間と接触の決まりについては第7章で述べます。

公の場では服を着ていなければならない

このことを考えるとき、まず、服を着るという行為は、生まれてから学ぶ社会概念であることを覚えておかなければなりません。特定の状況で体を衣類で覆うことは、子どもが自発的に始めることではないのです。世間

一般のプライバシーに関するガイドラインが、いかに文化的・社会的な要求に影響を受けているかを考えてみてください。ヨーロッパでは、上半身裸で、あるいは下半身すら裸で歩いてかまわないビーチがたくさんあります。しかしフロリダの海辺でそんなことはできないでしょう。なぜ、私たちはそれができないと知っているのでしょう。ASDではない人たちは、このようなことを幼いうちから、機会を利用した指導、自然な姿での指導、モデリング、模倣等によって学習経験を積み、徐々に理解していきます。どんなとき、どんな場所でなら裸でいてもいいのか、あなたも子どもの頃に、両親や年上のきょうだい、同年齢の友だちなどから学んだはずです。また、そのガイドラインは年齢によって変わります。例えば、よちよち歩きの頃は入浴中の写真を撮られてもかまわなかったでしょう。しかし年齢が上がればそうはいきません。ASDの子どもたちの中には、小さいうちから、公の場で服を着ていることすら難しい子がいます。社会経験から自然に学ぶのが苦手な上、感覚的な問題があって衣類そのものに嫌悪感をもっていることもあります。大勢の親御さんが、子どもがすぐに服を脱いでしまうのを防ぐのが難しいと訴えています。「公の場では服を着ていなければならない」という概念は一旦教えれば、あとはわかるだろうと思うかもしれません。しかし2つ以上のルールが生じたとき、どちらを優先させるべきかを正しく判断するのは難しいものです。

ケーススタディ：ジェシカ

ジェシカはアスペルガー症候群の14歳の聡明な女の子です。様々な概念を通常すぐに学び、学校でも上手に過ごせています。自分の個別指導計画（IEP）の話し合いでも率先して意見を述べるほどです。母親は、ジェシカがプライバシーの概念や、どういうときに服を着ていなければならないのかも、問題なく理解していると思っていました。実際、ほとんどの場合、理解していました。ジェシカは7歳のときから衣服着用のルールをちゃんと守ってきました。しかし、ある日、旅行に行く準備をしていたときのことです。家族は時間に追われて慌ただ

しくしていました。両親は車に荷物を詰め終わったところでした。ジェシカはまだ用意をしています。間に合うだろうかと苛々していた父親は階段のところで「ジェシカ！　もう行くぞ。降りておいで！」と叫びました。父親に反抗したくなかったジェシカは階段の踊り場に出てきて大声で言いました。「わたし、まだ服を着てないの！」。そしてその通り、ジェシカは服を着ていませんでした。ジェシカは確かに衣服着用のルールを理解し、それを守ってきましたが、葛藤が生じる状況（まだ服を着ていない、しかしお父さんが降りて来いと言っている）では、即座に父親に従う方を選び、服を着ないで部屋から出てきたのです。もちろん、父親はそんなことを予期していませんでした。裸でいてもよいときと、服を着なければいけないときの区別について、ジェシカは母親ともっといろいろな場面を想定して復習する必要がありました。旅行の日を振り返った場面設定では、部屋のドアを開けて「まだ着替えていないの。すぐに行きます」と言う練習をしました。

　ジェシカと家族の経験は決して珍しいことではありません。一見単純な概念が複雑になることがあるのです。ASDの子どもたちの多くは、観察や他者とのかかわりによって学び取ることになっている概念が苦手です。そういう概念は社会的なルールが基盤になっているからです。もし他者も行動指針も存在しなければ、プライバシーは問題にはならないでしょう。娘がプライバシーや衣服着用のルールを守れない、あるいはなかなか理解できないと悩んでいるのはあなただけではなりません。学びやすくするには、視覚補助とモデルを使うことをお勧めします。
　具体的な概念を説明するときには必ず「わかりやすい視覚補助」を使いましょう。例えば、

- 公私の場の区別ができるように写真や絵を分類させる（例：浴室、台所、裏庭、寝室、教室、診察室）。さらに、公の場には服を着た子どもの絵を、プライベートの場の絵には服を着た子どもと裸の子

ども（あるいは下着姿の子）の2枚の絵を照合させる。
- 家で服を脱いでよい場所を思い出すための視覚的なヒントが必要であれば赤い×印と緑のOK印のカードを家中の各部屋の入り口に貼る。文字も加えた方がよければそうしてください（「服を着てください」など）。

例を使って教えましょう。家族で正しい行動の模範を見せます。例えば、寝室から浴室に行くときには家族にバスローブを着てもらいましょう。もし、娘さんがバスローブを着るのを嫌がるなら、マジックテープ付のバスタオルがよいでしょう。マジックテープがついていれば、脇の下にタオルをたくし入れるよりも簡単ですし、寝室に戻るまでにタオルが床に落ちる回数も減るでしょう。家族全員が習慣としてバスローブやタオルを身につけるようになれば、毎日、自然な姿での指導を行うことになるのです。

適した装い

どういうときに服を着ていなければならないのかがわかったら、次は何を着るかを学びます。どんな服装が良いのかは状況によって変わります。カジュアルな服装（ジーンズ、Tシャツ、スニーカーなど）は学校向けで、フォーマルな装い（ワンピース、スラックス、ブラウスなど）は特別な行事や豪華な夕食、宗教の式典にふさわしいでしょう。ビーチウェア（水着やゴムぞうりなど）は浜辺、シャワー、その他、水に関連する活動のためのものです。こういったルールはあなたには当たり前のことでしょう。しかし、これらもやはり、もともと社会的なルールであって、ASDの子どもたちが直感的にわかるものではありません。服装に関しては、ファッション産業があるくらいですから、もちろん、まだまだたくさんの微妙なルールがあります。ファッションとセンスのレベルアップについては第5章で再び述べることにします。

服装とTPOについての指導には効果的なテクニックがいくつもあります。娘さんの学習スタイルにはどの方法が最も有効かを考えてください。

- 絵合わせ。様々な服装の女の子の絵と場所の絵を照合させる。

- 挿絵入りの本を読み、場面によって人物の服装が変わっていることをわかりやすく指摘する。
- 着せ替え人形を使う。人形がこれからどこへ行くのか（例：プール、誕生会）を話し、行き先にふさわしい服を着せる。
- 絵を描くのが好きな子であれば人形の代わりに、女の子の輪郭の線画を与え、洋服を描かせてもよいでしょう。

適切な服装の一環として、下着（ブラジャー、ショーツ、スリップなど）が見えていないかを確認することも大切です。下着だけつけても、服を着ていることにはならないのだと教えましょう。服を着たら、下着が見えていないかどうか（薄い色の服に濃い色の下着を着ていないかどうかも）確かめる必要があります。半ズボンやスカート、ワンピースのときには脚をそろえて座ることも学ばなければなりません。思春期に入ったら、周りの人たちが不快に思わないように、特にこのルールを覚えることが大切です。

ケーススタディ：マディソンとケイトリン

　私たちが開いている親の会には、なかなか脚を閉じて座れない娘のいるお母さんが2人いました。アスペルガー症候群のマディソンは当時13歳の利発な子でした。お母さんは「もうあの子はスカートをはけない」と嘆いていました。たくさんの指導方法を試みましたが、マディソンは非常に賢かったにもかかわらず、うまくいきませんでした。活発なマディソンは、スカートをはいているときには脚を閉じて、足先もちゃんと地面につけて座らなければならないことをまったく意識しませんでした。ケイトリンもそうでした。夏には半ズボンを好んではいていましたが、座るときによく脚を組んだり、かかとを椅子にのせていました。どちらの座り方でも下着が見えてしまいます。おまけに毎月の生理のときにはナプキンまで見える始末でした。マディソンもケイトリンもこの社会ルールは知っていましたが、日々の生活に当てはめることが難し

> かったのです。また、暗黙のルールの社会的な意味がわかっていませんでした。どうしてそういう座り方がよくないのかをきちんと理解していないので、自分の行動に気を配ることができず、結果的に行動修正もできなかったのです。

プライベートな話題

　服を着るルールと共に、話題の中には、特定の人（母親など）とふさわしいとき（周りに他の人がいないときなど）にしか話してはいけない個人的なことがあると知っておかなければなりません。プライベートな話題とは、身体的な症状（「風邪をひいてるの」と「膣がかゆい」との違いなど）、月経、精神的なこと、家族の問題などです。挿絵入りのストーリーを使って、公の話題とプライベートな話題の違いを教えましょう。「人」「場所」「話題」の絵カードを照合させるのもよいでしょう。娘さんが正しい判断ができたときにはほめるなど必ずご褒美を与えてください。

　月経は女性の成長と発達にとって、自然で健康なことですが、西洋社会では他人に気軽に話すことではないとされています。タンポンが口紅のような包装で売り出されているのも、そのためです。生理用品は学校では目立たないように持ち歩き、家ではプライベートな場所に保管しておくことも覚えなければなりません。まだ月経が始まっていなくても、学校で小さなポーチや袋を身につけ、慣れさせておきましょう。首からかけられるようにポーチや袋には長い紐をつけておけば、なくしたり、置き忘れることが少なくなります。ポーチには生理用ナプキン、タンポン、ティッシュ、リップクリーム、ブラシや櫛、制汗剤などを入れます。最近は、バックパックの他にこのようなポーチを下げている女の子を多く見かけます。娘さんがポーチを忘れないように、あるいはトイレに持っていくのを思い出させる必要があれば、学校職員に協力してもらいましょう。

> ### ケーススタディ：カレン
>
> 　カレンは高機能自閉症の14歳の女の子です。初潮が始まってからまだ1年足らずで、毎月の処理を1人でできるようにと奮闘中です。ある晩、彼女は両親と家にいました。夕食後、家族の友人たちが立ち寄って、居間でおしゃべりをしていました。カレンは席を外し、トイレに行きました。そして戻ってくると、みんなに向かって、誇らしげに大きな声で、生理用ナプキンを1人で取り替えて、ちゃんと専用のゴミ箱に入れたと告げました。両親は、彼女が処理を1人でできるようになったことをとても嬉しく思いましたが、そのビッグニュースを公の場で伝えたことは喜べませんでした。その後、いくつかの指導を行い、母親と「プライベートトーク」の時間（毎晩寝る前に10分）をもつことで、カレンは、プライベートなニュースは時と場所とをわきまえて話せるようになりました。

プライベートな行動

　公私の場に関することで最後に覚えておくべき重要事項は、場にふさわしい行動です。公の場で不適切だと見なされる行動には、爪を切る、陰部をかく、鼻をほじる、不快な音を出す、他人の容姿について大声で話す、などがあります。社会的に望ましい行動には、あくびをするときには手で口を隠す、ゲップが出たら「失礼」と言う、そばにいる人がくしゃみをしたら「わあ、すごいくしゃみ！」ではなく「お大事に」と言う、といったことも入ります。これらの社会的なルールを思春期前にしっかりと教えておくことは可能で、また教えるべきです。思春期近くになったら、陰部を触ったり、もて遊ぶことはプライベートな行動で、公の場では許されないのだと学んでおくことも大切です。陰部を触ることについては第7章で詳しく述べます。

体の清潔と身だしなみ

> 娘のアマンダはガールスカウトに入っています。曾祖母から数えて4代目のメンバーです。アマンダはスカウト活動が大好きです。スカウトのおかげで、明らかに人とかかわる機会が増えています。アマンダが初めて夏のキャンプに参加してもいいかと聞いたとき、私はびっくりしました。あの子はその頃、まだ年少団員（7、8歳のスカウト）でしたが、どうしてもキャンプに行きたがりました。そのために髪を短く切り、1人で洗髪することも覚えました。あの年の春、アマンダはその他にもたくさんのことを大急ぎで学び、最終的にキャンプに参加できるだけの身辺自立の力をつけました。　　（PDD-NOS、OCD、ADHDと診断されている12歳の女の子の母親）

娘が日常的に自分で体の清潔を保ち、身だしなみを整えられるようにするには、どう手助けをすればよいか。これは親御さんが頻繁に訴える苦労の1つです。子どもたちの全員が完全に自立して行えるようになるわけではありませんが、能力に応じて習慣をつけることは、基本スキルとして大切です。思春期前に必要なスキルは次の通りです。

- トイレの使用
- 入浴、シャワー、洗髪
- 洗顔、手洗い
- 歯磨き、デンタルフロスの使用
- 髪をブラシや櫛でとく
- メガネやコンタクトレンズの手入れ
- 爪切り
- 足の手入れ
- 1人できちんと着替えをする。適切な洋服を身につける

思春期が始まったら、次のようなタスクも重要になります。

- 制汗剤の使用
- 肌の手入れ
- 無駄毛の処理
- 生理時の衛生に気をつける
- 体に合ったブラジャーを身につける

- 化粧（オプション）

　娘が思春期に入ったときの感情を、あるお母さんは「もう戦いに負けた」と表現していました。彼女の娘さんはまだ歯磨きが上手にできません。無駄毛を剃るなどもってのほかです。他のお母さん方も、娘に髪のとかし方を教えたり、寝る前の日課を思い出させるのに苦労していると話しています。悩んでいるのは、あなただけではないのです。

　では、どこから始めたらいいのでしょう。まず、娘さんの自閉症が、スキルの上達や身支度の理解にどう影響しているのかを考えてみてください。表3-1は、認知、言語、運動スキルのレベルによって、娘さんが思春期にどれだけのことができるようになるかを一般的に表した全体像です。私たちがかかわっていたある少女は感覚的な問題があり、シャワーや洗髪が苦手でした。頭を指で触ることやシャンプーが泡立つのが嫌いだったのです。ご褒美を使い、少しずつ過敏性をとっていくプログラムを組んだところ、まだときどき嫌がることはありますが、それでも1人で髪を洗えるようになりました。身支度の問題には、ASDの影響を受けているものが他にもたくさんあります。次に挙げるクリスティーのような例もあります。

> ### ケーススタディ：クリスティ
>
> 　クリスティは高機能自閉症の15歳の女の子です。小さい頃から筋肉の緊張が低く、運動が苦手な子でした。クリスティの髪は長くて黒く、ブラシでとかすととてもきれいでした。しかし残念ながら、からまりやすく、すぐにぐちゃぐちゃになるため、とかすのはたいへんでした。クリスティは自分で髪をとかせるようになりましたが、2～3回とかすと、ブラシが髪にひっかかるので、腕が疲れてしまいます。母親は娘の美しい髪が、たちまちネズミの巣と化すのを嘆いていました（読者の中にも母親から、髪がネズミの巣みたいだと言われたことのある人がいると思います）。クリスティと母親は毎朝家の前で停まるスクール

バスに遅れないように、大急ぎで髪をとかすのが日課になっています。髪と格闘している間にバスが着いたら、クリスティは「ママが私の髪をとかすのをみんなに見られないように」と、母親をドアの後ろへ引っ張って隠します。自分で髪をとかしたいと思っているにもかかわらず、うまくとかせた経験が少ないため、クリスティはフラストレーションを抱え、自己嫌悪にも陥り始めています。現在親子で考えるべきことは、作業療法を受けること、早起きをして朝のスケジュールを整えること、それからおそらくヘアスタイルを変えることでしょう。

表 3-1 思春期にあなたの娘さんが学べること

知能と運動の障害が中度から重度の場合
- 介護者の支援によって清潔保持の日課を行う
- 介護者と共に清潔保持の日課の過程の一部を行う（例：入浴やシャワーのときに、腕や足をタオルでこする）
- 弁別学習（例：裸でいてもよい場所と時、陰部に触ってもよい場所と時）

知能と運動の障害が軽度の場合
- 清潔保持の日課の過程をほとんどこなす
- 声がけ、視覚補助、メモなどのヒントが必要なことがある
- 運動スキルが必要なときには助けがいる（例：歯ブラシで磨き損ねがないようにする）
- 思春期と成長過程を具体的に理解する

知能と運動スキルが平均、あるいは平均以上の場合
- 清潔保持の日課を1人でこなす
- 過程を忘れないように視覚補助やメモが必要なことがある（例：日々のチェックリスト）
- 清潔と身だしなみをどう保つのか、またなぜ保つ必要があるのかを十分に理解する
- 思春期と成長過程を生物的、感情的、心理的に深く理解する

視覚・視覚・視覚！：清潔と身だしなみスキルの習得支援

　私たちが支援してきた多くの家族が、清潔と身だしなみのスキルを教えるには、視覚的な補助（モデリングを含む）が最も有効だと報告しています。視覚補助には絵や写真、表象の他、書き言葉も使えます。自閉症の特性として、活動の系統立てや計画、順番の理解にしばしば弱さが見られます。限られた時間内に、複数のステップのある日々のタスクを一度にいくつもこなさすこと（例えば、バスが出るまでにあれもこれもするなど）は、ASDの子どもたちにはたいへん難しいことなのです。家族の朝晩のスケジュールを振り返ってみてください。そしてできれば娘さんと一緒に、夜寝る前のタスク（例：入浴やシャワー）と朝のタスク（例：髪をとかす）を分けてみましょう。歯磨きなど、朝晩行うタスクもあります。家族によっては、シャワーは慌ただしい朝よりも、寝る前に浴びる方が楽かもしれません。朝晩のスケジュールが決まったら、娘さんがそれぞれのタスクをどの程度１人でできるかを見極めましょう。洗顔は上手にできても、シャワーは難しいかもしれません。どんな視覚補助を使うかは、タスクにおける娘さんのスキルレベルと、時間とタスクをどれだけ自分でコントロールできるかの２点を考慮して決めます。１人でできるようになったら、詳しい視覚補助は必要なくなるでしょう。しかし、朝晩の日課を効率よくこなすには、タスク全体を最後までやり終えるように予備の補助が要るかもしれません。その場合、視覚補助の種類や支援のレベルはそれまでとは異なるものになるでしょう（例：浴室での基本タスクの一覧表、準備を確認するチェックリスト）。

　詳しい視覚補助には、例えば、シャワーの浴び方を示した紙をラミネート加工してシャワーのそばに吊るす、洗い流せるクレヨンで指示を書く、脚の無駄毛の剃り方を写真で示す、など様々な方法があります。特定のスキルを教えたければ、まず課題分析が必要なことを忘れないでください。課題分析とは、教えたい課題の過程（プロセス）をできるだけ細かく分解することです。無駄毛の剃り方では「水を出す」「シェーバーを濡らす」というようにステップごとに分けるのです。最初はステップのリストがとても長くなるかもしれません。足の毛を剃る課題を56ものステップに分けたお母さんがいま

した。娘さんが上達するにつれ、お母さんは、マスターしたステップをリストから外したり、別なステップにつなげたりしていました。最終的に彼女は 10 のステップを残し、ラミネートして浴室に貼りました。「脚の表と裏を剃る」「シェーバーを強く当てすぎない」など娘さんがときどき忘れてしまうことは、よく思い出せるように斜体文字で強調されています。仕上げにローションをつけなければ脚がどうなるか、についてこの娘さんはちょっぴりユーモアを添えたがったそうです。リストの作成にそうやって参加することで、彼女は無駄毛を剃るプロセスに以前よりもずっと気をつけるようになりました。以下がその最終的なリストです。

1. 必要なものは持った？（シェーバー、シェービングジェル、タオル）
2. 脚とシェーバーを濡らす。
3. 脚の前と後ろにシェービングジェルを塗る。
4. 脚をシェーバーで軽くなであげる。
5. なでるたびにシェーバーをすすぐ。
6. 足首のところは慎重に！
7. 剃り残しはない？ 前も後ろもだいじょうぶ？
8. ぜんぶ剃り終わったら、シェーバーをすすぐ。
9. タオルで脚を拭く。
10. クリームを塗る……ワニの脚にならないようにね！

　この娘さんは水泳が大好きで、週に一度は無駄毛の処理が必要でした。言われなくても処理ができたら、ご褒美として 3 ドルをもらっていました。ひと月たつと、友だちと映画に行けるだけのお金がたまりました。教えるときには、視覚的なヒントを使い、成功したらご褒美をあげることを忘れないでください。

　清潔と身だしなみの指導には次のような視覚補助も使えます。

- ビデオモデリング（シャーロップ-クリスティ、リーとフリーマン、近刊）
- 絵や写真、文章によるストーリー

- カレンダー(日、週、月単位のもの)
- ロリ・フロストとアンドルー・ボンディの開発による「絵カード交換式コミュニケーションシステム(PECS)」
- ISPEEK 補助教材(巻末の資料のページで紹介)
- ヒントカード

　他に、"Visual Strategies for Improving Communication: Practical Supports for School and Home"(リンダ・ホジソン)、"Taking Care of Myself"(メアリー・ローベル　巻末の資料を参照)もお勧めです。視覚補助は使い方を工夫するともっと効果的になります。

自分の体を清潔にするのは「なぜか」を教える

　体の手入れを「なぜ」しなければならないのかを知ることは、「どうやって」するのかを学ぶのと同じくらい大切です。ブラシで髪をとかす「動機づけ」は何でしょう。朝早いのに、疲れているのに、たった1分で腕がだるくなるのに、なぜ髪をとかすのでしょう。清潔を保ち、体の手入れをすることは、健康上の理由からも不可欠ですが、それ以上に重要なのは、そうすることが社会規範だから、ということです。清潔と身だしなみのスキルを教えるときには、「なぜ」そうするのがよいのかも教えるよう心がけてください。子どもの年齢や能力のレベルによって「なぜ」の説明方法はいろいろでしょう。例えば、シャワーを浴びていない女の子が一人ぼっちで立っている絵と、清潔できれいになったその子が他の女の子たちの中に立っている絵を見せるのも一案です。年齢が上がり、デートに興味をもつようになった子、あるいはアルバイトをしたがっている子には、デートの相手やアルバイト先の雇い主は、人前に出しても恥ずかしくない子、自分の世話ができる子に関心をもつものだと話しておくことが大切です。娘さんには、必要に応じて視覚補助や台本を使い、口臭、体臭、ベトベトする髪の毛について、またそういったものが第一印象にどう左右するかを教えましょう。しかし、娘さんには社会的な動機づけはまったく重要ではないかもしれません。理解するまでに時間がかかるかもしれません。そういう

場合には、スキルを練習したいと思えるようなご褒美を考えなければなりません。これまでにどんなことが動機づけになったでしょう。おこづかい、コンピュータを使う時間を延長する、好きなレストランに行く、などはどうでしょう。できるだけいろいろなご褒美を考え、タスクの達成に向けた努力に匹敵するものを選んでください。もし髪をとかすのが非常に難しいのであれば、ご褒美もそれなりのものが必要です。

　パット・クリッシーは『清潔？　それがどうしたの？』という若者向けの愉快な本の中で、清潔をきちんと保つのは社会的に大切なのだと理解していないASDの若者が多いことを取り上げています。クイズや活動(アクティビティ)もついているこの本には「他の人たちが握手したいと思うようなきれいな手をしていよう」「口臭がありますよと暗に伝えられているかも」などの話題が載っています。清潔保持と身だしなみは人との関係に重要だと娘さんに気づかせるには、時間がかかるかもしれません。しかし努力はきっと実を結びます。

ケーススタディ：ベサニー

　ベサニーが毎朝登校前に自分からすすんで歯磨きができるように、母親はもう何年も工夫を重ねてきました。ベサニーは現在15歳です。1人で歯を磨けるのですが、実は歯磨きが嫌いです。歯磨きのことは次第に親子げんかにまで発展し、とうとうベサニーはまだ磨いていないのに「もう磨いた」と言うようになりました。ベサニーには学校に好きな男の子がいることを母親は知っていました。ある朝、腹立ちまぎれに母親はこう言いました。「マシューは歯を磨かない子なんかに絶対近づいてほしくないわよね」。それを聞いたベサニーは黙って、一瞬言われたことを考えているようでしたが、すぐに2階に上がり、歯を磨き始めました。あくる日も、また次の日もそうしました。社会的な動機が一役かったのです。

プライバシーの尊重

思春期に入った少女には、他者との境界と接触が大変大きな問題になります。このことは性の認識に関連して第7章でも触れていきますが、娘さんには、まず他人のプライバシーを尊重することを理解させなければなりません。これは小さいうちから教えなければならない基本スキルです。ドアが閉まっているときにはノックをし、他人が「プライベートなこと」（着替えやトイレの使用）をしているときには邪魔してはいけないと教えましょう。しっかり覚えるまで何度も繰り返し、視覚補助も使いましょう。例えば、ノックを忘れがちであれば、チェックリストを作り、トイレや寝室の外に貼っておきます。

☐ ドアは、しまっていますか。
☐ しまっていれば、ノックをします。
☐ 返事をまちます。
☐ どうぞと言われたら入ります。

ときには指導の目的でプライバシーのルールを破ることも必要です。例えば、母親の多くは生理中の衛生指導として娘が生理用ナプキンを取り替える場面に立ち会うでしょう。プライバシーの尊重に関しては、このような指導目的の場面と一般的なルールとの違いをしっかりと理解させてください。お母さんに呼ばれたらトイレに一緒に入っても大丈夫。でも、親戚の叔母さんに「生理用ナプキンを取り替えるのを見てもいい?」と聞くのはいけません。

指導のヒント：基本スキルのチェックリスト

思春期に入ると基本スキルは非常に重要になります。基本スキルの上達には思春期全般を通して常に注意を払いましょう。これから教えなければならない概念は他にありませんか。以下のチェックリストを使えば、娘さんがどんなことを覚えなければいけないのかがわかりやすくな

> ります。どの項目もよくできるのなら、問題はありません。
>
> マスターしていること
> - □ 公私の場を区別できる
> - □ 公の場で、どんな服装をするとよいかがわかる
> - □ 公私の話題を区別できる
> - □ 公私の行動を区別できる
> - □ 体を清潔に保つための日課を守れる
> - □ 学校や地域で自分の衛生用品を目立たないように所持できる
> - □ ドアが閉まっているときにはノックをして他の人たちのプライバシーを尊重することができる

思春期の変化をくぐりぬける

　思春期の影響は1人ひとり異なりますが、発達過程で女の子はほぼ全員が同じ5つの段階を通過します。ありがたいことに、思春期はある程度予測がつくものです。あらかじめそれらの段階を知っておくと、準備ができます。また心と体にこれから起きるであろうことを娘さんに伝えるときにも系統立てて教えることができます。思春期がどのくらい続くのかには、多くの要因がからんでいます。それぞれの段階を終えるのに1年から5年かかります。しかし1年であろうと5年であろうと、できるだけの備えをしておいてください。表3-2は思春期の5段階の概要です。ただし、発達は個人によってむらがあることを忘れないでください。例えば、体の中で胸だけが早く成長することもあります。一番大切なことは、あなたが発達過程の全般を把握しておくことです。

表 3-2　思春期の女の子の正常な変化

第1段階：8~11歳
- 卵巣が大きくなり、ホルモンの生成が始まる。発達の外見上の変化はない。

第2段階：8~14歳
- 身長と体重の増加。腰まわりと太ももが発達する。胸のふくらみが現れる。性毛が生え始める（まっすぐなうぶ毛）。ホルモンの生成は続く。機嫌が変わりやすくなる。

第3段階：9~15歳
- 胸の成長は続く。腋毛（わき）が生え始める。性毛は濃く硬くなる。脚の毛も濃くなり、伸びてくる。生理が始まることがある。

第4段階：10~16歳
- 性毛が三角形になる。腋毛は伸び続ける。発汗、体臭が強くなる。にきびができる。生理が始まる。排卵が始まることがある。

第5段階：12~19歳
- 胸と性毛の成長が終了する。身長がピークに達する。大人の体型になる。生理の周期は一定となり、排卵が毎月起こるようになる。性的感情、恋愛感情が高まる。

Tanner Stage（Marshall and Tanner 1969）からも抜粋

　第2章で、多くのASDの子どもたちが成長に対して不安を抱えていることを挙げました。成長とは「責任」が生じること、職につくこと、独立して暮らすことだと解釈し、恐ろしい思いにかられている子どもたちがいます。また、体の変化や、それらの変化が意味すること（十代の若者になること）に不安を覚えている場合もあります。思春期は「変化のとき」として知られていますが、ASDの子どもたちにとって一般的に変化は不安の引き金になりやすいものです。思春期への突入に恐怖や不安が伴うのは当然です。

　娘さんの体の変化に、親としてどう対応すればよいのでしょうか。まず、

生物学的なおさらいをしてください。あなたが、女性の生殖器官や生理周期について最後に考えたのはいつでしょうか。父親なら、大人になるまで知らなかったことかもしれません。思春期の女の子に関する本を何冊か読んでみてください。体の変化に関してはインターネットでも役立つ情報を得られます（巻末の資料を参照）。

　次に、あなたがもっている「指導の道具箱」をもう一度探ってみてください。娘さんはどうやったら一番良く学べますか？ 体の変化について教えるとき、どの方法が最も効果的でしょう。ただし、指導内容の量と複雑さは娘さんの認知スキルと言語能力によって大きく変わることを忘れないでください。言語能力が弱く、認知スキルの障害が重い女の子には、変化を表す絵（胸の成長）と肯定的な感情（例：ニコニコ顔やお祝いの絵）とを組み合わせ、さらに自分が思春期のどの段階にいるのかもわかるようにする（娘さんの写真と現在の段階を照合させる）のが最も効果的です。絵や写真によるストーリーを使うと、年齢が上がるにつれ大人になっていくことを教えられます。学習を促すために視覚補助の使い方は工夫してください。『私は成長している』という本を作り「母と娘のおしゃべりタイム」に使っているお母さん方がいます。本には、予想されるからだの変化のイラストの他に、中学・高校に入学した日、生理用ナプキンを入れるポーチを初めてもらった日など、成長の節目を迎える子どもの写真も入れておきます。リンダ・ホジソンは、著書『コミュニケーションを育む視覚的な指導方法：学校と家庭で役に立つ支援』の中で、指導とコミュニケーションのための視覚補助の優れた使い方を紹介しています。巻末に、思春期の変化をわかりやすいイラストで表した親子向けのウェブサイトや書籍のリストを挙げておきます。

変化について話す

　目の前の変化を教えるとき、娘さんにそのことをしっかりと話せるかどうかは重要です。しかし、直接的にアプローチしても効果がないことがあります。娘さんは成長に関する具体的な話し合いを不愉快に感じるかもしれません。まず１人で本を読んだり、インターネットで調べてから、わか

らないことを聞きたいと思っているかもしれません。日常の中で自然に教える機会（ドラッグストアでの買い物時など）があれば、そのときに彼女の理解度を確かめることができるでしょう。本人がどう学びたいのかを尊重することが大事です。娘さんの心構えができていないのに話し合いを強要すると、引きこもってしまう恐れがあります。そうなると、あなたに話したいことがあったとしても、話さなくなってしまいます。

> ### ケーススタディ：ポーラ
>
> 　ポーラは13歳の高機能自閉症の女の子です。言語的知能に軽度の障害があります。ポーラの思春期は早く始まりました。まだ9歳でしたので、自分の体の変化を受け入れる心構えができていませんでした。腋毛と性毛が生えてきたとき、ポーラは全部剃ってしまいたいと思いました。制汗剤やブラジャーをつけるのも拒みました。自分は「小さな女の子」であって、「小さな女の子」はそういうものは身につけないと思っていたからです。母親が成長について話そうとすると、ポーラはひどく怒り、部屋を出て大声で泣き叫びました。それから1年近く、母親が話し続けたところ、ポーラは、ようやく「成長しても大丈夫なのだ」と納得しました。母親は関連する本に目を通し、ポーラの興味をひきそうなページをコピーしました。イラストにはポーラに当てはまることを1、2行、記しました。2週間ほどたった後、ポーラは母親に胸のサイズについて質問をしました（「どうして大きさがときどき変わるの？」）。母親は質問に答えながら、きっとポーラはパニックを起こす、と覚悟しました。しかしパニックは起こりませんでした。ポーラは「わかった」と言って、立ち去りました。母娘の対話がようやく始まったのです。

> **指導のヒント：娘に話すとき**
>
> ☐ いつでも話せるようにしておく。
> ☐ 娘が経験する変化や感情は正常なものだと見なす。
> ☐ 娘の恐れや悩みを振り返って考える。
> ☐ 言葉や視覚補助を使って具体的な情報を与える。
> ☐ 落ち着いて、安心できるように、肯定的に話す。
> ☐ 娘に応じたスピードで話す。理解するための時間を十分に与える。

変化を正常なものだと見なす

　思春期が始まるとほとんどの女の子は「私って正常なの？」と聞きます。我が身に起きていることを疑問に思い、自分は正常なのだろうかと思案するのは当たり前のことです。あなたの娘さんも同じような疑問をもつことでしょう。しかし、もし友だちがいなければ、他の同年齢の女の子たちと話し合って、自分は正常なのだと納得する機会が少なくなります。友だちやクラスメイトが「そうそう、私もそうなの！」と言うのも聞くことがありません。同年齢の同性の輪に入っていないASDの女の子たちは「支援、理解、分かち合い」の大切な場をもたないことになるのです。家族やあなたの友人の中で「そういう変化は普通のことなのよ」と言ってくれる人はいますか。娘さんに姉や年上の従姉妹はいませんか。仲の良い叔母さんや、家族ぐるみの付き合いをしている人はどうでしょう。あなたの友人の娘さんで、時間を割いてくれそうな子はいませんか。不安を煽ったり、恥ずかしい気持ちにさせるような変化を目の当たりにするとき、そういう経験をしているのは自分だけではない、これは成長の自然なプロセスなのだと知ることは、支えとなります。

教材を探す

　読む力があり、事実に基づいた情報を学ぶのが好きな子には、思春期に関する本やインターネットが役に立ちます。娘さんが読書家でノンフィク

ションが好きなら、ぜひその特性を利用してください。書店や図書館にいけば、思春期や成長に関する少女のための本がたくさん見つかるはずです。あまりにいろいろあって、驚かれるかもしれません。中には、内容が複雑すぎたり、イラストや図が少ない、構成がわかりづらいなど、発達障害の子や社会学習の力が弱い子にはふさわしくない本もあります。私たちのクリニックに来ている親御さん方の報告によれば、『アメリカンガール』のシリーズを好んで読む子が多いようです。特に「体と心」というタイトルのウェブサイトが人気です。巻末の「資料」には、私たちの経験と親御さん方からの情報をもとに、どの年齢の少女にもふさわしい本を選んで載せています。繰り返しますが、指導に本を使うときにはいろいろな工夫をしてみてください。使い方として次の方法を提案します。

- イラストのみを使う。
- 母娘で読むためのページを1~2ページ選んでコピーする。
- イラストのページをコピーし、既に変化が起きている体の部分に色を塗らせる。
- 一緒に本を読み、話し合う。ただし1回に1節だけ。
- トピックを読み、インターネットで追加情報を探す。
- トピックを読み、娘自身の本「私は成長している」にもその見出しを加える。
- 1節あるいは1章を1人で読ませ、母と娘の「トークタイム」のときにそれについて話し合う。

ウェブサイトでも成長過程と性に関する親子向けのページは数多くあります。巻末の資料には最も情報が豊かで適切なサイトを掲載しました。本と同様に、ウェブサイトも学習に様々な使い道があります。親子で見るのも1人で見るのもよいでしょう。必要な情報をプリントアウトしておいて、後から読んだり、繰り返し見ることもできます。多くのサイトが質問を載せていますので、一緒に回答してみるのも楽しいでしょう。例えば、こんな質問です。「ジャンクフード（インスタント食品やスナック菓子など）をたくさん食べますか」「ファッションへの興味がとても強いですか」「あなたの

隠された才能は？」「自分のふるまいが気になりますか」。このような質問を利用すると、特定の話題について気負わずに、気軽に落ち着いて考えることができます。

　少女向けの雑誌はどうでしょう。最近の定型発達の十代前後の女の子たちはこぞって雑誌の定期購読を申し込んでいます。そして雑誌が届くと、端から端まで夢中になって読んでいます。少女向けの雑誌には、友だち関係、デート、フィットネス、ファッション、美容、自尊心、安全策、パーティー、手芸、有名人情報、最近のイベント、感動的な物語などが載っています。ASDの子には興味のない記事もあるでしょう。思春期や成長に関連する記事やクイズ、相談コーナーなどのページを選んで、娘さんと一緒に、あるいは各自で読んでから話し合ってみましょう。雑誌の使い方については、後の章で安全と自尊心に関する箇所で再び取り上げます。雑誌は娘さんの注意をひく良い教材です。

　巻末の資料の欄には雑誌の詳しいリストも載せました。ここでは少しだけ紹介します。『ディスカバリー・ガールズ』は7歳から12歳までの子を対象にした「女の子による女の子のための」雑誌で、アメリカとカナダ各地に実在する少女たちが登場します。女の子たちが実際に学校や家庭、世の中で直面している問題に焦点を絞り、最高の自分になるために自分自身にチャレンジしようと励ましています。十代前の子ども向けの人気雑誌には他に『アメリカンガール』もあります。主流な女性ファッション雑誌の出版社は『コスモガール』『ティーン・ヴォーグ』などの十代版の雑誌も出しています。『ティーン』や『ツイスト』のように有名人や音楽に的を絞った雑誌もあります。娘さんの興味、読む力、言語スキル、成熟度に見合った雑誌を選んでください。娘さんにとってどんな記事やトピックがおもしろいのか、またどうしたらすぐに興味をひくことができるのかも考えてみましょう。雑誌選びは、楽しんで行ってください。

更衣室

　思春期が始まり、体の変化に不安を覚えると、中学校の更衣室のことが浮かんでくるかもしれません。他の子たちの中で着替えたりシャワーを浴びたりするのです。社会的な変化も伴うため、更衣室での時間は一層難しいときとなります。本来、急いで体操服に着替えるだけの部屋が、昼間のセンセーショナルなメロドラマさながら、様々な感情や行為が充満する無秩序な場と化します。女の子たちは、噂話をし、洋服を交換し、互いの衣類（服も下着も）を批評し、体の不満をもらしたりします。制汗剤を塗り、化粧をし、ヘアスプレーや香水を吹きかけます。携帯電話で話し、週末の予定を立てます。さらに、学校で1時間以内に起きた出来事を友だちの話からすべて把握しようとします。香水、制汗剤、汗まみれの服、汚れた靴。更衣室はいろいろな匂いでいっぱいです。笑い声や大きな話し声はコンクリートの壁に反響してます。質の悪い蛍光灯はブーンとうなりながらチカチカ光っています。今日1日美しくいたいと願いをこめて、女の子たちが様々なものをスプレーするたびに光にもやがかかります。このような感覚的に過剰な状況が、人前での着替えやシャワーといった不愉快さに加わるのです。当然、ASDの女の子たちの不安はかきたてられます。

　私たちがインタビューをしたASDの女性の中には、自分の体を恥ずかしく思った、あるいは更衣室の騒音に耐えられなかったと話してくれた人たちがいました。

> 個人的に高校の更衣室は屈辱的な場所だと思っていました。体育の時間もそうでした。着替えるときにはできるだけ他の人たちに見られないように体を隠していました。私は自分の見かけが恥ずかしくてたまりませんでした。
> 　　　　　　　　　　　　　　　（アスペルガー症候群の30歳の女性）

> ああ、更衣室……。私の経験をお話しします。何をしても無駄でした。体育の授業はあまりに圧倒され、何をしても私は最後には泣いてしまいました。スタイルがいいのに泣くなんて変だ、とみんな思っていましたが、運動が嫌いだったのではなく、うるさい音に我慢できなかったのです。
> 　　　　　　　　　　　　　　　　　（高機能自閉症の25歳の女性）

私たちがかかわっていた少女で、水曜日は学校へ行きたがらなくなった子がいました。時間割を見てみると理由は明白でした。水曜日には体育がありました。同じクラスの女の子たちの前で着替えることが、その子には、つらくて仕方がなかったのです。しかし、恥ずかしくてそのことを誰にも話していませんでした。誰かに相談するよりも学校を休んだ方がいいと考えていました。こういうことはASDの若い女性には珍しいことではありません。幸い、解決法は、いくつかあります。まず、学校で娘さんにかかわりのある人たちを集めてミーティングを開きましょう。計画の内容にかかわらず、体育教師、担任、自閉症相談員、学校心理士、とにかく関係者全員が参加してください。相談の結果、以下のようなオプションを選んだ親御さん方がいます。

- □ 体育の授業を1人だけ、10~15分早く終え、他の生徒たちが来る前に着替える。
- □ 授業の後片づけを手伝わせ、他の生徒たちが着替えた後に更衣室へ行く。
- □ 体操服で登校し、着替えない。
- □ 体育が1日の最後に来るように時間割を組んでもらい、シャワーは帰宅後浴びることにする。
- □ 過敏性を弱めるようなこと（リラクゼーションを入れながら慣れさせる）を含む行動計画を（強い動機づけと共に）立て、更衣室で過ごす時間を少しずつ長くする練習を行う。

　更衣室での時間をうまく乗り切ることは可能です。以下のエピソードから、このお母さんがいかに具体的な問題に先回りして計画を立てたか、また、そのおかげで娘さんが大きな苦労なく対処できるようになったかがわかります。

　　娘のアマンダはこの秋、中学生になったばかりです。PDD-NOSと診断されています。春のブックフェアでアマンダは、アメリカンガール社の「中学に向けた女の子のためのガイドブック」という本を選びました。そこには集団でシャワーを浴びることが書かれていました。中学に上がるまでの

数か月を私たちは準備期間としました。アマンダは体操服を学校に持っていって、ロッカーに保管し、毎週必ず家に持ち帰ることになりました。他の生徒たちの前で着替えをすることを、本人や他の子たちがどう思うかについても話し合いました。また、中学１年生の女の子に、実際にどんな感じなのかを話してもらいました。新学期の最初の１週間は体育のための着替えはありませんでした。私たちは担任の先生と話し、体育の先生方にも連絡をとってほしいと頼みました（体育の先生は全部で７名もいました。ヒューストンの中学校は大きいのです）。

　アマンダは感覚の防御に問題があります。特に騒音に過敏です。私たちは体育の先生方がアマンダの友だち（自閉症の診断あり）に女性コーチ用のシャワー室を使わせていることを知っていました。私たちも同じことを要求できたのですが、アマンダには深刻な不安がありました。家でシャワーを浴びるときには防水ラジオをかけていないと、外の音を聞き、シャワーカーテンの向こうに「何か恐ろしいもの」がいるのではないかとパニック状態になってしまうのです。生徒用のシャワー室とコーチ用のシャワー室の違いを実際に目で確かめた結果、アマンダは他の子たちと一緒にシャワーを浴びる方を選びました。生徒用のシャワー室と更衣室は騒音と匂いでいっぱいでしたが、静まり返った怖い廊下の端にあるコーチ用シャワー室を使うことに比べるとましだったのです。そう考えたのはアマンダ自身でした。

　急いで支度をしなければならないこともアマンダには大問題でした。「急ぎなさい」と大きな声を出されるとアマンダはとても苛立ちます。でも、他の子たちは準備ができているのに、自分だけができていないと、やはり腹を立てるのです。彼女の微細運動の力は弱く、靴紐を結ぶのにも長い時間がかかります。マジックテープの靴で、あの子の足のサイズを探すのはたいへんでしたが、その靴にして身支度の時間が大幅に短縮されました。また、今年は体操服も着替えやすいものを選びました。小学校と違って中学校では体育が毎日ありますから。

ホルモンと感情

　思春期の数々の変化は外見だけに現れるものではありません。娘さんの感情や考えにも波をもたらします。心構えはできているでしょうか。ホルモンの変化は気分のむらや突然のストレスを招くことがあります。これは娘さんにとってとても怖い変化です。まるで自分をコントロールできないように感じるのですから。自分を「予測不能な野獣」のように感じると言った子もいました。理由はまだわからないのですが、親御さん方は「思春期を迎えたASDの娘の気分のむらは、定型発達の姉妹や友だちの娘たちよりも激しい」と報告しています。ASDの若者が全体的に自己コントロールが苦手だとすれば、ホルモンの変化はその問題を一層複雑にしているに違いないと考えられます。

　では、親として何ができるでしょうか。娘さんに、今までとは違う感情があってもそれはとても大切なステップなのだと理解させましょう。「指導の道具箱」から娘さんに一番合った方法を選んで使いましょう。感情の理解と共に、対処(コーピング)スキルも大切です。圧倒感、ストレスや悲しみ、怒りを覚えたとき、娘さんにはどんなことができるでしょうか。精神衛生とストレスマネジメントについては第5章で詳しく述べていきます。補助がなければ自己コントロールができないようであれば、医師や学校に相談してください。この時期、より集中した支援が得られるように、カウンセラーやセラピストとの面談も必要かもしれません。あるいは、自己コントロールや適応のための一般的な方法を使いましょう。例えば、リラクゼーション、呼吸法、肯定的なセルフトーク（自分自身に話しかけ、否定的な考えを肯定的なものへと変える）、思ったことを書きとめる、日記をつける、信頼できる友だちや大人と話す、定期的な運動、大好きなことをする、休憩をとる、などが挙げられます。親として、娘さんのために健全な対処法の模範を見せるようにしてください。自分の気持ちや日々の問題を管理することを今の時期に学べば学ぶほど、大人になってから上手にストレス源に対処できるようになるでしょう。

第4章
赤い点々：生理、ナプキン、下腹部の検査

　娘にまだ生理が来ていなくて、気をもんでいる人たちは（私もそうでした）、実際に生理が始まると、いかに本人がうまく対処するかにびっくりすると思います。私は処理の仕方などを手本を示すようにして、生理は鼻血みたいに怖くはないよと伝えていました（娘は以前鼻血を出してひどく動揺したことがあったのです）。娘は12歳半のとき、ようやく生理が始まりました。苦労なく、とても上手に対処していたので驚きました。先生方が学校で課題分析を行って、するべきことを1つひとつ丁寧に教えてくださったおかげでした。娘さんの生理がもうすぐ始まりそうでしたら、毎日パンティライナーをつけさせることをお勧めします。そうすれば下着の中にそういうものをはさんでおくことに慣れるはずです。私たちが初潮を迎えた頃の生理用ナプキンはすごく厚かったのですが、ありがたいことに最近のナプキンはとても薄く、つけ心地もずっと快適です。

（19歳の自閉症の娘の母）

　思春期のあらゆるチャレンジの中で、月経は親にも子にも大きな難題となることがあります。娘さんはもう初潮を迎えているものの、うまく処理できていないかもしれません。あるいはいつ生理が始まってもおかしくないのに、親のあなたは、まだ心の準備ができていないかもしれません。でも、そういう親御さんはあなただけではありません。定型発達の子どもにとっても、その親御さんにとっても、月経は厄介なことなのです。ただ、発達障害があると、そのたいへんさが何倍にも思えることがあります。

　しかし幸い、初潮に向けた準備や、月経を親子でできるだけ肯定的に受

け入れる方法はたくさんあります。最終的には1人で対処できるように、目標に向かって親子で一緒に取り組みましょう。「初潮前の準備段階」で、私たちは次の4つの目標に焦点を合わせます。詳しくは追って説明します。

- 肯定的な見方を保つ
- 正確かつ適切な情報を与える
- スキルの練習
- 初めての、またそれ以降の月経に対してプランを立てる

目標1：前向き(ポジティブ)な雰囲気を作る

　娘には「生理は女の人なら誰でも経験することで、あなたもみんなと同じように経験するのよ」と言うつもりです。お祝いなんかはしません。何とか自分で対処できるようにと願うところですが、娘は自分の髪も上手に洗えないので、たぶんナプキンの交換などは私がしなければならないと思います。でも、これがお祝いをしない理由ではありません。娘が1人で対処できるようになったら、そのときにはお祝いをするかもしれません。

（12歳の自閉症の娘の母）

　月経は祝い事という本を書いた女性は別かもしれませんが月経が始まって喜ぶ女性は少数でしょう（巻末の資料を参照）。おそらく、ほとんどの人たちは、漠然としたわずらわしさと大きな不安の狭間に落ち込んだように感じるのではないでしょうか。お祝いムードとは、ほど遠いものでしょう。月経を前向きに捉えるということは自然にできるものではありません。しかし、事前準備としてこれは大切な第1ステップなのです。

　ASDの娘さんには、どんな変化でもストレスになり得ます。たとえそれが肯定的な変化でもです。もしあなたが、娘さんの初潮におののいたり、明らかな動揺を表したりすれば、娘さんはますます「生理は怖い」という理由づけをしてしまいます。そうなると、その後のプロセスは本人にとってもあなたにとっても一層難しくなるでしょう。発達障害のある娘さんのいる母親たちは、我が子の成長過程で最も心配なことを2つ挙げています。

まず、性的な被害にあわないかどうか、そしてもう1つが月経に関することです。まるで初潮が、人生で最も恐るべき出来事と背中合わせでやって来るように感じるのです。でも、そう感じてもいいのです。それは当たり前の感情です。まったくかまいませんので、ほんのしばらくその感情を抱いてください。それから、次に進む準備をしましょう。あなた自身のために、そして娘さんのために、この移行をスムーズにしようと思うなら、恐れと不安を乗り越えることが必要です。

文化的なタブーを克服する

残念ながら、世間的には月経についてあからさまに肯定視することは簡単ではありません。「アレが来た」「お客さんが来た」などというような暗号めいた言い方や、総じて否定的な雰囲気で、月経を表ざたにしないようにします。どんなに産業や文化が進んでも、月経は何か恥ずべきこと、公で話し合ってはいけないことと思われています。一方、狩猟採集で生活をしている文化圏では、月経中は女性が最も力を得る神聖なときだと見なす人たちもいます。インドでは、初潮は喜ばしい出来事であり、地域全体で祝います。初潮を迎えた女の子はその日から、女性の伝統的な衣装であるサリーをまとうことができます。生理が始まったことを家族親族、地域一体となって祝われることを想像できるでしょうか。

月経に対するあなた自身の文化的・宗教的な背景を考えてみてください。そういった背景は、あなたの初潮経験に影響を与えたのではないでしょうか。娘さんの月経に対するあなたの思いにも影響を及ぼしていませんか。もし娘さんに読む力があり、異文化に興味があるなら、一緒にインターネットで、他の文化や宗教が月経をどう捉えているか、調べてみるとよいでしょう。テレビのコマーシャルや雑誌の広告も見てください。現代社会のメディアが月経をどのように扱っているかも娘さんと見てみましょう。

幸福な生理

娘さんに生理の説明をするときには、自信をもった口調、前向きな文章、幸せそうな女の子の絵など、何を使っても、とにかく肯定的に伝えてくだ

さい。ある生理用ナプキンのコマーシャルに「幸福な生理を」をというフレーズがありました。このコマーシャルは「生理に幸福なことなんて何もない！」と思う多くの女性の反感を買いました。あなたも同じように考えているかもしれませんが、娘さんにはそれを伝えないようにしましょう。月経は穏やかでほんわりとしたものですよ、といった誤解を与えなさいということではありません。毎月の月経中には身体的な不快感や感情的な難しさがあるかもしれないと教える必要があります。しかし、全体的なメッセージとしてあなたが伝えるべきことは、彼女が若い女性になりつつあること、そして月経にまつわる身体的・感情的な困難には解決法がある、ということです。

　月経中には、買い物へ出かけたり、チョコレートを食べたり、ゆっくりお風呂に入ったりできるのよと伝えるお母さん方もいます。彼女たちは娘が生理の間は一緒に楽しいことに時間を割いています。お気に入りのレストランに行ったり、テレビゲームをいつもより長くさせてあげたりするのはどうでしょう。娘さんが「もっと幸福な生理期間」を過ごすために、あなたはどんなことができるでしょう。

お祝いの仕方

　もし娘さんの初潮を祝いたいと思うなら、たくさんの楽しいやり方があります。叔母、祖母、従姉妹、男性の親戚も交えて祝うと、娘さんはこの人生の大切な節目を一層好ましく感じることでしょう。好きなごちそうを作ったり、レストランへ出かけて祝う家族もいます。他の女性や女の子を招いてパーティーをしたり、食べ物を持ち寄って集まったりすることも一般的です。植樹をしたり、ハイキングやキャンプへ出かけ、自然の中で祝うと、女性と自然とのつながりを教えることもできます。娘さんが女性になることを詩に書いたり、絵や本で表現するのも素敵です。創造性を発揮してください。娘さんの興味とスキルレベルを考慮しながら、そういったことを行い、さらに家族で楽しい夕食を囲むなどすれば、完璧なお祝いになるでしょう。

第4章　赤い点々：生理、ナプキン、下腹部の検査

ケーススタディ：アリソン

　アスペルガー症候群の12歳のアリソンは、かかりつけの小児科医にあと2~3か月で初潮が始まるだろうと言われていました。彼女は全般的に強い不安を抱えやすく、試験や従姉妹の家に行くといったようなストレスの大きな行事を待つのがいつも苦手でした。最近、ソーシャルスキルのグループに入り、クラスでも何人か友だちができました。昼休みには学校で知り合った2人の女の子と過ごすようにもなりました。アリソンは友だちを作りたいと強く思っていたのですが、不安が妨げとなって、他の女の子たちに何と言ったらいいのかいつもわからずじまいでした。アリソンの叔母は、初潮を祝う小さな集まりをもったら楽しいのではないか、新しい友だちも呼べばアリソンも喜ぶかもしれないと考えました。アリソンの母親は乗り気ではありませんでしたが、パーティーを開いてみることにしました。叔母さんと母親はアリソンに「赤いパーティー」で月経をお祝いするのだと話しました。赤はアリソンの好きな色でした。赤い服を着たり、赤い物を食べると聞いてアリソンは喜びました。アリソンは4人の友だちを招くことにしました。母親はその子たちの親に連絡をとり、赤いパーティーについて説明しました。4人のうち3人の子たちはすでに初潮を迎えており、どの親もパーティーのアイディアを快く思いました。アリソンの生理が始まった翌日、母親は洒落た赤い招待状を送りました。その週末、アリソン、母親、叔母、そして4人の新しい友だちは、夕方の公園で、揃ってかがり火をたき、ピクニックをしました。全員が赤いものを身につけていました。帽子、スカーフ、シャツ、アクセサリー、すべて赤です。各自持ち寄った食べ物も赤でした。イチゴ、トマト、赤いソースのピザ。もっとも、祝祭はアニメとゲームボーイの話で的外れのまま終わったのですが、女の子たちはたいへん楽しみ、アリソンは自分自身をとても誇りに思いました。2か月後、アリソンは別な「赤いパーティー」の招待状を受け取りました。4番目の友だちに初潮が訪れたのです。

初潮を記念するパーティーは、娘さんにとって大きな楽しみになるでしょう。パーティーの内容や招待する人を決めるときには、ぜひ娘さんにも参加させてください。パーティーを手の込んだものにするのか、シンプルなものにするのかも親子で決めましょう。「赤いパーティー」をした子どもの親御さんたちからは、「娘はその後の生理について否定的ではなく、オープンに質問をし、毎月の様子も話しやすいようだ」という報告を受けています。肯定的な見方と開かれたコミュニケーション、それ以上望むものはあるでしょうか。

目標2：正確な情報を与える

　叔父と叔母と一緒に過ごす予定の2～3日前に、初めての生理が来ました。当時私は、女性の体の構造についてまったく教えられていませんでした（あるいは誤解していました）。私はタンポンを使えばオシッコをしようとしても出なくなると思っていました。タンポンを取り替えるまで丸一日オシッコを我慢して、初めてそうではないとわかったのです。このことは、私が自分で発見しなければならなかったほんの一例に過ぎません。みんな、私は当然わかっているだろうと思っていたのです。

（アスペルガー症候群、うつ、不安症のある31歳の女性）

初めての生理について、どんなことを教えられたか覚えていますか。思い出してみてください。月経周期が始まる前に、必要なことすべてを教わっていたでしょうか。知りたかった細かいことまで教わりましたか。自身の初潮について尋ねてみると、現代の女性の多くが、誤った情報を伝えられていたと感じています。そしてそれ故、月経に対して不安や緊張でいっぱいだったと報告しています。この時期、あなたが娘さんにしてあげられる最も大切なことの1つは、正確かつ年齢にふさわしい月経情報を与えることです。まず最初に、親として次に挙げる情報収集を行うことが重要です。

- あなたが初潮について話すとき、娘さんはどんな気持ちになるか考えてみましょう。好奇心を示すでしょうか。わくわくするでしょうか。あるいは恥ずかしがったり、緊張したり、怖がったりするでしょ

うか。娘さんの気持ちを理解すると、どうしたら一番うまく伝えられるかがわかるようになるでしょう。もし好奇心を示せば、月経に関する本を喜んで読むかもしれません。緊張するなら、おだやかで無理のない話し合いがふさわしいでしょう。

- ASDが生理に関する娘さんの学習やスキルの上達、行動、好みにどう影響するのかも考えましょう。
- 娘さんが生理についてどんなことを知っているのかを調べましょう。学校で保健の授業を受けていますか。2～3歳年上の従姉妹と過ごす機会はありますか。娘さんが既に知っていると思われることをリストにしてみましょう。
- 娘さんに情報を伝えるとき、彼女が既に知っていると思われることが果たして正しいかどうかを見極めましょう。先に挙げた女性の場合、親御さんは彼女の知識を高く見積もりすぎていたため、最初の生理で一層苦労することになったのです。
- 最後に、あなた自身のために情報を集めてください。自分の生殖機能について知っていますか。月経周期の生物学的な知識はありますか。必要ならば、ぜひ知識を高めてください。娘さんの質問に対してしっかりと答えを備え、教えられることが何かはっきりとしていれば、より気持ちよく対応できるはずです。すべてを知らなくても心配無用です。むしろ一緒に調べると、親子共々楽しいかもしれません。

指導のヒント：月経について教えるべきこと

- ☐ 月経は成長の大切な一部。
- ☐ 月経になると、膣から血が出る。
- ☐ その血を吸収させるために下着の中にナプキンを入れる。
- ☐ 月経は昼夜にかかわらずいつでも来る。
- ☐ 月経はおそらく4日から7日続く。
- ☐ 月経中は、腰やお腹、頭が痛くなるかもしれない。
- ☐ 月経中は、いつもよりも怒ったり、悲しくなったりするかもしれない。

私たちはたくさんの親御さん方から月経についての重要な2つの質問を受けてきました。1つ目は生理のことを教えるのは何歳が適当なのか。2つ目は、まず何から教えるとよいのか。一般的に8歳までに、自分の体（生殖器を含める）に関する基本的な知識と共に、女の子はいかに女性になるかを教えることから始めるとよいでしょう。スキルのレベルにかかわらず、視覚教材の使用はどの子にも必要です。生殖器の外部、内部を描いた優れたイラストの載った本は数多くあります。たとえ概念レベルで月経を理解できなくても、毎月の処理を1人でできるようになるには、体のどの部分がかかわっているのかを知ることが大切です。

体の部位を学ぶ

　私たちは、家族には衛生と月経に最も大切な、尿道、肛門、膣の3つの部位をまず教えるようにと勧めています。尿道と肛門についてはトイレのしつけのときに教わっているかもしれませんが、最初に3つの部位の役割を教えます。

- 尿道：排尿（何か飲んだ後トイレに行くと、尿道から尿が出ます）
- 肛門：排便（何か食べた後トイレに行くと、肛門から便が出ます）
- 膣：月経（1か月に一度、月経が来ると膣から血が出ます）

指導のヒント：月経の基本――娘さんはどれだけ知っていますか？

- □ 身体図で尿道、膣、肛門を識別（指差し）できる。
- □ 自分の体で尿道、膣、肛門を識別（指差し）できる。
- □ 尿道、膣、肛門の基本的な機能を知っている。
- □ 経血(月経による出血)は自然なもので問題なく、怪我の出血や血尿・血便とは違うことを知っている。
- □ 月経と月経周期について簡単な説明ができる。

3つの役割がわかれば、タンポンを膣に入れると経血を吸収し、服が汚れるのを防ぐのを教えてもよいでしょう。また、適した時期が来れば（あるいは必要ならば）、性交をするときにはペニスが膣に挿入されること、赤ちゃんが生まれるときにも膣から出てくることを教えられるでしょう。しかし、今のところ、娘さんが知っておくべきことは、これらの3つの部位とそこから何が出てくるのか（尿、便、経血）ということです。
　娘が体の部位についてなかなか理解できない、という相談を親御さん方からよく受けます。特に、直接見えない部位や内臓、また、そこを意識するにはある種の感覚が必要な部位はわかりづらいものです。十分な時間をかけて、様々な方法で教材を繰り返し使う必要があります。教えるときには、できるだけ多くの視覚補助を使いましょう。思春期や月経に関する女の子向けの本では、その多くが「自分の体への理解を深める」という章を設けており、鏡で下半身を見てみることを勧めています。あなたが女性で、もしまだ見たことがなければ、この機会にぜひ見てみてください。誰でも自分の体を心地よく感じていたいものなのです。娘さんが体の部位の機能をよく理解できない、あるいはいつかタンポンを使ってみたいと思っているなら、鏡は非常に役に立ちます。鏡で下半身を見るとき、私たちは親御さんが手伝ってあげるように勧めていますが、積極的にはできない人たちもいます。やり方に自信がない、あるいは、下半身についてどう教えるとよいのかわからない場合は医師に相談してください。

月経の説明

　生殖器の名前と機能がわかれば、月経中には実際にどんなことが起こるのかも理解できるでしょう。娘さんのスキルレベルと知的能力を考えてみてください。月経やホルモンについて詳しく理解できるでしょうか。興味をもつでしょうか。ASDの少女たちの中には、科学や事実に非常に強い興味を示す子がいます。そのような子は、自分の体の中で起きていることをすべて知りたいと思うはずです。逆に、人間に関することには、自分の体も含めて、あまり関心をもたない子もいます。
　以下は思春期の月経の簡単な説明です。詳しく理解できない子や、興味

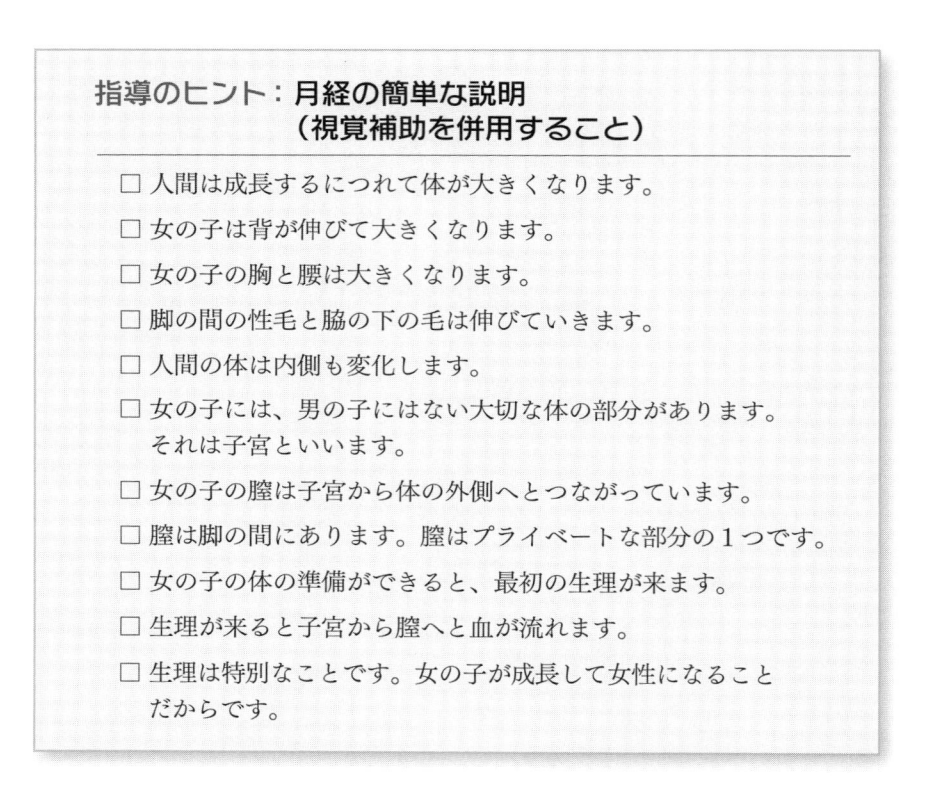

がない子には適切な視覚補助も使ってください。

> **指導のヒント：月経の簡単な説明**
> **　　　　　　（視覚補助を併用すること）**
>
> ☐ 人間は成長するにつれて体が大きくなります。
> ☐ 女の子は背が伸びて大きくなります。
> ☐ 女の子の胸と腰は大きくなります。
> ☐ 脚の間の性毛と脇の下の毛は伸びていきます。
> ☐ 人間の体は内側も変化します。
> ☐ 女の子には、男の子にはない大切な体の部分があります。
> 　それは子宮といいます。
> ☐ 女の子の膣は子宮から体の外側へとつながっています。
> ☐ 膣は脚の間にあります。膣はプライベートな部分の１つです。
> ☐ 女の子の体の準備ができると、最初の生理が来ます。
> ☐ 生理が来ると子宮から膣へと血が流れます。
> ☐ 生理は特別なことです。女の子が成長して女性になること
> 　だからです。

　ホルモンの変化や、卵子が卵巣から卵管を通っていく様子など、より詳しい説明は女の子向けの成長に関する本に書いてあるでしょうし、学習障害の生徒用のカリキュラムにもあるかもしれません。娘さんの言語能力や興味をもとに、月経に関してどれくらいの情報が適当なのかを見極めてください。基本事項以上のことを教えたければ、巻末の資料に優れた書籍を紹介していますので参考にしてください。特にイレイン・クーパー著の『女性になるということ』(Becoming a Woman)には、学習障害のある子どもたちのための素晴らしい指導カリキュラムが掲載されています。具体的な視覚補助を用いて月経の知識と管理、月経に関連して起こる感情の変化にも触れています。

第4章　赤い点々：生理、ナプキン、下腹部の検査

　月経の知識の「上級編」には、器官の名称と機能、月経中の心身の変化まであらゆることが含まれています。以下に挙げる「指導のヒント」のリストの中で娘さんが知っていることはどれでしょう。あなたは、どんなことを教えたいですか。

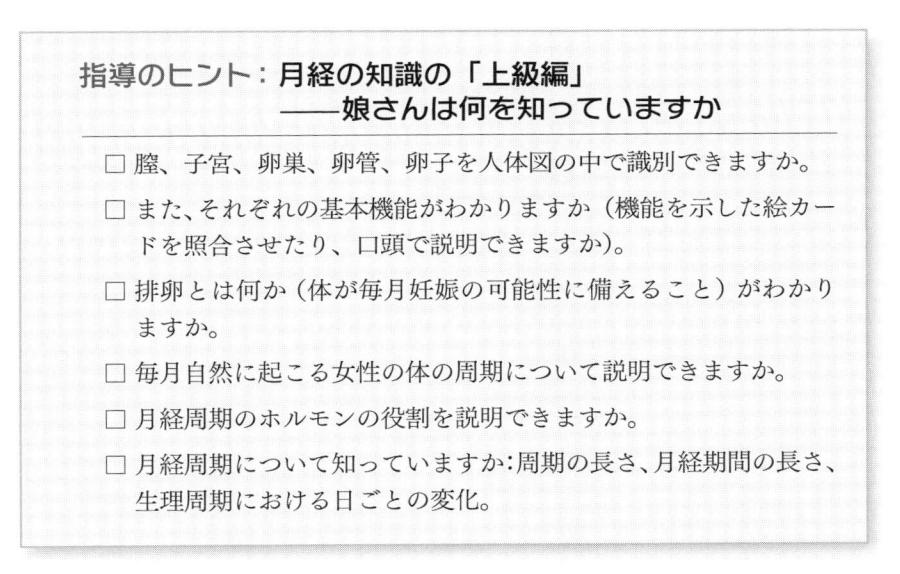

**指導のヒント：月経の知識の「上級編」
　　　　　——娘さんは何を知っていますか**

- □ 膣、子宮、卵巣、卵管、卵子を人体図の中で識別できますか。
- □ また、それぞれの基本機能がわかりますか（機能を示した絵カードを照合させたり、口頭で説明できますか）。
- □ 排卵とは何か（体が毎月妊娠の可能性に備えること）がわかりますか。
- □ 毎月自然に起こる女性の体の周期について説明できますか。
- □ 月経周期のホルモンの役割を説明できますか。
- □ 月経周期について知っていますか：周期の長さ、月経期間の長さ、生理周期における日ごとの変化。

月経に関するヒント

　娘さんに知ってほしいことを決めたら、指導の道具箱に戻ってください。どの方法が一番よいでしょう。次のリストは、私たちが使ってきた指導方法からいくつか選んだものです。

- □ 体の部位と機能の絵カードを作り、照らし合わせる。
- □ 下半身の器官の正面図と断面図を両方用いて、それぞれの器官の名称とそこから何が出てくるか（尿、便、経血）を教える。
- □ 鏡を使って、自分の下半身を調べる手助けをする。1人でできそうなら、そうするように促す。あなた自身に補助が要るなら、かかりつけの医師に相談する。

- ☐ 大きな模造紙に娘さんの等身大の輪郭をかき、一緒に主な身体部位を確認していく。そこの感覚も認識できるようにする。
- ☐ 娘さんの等身大の輪郭に内臓器官の絵を描く（アーティストでない限り、下書きしておきましょう！）。赤いクレヨンやマーカーで血液が「生理」として子宮の内部から膣までどう流れるかを示す。下着の絵を描き、そこに赤か茶色のクレヨンで染みを描く。生理が始まると下着に血がつくことを教える。
- ☐ 一緒に「女性になる私」の絵本を作る。赤ちゃんの頃、よちよち歩きの頃、幼稚園、小学校、そして現在の写真を使う。大人になることを不安に思っているなら、「成長する私」「変わる私の体」など、よりやわらかい表現を使う。
- ☐ 生殖器の絵を使って、卵子がどのように卵巣から出て卵管を通り、子宮の壁に着床するのかを教える。卵子が子宮に近づくにつれ、子宮の内側が厚くなる様子を赤いクレヨンで示すのもよい。
- ☐ 月経周期を教えるには、日付が 28 ある丸いカレンダーを使う。生理のたびに新しい周期が来ることを伝え、月経 1 日目から 5 日目までを赤く塗る。卵子が子宮を目指して出発する排卵日（通常、周期の 14 日目）についても教えることができる。

教えるときには、常に娘さんに次の点を保証しましょう。
- 月経は女性になるための自然な良い印である。
- 悪いことをした結果ではない。
- 月経とおもらしとは違う。
- 経血は切り傷の血とは違う。
- 経血は有害ではなく、痛みを与えるものではない。
- 若い女の人なら誰にでも月経が来る。
- まったく同じ月経はない。人によって違うし、月によっても変わる。

目標３：先回りしてスキルを養う

　私たちはカイラに少しずつ生理用ナプキンに慣れさせていきました。まず、パンティライナーをほんの一瞬つけて、すぐに外すところから始めました。そして徐々につける時間を長くしていきました。次に、やや厚いナプキンを１日中つけていられるように、ライナーのときと同じようにして練習しました。生理が来たのは　最後に練習をしてからかなりたった頃でしたが、カイラは抵抗なくナプキンをつけることができました。それまで私はたびたび、下着に血がついていなかどうか尋ねていました。カイラがどの程度理解し、覚えていられるかはわかりませんでしたが、簡潔にそれだけを聞いていました。いよいよ生理が始まったとき、カイラは「下着に血」と言いました。実際に血がついていました。私はナプキンをつけさせ、それ以来カイラはちゃんと対処できています。カイラの場合、ナプキンよりも難しいのは月経前症候群の方です。感情の起伏は経血のように目には見えないので、私も説明に苦労しています。（16歳の自閉症の娘をもつ母。この子は3歳でPDD-NOS、3歳半で自閉症と診断を受けていました）

　人生経験では他のことでもそうですが、娘にはあらかじめ初潮の準備をさせておきたいと思うものです。知識の他に、実際の月経がどのようなものなのか、また、それに必要なスキルも前もって教えましょう。最初のステップから考えてみましょう。あなたはどんなナプキンをどう使っていますか。タンポンについては本章後半で述べることにします。

　まず、ドラッグストアへ出かけ、生理用品の棚を見てみましょう。そのとき、そこに初めて足を踏み込んだと想像してみてください。並んでいる品物の数々、パッケージのパステルカラーに驚くことでしょう。いったい、どれから見ればよいでしょう。たくさんの会社がたくさんの種類のナプキンを製造しています。長さ、厚さ、素材、吸収率、ウィング、カーブ、消臭の有無なども様々です。活動レベル、経血量、昼用・夜用に応じたナプキンの選び方をホームページに載せている製造会社もあります。十代の少女のほとんどは、薄いナプキンを好んでつけています。厚いものより快適で目立たないからです。ASDで感覚に問題がある子どもたちには厚さや大きさがナプキン選びの大事な決め手になるでしょう。ウィング付きにす

るかどうかは、娘さんの手先の器用さを考慮して決めてください。ウィングの粘着テープをはがし、羽の部分を開いたりできますか。いろいろな会社のサイズの違うナプキンを買って、娘さんに試させてみましょう。ナプキンの選び方、使い方、捨て方の練習に関しては次の方法をお勧めします。

- 娘さんと一緒にナプキンのパッケージを開き、ゆっくりとナプキンを調べてください。どうやって下着につけるようになっているかも見せましょう。女性は毎月数日間、経血を吸収するためにナプキンをつけることを教えます。
- 香り付きと無香料のどちらがよいかを娘さんに選ばせます。あなたは香り付きが好きかもしれませんが、娘さんは香りを嫌がるかもしれません。
- 裸ではなく服を着たまま、数分間ナプキンをあてさせます。脚の間にナプキンがあることを嫌がるでしょうか。もし嫌がるなら少しずつ「除感策」をとりましょう。ナプキンをあてる時間を少しずつ長くして、うまくできたらご褒美を与えるのです。いろいろなナプキンを試して、どれが一番快適だったかを聞いてください（言葉や写真で答えさせる）。
- 一番快適なナプキン（昼用と夜用）が決まったら、娘さんと一緒に店へ行き、ナプキンの売り場の見つけ方とパッケージの見分け方を説明します。これは１人暮らしのスキルの練習にもなります。
- 娘さんの見ている前で、透明な容器に大匙３杯から８杯の赤い水（食紅を水で溶く）を入れます。これが１回の平均的な経血量です。娘さんにスポイトなどでその水をナプキンにたらして、どう吸い込まれるかを見せましょう（同じことがタンポンでもできます）。ナプキンがずれて下着の正しい位置になかったり、長い間つけっぱなしにしておくとどうなるかも教えます。
- 学校ではナプキンをポーチなどに入れて持ち歩く練習もさせます。

初潮を迎えるまでたくさんの練習が必要かもしれません。あるいはほんのわずかで済むこともあります。私たちの経験では、不安や感覚的な問題が大きく、練習に５か月から９か月かかった子どもたちがいました。一方、ある12歳の子はナプキンのつけかたを教わり、ほんの１時間練習しただ

けでこう言いました。「これだけ？ 簡単だった。次は？」

体に慣れさせる

　　　娘は下腹部の痛みやナプキンの濡れ具合、経血がもれていることにも気がつかないことが多いようです。ズボンにまでもれていることがありますが、やはり気づいていないようです。そして、人体について何度も教わっているのに、経血はお尻から出るというのです。娘はこういったことにはまったく興味がないので、自分の体のこともほとんど理解していません。
（強迫症と不安症のある14歳の自閉症の娘の母）

　ほとんどの人たちが当たり前のように身につけている基本スキルの１つが自分自身の体に対する感覚の「気づき」です。このスキルは月経指導の成功に欠かせません。しかしASDの子どもたちの多くは自己認識の力が弱く、支援が必要です。初潮が来る前に、月経が始まるときの身体的な感覚に備えられるようにしてください。言語能力に限りがあるなら、絵カードを使って教えましょう。月経前のあなた自身の症状、あるいは他の家族の症状を考えてみてください。月経の症状の多くは家系で似るものです。娘さんの症状についても、ある程度予測がつくことでしょう。あなたの場合、頭痛や腰痛、下腹部がつるような痛み、むくみ、胸が敏感になるなどの症状がありますか。生理が始まりそうだという毎月の印は何でしょう。月経前と月経中に起こりそうな症状を示す絵カードを作って、「女性になること」のお話に使いましょう。身体感覚について教えるときには、言語能力の発達した子であっても、補助として絵カードを使うと非常に役立ちます。模造紙に本人の等身大の輪郭を描いたものも効果的に使えます。体のどの部位でどんな感覚がするのか、その部位に色を塗らせて教えます。例えば「不安感」を教えるとき、「心臓の動きが速くなる」なら胸の部分を、「頭痛がする」なら頭を赤く塗ることにします。

ケーススタディ：ポーラ

ポーラの初潮の到来は、母親にとって大きな驚きでした。ポーラ自身、その晩、パジャマに着替えるまで何が起きていたのか気づいていませんでした。その後、何か月もの間、月経が来て何時間もたってから、ポーラはようやくそれに気づくのでした。母親、先生たちもそうでした。ポーラは以前からずっと気づきの力が弱く、生理学的な感覚や身体症状（寒さや不安など）を表現することも苦手でした。自分の体の状態をよく知っていれば、多くの場合、下腹部や腰の痛みのような特定症状の後に月経が来るとわかります。「生理が始まると、経血が少ししみ出る感じがわかるので、トイレに行かなくちゃと思う」と多くの女性が報告しています。絶えず下着を見なくても、月経が始まったことに気づくことは大切です。ポーラにはそれがわからず、日中トイレにしょっちゅう行かなかったこともあって、月経が始まっているのに気がつかないという問題が生じたのです。ポーラと母親への指導を行う中で、私たちは身体的な気づきに的を絞ったプログラムを考えました。さらに親子で月経周期の記録もつけてもらいました。そうすれば、月経が始まる前にナプキンをつけることができるからです。月経予定日の１週間前には、学校でも午前中と午後にトイレに行かせ、まだ始まっていないかどうかをチェックさせることにしました。教室で何度も恥ずかしい思いをした後、ポーラは自分の体に気を配るようになり、月経周期の記録も忘れずにつけていました。まだ困難はありますが、それでも以前に比べると体の変化によく気がつくようになっています。

第4章 赤い点々：生理、ナプキン、下腹部の検査

目標4：初潮に備える

　私はナタリーの先生から電話をもらい、「ナタリーの生理が始まっているのを知っていますか」と聞かれました。恥ずかしながら私の答えは「いいえ」でした。生理が始まって3日も経っていたのにナタリーは私に何も言いませんでした。私はそれまで何か月も前から初潮の準備をさせてきました。ナタリーは、初めての生理でどうしたらよいのかという本を何冊も読んでいましたし、学校に持っていく鞄には生理用ナプキンも入れてありました。先生は、ナタリーは問題なくうまく対処しているとおっしゃいました。どうして私に話さなかったのかとナタリーに聞くと、あの子はきっぱりとこう言いました。「本にはお母さんに話しなさいと書いていなかったから」
　　　　　　　　　　　　　　　　　　（12歳の高機能自閉症の娘の母）

　初潮に対する最終目標は、娘さんに備えさせることです。彼女にかかわる専門家の人たちにも心がけてもらいましょう。まず、かかりつけの医師に尋ねて、初潮の時期をだいたい予測してもらいます。学校関係者には初潮の準備について話しておきましょう。担任の先生と養護教諭の協力が必要です。娘さんにはポーチや学校の鞄にナプキンを入れて持ち歩かせます。保健室に専用のナプキンを置かせてもらってもよいでしょう。娘さんに感覚の問題があれば、保健室のなじみのないナプキンは不快かもしれません。トイレで補助が必要な場合は、先生方が月経の始まる時期を知っているかどうかを確認しておきましょう。1人でトイレに行っている子には、視覚補助を使って、生理になったらどんなことが起きるのか、どうすればよいのかを伝えておきます。最初の月経は通常軽いものです。「生理になればトイレに行ったとき、下着に赤や赤茶色の点やシミがついている」と教えます。落ち着いて、練習通りに対処するよう伝えましょう。もし学校で生理になり、ナプキンがなければ、すぐに保健室に行くように、また、家や学校以外の場所で、あなたがいないときに生理になったら、グループ内の大人の女性に話すようにと教えておきましょう。
　初潮への備えは、他の初めてのことに対する準備とあまり変わりません。ただ、不安は少しだけ強いでしょう。娘さん本人はもちろんのこと、担当

125

の先生方やセラピスト、そしてあなた自身がしっかり備えられるように、十分に時間をかけてください。そうすればスムーズにいくはずです。

月経中の清潔保持の秘訣

　さて、生理開始の準備ができれば、今度は月経中の衛生と毎月の体の管理について教えます。ASDの成人女性と話す中で、私たちは彼女たちの多くが、若い頃月経周期について非常に困っていたことやトラウマになるような経験をしていたことを知りました。その理由として、月経の対処に関する十分な知識や計画、スキルがなかったことがしばしば挙げられています。月経にまつわる毎月の管理には、「娘さんの月経周期を知っておく」「毎月の月経中の衛生」「PMS（月経前症候群）」という3つの重要なポイントがあります。ここで、これらのポイントを考えていきましょう。

月経周期を知っておく

　娘さんの次の月経がいつかを知るには、周期を覚えておくことが大切です。ご存知の通り、ASDの子たちは準備をしておくと状況にずっとうまく対処できるようになるものです。次の月経の大まかな予定日を予測しておくと、本人も、あなたも楽になるでしょう。時計のように正確に28日周期で月経が来る女性もいれば、経口避妊薬（ピル）を服用していないのに周期が毎回違う人たちもいます。月経を最も正確に予測するには、排卵の第1のサイン、つまり起床直後の基礎体温と子宮頸管粘液の変化をグラフにつけていきます。娘さんが協力的で動機づけもあるなら、一緒に取り組めるでしょう。成長するにつれ、体の気づきを促すことは、どんなことでも娘さんの利益となるのです。基礎体温表のつけ方と子宮頸管粘液についてはインターネットで詳しく調べるか、かかりつけの医師に相談してください。

　さらに、下腹部痛、むくみ、乳房過敏、腹部の膨満感など排卵の第2のサインに気がつくことも大切です。月経周期に慣れてくれば、次のことが

上手にできるようになります。

- 生理の始まりを予測できる。洋服にシミがついて恥ずかしい思いをしないですむ。
- 感染が疑われるような膣や分泌物の異常を発見できる。
- 月経期間の長さ、経血量、痛みの強さを比べて、その月の生理が正常なのかどうかがわかる。

「体の気づき」の大切さを私たちはぜひ伝えたいと思っています。娘さん本人が排卵の第1、第2のサインを表に書きこめるようになれば、自分の体をよく理解して毎月の月経に備えられるようになるでしょう。あるいは、あなたが娘さんの周期を記録すれば、彼女の健康を支えつつ、次の月経に備えてあげられるでしょう。たいへんなことに思えるかもしれませんが、その努力は非常に大きな実りをもたらします。

月経中の衛生について

知的能力や運動能力に応じて、娘さんができることは様々ですが、親としての目標は、可能な限り、本人のできる範囲で自立を促すことです。表4-1はレベル別のおおまかな到達目標です。毎月の月経中の衛生事項は「規則正しく決まったことをする」に尽きます。毎回、月経の終わりまで、それができなくてはなりません。初潮後1～2年までは、この決まりごとを思い出させる手助けが、まだ必要でしょう。月経の処理が毎回きちんとできるようになるには、ASDの少女たちの場合、定型発達の子どもたちよりもずっと時間がかかることを覚えておいてください。できないというわけではなく、ただ、かなり時間がかかるかもしれないということです。指導の道具箱をもう一度引っ張り出して、必要なことに時間をかけて備えてください。次に、生理用ナプキンに関するステップとスキルをみていきましょう。タンポンについては本章の後半で述べていきます。下のリストで娘さんが現在1人でできるステップを書きとめておきましょう。

表 4-1　月経周期：娘さんが学べること

知能と運動の障害が中度から重度の場合
- 介護者が行う月経中の清潔保持の日課に協力する。
- 月経中の清潔保持の日課の過程の一部を行う（例：下着やズボンをひっぱって下ろす、使用済みナプキンを捨てる）。

知能と運動の障害が軽度の場合
- 月経中の清潔保持の日課の過程をほとんどこなす。
- 声がけ、視覚補助、メモなどのヒントが必要なことがある。
- 運動スキルが必要なプロセスは助けが必要なことがある（例：ナプキンを正しい位置につける）。
- タンポンは使えないかもしれない。

知能と運動スキルが平均、あるいは平均以上の場合
- 月経中の清潔保持の日課を1人でこなす。タンポンも使える。
- 過程を忘れないように視覚補助やメモが必要なことがある（例：月経カレンダー）。

シミの確認
- 下着にシミがついているかどうか確認できる。
- 下着に経血がついていることを認識できる。
- シミのついた下着を洗濯かごに入れ、きれいな下着に取り替えられる。

ナプキンの交換
- トイレに行ってナプキンを確認する。経血量によってトイレに行く頻度がわかる。
- ナプキンに経血がついていたら、ナプキンを外し、トイレットペーパーでくるんでから、ナプキン用のゴミ箱に捨てる。トイレに流さない。
- 日によって適切なナプキンを選ぶ（厚さや幅などを考慮する）。
- ナプキンの包みを開ける。
- ナプキンの裏側のテープを外し、下着につける。

- 包みとテープをゴミ箱に捨てる。
- 装着が済んだら、トイレを出る前に手を石鹸で洗う。

夜のきまり
- 夜には入浴をしたりシャワーを浴びる。石鹸で陰部を洗い、経血を洗い流す。
- 体を洗ったら、タオルで拭く。
- 清潔な下着をはき、夜用の新しいナプキンをあてる。
- パジャマを着る。
- 自分の月経期間の長さを知っている。あと何日で生理が終わるかを確認する。

　これらのステップは課題分析（大きな複雑な課題を最も小さなステップに分解すること）によって、さらに小さなステップに分けられます。ステップのどこかでつまづいたら、行動心理士や作業療法士に相談すると、もっと学びやすいステップへと分けてくれるでしょう。こつが必要な運動スキルや連続した動き（例：ナプキンを下着から外す → 半分に折る → トイレットペーパーで包む → ナプキン用のゴミ箱に入れる）は、月経中ではないときに練習させます。練習するステップは１回に１つだけ選びます。心理士ならどのステップから始めると一番よいのか、またどうやって教えるとよいのかを教えてくれるでしょう。娘さんが最終的にどこまでできるようになるのか、特にどのステップに助けが必要なのかを見極める手助けもしてくれるはずです。「逆行連鎖」「順行連鎖」「行動的慣性」など行動療法で使われる指導テクニックを調べてみてください。連続するステップ（入浴の仕方、月経中の清潔管理）に必要なスキルを教えるときに非常に役立ちます。

> ### 指導のヒント：行動療法のテクニック
>
> □ **逆行連鎖**：多重課題を最後の部分から逆の順番で教える方法（例：ナプキンをゴミ箱に捨てるところから始める）
>
> □ **順行連鎖**：多重課題を最初の部分から順番に教える方法（例：ナプキンの包みを開ける）
>
> □ **行動的慣性**：まず簡単な課題を教えてから嫌いな課題あるいは難しいと感じる課題を教える方法。難しい課題に移る前に簡単な課題によって「勢いをつける」。

　月経中の清潔に関するステップをもう一度見ていきましょう。娘さんの学習スタイルにはどんな指導方法がよいでしょう。以下は、正の強化子（目的となる行動の生起率を高める刺激）や、ご褒美との併用で私たちが最も効果を認めた方法です。

- **経血に気づく**：練習に練習を重ねます。きれいな下着と経血のついた下着を見比べる練習をしてください。視覚補助（×印など）を使って、どちらの下着に経血がついているのかを認識させます。また、自分の下着に経血がついていたら、あなたに知らせることも練習させましょう。月経の処理に慣れて、自分でできるようになれば、知らせる必要はなくなります。

- **洗濯かごを使う**：汚れた服は洗濯かごに入れるように視覚補助を使います。娘さんが各ステップをうまく終えている写真を撮り、それを使ってストーリーを作りましょう。この場合、汚れた服を洗濯かごに入れる写真を使って練習します。

- **生理用ナプキンを選ぶ**：月経中、日によって適切なナプキンを選べるようになるまで、特定の入れ物や引き出しに、何日目かを示すラベルを貼ってその日にあったナプキンを入れておきます。昼用、夜用も分けます。適切な厚さのナプキンを選ぶには、まずあなたが、日ごとの娘さんの経血量を知っておく必要があります。月経カレン

ダーに自分のサイクルを忘れずに書き込ませてください。学校でポーチや鞄に入れてナプキンを持ち歩くなら、朝、家を出る前にナプキン選びを手伝ってあげてください。

- **ナプキンの交換**：交換の手順を文章や写真で示したカードを便器の横の壁に貼っておきましょう。あるいはカードをラミネートしてポーチに入れておきます。1人でできることが増えてくれば、文や写真を減らします。交換に必要な運動スキルを練習させましょう。

- **ナプキンのチェック**：ほとんどのASDの少女は、トイレに行ってナプキンのチェックをするように促す何らかのヒントが必要です。私たちはこれまでに親御さん方と様々なヒント（言葉がけ、視覚補助、文章）を試してきました。ぜひたくさんのヒントを試して、娘さんにぴったりのものを見つけてください。あらかじめトイレに行く時間帯を決めておくことをお勧めします。例えば朝食前、昼食前、下校前、夕食前、寝る前（入浴やシャワーの後）というように一日の決まった予定につなげるのです。娘さんの毎日のスケジュールと経血量に一番合った時間帯を見つけてください。経血量が多ければ、より頻繁にトイレに行く必要があるでしょう。ハイテク好きで、みんなの前で声をかけられるのを嫌がる子には、音が鳴ったり、画面にヒントが出るPDAのアラーム機能を使わせてみましょう。他には、チェックリストや時計の絵なども視覚的なヒントになります。チェックリストは学校の机に貼っておいてもよいでしょう。教室では先生や補助員に頼み、何時になったらトイレに行くのかを思い出させるために、スケジュール表や時計を見るよう促してもらうこともできます。

- **手洗いと入浴**：第3章で述べた清潔に関する案を参考にしてください。他にも生活適応スキルの指導法についての本を調べてみるとよいでしょう。清潔を保つスキルを教える最も効果的な方法は、課題を小さなステップに分解し、絵や写真あるいは文章などを視覚補助やリマインダー（思い出すためのもの）として使い、ステップごとに練習させることです。うまくできたときにはご褒美を忘れずに。

- **月経中の全般的な処理**：どんなに賢いASDの子でも月経中の処理に関する決まりや順序には戸惑うことがあります。実行機能（高次認知スキル）に障害があれば、毎月1週間続く月経の処理に必要な

タスクをすべて問題なくこなすことは至難の技なのです。私たちは経験から、ほとんどのASDの子には月経中に何らかの支援が必要だと考えています。一番効果的なリマインダーを娘さんと一緒に探してみましょう。

PMS（月経前症候群）には親と本人が備えなければなりません

その通り。PMSモンスターは生理の2週間前にやってきます。意地悪で気難しくて、眠たがりやで攻撃的なモンスターなのです。

（知的障害のある重い自閉症の16歳の娘の母）

私たちは親御さん方から、ASDの娘さんがPMSの症状を示すことが多いという報告を受けています。発語がない子、コミュニケーションが何とかとれる子、あるいは非常におしゃべりな子、高度な会話ができる子、能力に関係なくPMSは現れています。その様子を「自分の世界がひっくり返される」と言ったお母さんがいます。残念ながら良い意味でひっくり返るわけではありません。定型発達の子に比べてASDの少女たちは総じてPMSになりやすいのでしょうか。私たちはそれに関するしっかりとした研究をまだ知らないのですが、臨床的な経験から、彼女たちはPMSになりやすいと考えています。ではなぜなりやすいのでしょう。PMSの症状にかかわる神経伝達物質のシステムは自閉症にも関連しているのでしょうか。少女のホルモンが自閉症の影響を受けたシステムと相互作用を起こしてPMSの症状を大きく引き出すのでしょうか。感覚の過敏さが感情反応を高め、その結果PMSの身体的な症状として現れるのでしょうか。現段階では、私たちにはわかりません。本章後半で、婦人科での検査について述べますが、そこでこの件の解明につながるような研究を取り上げたいと思います。ASDの女の子たちがなぜ重いPMSを抱えるのかについては、今後の研究に期待するところです。ぜひその理由が明らかになり、家族の助けにもなってほしいと願ってやみません。私たちはここ何年か親御さん方がPMSを評して「悪魔」「鬼」「暴れん坊」「トラのような」「モンスター」などと言うのを聞いてきました。そんなPMSについて、そしてあなたの

娘さんのために何ができるかを少し見ていきましょう。

　PMSは月経に関連する症状です。症状は女性によって様々です。私たちが出会ってきた少女の中には、症状がそれほど重くない子もいました。一方で、感情や行動のコントロールが毎月非常に難しくなる子もいました。PMSが重症な子たちには、「月経前不快気分障害（PMDD）」があるかもしれません。PMSの症状が強く出ているなら医師に相談してください。PMSは心身両方の症状を伴うことが多く、よく報告されている症状は次の４つに分けられます。

- Aタイプ 不安：緊張、苛立ち、気分のむら、怒り、感情の噴出
- Bタイプ 膨満：乳房過敏、むくみ、胃の不調、便秘または下痢、体重増加、手足のむくみ
- Cタイプ 渇望：食欲の変化、特定の食べ物への渇望、過食、疲労感
- Dタイプ うつ：不機嫌、記憶力の低下、悲しみ、理由もなく泣きたくなる

　他にも、ニキビの悪化、不眠、頭痛、腰痛、関節や筋肉の痛み、集中力の低下、感情の起伏をコントロールできなくなる、といった症状があります。このような症状は誰にとっても不愉快なものですが、特に安定を重視するASDの少女たちにはどう感じるか、考えてみてください。次のリストは私たちが勧める毎月のPMSへの対処法です。繰り返しますが、症状が重ければ、ぜひ医師に相談してください。

食事
- 自然食品（精製・加工を最小限にとどめた無添加食品）、非でんぷん質野菜、良質のたんぱく質と脂肪を十分に取り入れたバランスの良い食事をとる。
- 甘いお菓子の代わりに毎日果物を食べる。
- 血糖値を正常に保つため、日中は食事とおやつを必ず定期的にとる。気分の安定につながる。
- 糖分、塩分、カフェインの摂取を控える。

- 総合ビタミン剤を毎日とる。

偏食があると、健康的な食生活の管理は難しくなります。ASDの少女に対応した経験のある栄養士を紹介してもらいましょう。

運動
- 定期的な有酸素運動をさせましょう。週に3度、最低30分の運動が必要です。

ASDの若者の多くは、動くことをおっくうに感じがちです。協調運動能力の弱さやぎこちなさのせいで身体的な活動への興味がさらにそがれるのです。ASDの若い子ども向けのプログラムがないかどうか、地元の自閉症協会やレクリエーションセンターに尋ねてみてください。

睡眠
- 夜は8時間の睡眠をとりましょう。

ASDの若者の多くは睡眠に問題を抱えています。かかりつけの医師や行動心理士に相談をして、しっかりと睡眠をとる方法と毎晩寝る前にすることを決めましょう。

対処(コーピング)スキルとリラクゼーション
- 月経中はスケジュールが過密にならないようにします。休みとリラックスの時間を設けてください。ストレスの多い行事があれば、月経後に延期しましょう。

健全な対処スキルとストレスマネジメントの力を身につけることはASDの少女たちの生涯の目標です。リラクゼーションスキルと対処能力を養うために、ペアレントトレーニングと娘さんの個別セラピーを受けられるかどうか心理士に相談してください。

親御さんの中には月経による感情の起伏を抑えるために経口避妊薬やSSRI(選択的セロトニン再取り込み阻害薬)の服用について、かかりつけの医師に相談している人たちもいます。経口避妊薬は月経中のホルモン

レベルを一定にしやすくする働きがあります。SSRI は不安、苛立ち、うつ症状に役立ちます。中には気分のむらや行動に劇的な改善がみられた少女たちがいますが、そうでなかった少女たちもいます。薬の効果が大きかった子どもたちは服用後の変化について「人生が変わった」と話しています。経口避妊薬を使う理由として、娘さんの月経が予測しやすくなり、その結果、対処も楽になることを挙げている家族もいます。

> 娘が忘れずにナプキンの交換ができるようになるまで 2 年ほどかかりました。その後、月経周期を管理できるように、また、次の月経をしっかりと予測できるように、11 歳のとき経口避妊薬を飲ませることにしました。
> （13 歳の娘の母親。この子は 11 歳で PDD-NOS、双極性障害、ADHD、OCD（強迫症）と診断され、側頭葉てんかん発作もある）

感情のコントロールや月経周期の安定の目的で経口避妊薬や抗うつ薬を服用することは、文化や宗教にかかわることで、非常に個人的な選択なのです。試してみたいと思われるなら、娘さんのかかりつけの医師に相談してください。

大論争：ナプキンかタンポンか、あるいは両方か

> 私には不正出血がありました。4日で終わることもあれば何週間も続くこともありました。生理用ナプキンの感触には我慢ができませんでした。チクチクして分厚く、肌にくっつくからです。それで LL サイズのタンポンを一度に 2 本使うことにしました。安全上してはいけないことだったのですが。1 本だけ取り出して、もう 1 本を忘れてそのまま入れておいたことも一度ならずあります。中毒性ショック症状になっても当然だったと思います。怖い話です。匂いで初めて気がつきました。気持ちの悪い話です。生理中は濃い色のものを身につけた方がいいなんて知りませんでした。淡い色のズボンを着替えるために学校から家まで走ったことが何十回もあります。気づいた頃には、もう真っ赤なシミがついていました。正規の手続きをとらずに勝手に帰宅していたわけですが、理由を理解していた養護の先生が助けてくれたおかげで、また校舎に入れてもらえました。最近は

そういうことが許されているかどうかわかりませんが。おせっかいではなく、適切なやり方で私を守ってくれるような同級生やカウンセラーがいたなら、「着替えを学校に持っておいで」とか、「濃い色のズボンをはきなさい」とアドバイスをしてくれたり、タンポンを出し忘れないようにカレンダーに印をつけたりしてくれたのではないかと思います。もしそうだったら、どんなに私の生活は楽で健康的になったことでしょう。

（アスペルガー症候群の40歳の女性）

　「うちの子はタンポンを使えると思いますか？」。これは月経に関して私たちが最もよく聞かれる質問の1つです。タンポンの誤使用による危険度はナプキンよりもはるかに高く、先のエピソードにあるように中毒性ショック症状などを引き起こす可能性があります。しかし、それでもタンポンは多くのASDの子にとって使用可能な選択肢であり、メリットもたくさんあるのです。タンポンが使えるかどうかには、手先の運動スキルと協応力やナプキンを使って月経中の対処ができるかどうかの2点を考慮してください。私たちは、まず、ナプキンをきちんと使えるようになってから、適性に応じて徐々にタンポンに移ることを勧めています。

　なぜあなたは娘さんにタンポンを使えるようになってほしいと思うのでしょう。もし、水泳やボディスーツや短い半ズボンで行う活動（体操やダンスなど）が好きなら、タンポンを使うか、あるいは月経中はその活動を控えなければなりません。娯楽スケジュールの中断は避けたいところでしょう。快適さも問題になります。ナプキンよりタンポンを選んでいる多くの女性と同じように、娘さんもナプキンの感触に非常に敏感かもしれません。どんなに薄いナプキンでも月経中ずっと身につけなければならないのです。また、タンポンを使っている人たちは、タンポンは経血を吸収するので月経中清潔でいられると報告しています。タンポンの使用が性行為や処女性に関連するのではないかと心配する親御さんがいますが、タンポンの装着はそういうこととはまったく関係ありません。タンポンを使ったから処女でなくなるなどということはないのです。

　タンポンの使用には抵抗がないものの、娘さんの運動スキルや月経への対処能力に不安があるなら、次のステップはタンポンの適切な出し入れを

教えることです。ただし、タンポンの出し入れは「言うは易し行うは難し」です。次に挙げるケーススタディは、タンポンの使い方をなかなか覚えられず苦労した女の子のエピソードです。私たちは様々なお母さんと娘さんとかかわってきましたが、このような苦労は決して珍しいことではありません。この問題には視空間認知能と協調運動能力(スキル)が大きく影響していることが多いのです。

ケーススタディ：ジェシカ

　ジェシカは、アスペルガー症候群で14歳の快活な女の子です。学校では水泳チームに入っています。生理が始まったとき、母親と話し合ってタンポンを使ってみることにしました。そうすれば毎月1週間練習を休まなくても済むからです。ジェシカと母親との関係はオープンで非常にくつろいだものでした。タンポンの使い方を覚えるときにもその親子関係が幸いしました。しかしそれでも、上手に1人で使えるようになるには9か月かかりました。ジェシカはとても頭がよいのですが、協調運動能力と、タンポンの挿入場所を思い浮かべるのに必要な視空間認知能に大きな問題がありました。何度やってもうまくいかないので、ジェシカと母親は鏡を使って練習することにしました。母親の手助けをジェシカは快く思っていました。最初の2〜3か月は母親が挿入を導いていましたが、練習を重ねるうちに、母親に鏡を持っていてもらえば入れられるようになっていきました。そして最終的には母親や鏡の助けを借りずにトイレで挿入できるようになりました。ジェシカと母親のケースは良い例です。多くの子は、生理の時に母親がこれほどかかわってほしいとは思いません。ジェシカは水泳を続けたくて仕方がありませんでした。それが動機となって、タンポンの出し入れを1人でできるようになりたいと思ったのです。そのために必要なことは何でも喜んで行っていました。

もしあなたと娘さんに抵抗がなければ、鏡を使って一緒に練習してみてください。タンポンを入れるところや挿入の角度（膣のやや斜め後ろ）を表した図を使うのもよいでしょう。ナプキンのときと同様に、タンポンも何種類か（アプリケーターのあるものとないもの）を買い、包装を解いて吸収体の部分を押し出す練習をします。水の入ったグラスにタンポンを押し出し、どのくらい水を吸うかを実際に見せてみましょう。タンポンを取り出しやすいように紐がどう膣からぶら下がるのかを身体図を使って見せます。多くの子は初めてタンポンを使うとき緊張します。実際に使用させる前に、タンポンがどのような形でどんな感触なのか、またどうやって挿入するのかを、十分な時間をかけて娘さんに教えてください。初めての使用がより容易になるように次のことを試してみてください。

- 一番小さなサイズを使います。十代用、軽い日用のスリムなタンポンもあります。
- 経血が最も多い日に試してみると、よりスムーズに入ります。
- 筋肉をリラックスさせる練習を一緒にしましょう。挿入が楽になります。

　タンポンを使っても、ナプキンのときと同じように月経中の清潔を保つスケジュールを守らせてください。タンポンは4時間ごとに取り替えます。経血が多い日には、より頻繁な交換が必要です。タンポンはナプキンのように厚さを感じず、出血の感覚もないので、入れていることを忘れやすくなります。娘さんがタンポンについてしっかりと理解できているかどうか、交換のスケジュールを守れるかどうかを必ず確認してください。

婦人科検診

　第3章では一般的な受診方法について述べました。ここではさらなる難題「婦人科検診」についてみていきましょう。ほとんどの医師は、女の子は18歳までに、あるいは性行為を行うようになる前に、最初の検診を受

けるよう勧めています。現在、セクシュアルヘルスは、若い子を含むすべての女性にとって必須だと考えられています。若いうちに受診しておくことは、病気の予防と発見のために重要です。月経が来ない、痛みがひどい、骨盤や下腹部が痛い、分泌物に異常がある、頻尿、カンジタ膣炎、胸の大きさや形、触覚に変化がある、その他の症状があるなら、娘さんを早く婦人科に連れて行きましょう。先に体の感じ方について述べましたが、自分の体の具合を意識することはこの点でも重要なのです。どこが痛いのか、どこがおかしいのかを、絵や自分の体の部位を指したり、言葉を使って伝えられるようにしたいものです。

　ASDの女性に関するセクシュアルヘルスとは、どのようなものでしょうか。2007年11月に発表されたサイモン・バロン＝コーエンらの研究では、ASDであると確認された54名の女性（平均年齢38.2歳）とASDの子どものいる74名の母親、さらにASDではない子どもの母親185名にインターネットを通してアンケートを行いました (Ingudomnukul et al. 2007)。「テストステロンに関する医学アンケート」と称するこの調査は、ホルモンの一種であるテストステロンのレベルの上昇に関連した症状を尋ねたものです。その結果、コントロール群に比べ、ASDの女性には月経周期の乱れ、月経困難症、多嚢胞性卵巣症候群の率が高く、家系に卵巣、子宮、前立腺に癌や腫瘍をもつ人が多いことがわかりました。ASDの子どものいる母親にも同様に高い率で報告されています。今のところ、この研究はASDとホルモン状態に関連がある可能性を示唆した唯一かつ初めての研究です。その結果から、ASDの若い女性のセクシャルヘルスと月経には十分に注意を払っていく必要があることがわかります。

　次に、優れた婦人科医の選び方です。婦人科検診は、地域によっては一般医が行うこともありますが、通常、専門医が行います。もし、娘さんのかかりつけの医師が内診を行っており、娘さんがその医師に慣れているなら、そこで検査を受けることを勧めます。婦人科医を探すときには、友人や地元の自閉症協会に尋ねてください。州や県の福祉サービスの団体に相談することもできます。娘さんには、発達障害の（できればASDの）若者の診察経験が豊富な医師が必要です。

女性なら誰でも下腹部の検査と聞いただけで不快になります。予約をとる前も、とった後も不安を感じることでしょう。娘さんには、なぜ婦人科で診てもらうことが健康のために大切なのか、検査ではどんなことが行われるのかをあらかじめ伝えましょう。何か聞きたいことがあれば、尋ねさせて、できるだけリラックスして病院に行くことができるようにしましょう。

　標準的な婦人科検診は、出産歴についての質問、診察、乳房の検査、膣の外診と内診、子宮癌検査の6項目から成り立っています。医師の質問に答える練習をロールプレイで行っておきましょう。診察の前に必要な情報（最近の月経の開始日、いつもとは違う症状が現れた日にちなど）を全部必ず把握しておきます。娘さんが質問に答えられないなら、代わりにあなたができるだけ正確に伝えなければなりません。月経中の様子、つまり月経がどのくらい続き、経血はどのくらい多いのか、身体症状はどのようなのかを説明できるようにしておきましょう。毎月の月経周期をきちんと記録しておくことは検診のためにも重要なのです。娘さんはおそらくこれまでに何らかの診察は受けたことがあるでしょう。予約の段階にはなじみがあるはずです。第3章で述べたような一般医の診察を受ける方法を使うこともできます。ここではさらに、検診の準備に親御さん方が用いている方法を紹介します。

- あなた自身が婦人科を受診するとき、もし構わなければ娘さんも同席させましょう。診察中、何をしているのかを伝えることができます。医師も説明をしたり、使っている道具を見せたりできるでしょう。大好きな叔母さんの診察について行き、その翌月、自分も診察を受けた子がいました。その子は、あらかじめどんなことが行われるのかを実際に見ていたので、自分のときにはずいぶん安心できたと話していました。母親以外に、叔母や従姉妹、姉の婦人科受診についていくことが可能かどうか検討してみてください。

- ビデオや写真で事前学習をしましょう。ジェイムズ・スタンフィールド社では「婦人科受診」というビデオを出しています。若い女性が受診に向けて予約をとるところから実際の検査までの過程を順に追ったものです。ビデオを見るときには「一時停止＋話し合い」を行うと、内容を伝え、誤解を解き、質問に答えることができます。

James Stanfield Company

- 受診本番に向け、病院に相談しておおまかなリハーサルのスケジュールを立てましょう。全項目ではなく部分的な練習（例：乳房検査と膣の外診）だけでもよいでしょう。そうすれば実際の診察で使う道具を見ることもできますし、どんなことでも尋ねることもできます。
- 受診の過程を写真入りのストーリーにしましょう。ソーシャルストーリーに使う写真を見つけるには、グーグルのイメージリサーチが便利です。ただし、あからさまな写真もありますので、注意して選別してください。
- 医師には、次の診察でどんなことをするのかを言葉や写真で説明してもらいましょう(例：「お腹の下の方が少し押される感じがするよ」)。
- 診察を受ける前に、横になって筋肉をリラックスさせ、深く呼吸をする練習をしておきましょう。太ももの内側と膣の筋肉を締めたりゆるめることを教えます。実際に検査を受ける間は、次のことをさせましょう。
    - ゆっくり深く呼吸をする。
    - 腹部の筋肉をゆるめる。
    - 肩の力を抜く。
    - 両脚の内側と膣の筋肉をゆるめる。

１人でできるようになるには

　本章では、親が娘の初潮を思い、本当にあの子は毎月対処ができるだろうかと考えるときに浮かぶ諸問題をみてきました。ここまで読み進んだあなたが、ほんの少しでも安堵して、これから起こるであろうことに、すべてではないとしても、ほぼ対処できる自信をつけられたことを願っています。娘さんは毎月、自分でかなり上手に対応できるようになるかもしれません。自立に向けて本章で学んだことを応用していけば、良い結果につながることと思います。しかし娘さんには得意なこともあれば、不得意なこともあります。今まで以上の支援が必要になるかもしれません。最終ゴールは「**できるだけ自分でできるようになること**」です。これを心に留めておいてください。どの子どもにも成長する可能性はあるのです。「指導の

道具箱」を手元において、本書第 2 章で学んだ一般原則を常に当てはめてください。

- 指示は簡潔で具体的に
- 視覚補助による支援
- とにかく繰り返す
- とにかく練習
- ご褒美と強化子を使う

では、「幸福な生理を！」

第 5 章

外も中も気持ちよく：
自己受容と自信

　今日、8歳のASDの娘が私のところにやって来て、「十代になったらパワーレンジャーになって世界を救うのだ」と言いました。パワーレンジャーは健康的な食事を推奨するプロモーションにも出ています。それで娘は、ニンジンをつかんで何口か食べると階段に飛び上がり、こう言うのです。「効いてきた！　ニンジンのおかげで強くなったよ！　階段を飛ぶよ、1、2、3！」私はただただ驚くしかありません。運動の協調性が悪くてボウリングで指の骨を折った、この可愛い娘がいつか世界を救うつもりなのです。あの子の眼を見たなら、きっとそうするだろうとあなただって信じると思います。
　　　　　　　　　　　　　　　　　　　　　（8歳のASDの娘の母）

　妻は美術の学位も持っていて、展覧会に行くと必ず作品について詳しく解説します。私はただ、その作品が好きかどうかしかわかりません。ほとんどの親がそうであるように、私も娘に幸せになってほしいと願っています。自分がなれるもの、なりたいものになってほしいと思います。娘のIQは非常に高いと言われていますが、あの子がクラスで一番の成績で卒業することはないでしょう。しかし、そんなことは望んでいません。娘が先生を叩いたり噛んだりしないで1日を過ごせただけでも私は幸せです。あの小さな体の中にはすばらしいものがあるのです。あの子が自分の世界を出て、私の世界に入ってくると、本当に素敵なひとときが与えられます。「最高の仕立て屋は最低限しか布を切らない」と聞いたことがあります。ときどき私は、絵筆の動きなどを勉強するよりも、絵そのものを鑑賞したいと思います。
　　　　　　　　　　　　　　　　　（中度から重度の自閉症の7歳の娘の父）

ASDの少女であるということは楽ではありません。娘さんは毎日、自分を取り巻く世界の意味を見出そうとしています。他の人たちが何を考え、どう感じているのかを理解しようと努め、居心地の良くない場所に自分を何とかなじませようとしているのです。思春期になると、彼女の旅は、居場所を求めて非常に重要な局面になります。愛と成功を感じられる場所、幸福になれる場所はどこにあるのかと。幸福の定義はとらえどころがなく、長い間学者たちを悩ませてきました。この問題はポジティブ心理学、QOL（生活の質）、自尊心、福利、レジリエンス（回復力）の概念にも関連します。幸福とは個人の幅広い領域にかかわるものであり、例えば心理学者のマーティン・セリグマン（Seligman 2002）は著書『世界でひとつだけの幸せ』（小林裕子訳 アスペクト 2004年）で、自己コントロール、学習欲、忍耐力、熱意など、思春期の幸福につながる24の強みについて書いています。本章では娘さんが外見内面共に自分自身に好感を抱き、自信と幸福をもちながら大人になれるように、そして成功できるように、できるだけの準備をさせる支援方法について述べていきます。

自分の外見への思い

　ここからは、まず、自分の見かけに対する少女たちの思いを探っていきたいと思います。容姿やボディイメージ、食生活、フィットネス、体重コントロール、ファッション、個々のスタイルといったことはASDの少女たちにとって難題でしょう。本章の後半では彼女たちの内面、特に自己肯定感の意味に着目していきます。娘さんの自尊心を呼び起こし、精神保健や感情コントロールに関する事柄への理解、自己受容を促すにはどうしたらよいでしょう。自己受容には、診断とそれが自分にどういう意味をもたらすのかという理解も含みます。また、自己擁護の学び方についても触れていきます。

ボディイメージと容姿

今までで一番ショックだったのは、図書館で女の子のグループが「誰が一番きれいか」と話し始めたときのことでした。私はとても驚いて、誰がどう見えるかなんてことに、いったいどうして気を回すことができるのかと思いました。そんなこと勝手にさせておこうと思ったとき、ある子が言いました。「そうねえ、私、エイプリルがきれいだと思う」。この言葉はもっとショックでした。まるで体にパンチを浴びたみたいに感じました。他の人たちが私を見ていたなんて、思ってもいなかったのです。バカみたいに聞こえるでしょうが、私は他の人たちの存在をよく認識していなかったのだと思います。私自身、周りから認識されていないと思っていたし、自分の意義も感じていませんでした。この出来事のおかげで私は自分が実際にどう見えるのかを考えるようになりました。自転車をこいで家に帰り、鏡を見るのが待ち遠しかったです。洗面所の鏡で自分の姿を見て、私はびっくりしました。私はブロンドの髪の女の子だったのです。自分の世界では黒い髪の男の子だったのに。

(エイプリル・マシラマニ『別な星から来た女性』p.146-147)

インターネットで女の子とボディイメージについての情報を探してみると、一般的な読み物から学術論文まで何千もの検索結果が現れます。この課題の研究は進み、結果もよく知られています。女の子たちの多くは、思春期になるとボディイメージのことで様々な悩みを抱えます。ASDの女の子たちが、概して自分の体や見かけをどう思っているのか、また、思春期の彼女たちのボディイメージに関する悩みは定型発達の子たちと違うのかについては、ほとんどわかっていません。

私たちがみてきた少女たちは大きく分けて次の4カテゴリーのいずれかに入ります。あなたの娘さんはどれに当てはまるでしょう。

- □ **自分の体に対する意識がない**：手入れや見かけに無関心。鏡をまったく見ない。身につけているものがふさわしいかどうかがわからない。
- □ **自分の体を意識しており、実際的な自己評価もできている**：相対的に健全なボディイメージをもっている（好きな部分と嫌いな部分はあるかもしれないが）。

□ 自分の体を意識しているが、自己評価が実際的ではない：自分の容姿に対して否定的になりがちである（自分の体のほとんどが嫌い）。
  □ 自分の見かけをいつも気にしている：手入れに過剰な時間をかけている。常に鏡を見ている（このような女の子たちは、自分の容姿は素晴らしい、あるいはひどい、と思っているかのどちらかである）。

　少女たちのために、私たちはボディイメージについての学習会を開いています。会を始めてすぐに、彼女たちが自分をどう見なしているのかは、実に様々であることが明らかになりました。これは臨床的な推測に過ぎないのですが、社会的理解・意識のレベル、また対人関係における自意識にも関連しているようです。標準的な女の子の体型モデルの中から自分に一番合うものを選ぶように言うと、たいへん的確に選ぶ子がいる一方で、自分がどう見えるのか見当もつかない子がいます。また、実際の自分よりもはるかに痩せた、あるいは太った体型モデルを選ぶ子もいます。ある７人のグループでこれを行ったとき、上記の選択パターンが一斉に見られたことがあります。その中の１人は、自分がどう見られるかということにまったく興味を示さず、自分の体型を知るというこの練習を「変だ」と思っていました。３人は自分の体を意識しており、現実的な自己イメージ(セルフ)をもっていました。薬の副作用で体重が増えることを悩んでいる１人を除き、かなり健全なボディイメージを持っていました。５人目の子は自分の体を意識してはいましたが、自己イメージが不正確でした。実際よりもずっと体重が重いと思っており、自分の容姿に対してとても否定的でした。残りの２人は容姿を過度に気にして、絶えず鏡を見ないではいられない状態でした。そのうちの１人は自分がすばらしい体つきをしていると思っており、他の人たちにも堂々とそう話していました。もう１人は自分がいかに醜く、太って見えるかとずっと言い続けていました。

　ASDの女の子のボディイメージには何が影響しているのでしょう。彼女たちが体を含め、自分自身の様々な側面をどう考えているのかという研究は、思春期の精神保健のニーズに即したプログラムの開発に非常に重要となるでしょう。容姿の自己評価が多様な理由には、自閉症の症状が影響していると考えられます。

例えば、

- ASDの若者に共通する、動きそのものや協調運動能力の問題。思った通りに動けないというフラストレーションが自分の体への嫌悪につながることがあります。
- 体に対する意識や空間認識力の弱さ。自分の体と外見を十分に知覚できなかったり、誤解することがあります。
- 社会性の障害があるため、自分の体型を世間の理想と比べるということがわからない。自己意識の低さにもつながります。

食事に関する問題：複雑化から疾患へ

　ハンナは先週末、このシーズン初めての馬術大会に出ました。馬は木曜日に会場に運ばれることになっていました。私は仕事があったので、ハンナはトレーナーや他の女の子たちと馬の移動などの手伝いに行きました。仕事が終わって、迎えに行くと、ハンナは動揺しており、不機嫌で感情的になっていました。朝、お弁当とミネラルウォーターを何本か持って行ったのですが、スナック菓子1袋以外に食べ物も飲み物も何もとっていませんでした。ハンナはお腹がすいたり、喉が渇いていることはわかります。水を飲まないと頭が痛くなることも知っています。家では、頭痛を防ぐために気をつけて必ず水を飲むようにしています。私が仕事でいないときには、自分で何か作って食べることも忘れません。しかし、毎回というわけではないのですが、娘は自分が選んだ食べ物に満足しないことがあります。選んだり、作ったりした後に、家にないものや別なものを欲しがるのです。そのくせ、自己弁護をして、みんなには「食べなくちゃならないから休憩をする」と言ったり、急に、今していることをやめて食べたり飲んだりします。娘の将来で私はこのこともたいへん心配しています。1人で食生活をコントロールできるようにさせたいのですが、どうしたらよいのかわかりません。自分で空腹はわかるので、タイマーをセットして食べる時間を知らせるようなことはしたくないと思います。お腹がすいたときに自分でいかに対応するかという問題なのです。（8歳のときADHDと誤診を受け、11歳でアスペルガー症候群と診断された15歳の娘の母）

ASDの若い人たちが、食生活に問題を抱えるのは珍しいことではありません。幼少期から様々な形で問題は始まり、定型発達の子どもたちとは異なっていることが多いのです。感覚的な障害があれば、食べ物を口に入れたときの感触や匂いによって食べられるものが限定されるでしょう。目新しい食べ物を嫌がり、結果的に、やはり食べられるものが少なくなることもあります。中には「食のこだわり」が強くなる子もいます。決まった色の食べ物しか食べなかったり、1種類の物しか食べなくなることがあります（一時期アイスクリームしか食べないなど）。また、紙、土、消しゴムなど食べられない物を食べてしまう子もいます。これは異食症と呼ばれます。セラピストと共に適切な介入を行いましょう。食事のときに、様々な食べ物や珍しい食べ物も出して、食材の買い物や調理に娘さんを参加させましょう。そうすれば、通常たいていの問題は子どもの頃に解決します。しかしそれでも思春期の子どもたちの多くが、食事に関して対応が必要な問題を抱えています。

　『アクアマリンブルー5――自閉症の大学生の手記』でミッシェルは自分の変わった食生活について書いています。これはボディイメージに関連するものではなく、彼女の不安と「神経性無食欲症」という誤診が原因でした。若い頃からミッシェルには食べ物の色や食感、種類にこだわりがありました。大学に入学すると、大きなカフェテリアや絶えず変わるメニュー、また、食事に伴う社交という問題が現れました。ミッシェルは大きなストレスを覚えるようになり、食事に関するこだわりは一層強くなりました。友だちは彼女の食べ方を不思議がり、太っていると思っているのだろうかと考えました。しかしミッシェルはそんなことは一度も思ったことはありません。知り合いの男性の手助けを受け、ミッシェルはカフェテリアが開く前に少しずつ食事をとるようになりました。ストレスが軽減され、好きな物だけを食べることができました。しばらくすると、彼女は「一見普通に」食べるようになり、自分の問題にも気がつくようになってきました。ミッシェルは「みんなとまったく同じように食べる、あるいは、まったく何も食べない」と自分の中でルールを決めていたのです。

　定型発達の少女の場合、食生活の問題は、ボディイメージと体重や容姿

の自己受容に密接に結びついています。ASDの少女たちは社会性に障害があるのだから、ボディイメージが原因であるはずはないと断言したくなるところですが、実はそうではありません。1980年、機関誌『自閉症と発達障害』に、重度の知的障害がある12歳の自閉症の女の子のケーススタディが掲載されました。この子はボディイメージに妄執するあまり、拒食症になっていました（Stiver and Dobbins 1980）。3か月の間に食べる量が減り、生徒や大人の体型（太っているか痩せているか）に興味をもち始め、それについて意見も言うようになりました。自分はダイエット中で、太りたくないのだと言っていました。そのうち食べ物や食べる行為にも嫌悪感を示すようになり、それは拒絶や意図的な嘔吐という形で現れました。他にもアスペルガー症候群の若い女性、ジェシカ・ピアーズによる描写があります。彼女は体重と美容への固執について手記に次のように書いています。

> 私は雑誌を読んだ。紙面には私には決してなれないような女性の写真がたくさん載っていた。スーパーモデルの全盛期。ボディ・ファシズムは、その辺のさえない女の子たちをことごとく排斥していた。例えば背が低い子、ぽっちゃり、にきび顔、出っ歯、もうすでにお腹のたるんだ子、可哀想な子たち。太って、70センチのサイズからはみだすウエスト。絶望の中でも、私はダイエットや美容のカリスマたちのお説教に夢中になっていた。毎晩鏡の脇に立ち、奇妙な角度で自分の姿を映しては、スーパーウェイフ・モデルにはまったく及ばないけれど「おお目にみると体の線は美しい」と納得しようとしていた。からまった長いネックレスを首からぶら下げ、真っ赤に染めた髪をして、私は内側で自分をばらばらにしていたのだった。
>
> （『アスパラガスの夢』p.185-186）

研究では、摂食障害と思春期の自閉症の女の子たちには関連があることが明らかになっています。ギルバーグとビルステット（Gillberg and Billstedt 2000）は拒食症の思春期の女の子たちの18~23％にアスペルガー症候群の兆候が見られると報告しています。さらにギルバーグとラスタム（Gillberg and Rastam 1992）は、強迫症状、拒食症、妄想症状、行為上の問題を呈する女の子の多くにASDの症状があると述べています。これはたいへんな

ことです。もし子どもがASDと診断されていなければ、命にかかわることになりかねません。一般的な心理療法は自閉症の治療に向けられたものではないからです。ASDの子は通常の療法には反応しないことがあります。そうなると摂食障害は一層固定し、介入が難しくなります。

　娘さんの食生活には十分に気を配ってください。原因は何であれ、問題の初期症状がないかどうか注意してください。私たちはこれまでに娘さんの食事に関して大きな悩みを抱える親御さんたちと話し合ってきました。特に次のような問題が報告されています。

- 空腹だと伝えられない
- 空腹に伴う気分（頭痛、怒りっぽくなる）に気づかない
- 満腹だと伝えられない
- 満腹なのか空腹なのかわからない
- 空腹感と嘔吐感を混同する
- 食べたり飲んだりすることを忘れる（なじみのない状況下や、決まりごとが中断されたときに忘れやすい）
- 絶えず空腹感があるが、本当に空腹かどうかはわからない
- ストレスがあると、食事のパターンが劇的に変わったり、食べられる物が一層限られる
- 食べる物の種類や量を定めて、それに固執する
- 食事のパターンに厳しい制限を設ける
- 反動的に食べる。意思的なコントロールがないように見える

　上記のいずれかが続くと拒食症、過食症、強迫的な摂食、食べ物のため込みなどの摂食障害につながることがあります。もし娘さんの食べ方に大きな問題があるなら、必ず医師と栄養士に相談してください。場合によってはセラピーを受けるために心理士との面談も大切です。問題の原因を突き止めることは適切な介入を行う上で重要です。体の内面への気づき、不安のコントロール、自尊心やボディイメージに関連したセラピー、体に良い物をもっと食べられるようにする、実行機能を助けながら食事のスケ

ジュールを立てる、といったことが必要になるかもしれません。

体重コントロール

　定型発達の少女たちの多くにとって、体重のコントロールは十代前後で大きな問題となります。女の子は、よく自分の姿をマスコミが流す女優やモデル、十代の歌手のイメージと比較します。周りの女の子たちと比べることもあります。先に述べたとおり、ASDの少女たちの場合、ボディイメージを気にする子もいれば、しない子もいます。しかしどちらにせよ、体重のコントロールは親にとっては気をつける必要がある重要事項です。ASDの娘さんが年齢、身長、体格にふさわしい体重を維持しようとするとき、次のようなことが妨げとなります。

- 不健康なダイエットや強い偏食
- コンピュータ、ビデオゲーム、テレビなど、座って行う活動を好む
- 内面への気づきが弱い（空腹や満腹がわからない）
- やけ食い
- 薬の副作用

　薬の副作用は特にやっかいです。薬のおかげで治るというより、むしろ薬が別な問題を作っているかのように思えることがあります。十代の少女たちに大きな害を及ぼす副作用には体重増加と睡眠障害があります。どちらも、コントロールができないような気持ちにさせ、日によって波をもたらす弊害です。私たちのグループにいたある女の子は、不安の高さと気分の著しい変化を薬で治療しています。残念なことに、この薬は体重を増やします。私たちは彼女と共にダイエットと運動に励んできましたが、彼女は薬の副作用に未だに苦しんでいます。努力しても体重が減らないと、自尊心は傷つきます。彼女は不安を抑える薬によって助けられていると知っていますが、代償がそんなにも高いことを悔やんでいます。このような状況は十代の少女にとって過酷です。どんな薬でも、必ず服用する前に、娘

さんの医師と副作用について相談してください。娘さんも話し合いに参加できるならそうしましょう。

フィットネスと運動

　ASDの子どもたちは全体的に、座りこみがちで、スポーツや体を使った活動を好まないと思われています。動きがぎこちなく、バランスをとる力が欠けていたり、体を思い通りに動かすのが難しいことがあります。そういった苦手な活動に参加しなければならないとき、娘さんは大きな不満を感じたり、自分を恥ずかしく思っているかもしれません。人間は人生で自分が楽しいと感じることを選ぶ傾向があります。ASDの若者の楽しみは、体を使わない活動が多いのです。例えば、コンピュータゲーム、インターネットでの検索、自分の興味に関する調査、映画やテレビを観ること、ポケモンや遊戯王のカードの収集や交換。私たちのところに来ていたある女の子は、毎晩インターネットで何時間もかけて大好きなジョニー・デップのことを調べていました。『パイレーツ・オブ・カリビアン』の人気が上がるにつれ、情報は増える一方で、親御さんは、きりがないと心配していました。

　体を使った活動は健康的なライフスタイルに不可欠です。健康や体重のコントロールといった利点に加え、運動は睡眠や気分の向上にもつながっています。運動はエネルギーレベルを上げ、ストレスや不安を減らし、月経前症候群をも緩和します。思春期を迎えたASDの女の子には大切なことばかりです。ASDの若者に関する調査では、穏やかな有酸素運動（体操やフィットネス）は集中時間を改善し課題行動に向かわせ、課題に対する正しい反応を増やして攻撃行動や反復行動を減らすことがわかりました（Celiberti et al. 1997; Rosenthal-Malek and Mitchell 1997）。ASDの少女にとって、運動は自信を高めるというメリットもあります。体を使う活動をすることで筋肉が強くなり、柔軟性も増し、結果的に多くの子どもが抱えている運動や協調性が改善します。今のうちに娘さんに運動の習慣を身につけさせると、成人後の生活も定着しやすくなり、運動がもたらす恩恵をずっと受

け続けることができるのです。

適切な活動を選ぶ：娘さんにはどんなフィットネスがよいか

　運動やスポーツなら何でもいいというわけにはいきません。娘さんのスキル、強みと弱み、運動障害のレベルを考えてみてください。障害が重い領域があれば、参加できないような活動もあるでしょう。協調運動能力、注視力（例：ボールを目で追う力）、微細運動能力、情報処理のスピード（例：動きの速いゲームでの素早い判断）、注意の持続力はどうでしょう。娘さんが楽しめて成功感を味わえる活動を見つけるには、たくさんのことをしてみないとわからないでしょう。でも、その価値は十分にあるものです。活動の特徴として、選ぶ際に考慮すべき点をいくつか下に挙げてみます。

- ☐ １人で行うのか、チームで行うのか
- ☐ 単調（ウォーキングなど）か複雑（自転車やスキーなど）か
- ☐ 独特な感覚刺激があるか（水泳、スキーなど）
- ☐ 時間がかかる（スキー旅行など）か、かからないか（近所でのジョギングなど）
- ☐ あなたの補助（交通の面など）が必要か、１人でできるものか
- ☐ 構造化されているか、カジュアルかどうか
- ☐ 激しい有酸素運動か、穏やかでリラックスできるものか

　健康上、最高の効果を得るには、週に３～４日、毎回20~30分の活発な運動をプログラムに入れる必要があります。娘さんの現在の活動レベルにもよりますが、少しずつ運動の激しさを増していきましょう。障害のある若い人たちへの指導経験のあるトレーナーを見つけると、能力や興味、目標に沿った個別プログラムが作りやすくなるはずです。地元の自閉症協会やレクリエーションセンターに相談してみてください。現在は特別支援の必要な若者を対象にしたプログラムが数多くあります。スペシャルオリンピックも全国で人気です。

　私たちがかかわっている少女たちは、体操、水泳、ダンス、スキー、ハ

イキング、ヨガ、ボウリング、武道、乗馬など様々な活動を楽しんでいます。ドーン・プリンス＝ヒューズは著書『ゴリラの国の歌——自閉症を通りぬけた私の旅』でダンスがいかに彼女の人生に合っているか、そしてダンスによって、いかに自身を解放したかについて次のように書いています。

> スポーツはずっと苦手でした。他者と集中してかかわらなければならないし、私はいつも不器用だったからです。でもダンスは違いました。私は踊るのが得意でした。どういうわけか、以前は騒がしい音や光がつらかったのですが、クラブで照明のフラッシュや音の振動を浴びていると、自分の奥深くへと押し込まれるように感じました。私は自己表現する開放感を知りました。夜通し踊っていられました。でも、誰かに一緒に踊ろうと誘われると必ずうろたえてしまいました。なぜなら、私にとってダンスは絶対的に１人で行う活動だったからです。

　娘さんが動物好きなら、動物を伴う活動に参加させてみてください。動物にかかわる活動は、ほとんどの場合、運動を必要とします。興味も目標も満たすうってつけのプログラムです。動物保護施設に問い合わせてみましょう。多くの施設に若い子が参加できるボランティアプログラムがあります。犬の散歩、毛づくろい、ケージや施設の掃除など、動物とのかかわりではすることがたくさんあり、カロリーも消費します。ボランティアプログラムが構造化されており、補助をしてくれるような理解のある大人がいれば、娘さんは大きく成長するでしょう。

　動物と共に楽しめる活動には、他に乗馬があります。乗馬は、バランスや協調運動能力、体幹力、柔軟性などの大切な運動スキルを養いながら動物と触れ合える優れた活動です。馬の毛づくろい、馬屋の糞の処理、馬具の手入れ、餌やり、いずれもカロリーを使い、筋肉を鍛えます。乗馬はまた非常に大きな社交の機会にもなります。定型発達の女の子の多くは馬が大好きです。馬が好きな子は何を話すでしょう。もちろん馬のことです！サマーキャンプと共に療法的な乗馬プログラムを開催している市や町は数多くあります（注意：ただし、自閉症の療育を目的としたプログラムは避けてください。乗馬療法は身体と社会性に効果があり、補助活動としてはすばらしいものですが、決して、行動・教育プログラム、ソーシャルスキ

ル指導、言語療法、カウンセリングなどの重要な療法の代わりにはなりません）。プログラムを探すときには、インストラクターがよく訓練されているか、資格をもっているか、またプログラムの安全性は高いか（ヘルメットの着用を義務づけているか、付き添い者なしで馬のそばに立つことを禁じているかなど）を十分に確かめてください。全米自閉症協会のホームページでは自閉症の若い女性、エドモンズさんが「アスペルガー症候群のある私の生活と馬」というタイトルで手記を寄せています。彼女はいつも自然に動物と共感し、動物と一緒にいるときが一番幸せだと述べています。私たちのところにも、彼女と同じような気持ちで、毎週乗馬レッスンを楽しみにしている子どもたちがいます。目的を全うし、成果をあげながら生きがいのある人生を楽しむためには、このような機会が大きな役割を担います。

　他の子どもたちとかかわる活動を探しているなら、チームで行うスポーツがよいでしょう。積極的な学習体験となるでしょうし、スキルの練習や社会的なつながりを作る場にもなります。しかし、もしコーチや他の子どもたちが娘さんの苦手なことを理解しなければ、やはり本人の不満やおそらく恥ずかしさを招くことになるでしょう。選択は娘さんにまかせましょう。もし彼女がチームスポーツをしたくないなら、強制してはいけません。1人で、あるいは2人で行う活動はたくさんあるのですから。

　ASDの若者の人気を博しつつある活動にはヨガもあります。フィットネスセンターの中には、障害のある若者用の支援プログラムや親子で参加できるプログラムを備えているところがあります。ヨガは体幹力や柔軟性を養うだけではなく、心身を穏やかにし、呼吸をコントロールする方法も教えます。初心者用のポーズは覚えやすく、呼吸法はリラクゼーションと集中力を促します。私たちは、少女たちに心身の状態や健康について話すとき、よくヨガも取り入れます。ヨガは言葉の能力のレベルにかかわらず、どの子も参加できる活動です。モデリングと視覚支援を用いて順序立てて指導を行えば、少しずつポーズをとれるようになり、呼吸や集中の方法を練習できるようになります。ヨガはストレスマネジメントや対処スキル、不安の沈静にも効果的です。ただし、最初はぎくしゃくとして集中できないことが多く、難しいかもしれません。ゆっくり時間をかけましょう。娘

さんが試してみたなら、ご褒美をあげてください。少しずつ練習を繰り返していくうちに、「できた」と感じるようになるでしょう。

　もし娘さんが活動への参加を断固として拒否し、家でコンピュータやビデオゲームをしていたいと言ったらどうしたらよいでしょう。子どもが座りっぱなしの生活を送ることを親御さんたちは心配していますが、ゲーム産業もそれを意識し始めているようです。実際に、立って動いて行うゲームもいくつか開発されています。任天堂の第5世代ゲーム機「Wii」は、ソファを離れ、みんなで集まって行えるゲームです。テニス、ボウリング、野球、ボクシング、ゴルフ、ダンスなどのゲームを2人で対戦できるようになっています。様々なスポーツの動きを感じられるコントローラーを使って遊びます。親御さんたちは、子どもが自分たちとかかわれるようになっただけではなく、楽しみながら汗までかいていると話しています。他にロックギターのシミュレーションができるギター・ヒーローというゲームがあります。これはギブソンのギターそっくりのコントローラーを肩からかけ、光ったキーを正確に押すことでロックの曲を覚えられる仕組みになっています。親も楽しめる往年の名曲に合わせ、プレー人数を2人に設定すれば、社会性や他者との相互作用も促されます。また「ダンスダンスレボリューション」というダンスゲームもあります。4つの矢印がついたダンスパッドに立ち、スクリーンに出る矢印に沿ってステップを踏みます。人気のある曲に合わせて画像はリズムを刻み、それにステップを合わせて踊ることができれば成功です。娘さんがまだビデオゲームから卒業できそうになければ、このようにプレー中に動かなければならないゲームをいくつか選択肢に入れてください。実際に試して、彼女がどれを気に入るか見てみましょう。

　最後に一言。フィットネスや運動プログラムは娘さんにとって最初のうちは魅力的にうつらないかもしれません。強化子やご褒美を頻繁に使わなければならないと思います。数学が苦手な人が、大学で微積分の上級クラスを選ぼうとは思わないように、娘さんも、今までの習慣を変えた上、初めから難しそうなことに挑戦するなどもってのほかだと思うかもしれません。娘さんがフィットネスを生活に取り入れるようになるには、どんな動

機づけがよいでしょう。この機会にぜひそれを考えて、真剣に取り組んでみてください。

健全な自己イメージを作る

　自分自身を好ましく感じるには、肯定的なボディイメージの他に、自分は丈夫で、体を使う活動に参加できるのだと思えることが必要です。この目標に向かって娘さんと共に取り組んでいけば、第3章、4章で述べた健康的な食生活、運動、セルフケア全般、清潔に気を配り、生涯に渡って前向きな姿勢で責任をもって自分を管理していけるようになるでしょう。ぜひそうであってほしいと私たちは願ってやみません。雑誌『アメリカンガール』では「本当の美しさ――自分を素敵に感じる100の方法」という題の本を出しています。これは思春期直前の女の子に向けて書かれたもので、楽しい運動や活動もついています。ボディイメージ、健康的な食生活、運動など、本章で述べてきたことがすべて含まれており、さらに、自分を本当に美しいと感じるにはどうしたらよいかについても書かれています。娘さんに読む力があり、創作や絵を描くのが好きなら、親子で楽しめる本です。

初めてのブラとその後：下着の世界

　娘のアンジェラに私は小さなスポーツブラを2～3枚、それからスポーツブラとショーツの可愛いセットを買っておきました。今日モールに行く前に、私はハンガーにかかったままのセットを出し「ほら、アンジェラ、新しい下着を着てみない？」と言いました。娘はそれを見て「ブラはもう絶対にいや！！！」と言うのです。「わかった。でもアンジェラ、胸がお母さんみたいに大きくなったらどうするの？」と言っても、アンジェラは「ブラはいや！」としか言いません。私は「わかった」と言って部屋を出ました。良い動機づけが見つかるまで強制しない方がいいかもしれないと思いなが

ら廊下を歩いていると、娘が「アンジェラはブラが嫌いみたい」と、人ごとのように言うのが聞こえました。

（1歳11か月でASDの診断を受けた8歳の娘の母）

　女性の読者の皆さんは最初のブラをもらったときのことを覚えているでしょうか。どんな感じがしましたか？　定型発達の女の子にとって、多くの場合、初めてのブラは他の衣類とは違って感じるものです。ブラは子どもから若い女性へと変わる象徴なのです。全員ではありませんが、多くの子はブラをもらって誇りに思います。初めてのブラをもらえる頃になると彼女たちは楽しみにして、毎週洗面所で胸のサイズを測ります。しかしASDの女の子には、ブラは単に身につけなければならない衣類でしかないかもしれません。つけ心地が悪いので必要ないと考える子もよくいます。ブラの着用には社会的な理由があります。しかし娘さんにはそれが理解できないかもしれません。ブラが本当に必要になる頃には親子で気持ちよく十分な用意ができるように、ブラについて覚えておくべきことをみていきましょう。

初めてのブラの準備

　　娘は、自分の胸はお母さんように尖ってはいないからまだブラは必要ないとバカなことを言っていました。そして私のシャツをめくってブラを見ていました。でも、実際にブラをつけてみると、心地良く感じたようでした。私はとてもやわらかいダンスキンのブラを買ってやりました。もちろん娘は得意になって弟に見せびらかしていました。ブラはパンツと同じでプライベートなものだから人に見せないのよ、と私は説明しました。準備は全体的にうまくいったと思います。

（3歳でPDD-NOS、6歳で自閉症と診断された9歳の娘の母）

　カイリはブラをつけるのが待ちきれないほどでした。オッパイに夢中なのです。そろそろブラを買おうと話したとき、あの子はすごく喜んでいました。ブラの着用には何の苦労もありませんでした。娘は衣類に関していろいろと問題があるので、私はびっくりしました。カイリは私がブラをつけるのを見るたびに、いつになったら自分もつけられるのかと聞いていました。胸が大きくなり始めたらつけられるわよ、と私は答えていました。

> ある日シャワーを浴びながら、カイリは「オッパイだ！ オッパイがある！」と大きな声で叫びました。とてもほほえましかったです。
> 　　　　　　　　　　　　　　　　　　　　（12歳の自閉症の娘の母）

　生理用ナプキンのところで、月経が始まる前にナプキンをつける練習をしましょうと述べたことを覚えていますか。そういう練習はできるものですし、しなければならないことです。ブラでも同様です。「ブラへの梯子」と題して、ブラを着用するまでの順番を下に記します。大人並のブラをつけられるようになるまで、これに沿って練習をしてみてください。

- ゆとりのあるタンクトップ、またはキャミソール
- 体にぴったりとしたタンクトップ、またはキャミソール（カップ付きのものなど）
- トレーニングブラ
- スポーツブラ
- ソフトカップブラ
- ワイヤー入りブラ

　ここで再び、娘さんの自閉症について考えてみましょう。ブラの着用について娘さんの感じ方や反応に、自閉症はどう影響するでしょう。多くの子にとって感覚の問題は大きな妨げとなります。娘さんは特定の衣類、特に肌触りや独特の布地に過敏ではありませんか。体にぴったりしたものを着るのをいやがりませんか。もしそうなら、練習に一層時間をかける必要があるかもしれません。最終的には非常に付け心地がよく、かつサポート力もあるノンカップブラやスポーツブラで落ち着くかもしれません。運動のスキルや協調能力はどうでしょう。もしその領域に困難があるなら、スナップやストラップの調節が少ないブラがよいでしょう。スポーツブラはお勧めです。娘さんがブラをつけただけでもご褒美をあげることを忘れないでください。娘さんの立場で感覚の問題を捉えるようにしましょう。別な立場で物事を考えるスキルを磨いてください。あなたはウールの服が好きではないかもしれません。特に肌に直接触れるのがいやではないでしょうか。もし、チクチクしたウールの服を毎日肌に直に着なさいと言われた

ら、嬉しくはないでしょう。ブラをつける練習には、時間をかけてゆっくりと取り組んでください。最終的に、ブラの着用で悩むことは、なくなるはずです。そこまでいかなかったとしても、何とか対応しなければならないことはささやかなことぐらいになるでしょう。

正しいブラの選び方

> ハンナはブラをつけたがりませんでした。ブラには一切かかわりたくなく、そのことを話そうともしませんでした。それで、私たちはまず、袖なしの下着から始めました。Tシャツの下に何か着ることに慣れさせようと思ったのです。しかし娘がだんだんと大きくなるにつれ、それだけでは不十分になり、ブラをつけさせることにしました。娘の独特な感覚の問題に対応できるブラが見つかるまで、時間もお金もずいぶんかかりました。ハンナは今では問題なくブラをつけています。
>
> （15歳のアスペルガー症候群の娘の母）

　もし、娘さんが人前に出たり、大きなデパートなどで買い物をするのが苦手であれば、あなたが買ってきたものを家で試着させる方が楽だと思います。店員に、娘は自閉症でデパートが苦手なので一緒に来られないので、家で試着させて合わないものを返品したい、と事情を説明しましょう。店員が承諾しなければ、さっさと別の店に行きましょう。モールや大型のスーパーでも下着を売っています。できれば、店に行く前に、あらかじめ娘さんの胸のサイズを測っておきましょう。医師に頼んでもよいでしょう。サイズがわからなければ、店員が娘さんの現在の胸の形などを聞いて、サイズを推測するはずです。ブラの寸法合わせは、科学と芸術の域に入っているようです。アンダーバスト（乳房のふくらみの下の胸囲）とバスト（乳房の一番高いところの胸囲）を測り、サイズを決め、さらにカップの大きさを決めます。あなたは、自分がどんなブラをつけるべきか時間をかけて考えたことがあるでしょうか。女性の多くが正しいサイズのブラをつけていません。アンケート調査によれば約70％以上が体に合わないブラをつけています(Lipton 1996)。この機会にあなたも娘さんと正しいサイズを測ってみてください。

ブラを買うときには店員に、娘さんの感覚上の問題を伝え、いろいろな付け心地のブラについて聞きましょう。綿100％のものは一番心地よく、私たちのところに来ている女の子たちも、多くが綿のブラを好んでいます。ヘインズ社では「完全快適ブラ」を売り出しており、タグのついていないブラもあります。ASDの女性向きのブラとはどのようなものでしょう。最近の女性の下着に関して素晴らしい点は、スタイルとデザインが豊富なことです。付け心地がとても楽なものだけではなく、ブランド品や娘さんの好きなキャラクター（ディズニー、スポンジボブ、ハローキティなど）のついたものもあります。白とベージュの時代は終わったのです！（あなたが白やベージュを好きなら別ですが）。女の子の下着は革命的に変わっています。ショーツも、短いのからボクサータイプ、ブリーフタイプもあります。従来のショーツよりゆったりとしてるので、きつい下着が嫌いな子には楽で魅力的でしょう。腿にくいこむゴムよ、さようなら！

もし娘さんが店に一緒に行けそうでしたら、その準備をしてください。必要に応じて視覚補助も入れながら「ブラを買う」お話を書きます。店員は母親だけではなく本人にも話しかけること、メジャーで胸囲を測ることを伝えましょう。付け心地が良くなるように正しいサイズを知るためなのだと理由も説明します。必要なら、事前に家で胸囲を測ってもらう練習をしておいてください。デパートへ行ったら、下着売り場をよく見て歩き、様々な生地の感触を試したり、色や柄も検討しましょう。「どのブラが一番感触が悪い？」「変なのはどれ？」などとゲームのように楽しく見てください。

なぜ女性にはバストがあってブラをつけるの？

もし娘さんが理解できるなら、胸の発達とその理由、さらに女性はなぜブラをつけるのかを（必要なら視覚補助も用いて）説明してください。胸の発達の段階を示した絵を見ることで、スキルのレベルに関係なく、どの子も自分の体の変化について学ぶことができます。このとき、バストは人によって様々であることを必ず教えてください。自分の胸が小さい、大きい、同級生よりも速く成長している、乳首が他の子と違う、と悩んでいる

子どもはたくさんいます。ASDの子には、胸は成長の仕方も最終的な形も、人によって違うのだとはっきり教えておく必要があります。書籍もいくつか出ています。なぜ女性はブラをつけるのか、については次のような理由が挙げられます。

- バストの位置を安定させる。
- 楽にする。特にバストが大きい場合、あるいは運動をするときに、揺れるのを防ぐ。
- 乳房の下が胸板に触れて起こる発汗やかぶれを防ぐ。
- 下着や服の生地に乳首が当たってこすれないようにする。あるいは乳首が服から透けて見えないようにする。
- 現代の服装の社会的な規範として。学校、職場、その他、公的な場ではブラをつけることになっている。
- 公共の場で胸に人目を集めないため。
（あるいは、胸に人目を集めるため、と言う人もいますが）

　いろいろな理由でブラをつけない女性もいますが、あなたの娘さんは思春期から大人になるまで何年も学校に通うわけです。ブラをつけないと、同年代の子どもたち、あるいは同級生の目を胸にひきつけることになります。校則にも反するかもしれません。十代の女の子を含めて90％の女性がブラをつけているのに（Hsieh and Trichopoulos 1991）、娘さんがつけていなければ、目立ちます。社会的な孤立や、からかいを招く恐れもあります。もし娘さんの胸が小さいなら、カップ付のキャミソールだけで十分でしょう。しかしそれでも、今後、学校や公の場でブラをつける必要性は出てくるでしょう。とにかく、そのときのために備えておくことが大切です。

ファッションと個性を楽しんで

　今日の午後、アンジェラと妹をモールに連れて行きました。特に、アンジェラの春用の服を買いたかったのです。何年もの間、アンジェラは買い物に行くたびに大声を出していました。店で自分で服を選べるようになったのは１年前くらいのことです。私は娘たちに、ハンナ・モンタナみたいな服を買おうと誘いました。店に入るとアンジェラは店内を見回して、「あたし、この店大好き！」と言いました。とても可愛らしかったです。アンジェラはあっと言う間にシャツを１枚と、高価すぎるデニムのクロップパンツ、靴、帽子まで選びました。値段のせいで買いたくないものもありましたが、アンジェラに買っちゃだめとはとても言えませんでした。とにかく、私はひと月に１回アンジェラを買い物に連れて行こうと思います。友だちも２人くらい誘って、一緒に行けるかもしれません。
（８歳のASDの娘の母）

　私たちが出会う親御さんの多くが、娘は自分がどう見えるかをまったく知らないし、気にもとめていないようだと訴えます。逆に、容姿や体つき、そしてその体をどう覆うか——つまり、ファッションや洋服ばかりを気にしていると悩んでいる親御さんもいます。ファッションについて述べる前に、まず断っておきたいことがあります。私たちが親御さんと本人と共に目指すゴールは、決して娘さんを「人気者に」とか「もっと定型発達のように」することではありません。また、今どきの若い女の子の間で流行しているスタイルに合わせることでもありません。女の子が人前に出ても恥ずかしくないきちんとした格好、それでいて同年代の子どもたちに受け入れられる程度に気崩した装いをしていて、からかいの対象にならず、友だち関係を広げる機会が増えやすくなることです。しかしそれ以上に大切なこととして、ファッションを知るようになると、女の子は自己意識が高まり、自分ならではのセンスが伸び、自信を育めるようになります。ASDの女の子たちを始め、「みんなとは違う」と思われているあらゆる子どもたちが、同年代の子たちに無条件で受け入れられたなら、どんなにいいでしょう。今は同年代の子ども同士の意識に関するピアプログラムが開発されていますし、学校内や若者の間では、受け入れる雰囲気が一般に以前よ

りも強くなってきています。しかしなお、毎日の生活において多くの面でのけ者にされ、いじめられている子どもたちはいるのです。もしファッションによって、娘さんがからかわれる回数が減り、自信をもてるようになるなら、ファッションに目を向けようではありませんか。

他の同年代の少女はどんなものを着ているのでしょう？

あなたに定型発達の娘や姪、あるいは定型発達の娘のいる友だちがいなければ、娘さんと同い年の女の子たちがいったいどんな格好をしているのか、見当もつかないように思うでしょう。彼女たちにかかわるチャンスがあれば、直接見て学んだり、親御さんに彼女たちがどんな服装を好むのか、どんな店で買い物をしているのかを直接聞いてみるとよいでしょう。私たちのところに来ている親御さんたちは、まるで社会人類学者のように、娘さんと同世代の女の子たちのことを学ぼうとします。これについてはたくさんの方法があります。

- 少女向けの雑誌を買ってモデルの子の服装を見る。
- デパートのチラシやカタログを見る。ジュニア用衣類のページのモデルはどんなものを着ていますか。
- 娘さんの担任や学校カウンセラーに相談する。先生やカウンセラーは毎日何百人もの子どもたちと接しています。服装にどの程度目を留めているかは差があるでしょうが、どんな子がどんなものを学校に着て来るかは、おそらく知らせてくれるはずです。服装に関する校則についても教えてくれるでしょう。
- 十代向けのテレビ番組や映画を見る。登場人物はどんな服を着ているでしょう。役柄(スポーティな子、勉強ができる子、女王的存在の子)によって服装はどう違うでしょう。代表的な番組や映画は第2章で紹介しています。
- モールに行ってみる。十代の子向きの店で服を見てみましょう。あるいはベンチに座ってしばらく通行人を眺めましょう。モールは思春期の女の子たちの普段の様子を見るのにうってつけの場所です。彼女たちがどんな格好をしているのか、靴、パンツ、スカート、ベ

ルト、トップス、ジャケット、ヘアスタイル、帽子、お化粧、ポーチ、財布、バッグ、アクセサリー、すべてを書き留めておきましょう。
- インターネットで検索する。「十代の女の子のファッション」で検索すると、たくさんのサイトが見つかります。

娘さんはどんなものを着るのが好きですか？

　上に示したような調査をしている間、娘さんのことを考えましょう。娘さんが興味をもちそうな洋服やアクセサリーはありますか。最近娘さんが着ている服には自閉症の影響が見られますか。ファッションでASDの子に関連する問題はいくつもあります。例えば、感覚(肌触り、生地の種類、色、ゆとり、着心地など)、目新しさ（変化を嫌い、同じものを身につけたがるなど）、運動のスキルや協調能力（体に巻きつけるように着る服や、チャックが後ろにあるものなど）、動機（無関心、一般的にきれいにすることに興味がないなど）、そして社会的な問題（ファッションや服装がもつ社会的要素に気づかないなど）。ジェン・バーチは手記『おめでとう！　アスペルガー症候群です』の中で、ファッションとみんなの中に溶け込むことについて記しています。これは多くのASDの女の子たちが報告していることにつながります。

　　これに加えて、女の子たちのファッションやヘアスタイル、お化粧への興味は、やはり私にとって辟易すること、退屈極まりないことだった。同級生の女の子が「ファッションに興味のない人なんている？」と言うのを聞いたことがあった。「ファッションに興味のない人」とは私のことだった。そういうことにまったく関心をもてないので、自分はどこかおかしいのではないかと思っていた。(p.74)

　　新しい服はたいてい同じだ。私は誰かが無理強いしない限り、ブティックには入らないようにしている。25年前に買った服がまだ完璧に良い状態なのに、どうして新しい服が要るだろう。私の周りで「レトロ」とささやく人たちがいる。始めはどういう意味なのかわからなかった。衣類の目的は寒さや日焼けから身を守ることだ。古い服は信頼できる。なじみがあって柔らかい。新しい服は見かけも感触も変で、不愉快だ。それなのにどう

して新しい服を欲しがるのだろう。それは他の人たちがもっている「おかしさ」だけど、彼らは私にその馬鹿げた考えを押しつけようとする。「ファッション」とか「ブランド」を気にする人たち。妙な惑星から逃げてきた人たちみたいだ。(p.31)

　娘さんのクローゼットや箪笥を開け、最近彼女がどんなものを着ているのかを調べてみましょう。洋服や買い物について親子で問題となっていることを書きとめてください。言うまでもなく、娘さんにとって買い物は困難の連続です。照明、騒音、人込み、選択できないほどたくさんの品物、狭い通路。感覚に問題のない人でさえ、モールへ出かけるとすぐに疲れてしまうことがあります。娘さんとの買い物の予定を立てるなら、休日や祝日は避けた方がよいでしょう。

　私たちは十代の女の子のグループのためにファッション、アクセサリー、化粧、肌や髪の手入れ、個性を磨くコースを設けています。上記の他に雑誌やカタログを見る、インターネットで検索する、洋服を持ってきてグループのみんなに見てもらう、映画の一部を見る、モールやネイルサロンへ出かける、などを行っています。このようなことを娘さんと一緒にしてみることをお勧めします。公の場へ出かけるのが苦手であれば、モールへ出かける練習が必要でしょう。ブラジャーを買うときと同様に、まずあなたが１人で買い物をして、家で試着させる方がいいかもしれません。

　ASDの子どもが全員ファッション嫌いとかファッションに疎いという訳ではありません。私たちのところに来ている少女たちはファッションへの意識もスタイルも様々です。中にはファッショナブルだけど、やや不適切な服装（おへそが見える、体にぴったりしすぎているなど）で来る子どもたちもいます。彼女たちは自分の容姿を過剰に意識し、鏡の前で長い時間をかけて自分の体をチェックします。カジュアルでもおしゃれな装いをして来る子もいます。しかし、それ以外の子どもたちの典型的な格好は、ジャージのズボンに運動靴、だぶだぶのＴシャツにトレーナーといったものです。全体的にだらしなく見え、身支度がほとんどなっていません（髪をとかしていないなど）。あなたの娘さんはどちらのグループに属するでしょう。私たちは子どもに応じて様々な指導方法を用いています。しかし、

他者を意識し、同級生がどんな服を着ているのかに気づくためには、どの子にも共通するアプローチが１つあります。リアン・ホリデー・ウィリーは他の人たちと同じようなファッションをしようと試みた経験を次のように描写しています。

> 動きと同じように、服装も観察して記憶した。ファッションの流行(はやり)すたりを観察するのはおもしろかったし、今でもいい気晴らしではある。私はただ、人間ならほかにももっとやることがあるだろうに、たかが流行をそこまで重視する必要性が理解できないにすぎない。
> 　同級生たちにとっては、洋服選びは真剣な作業であることは理解できた。みんながお互いのスタイルをまねし合うのを見ていたからだ。自分もこのルールに従って当然と思われていることもわかっていた。ところが、それでは従おうとすると、きまって違反してしまうことになるのだった。これを着ないとルール違反になるんだと頭ではいくらわかっていても、どうしても着る気になれない服が多すぎた。この頃になってもまだ、子どものときと同じく、苦手な肌ざわり、苦手な色、苦手な柄がたくさんあったからだ。股上が浅くて腰ではくタイトなジーンズ。アースカラーのシャツ。がりがりと首を痛めつけるウールのジャケット。どれも私には無理だった。だから、ほんの少し基準をはずれた所あたりで妥協点をさぐるしかなかった。じろじろ見られずにすむ程度にはふつうに見えて、かといって自分も着ていてつらくはない —— そんな服がほんの数枚見つかればそれでよしとすることにした。このわずかな「まあまあな服」がどれも洗濯待ちのときは、手持ちの服を無作為に着た。組み合わせが可笑(おか)しかろうとかまってはいられなかったし、気にしないようにしていた。私って流行なんかより、着ごこちと実用性を優先するタイプなのよと押し出すことに決めてしまったのだ。
> 　　　　　　　　　　（『アスペルガー的人生』ニキ・リンコ訳 p.54-55）

私たちは、自分で脱着しやすい衣類を選ぶことも指導しています。お気に入りのスカートがあっても、手先がうまく使えなければ後ろにあるチャックやホックが扱えないかもしれません。ジェン・バーチは協調運動能力と着替えについて自身の経験を綴っています。

> 　２, ３年前を振り返ると、１人で着替えるのは難しかった。手先の協調能力の悪さだけでなく、襟の丸い方がどっちなのかわからなかったせいも

ある。服の前後を見極めるのが、私の場合他の子たちよりも遅かったらしい。着てみると後ろ前だったということがしょっちゅうあった。何度やってもそういうことがあった。十代になってもそうだった。

(『おめでとう！ アスペルガー症候群です』p.87)

　最近のファッションの良い点は、ちょっとくせのある格好やレトロ調のものが受け入れられていることです。私たちは相談を受けて中学校や高校に出向きますが、食堂で指導に当たるときは、若者分析の絶好のチャンスです。Tシャツは、もはや無地に限らず、スタイルも、柄も色もプリントされているスローガンも様々です。トラックパンツなどのくつろぎ服でさえ、ファッショナブルなデザインになっています。素材は綿で快適さは変わりませんが、昔のような男女共用のだぶだぶなデザインではありません。現在のおしゃれな女の子たちは、カジュアルな綿のTシャツにパジャマズボン、Uggなどの履き心地の良い大きなブーツを履いていることが多く、髪は乱れたポニーテールや頭のてっぺんで丸くまとめたスタイルです。ASDの十代の女の子ならすぐに真似できるファッションではありませんか！

　ここで、娘さんの持ち衣装(ワードローブ)を変える方法をいくつかご紹介しましょう。まずモーラの例です。

ケーススタディ：モーラ

　モーラは私たちのクリニックのグループに入っているアスペルガー症候群の女の子です。17歳で賢い子です。グループに入った頃、彼女はだぶだぶのジーンズ、運動靴、特大Tシャツといういでたちでした。母親は「ずんぐりファッション」と呼んでいました。モーラに他の格好をさせるとか、買い物に興味をもたせるなどは、エベレスト登山並みの難題でした。母親が買い物に連れて行くと、モーラはたちまち圧倒されてしまい、棚の商品を1つ見ただけで、もう帰りたいと言うのでした。母親が洋服を買って帰り、家で見せても、モーラはすぐに片

> づけてしまいました。これは時間がかかる、と私たちは思いました。モーラをせかさないことが大切で、ストレスの多い場に対処できるように対処スキルを伸ばす必要がありました。モーラはしばらくグループ指導を受け、ファッションのコースにも参加しました。するとある日、彼女は母親に「ずんぐりに見えないジーンズを買いたい」と言ったのです。母親は驚きながらも落ち着いてさり気なく「いいわよ。どんなのがあるか見に行こうね」と答えました。これがモーラの第一歩でした。グループ指導が終わる頃、モーラには好きな男の子ができました。彼女はその子との話がはずむように、彼が好きなバンドのロゴがついたTシャツを買いました。モーラはグループに来るときにもアクセサリーをつけるようになり、ネイルサロンにも行っていました。さらに母親に「にきびを隠すファンデーションをつけたい。腕の無駄毛も処理したい」と話しました。今では体に沿ったジーンズを履き、楽しいプリントのついたTシャツを着るようになりました。ヘアバンドをつけることもあり、他の女の子たちが「すごくおしゃれ」と言う時計やバッグを持っています。モーラがこうなるまでには、長い時間がかかりました。しかし結果的に彼女は自分が周りの人たちにどう見えるのかを意識できるようになり、自分のスタイルを作り出せるようになってきたのです。現在、モーラは大学1年生で、アルバイトもしています。就職の面接でどういう服装をするべきかを学んでいるところです。

モーラと母親は対処スキル(コーピング)の向上にも力を注ぎ、とうとう、短い時間ならモールでも過ごせるようになりました。今では友だちとモールに行くのがモーラの楽しみの1つです。モーラの成功には母親のリラックスしたアプローチがとても功を奏したのです。娘に洋服に興味をもたせたい、母娘でいろいろなことを楽しみたいと、あなたがどんなに強く思っても、娘さんをせかしてはいけません。正しい方法を徐々に行っていけば、少なくても、娘さんの着るものを見つける手助けはできるようになっていきます。

リアン・ホリデー・ウィリーが書いたようにスタイルを「ほんの少々ずらす」ことはできるでしょう。

　衣類やファッションに関しても「指導の道具箱」を思い出してください。視覚補助を使いましょう。だらしない服装、非常におかしな格好をした女の子の絵と、カジュアルでもこぎれいに見える女の子の絵を見せます。様々な服やファッション、十代の少女の格好の写真も使います。社会的な場面も設定して教えるとよいでしょう。相当の年齢に達していれば、就職やアルバイトの面接での第一印象についても話しましょう。娘さんが何らかの興味を示したり、「自分さえ心地よければ」というラインを乗り越えようという姿勢が見られたら、ご褒美をあげましょう。歩み寄りながら、ほんの少し調整をしていけばよいのです。娘さんに似合いそうだからといって、いきなり複雑な生地のシャツにローウェストのコーデュロイジーンズを買い与えるといったことはしないでください。理想を下げ、着心地が良くおしゃれに見えるものを選びましょう。娘さんの言語能力が十分でなければ、選択スキルを使いましょう。2種類の服を用意し、両方試着させてからどちらか一方を選ばせるのです。自分で服を選べるようになり、着替えのスキルも上達すればするほど、娘さんは自分の権限や自主性を一層感じるようになります。

　男の子でも女の子でもASDの子をもつ親御さんの多くが、子どもにジーンズを履かせることができないと言います。しかしジーンズは若者の定番です。負けずにジーンズにこだわってください！　現在は多くのデニム会社が柔らかい、プレウォッシュ加工のコットンジーンズを売り出しています。私たちのところに来ている子どもたちの中にも履いている子がいます。しかし、そういう子どもたちでも一晩で履けるようになったわけではありません。ジーンズの半ズボンをほんの2～3分履く練習から始める子もいます。ゆっくりと時間をかけて慣れながら、ようやく1日中長いジーンズを履けるようになるものです。過敏性を弱めていくには、ご褒美を使いながら順序立てた方法を少しずつ行っていくことが必要です。

個性を伸ばす

　私はブランドの威力を知りました。娘が去年選んだのは「ストロベリー・ショートケーキ」の服でした。今年のクリスマスに選んだのは「ハンナ・モンタナ」のウエスタンブーツです。トレンディな十代のスターの格好をしたがるようになってきたのでしょう。それは良いことです。ピチピチの派手すぎる服でなければ！　同じような悩みを抱えているお母さん方が、私と娘のささやかな成功話に希望を見出してくれればと思います。私はアンジェラが買い物をしたがるようになるとはまったく思っていませんでした。あるお母さんが、娘がお店で服を試着できるようになったと話すのを聞いて、私は「アンジェラにはそんなこと絶対にできっこない！」と思っていました。ところが、今ではどうでしょう。子どもを決して低く見積もってはいけません！
（8歳のASDの娘の母）

　親子での取り組みの中で、私たちはいつも自分探しと自己理解を勧めます。重度の障害があっても、自分で決定する力は、健全な自己概念を育むために欠かせません。生まれつきファッションセンスをもっている人もいれば、そうでない人もいます。ファッションセンスが乏しいからASDだという訳ではありません。ただ、私たちの経験から言うと、ASDの女性のほとんどは自分の体やどんな物を着たら良く見えるのかといったことに対する直観力がなく、ファッションの流行についていこうという気もありません。しかし、以前は自分が何を着たいのか、あるいはどんな服が自分の体型を補うのかもわからなかった少女が、指導によってファッションを理解するようになり、自分の選択に自信をもてるようになった様子を私たちは目にしてきました。

　あなたには大人として自分ならではのセンスがあるはずです。子どもが大きくなり、自分で意思決定ができる年齢になれば、服を選ぶのは親ではなく子ども自身です。定型発達の十代の子のいる親のように、あなたも娘さんに自分のセンスを養えるように促す必要があります。センスはよくファッションのジャンルで表されます。スポーティ、カジュアル、トレンディ、オルタナティヴ、ドレッシー、プレッピー、グラム、グランジー、ロッカー、パンク、アーバン、ボヘミアン、シックなど。娘さんは同級生

の女の子たちのスタイルを真似たがるかもしれません。あるいは自分ならではのセンスを磨きたいと思っているかもしれません。どちらにせよ、最終的には自分にとって快適な方を選ぶでしょう。忘れてはならないのは、十代の少女には様々なアイデンティティを試したいと思う時期があることです。もし娘さんのスタイルがしばらくして変わるなら、それは本人にとって良いことなのです。定型発達の十代の子と同じように、自分が何者なのかを発見しようとしているのです。ぜひ拍手喝采を贈りたいものです。

総まとめ：ファッション、お手入れ、清潔保持、自分のスタイル

次のことをできる限り自分でできるようになることが娘さんの目標です。

- ☐ 清潔に関する毎日、毎週の決まりを守る。
- ☐ 店に行って適切な、また自分が好きな服を買う（ブラ、ショーツ、上着類も含む）。
- ☐ 店頭での買い物が非常に難しければ、手伝ってもらいながらインターネットやカタログで洋服を注文する。
- ☐ 行く場所や天気に合わせて自分の着たい物を日常的に決める。
- ☐ 適切なアクセサリーをつける（ベルト、イヤリング、ブレスレット、帽子など）。
- ☐ 許され、本人も希望するなら、十代にふさわしい化粧の仕方を学ぶ（リップグロスや頬紅など）。
- ☐ 身づろいを日常的に行う。髪の毛や衣類が汚れておらず、整っているかを確かめる。
- ☐ 家を出る前に、人前に出て恥ずかしくない格好をしていることを確かめる（服にシミや皺(しわ)がないかどうかをチェックする）。
- ☐ 心地よく、また自信を感じるスタイルを身につける。
- ☐ 自分を他人にどう表すかは人生において大切だと知る（例：第一印象、就職面接）。

内面について

　これまで、体や衣類など外面のイメージについて述べてきましたが、ここではASDの女の子の内面に目を向け、どうすれば彼女たちが自分を好ましく感じられるかを考えていきましょう。深刻な問題を招くこともある心の健康の悩みにも触れていきます。思春期を迎えたASDの女の子たちの自尊心はもろく、その理由は様々です。過去になかなか友だちができなかったのかもしれません。あるいは、からかわれたり、いじめられた経験があるのかもしれません（私たちのところに来ている少女たちの多くが小学校や中学校でからかいを受けており、思春期の後半になってもその痛手を負っています）。同年代の他の子どもたちにくらべ、何かに成功したという経験が少ないかもしれません。言語、思考スキル、学業、運動等の領域で苦労してきたことも考えられます。混乱したり、困惑したり、周囲の出来事やみんなのことがよくわからないように感じることが多いかもしれません。研究によると、一般的に定型発達の女子は男子よりも自尊心が低く、特に思春期前半に低下することが多いと報告されています（American Academy of Pediatrics 1999）。ASDの少女にはその2倍のリスクがあるということでしょうか。その答えはわからないのですが、自尊心が娘さんの療育プログラム上、大切な項目であることに疑いの余地はありません。

　娘さんに強い自意識と健全な自尊心があるなら、それはすばらしいことです。これからも娘さんが自分自身を快く思い、自分が成し遂げたことに満足して人生を歩めるように、私たちの提言がお役に立てばと願います。逆に、娘さんの自尊心が危うかったり、自分に対する思いに既に非常に否定的な変化が見られるなら、あなたの目標は娘さんが自信や力を再び取り戻し、人間として価値のある存在だと思い直せるようにすることです。絵や言葉で彼女がどんなにすばらしいかを伝えることはできますが、本人が自分を信じていなければ、気持ちを変えることはできないでしょう。自尊心は幼少期の早い頃に発達し、12歳頃に定着しますが、人生経験によって部分的に変化し、磨かれていくものです。このことは大切です。小さなうちから肯定的な経験を積むと、自尊心が育まれ、自己信頼が内面化され

やすくなります。年齢が上がるにつれ、新たな出来事、状況、経験も「自分の気持ちや自分自身を認められるようになるか、または自分を疑うようになるか」を左右します。ASDの若者の場合、小学校入学、勉強につまづき始める3、4年生の頃、自分が他の子とは違うと意識するようになる頃、中学校入学、思春期へ入る頃、成人期の前などの移行期に自尊心の基盤が大きく揺らぐことがよくあります。あなたがそれをよく意識し、問題を予防したり解決できるように備えておくことが、娘さんが難しい時期を乗り越える一番の助けとなります。

下のリストは、能力のレベルにかかわらず、すべてのASDの女の子にとって自尊心の基本となることです。本章の後半では、娘さんがこれらの基本的なことを乗り越え、自分を肯定的に捉えられるようになるにはどう支援するとよいかをみていきましょう。

ASDの女の子が自尊心を保つための基本事項
- 自分の欲求や必要なことを効果的に伝えられる
- 自分は安全で、愛され、気にかけられていると感じる
- 意志作用感がある。つまり、自らの意思決定や主張が自分の生活を左右すると感じられる
- セルフコントロールができる。自分が頼れる対処スキルを身につけている
- 成功や達成感を体験する
- 自立心や自分自身を頼る力を養う
- 正しく自分を認識できる
- 好きなことをしているときに喜びと幸福を感じられる

成功経験を築く

親としてしなければならない最も大切なことに、娘さんが成功経験を得られる機会の有無について常に気をつけておくことがあります。成長と共

に物事にチャレンジしていくことは大切ですが、成功できるチャンスを与えることは、それ以上に重要です。よく慣れていて上手にできる活動と、本人の理解やスキルのレベルよりも難しい活動とのバランスをうまくとりましょう。このことは障害が中度から重度の場合、特に大切です。娘さんが何かを上手にできたときにはご褒美や褒め言葉を与えましょう。人間は誰でも肯定的なフィードバックで伸びるものです。褒められたり、ご褒美をもらうと気分が良くなり、またやってみようと思うものです。ただし、フィードバックは必ず的確にするよう注意してください。挑戦したことが難しくてうまくいかなかったときには、その事実を伝えましょう。そして同時に、失敗したからといって、世界が終わるわけではない、これからまたチャンスはあるし、今よりもうまくできるだろうと話してください。的確なフィードバックすることで、娘さんに対処スキルの上達と実践の機会を与えることになるのです。そうすると娘さんの自意識は高まり、「続けてやればできるんだ」と肯定的に自分に言い聞かせることもできるようになるでしょう。

　成功を経験させるには、娘さんの強みを知り、それを目立たせる方法を探ることです。もし美術が得意なら、地域で障害のある若者を対象にした展覧会がないかどうか調べてみましょう。小説や詩を書くなら、学校の文芸誌など、活字にしてもらえそうなところを探しましょう。私たちのクリニックでは「アーティストの廊下」を設け、来院している若い人たちの作品を額に入れて展示しています。本人や家族が何度もやって来て展示を見るときの、誇りに満ちた顔を見るのは本当に嬉しいことです。得意なことを認めることが、娘さんにとってどれほど大きな意味があるか、決して軽視してはいけません。実際に何度も繰り返し褒めることで、あなたが使う褒め言葉や絵カードが内在化されるのです。そして、やがて自分からその言葉やイメージを使うようにもなってほしいと思います。娘さんの長所に注目することは、彼女の自意識を促すことにもなります。そしてそれこそが、健全な自尊心を築く鍵なのです。

自立、自己依存、責任感を伸ばす

　私たちにはもうすぐ11歳になる自閉症の娘がいます。あの子と将来のことですか？　エイダが言葉を話すようになって、発達するにつれ、始めの頃の自閉症の霧は晴れて、私たちはあの子を前よりも理解できるようになりました。エイダはおもしろくて、可愛くて、繊細で、生き生きとした子です。簡単にはあきらめない性格です。自閉症による困難には今でもしょっちゅうぶつかっています。本人にも私たち親にとってもつらいときがありますが、エイダは以前よりもそういう問題を意識するようになりました。小さかった頃とは違うやりかたで向き合っています。私の願いは、あの子が自分の素晴らしさを映し出し、自信を高めてくれるような友だちや家族にいつも囲まれて過ごせるようにということです。そしてどんな形でも、達成感や自立感をもつようになってほしいと思います。

（十代前半の自閉症の娘の母）

　自立と自己依存は、思春期に入ったASDの少女たちの多くが苦労する領域です。第2章で述べたように、この問題は成長過程で不安を招く最大級の原因の1つです。娘さんが適応行動評価（日々の生活を営むためのスキルの評価）を受けた経験があれば、彼女が同年代の定型発達の子と同じレベルの行動を示さないことはよくおわかりのことと思います。もちろん、それは驚くことではありません。ASDの少女たちの発達には、同い年の少女よりも2～3年の遅れがあることが多いのです。ただし、適応行動評価で5年から10年の遅れが指摘された場合は、特に困難の度合いが高くなり、これまで述べてきたスキル（セルフケア、清潔の保持、ソーシャルスキル、コミュニケーションスキル、安全にかかわるスキル）のいくつかに問題が生じやすくなります。家事や金銭管理、地域生活のスキル（バスに乗るなど）、対処スキルにも困難を抱えることがあります。

　ASDの子どもたちが男女共に、小さな頃からこれらのスキルに問題を抱える理由には、彼らが定型発達の子どもたちよりも助けが必要で、また実際に手助けされていることが挙げられます。娘さんは要求を満たすためにもう何年間も、あなたを頼りにしてきました。娘さんにとっては、あなたは代弁者で、身辺介護者なのです。それは良き親として当然のことです。

ただ、そのため、今まであなたがしてきたことをいつから本人にさせたらよいのか、また自立のスキルを養うには結局何が必要なのかをなかなか決められないかもしれません。そしてそのまま、娘にはさせず、この方が速くて楽だからと自分たちでしてしまう親御さんがいます。娘には笑顔でいてほしい思うあまり、させない人たちもいます。新たに難しいスキルを覚えることが、娘さんにとって楽しいとは限りません。しかし、娘さんが学ぼうとし、自立に向けたスキルを習得していけば、本人にもあなたにとっても様々なことが楽になります。たくさんの親御さんが私たちにこう言います。「もっとこういったスキルを練習させればよかった」「小さい頃、あんなに手出しをしなければよかった」。努力は最後に実を結ぶのです。

　もし娘さんが過去１年間に適応行動評価を受けていなければ、ぜひ受けさせてください。評価結果を見れば、娘さんが定型発達の子どもたちと比べてどうなのか、また自立に向けてどの領域を強化しなければならないのかがよくわかるはずです。その後、可能な具体的な短期目標と、移行計画に基づいた長期的な目標のアウトラインを決めます。短期目標のいくつかは学校でのIEP（個別指導計画）にも載せてもらいましょう。あなたは娘さんにできる限り自立していろいろなことができるようになってほしいでしょう。しかし、それは数々の領域（認知、言語、コミュニケーション、運動、社会性）での娘さんの能力次第だということを忘れないでください。着替えが１人でできるようになることが最初の目標かもしれません。あるいは娘さんは頭が良い18歳でも、洗濯の仕方を知らないかもしれません。自分の銀行口座はもっているでしょうか。そういったことに取り組むことは、自立と責任を促す絶好の目標になります。目標とした対処スキルの練習には必ず「指導の道具箱」を使いましょう。課題を小さなステップに分解する、モデルを提示する、視覚補助を使う、ヒントを書く、練習する、努力と達成にはご褒美を与える。１人でできるようになればなるほど、娘さんは人生で成功を感じるようになります。意志作用感（自分のはたらきかけによって自分の世界を変えられるという感覚）も経験するでしょう。生活上の課題を１人でできるようになると、不安が減り、自分に頼ってもいいのだと感じられるようになります。生活の構造化にも役立ち、自信も

築かれることでしょう。それが私たちの最終目標なのです。

「私は誰?」自分を知る〜自己認識を高める

　自分自身を知ることは思春期の少女にはとても大切です。ASDの子どもたちについては社会的理解の乏しさばかりが取り上げられがちですが、私たちは、特に高機能の少女たちが自分自身をもよく理解していないことを知りました。もし娘さんもそうであれば、「自己洞察」を通して、自分の強みと弱み、性格の特徴に気づかせるようにしましょう。自分探しの具体的な活動として「私のすべて」という本の作成があります。娘さんの好きなものと嫌いなものの絵や写真を一緒に集めましょう。好きなことをしているときの写真も撮ってあげましょう。本には、やり遂げたときの絵や写真、例えば、初めて読んだ本、良い点をもらったテスト、乗馬の写真、最近描いた絵、自分で整えたベッドの写真なども加えます。次に、やり遂げたことよりももっと難しいと感じていることは何か、考えさせ、それら（算数や単語の問題、サッカーをしている人たちの写真、シャワーの写真など）も本に載せます。

　ここからのステップは難しいことが多いのですが、娘さんに自分の性格や全体像を考えてみるよう促します。娘さんはどんな子でしょう。おもしろい、活発、優しい、無邪気、本の虫、スポーツ好き、勇敢、芸術的、努力家、論理的、礼儀正しい、恥ずかしがりや、社交的。私たちは思春期の子どもたちのグループワークで「どっちがいい?」という質問をしていきます（例：読書とスケート、どっちがいい?）。また、様々な性格や特性をもった人物が登場する物語や小説を取り上げて読んだり、映画やテレビ番組を見るようにもしています。私たちの目標は、「私は良い人間だ」とか「絵が得意」というだけではなく、より深いレベルで「自分は誰なのか」を理解するために、他者と自分とを比較できるよう手助けすることです。力のある子には、日誌を書かせたり、内省を深める芸術活動（演劇、写真、絵画、詩作）を行わせています。そうするとフラストレーションを覚える

子は多いのですが、その苛立ちも実は益になるのです。フレストレーションを感じることで、彼女たちは自分自身や自分の世界に対する気持ちに一歩踏み込めるようになり、対処スキルを伸ばす機会にもなるのです。

興味を育み、広げる

　幼い頃の娘は、自分よりも年下か年上の子どもと過ごすのが好きでした。同い年の子といるのは苦手でした。ところが高校1年生になった今では、同い年の子たちと付き合うことを好み、「ティーンのすること」ばかりをしたがります。きちんと構造化された活動が好きなのには変わりないのですが、自分が心地良く感じる領域を広げつつあります。秋には学校でダンスパーティーに2回、演劇に2回、フットボールの試合には4回出かけていきました。そんなに何度も観に行ったのにはびっくりしました。フットボールは大嫌いなはずなのに。ただ、今でも学校に本を全部持って行こうとするので止めるのに苦労しています。本が大好きなのです。
　　　　　　　　　　　　　（15歳のアスペルガー症候群の娘の母）

　2006年の11月27日発売のニューズウィーク誌に、思春期は自閉症の子どもと家族にとって特に難しい時期であるという特集記事が出ました。その記事の中で、あるお母さんがアスペルガー症候群の高機能の14歳の娘さんの悩みについて語っていました。その子は今でもバービー、ポケモン、ディズニーのプリンセスにとても興味をもっています。それがもう「かっこ悪い」ことだと知っているのに、やめられないのです。子どものままでいたいと思いつつ成長しているピーターパンのような状態で、彼女は家で子どもっぽい趣味にひそかにふけっています。母親は強制することなく、年齢相応の興味を広げるようにうまく促しています。

　読者の皆さんの中にも、このようなエピソードを経験した方がいらっしゃることでしょう。思春期前後のASDの子どもが小さい頃からのおもちゃや活動に留まることは決して珍しいことではありません。私たちが指導してきた十代の子どもたちも徐々にセサミストリートのおもちゃで遊んだり、スポンジボブを見る回数を減らすことができるようになり、学校で

もパワーパフガールズの話を以前ほどしなくなりました。ところで、子どもっぽい興味をもつことは悪いことでしょうか。本質的には悪いことではありません。そういう興味をもつことで安心して落ち着き、親しみなど大切な気持ちを与えます。週末に子どもっぽいビデオを30分見たところで、発達が永久に損なわれることはありません。でも、学校や地域で余りにもそのことに没頭してしまうのはいけないと知っておくことは大切です。区別がつかなければ、そういった興味に集中する時間や場所を制限し、年齢に適した活動に時間を費やせるようにすることが重要になるでしょう。私たちの指導を受けていた親御さん方が取り組んで成果のあった方法は次の通りです。

- 年齢不相応な遊びをしてもよい時間と場所を記した視覚スケジュールを使う。
- 年齢相応な活動スケジュールをいくつか提示し、本人が選べるようにする。
- 年齢相応な遊びや活動ができたらご褒美を与える。
- 定型発達の同い年の支援者(メンター)がいるグループに入れる。支援者(メンター)には年齢相応の活動や興味を楽しむモデルとなってもらう。

　適切な援助と励ましによって、娘さんの興味は幼い頃のままではなく、年齢相応なものへと発展します。私たちのグループの中には、最近音楽が好きになり、コンサートにも行くようになった子どもがいます。彼女は、学校の他の女の子たちはもう何年も前からそういうことに興味があったのに、自分は今になっていろいろな音楽を聴いたり、バンドのTシャツを着たり、コンサートに出かけるのが楽しくなった、そしてそうなったことがとてもおもしろいと話していました。その言い方には、ようやく自分も他の子どもたちに「追いつき」、共通するものをもてたというプライドが漂っていました。

　娘さんに年齢相応の興味や知識などが見られたら、喜び、励ましてください。もしかすると興味の対象は少し変わっているかもしれません（エジプトへの興味など）。定型発達の同級生たちはあまり関心のないこと（数

学など）かもしれません。何とかして同じような興味をもった同年齢のグループを探しましょう。地元の自閉症の会に問い合わせてみてください。登録すれば同年齢の同じ趣味の子どもたちを紹介してくれる会もあります。娘さんがエジプトが大好きなら、やはりエジプト好きの娘をもつ家族と連絡を取れるようになるかもしれません。他の子どもとの違いや、変わった趣味を受け入れられる女の子たちがいるソーシャルスキルのグループに入るのも一案です。友だち関係が広がる可能性があります。

　極度にこだわりのある興味や子どもっぽい趣味を認めつつ、年齢相応の活動を促すには、バランスのとり方が難しいかもしれません。しかし娘さんの自尊心と自意識の発達にはどちらも重要だということをよく覚えておいてください。

自己コントロールと感情の理解

　思春期には様々な感情とホルモンの変化が起こり、恐れや混乱を招くことがあります。特に、気分のむらが激しかったり、日常生活での困難に苛立っているならなおのことです。ASDの女の子が家庭や学校、地域社会で「手に負えなくなる」ことが近年、もう珍しいことではなくなりました。そういう経験を言葉にできる子どもたちは「自分の気持ちをどうコントロールしたらよいのかわからない。気持ちがどう変わるのかもわからない。ささいなことにも爆発しそうになる」とよく言っています。コミュニケーションスキルに限りがある子は、かんしゃくやメルトダウン（くずれ落ちること）などでフラストレーションを表すことがあります。女の子の場合、思春期の自己コントロールと感情表現・理解の問題には次の4つが大きくかかわっています。

- この時期の一般的なホルモン変化
- 月経前症候群
- 感情理解、自己コントロール、対処スキルにおけるスキルの弱さ
- 苛立ちが高まったとき、どう表現すればよいのか、また誰に話せば

よいのかがわからない

　最初の2項目は生物学的なもので、思春期のどの女の子にも起こります。娘さんのホルモン変化とそれにかかわる感情の起伏の度合いが、同じ年齢の定型発達の子どもたちと同程度なのかどうかはわかりませんが、ASDの少女の親御さん方は、どうやら感情の起伏は定型発達の子よりも激しいようだと述べています。この件に関しては内分泌学の研究が待たれるところですが、ASDの子どもたちは定型発達の子どもたちよりも確かにホルモンの変化による問題を抱えやすいようです。その理由には自己コントロール力と対処スキルの乏しさと共に、定型発達の女の子に見られる同年代の仲間による支援ネットワークがないことが挙げられます。また、ASDの女の子の親御さんからは、月経前症候群の悩みもよく聞きます。このような問題が生理学的な反応や感覚的な理由から来るのか、あるいは対処スキルの問題なのかは今後の論点となるでしょう。

　最後の2項目はASDの少女とかかわる上で私たちがターゲットとしている事柄です。自己コントロールと感情理解の力を伸ばし、感情の健全な表し方を身につけることは必須です。感情を適切に表す力が弱いと、社会的な接触を強く望んでいる子どもは孤立感を高めます。「私みたいな人はいないんだ」などという思いがどんなレベルの自尊心をも食い尽くすようになり、やがては引きこもりにつながる恐れもあります。私たちのところでグループ指導を受けている女の子たちの多くが、グループに入って初めて自分が受け入れられ、理解されたと感じたと話しています。ひどい1日を過ごし、こちらに来るまでの間、車の中で母親にどなり散らしていたとしても、クリニックのドアを開けた瞬間、ここでは誰も自分を批評せず、自分の気持ちを話すことができるのだと思うのです。さらに、自分の感情をコントロールする正しい方法も学ぶことができるのです。

　感情をコントロールする第一歩は、まず感情を理解することです。自分と他者、両方の感情です。コントロールのスキルに取り組むとき、私たちは本人が感情をどの程度理解しているのか、また、感情が状況や思考、行動にどう結びついているのかを評価します。この評価によって、苦手な分

野に焦点を当てた「感情プログラム」を作ることができるのです。このプログラムには次のことが含まれます。

- 顔の表情から基本的な感情を認識する（嬉しい、悲しい、怒り、恐怖）。
- 状況によって生じる基本的な感情を認識する（例：アイスクリームを買ったら、あなたは / 彼女は＿＿＿＿＿＿＿＿＿＿＿な気持ちになる）。
- 顔の表情から複雑な感情を認識する（恥ずかしい、がっかり、驚き）。
- 状況によって生じる複雑な感情を認識する（例：みんながいる廊下で、持っている本を全部落としてしまったとき、あなたは / 彼女は＿＿＿＿＿＿＿＿＿＿＿＿な気持ちになる）。
- 特定の状況で自分の気持ちをすぐに認識できる（絵や言葉を使う）。

　ソーシャルスキルと感情理解についてはたくさんの良書があります（巻末の資料の本章と第6章を参照してください）。思春期全般を通して感情理解を指導目標にするよう、私たちは親御さん方に勧めています。感情の理解とコントロールは、ASDの女の子に限らず、誰にとっても難しく生涯の課題です。親としてあなたにできるアプローチは、娘さんの感情表現を受け入れ、穏やかに応じることです。自分の気持ちがどの感情に相当するのかがわからなければ、絵も使いながら教えてあげましょう（例：「ピクニックに行くのがちょっと不安みたいね」）。そして本人の経験を彼女の立場に合った言葉で表現しましょう（例：「あの子があなたを好きだと思ったのね」）。娘さんの気持ちを見くびらないように気をつけながら、理解するよう最善を尽くしてください。読書が好きな子なら、『アメリカンガール』から出ている「気持ちの本」を楽しめるでしょう。次に挙げる心の健康の箇所では、対処スキルと自己コントロールの伸ばし方について、思考、感情、経験の面からも具体的な方法を考えていきます。

心の健康を培う

　ASDの若者が精神障害やその兆候を示すことはよく知られています。特に気分障害（Bradley et al. 2004; Bereton, Tonge, and Enfield 2006; Ghaziuddin et al. 2002; Vickerstaff et al 2007)、不安症状・不安症（Gillot, Furnis, and Walter 2001; Muris et al. 1998）、強迫症（Ghaziuddin, Tsai, and Ghaziuddin 1992; McDougle et al. 1995）、ADHDの症状、低い欲求不満耐性、かんしゃく、気分の動揺（Brereton et al. 2006; Kim et al. 2000）が多く見られます。他の障害のある子どもに比べ、ASDの若者は精神科に入院するリスクが高く（Gallaher, Christakis, and Connel 2002）、その率は11%から25%にまで及びます（Mandell 2008; Mandell et al. 2005a）。思春期を迎える娘さんにとって、このような研究結果はどういうことを示唆するでしょう。第2章で、定型発達の女子は思春期に入るとうつ病にかかる率が上がり、それは同年齢の男子の2倍になると述べました。ブレアトンら（Brereton et al. 2006）は、思春期に近づいたASDの子どもたちの中でも特にIQが平均値の場合、うつ症状が多く見られ、女子はこの時期特有の生物学的な影響から、やはりうつになるリスクが高いことを見出しています。さらに定型発達の子どもたちでも男子より女子の方が勉強や社会的なプレッシャーが強く、中学に入る頃までに、より一層ストレスを経験するとされています（Cohen-Sandler 2005）。

　思春期近くのASDの女の子たちは、心の健康面で問題が生じたり、すでに抱えている困難さが悪化しやすいという危機にさらされています。彼女たちに最もよく見られる精神保健上の問題を次に挙げ、深刻化を避けるためのアプローチと現存する問題への対処法をみていきましょう。

うつ

　思春期のASDの女の子はうつの兆候や深刻なうつ病を抱えることがあります。その理由には、孤独、失敗や欲求不満、友だちや人間関係に対する満たされない思い、神経生化学的な平衡失調など、様々なものがあります。『アスペルガー症候群 完全ガイド』でトニー・アトウッドは、自分のスキル不足を思い知ったり、社交を試み失敗した結果として生じる「反応性うつ病」について書いています。思春期のASDの女の子にはこの反応性うつ病のリスクがあります。そこには、同級生たちになかなか受け入れてもらえない、自分はみんなとは違うのだという思い、日々経験する社会

的な難しさをより強く感じる、といった理由があります。ヴィッカースタッフら（Vickerstaff et al. 2007）は社会的適応力やうつ兆候の自覚と知的能力の関係を報告しています。IQ が高い場合、自覚する社会的適応力（コンピタンス）のレベルは低く、うつ兆候のレベルは高いと予想されています。同様に自閉症の場合も、他の知的障害の若者に比べうつ病が多く、さらに ASD で IQ が高いとその率は一層高まるという研究があります（Brereton et al. 2006; Sterling et al. 2008）。このような結果は反応性うつ病のリスクを裏づけ、若い女の子にとって否定的な自己像が、いかにうつ症状や自信のなさにつながっているかを示しています。女の子たちを観察するうちに、私たちは、うつ症状は月経時に一層頻繁に生じることも知りました。

　うつ病の兆候によく気をつけること、さらに、若い子のうつは大人のうつ病とは違うように見えることがある（例：若者は悲しみよりも怒りっぽくなる）と覚えておくのが親にとって非常に大切です。娘さんのいつもの行動に変化はないかどうか注意して見てください。睡眠障害や不眠症がいつもあるなら、それはうつの兆候ではありません。しかし、好きな娯楽への興味を失ったら、うつの可能性があります。うつ病の特徴と症状は次の通りです。

- 怒りっぽくなる
- 憂うつ、悲しみ
- 泣く
- 不安
- 活動に興味や喜びを見出さなくなる
- 食欲の変化。体重の増減
- 不眠あるいは睡眠が過剰になる
- 精神運動の動揺（落ち着かない、激しい動揺）や緩慢（動けなくなる）
- 疲労、気力の減退
- 集中力が低下する
- 無益感、絶望感、悲観
- 死を思う、自殺を企図する

能力の低い女の子たちの場合、うつ症状の兆候は、スキルの後退、攻撃行動、短気、睡眠や食欲の乱れ、排便や排尿のコントロールができなくなるなど、より機能的な問題として現れることがあります。

不安

> 私はたくさんの恐怖を抱えています。一時的なものもありますが、ほとんどは永久的に根付いています。そして道理にあわないことや予測しなかったことがきっかけになって高まります。私は変化が嫌いです。ぞっとする昆虫類、ヘビ、ひどく尖った歯があるものや噛まれる恐れのあるものも嫌いです。怖いのは嵐、海の嵐、新たな変化、特定の音、警察、ある種の声、深い水、ある種のトイレ、特定の生地に偶然触れてしまうこと、階段の吹き抜け、転倒、病院、針や検査……怖いもののリストはまだまだ続きます。
> （母であり祖母でもある45歳の既婚女性。2001年にASDと診断。彼女の4人の子どもたちは全員アスペルガー症候群の診断を受けている）

ASDの人たちは特にストレスや不安を抱えやすいのです（Groden, Baron, and Groden 2006）。感覚の問題、コミュニケーションの難しさ、社会的な事柄を理解する力の弱さ、変化に対する嫌悪、実行機能の困難、これらすべてが影響し、毎日ほとんどずっと不安状態で暮らしている人たちがいます。個人的な経験を綴ったASD者として最も有名なテンプル・グランディンは、思春期にぶつかったとき、自らが「神経攻撃」あるいは「パニック攻撃」と呼ぶ極度の不安を感じるようになったと記しています。編著『自閉症のストレスと対処』の中で彼女は次のように書いています。

> 思春期になると、ホルモンの変化によって、恐れは私の主な感情となった。パニック攻撃や恐怖をいかに避けるかということが生活の中心だった。他の子たちにからかわれるのはとてもつらく、私は怒りで応じた。そのうち徐々に自分のかんしゃくをコントロールすることを学んだが、からかいはしつこく続き、私は泣いてしまうこともあった。からかわれるのではないかと思うだけで怖くなった。誰かに名前を呼ばれるかもしれないと思うと、駐車場を横切るのが怖かった。学校のスケジュールが少しでも変わると、不安やパニック攻撃への恐れがつのった。(p.78)

うつ病では、ASDの若者の不安の度合いとIQの高さは関連していると

報告されています（Gadow 2005; Sukhodolsky et al. 2008）が、知的障害の重い子どもたちも日常生活で高いレベルの不安を感じることがあります。思春期に入り生活が変化すると、言いようのない不安が高まります。利発な子の場合、自分の知的能力と、日々の生活で実際に達成できることとのギャップに気づくこともよくあります。私たちのグループの女の子たちの多くが未来をとても怖く感じ、自分は大人の生活に対処できる準備ができていないと思っています。

　思春期のASDの子どもたちにとって不安は実に様々な形で現れます。私たちが指導してきた女の子たちは、常に心配し、緊張してリラックスできない、よく眠れない、心を鎮めることができない、呼吸が苦しくなる、心臓がドキドキする、苛々してすぐに怒ってしまう、自分の能力や成績を過剰に心配する、社会的場面や学校に行くのが怖い、という報告をしています。IQが70以下の場合、不安は違う形で現れ、また、不安、過活動、不適当な発語には相関関係があると示唆する研究もあります（Sukhodolsky et al. 2008）。

自傷

　　すごく苛立ったり怒ったとき、私はたいてい何もせず、押し黙ってしまいます。泣くこともあります。以前はあまりにも腹が立つと自分を噛んでいました。もう以前ほど自分を噛んだり引っ掻くことはなくなりました。ものすごく怒ったときだけです。10歳くらいのとき、学校で先生方に他の子と遊ぶように強く言われたことがありました。そのときは本当に怒って自分を強く噛みました。何週間も歯型がとれなかったほどでした。
　　　　　　　　（レイチェル「アスペルガー症候群、思春期、その他すべて」p.55）

　臨床研究の中で私たちは、うつ、過剰な自己批判や完璧主義、自己表現力や感情コントロールの力の弱さが多くの女の子たちの自傷行動（自分を切る、叩く、つねる、頭をぶつけるなど）を引き起こすことを知りました。特に対処スキルが十分に身についていない子によく見られます。思春期のアスペルガー症候群の女の子、ニタ・ジャクソンは自叙伝「あべこべ、さかさま、うら返しのアスペルガー症候群」で、うつ、不安、低い自尊心、

自傷行為などの精神保健上の悩みについて勇気をもって打ち明けています。

　これから書くことは、すごくつらく、戸惑うこと。誰にでもわかってもらえることではない。でも、アスペルガー症候群の若い人間として私が体験したありのままのことだから、あなたには知っておいてほしいと思う。私が連絡を取り合っているアスペルガーの子どもたちの多くは、自分を傷つけている。自殺を考えている子もいる。「自分を傷つけるのは、自分の人生がみじめで放り出したいからだ」と言っている。私とまったく同じだ。うつは本当に恐ろしい。過酷なことが続くと、私は妄想や怒りや憎しみに囚われ、自信のかけらもなくなってしまう。自分が低能で弱く、まったく役に立たない敗北者のように感じる。憎しみがエスカレートすると、自分をもっと傷つけたくてたまらなくなる。そうすれば、ほんのわずかでも人生の他のことを忘れられるから。傷つけている間は体の痛みに集中できるから。だから、私の手と腕は傷だらけなのだ。(p.63)

精神保健にかかわる介入の仕方

　もし娘さんがうつや不安で悩んでいたり、フラストレーションや感情の調整が難しければ、心理士の指導を受けながら、より良い自意識、健全な対処スキル、自己コントロールの意識を培うのが良いでしょう。対処スキルと自意識が低ければ問題は解決されません。この2点が介入の主なターゲットです。認知的なテクニックをどの程度使えるかは、娘さんの思考スキルのレベルによりますが、私たちが行って、障害の重い子にも効果があった方法には、視覚的なヒントを使って深呼吸をさせるなどのリラクゼーション、絵を使った予行練習、自分が「どんな気持ち」なのかを決めさせる、自分について肯定的な意見を使うなど、数多くのやり方があります。グローデン・センター（Groden Center）ではASDの若者のストレスや不安に非常に効果的な書籍とプログラムを用意しています（巻末の資料を参照）。

　深刻なうつは自傷行為につながることがあるため、特に注意が必要です。もし娘さんにうつの様子が見られたり、死や死への願望をほのめかしたなら、ASDの若者の心の問題を扱った経験が十分にある精神保健の専門家に、直ちに相談してください。うつと自殺の意図（故意の自傷行為の危険性）

に関する全体的な検査を受けることになるでしょう。うつ病の治療は多くの場合、行動療法や心理教育の他、投薬と心理療法を組み合わせて行われます。投薬に関してもASDの若者向けの精神薬理に精通した薬剤師を紹介してもらいましょう。

　自閉スペクトラム症は「古典的自閉症」の域を超えていると理解される前、心理療法はASD者には効果がないと思われていました。しかし最近では、うつや不安を含むASD者の精神的な問題には、知的障害が軽度で、平均かそれ以上の知能を備えている場合、認知行動療法（CBT）などの構造化された直接的なアプローチが特に有効だと認められています（Attwood 2007; Chalfant, Rapee, and Carroll 2007; Gaus 2007; Ghaziuddin et al. 2002; Martinovich 2006; Reaven and Hepburn 2003; Reaven et al. in press; Sofronoff, Attwood, and Hinton 2005）。

　認知行動療法は否定的な感情を変えることを目標に掲げ、毎日の思考、想定、信念、行動を少しずつ修正していくことを基盤にしています。根拠（エビデンス）ベースに基づいた、定型発達の子どもたちに有効な治療法として確立されています。この療法では前提として、状況、思考、感情、心理的反応、行動はすべてつながっており、状況解釈や状況への思いが、感じ方や行動を左右すると考えます。セラピストとクライアントがチームとして協力し合いながら進める構造化されたアプローチです。ASDの子どもたちのニーズに見合った調節（視覚支援の多用、概念の繰り返しなど）を行うことで、認知行動療法は個別でもグループでも有効になります。私たちのグループでは、この療法が重要な役割を果たしています。認知行動療法を行うとき、私たちは次のようなスキル習得を目標としています。

- どんな状況で不安、悲しみ、怒りを感じるのかがわかる。
- 特定の感情に対して身体がどう反応するのかがわかる。
（例：緊張すると汗が出る、怒ると頭が痛くなる）
- 感情の状態（例：緊張）と身体の内部の状態（例：動悸、胃痛）との区別がつく
- 特定の状況に関連する気持ちの区別がつく（例：数学のテスト

が始まろうとしているとき、金曜日の夜、DVDを借りに行くとき）
- スキルトレーニング：リラクゼーション（深呼吸、筋肉の緩和）、肯定的なことを自分に向かって言う、認知の再構築（「きっとテストに合格しない」などの否定的な思いに挑む）、社会的問題の解決、「Stop-Think-Act（一度止まって、考え、行動する）」の練習、自分に褒美を与える
- 健全な対処の仕方を身につける：読書、入浴、音楽鑑賞、運動、日記を書く、ペットと遊ぶ、ビデオゲーム、芸術
- 問題となる場面でスキルの練習を繰り返す

「指導の道具箱」にあるテクニックの多くは、認知行動療法でも使えるはずです。中でも視覚的、具体的なアプローチは有効です。私たちが用いている方法には次のようなものがあります。

- 概念間のつながりを具体的に（視覚補助を使いながら）たどっていく
- 感情の度合いを示すのに視覚的な目盛りを使う
- 社会的解剖——何が起きて、周りの人たちはどう感じ、何を思ったのか、状況を部分的に分けて分析する
- 対処スキルに関してイラスト入りのストーリーを見せたり、絵を使ったリハーサルを行う
- 問題を分析するための体系的なアプローチを考案する
- 自分に向かって肯定的なことを言えるようにパワーカードを使わせる
- 目標設定、セルフモニタリング、進み具合のチェック、を行う

特に動物好きのASDの女の子には、ペットと過ごす時間もリラックスの効果をあげています。認知行動療法のグループで、どんなことをすると穏やかでリラックスした気持ちになるかと聞くと「犬の散歩をする」とか「ペットと遊ぶ」という答えがよく返ってきます。あるお母さんはネコが娘さんを慰めるのに一役かっていることを話してくれました。

アマンダ（12歳、PDD-NOS、OCD、ADHD）の不安はとても高レベルです。うちにいる3匹のネコがいつも彼女の気持ちをなだめ、やわらげています。家の中の家族がよく行き来する場所にネコの爪とぎタワーを置いています。ネコはこのタワーで昼寝をします。アマンダはそこを通るときには必ずネコに触れたり、抱いたりします。ネコを撫でるとアマンダは、たちまちリラックスして、ネコがゴロゴロと喉を鳴らすだけで嬉しそうにほほえみます。その様子を見るたびに、驚いてしまいます。

（12歳のPDD-NOSの娘の母）

「お話」娘さんにASDについて教える

　私が診断を受けていたことを両親が隠さずにいてくれたら、と思います。ありのままの私を恥じずにいてくれたらどんなによかったことか。自閉症を無視したり、消えてほしいと願ったところで自閉症が消えるわけではありません。どうして自分が違っているのかという理由がわかっていたら、どれだけ助かったことでしょう。誰も理由を知らなかったから、「どうしてカシアヌはあんなに変わってるの？」と言われても答える理屈がありませんでした。誰にもどうしようもできないことが、余計に悲しかったです。誰かが何とかするべきだったという両親は私のアイデンティティの一面をみんなから隠すことで私を守っていたつもりでしょうが、そうではなかったことを知ってほしいと思います。「自閉症」という言葉があんなにもタブーでなかったら、どんなによかったことでしょう。

（25歳の高機能自閉症の女性）

　私たちは多くの親御さんから娘に診断のことを伝えるべきかどうかと聞かれます。例外を除いて私たちの答えはいつも「はい！」です。いつ、どのように伝えるかは、娘さんの年齢、診断名、能力のレベルなど様々な要素によって変わります。学校や地域で自分が他の女の子たちと違っていることを知っているかどうかにもよります。7〜8歳以前なら、「しんだん」が何なのか理解が難しいでしょう。また他の子どもたちとの違いにもあまり気づいていないはずです。自分には友だちが少ないと気づいていても、どうしてなのかは、おそらくわからないでしょう。診断の説明は本人の年

齢にふさわしいものでなければなりません。また、友だちづくりのような難しいことは、親と教師が手助けできる解決法があると示すことも必要です。視覚支援など、指導の道具箱にある方法を使ってください。娘さんについての絵本や、パワーカードはどうでしょう。診断を受けたものの、そのことを知らない学齢期の子どもたちのために、私たちはよく親御さんと一緒に説明のプランを練ります。家族に集まってもらうこともあります。その間、本人にはなぜ家族がここに来たのか、彼らがどんなことを学び、それがあなたにとってどう役に立つのかを伝えます。それを聞いて、考える時間が必要な子もいます。その場合、親御さんは家に帰ってから説明を続けます。すぐに質問でいっぱいになる子もいます。そういう子は、すぐに自分の行動には理由があり、「悪い子」でも「変な子」でもないのだと気がつきます。彼女たちのような若い人たちのために、私たちは「自分のすべて」というカウンセリングをよく行っています。

　ASDについて学べる書籍は数多くあります。ASDと診断されるのは男の子の方が多いことも書かれているはずです。ソフィーという11歳の自閉症の女の子が書いた『私のことがわかる？　私の生活、私の思い、私の自閉スペクトラム症』という本があります。多くの女の子たちがこの本にとてもよく反応します。ソフィーの言いたいことすべてが響くのです。『ジは自閉症のジ、トは友だちのト』という題の、重度の自閉症の11歳の女の子が書いたフィクションもあります。他の書籍やワークブックについては巻末の資料のページに掲載します。小学生から成人に近い年齢までの様々な年齢層を対象にしたものです。

　思春期後半、あるいは十代後半の若者が初めて診断を受けるとき、その反応は多様です。前から抱えている困難さの理由がようやく明らかになったことで、ほっとする子もいれば、ASDであることを否定する子もいます。怒りをあらわにする子もいます。18歳でアスペルガー症候群と診断を受けたターシャもその1人でした。

> **ケーススタディ：ターシャ**
>
> 　ターシャは診断を受け入れることができず、その話すら嫌がっていました。私たちのクリニックのグループに入ったのは、他のASDの女の子たちと出会い、助けてもらいながら自分の強みと弱みをもっとよく理解するためでした。グループには思春期の初期に診断を受けた子が多く、ターシャにとって良いモデルとなっていました。ところがみんなでASDであることを話し合おうとすると、ターシャはやはり怒って拒否しました。こんなことが自分に起こるなんて不公平だと彼女はしょっちゅう言い張っていました。2～3か月経つと、彼女は毎週個別指導も受けることになりました。個別指導によって、否定的な感情をもっと適切な形で表せるようになり、ASDであることはどういうことなのかをより理解できるようになればと考えたのです。その夏が終わると、ターシャは大学に進学し、そこで頭の良いASDの学生たちに出会いました。クリニックでは他の大学生の女の子たちが所属しているヤングアダルトのグループに転入しました。ターシャは今でも難しいときがあり、かなり苛立つこともありますが、進歩を示し、同年齢のメンバーとのつながりもできています。メンバーはこれからもターシャが自分自身を肯定的に理解し、成長していく助けとなるでしょう。

ASDであることの意味

　自分がASDであることを知った子どもたちは、それがどんなことを意味するのかと考え始めます。「もとの自分」にASDはどのくらい影響するのか。ASDは人生上の障害なのか、チャレンジなのか。自分のことをもっと知りたいと思わせるものなのか。診断を理解するためには、「自発的決定とセルフアドボカシー」「他者に打ち明けること」「自己確認」の3点が直接関連しあっています。

自己決定とセルフアドボカシー（自己権利擁護）

　自己決定能力には目的のある自律行動が必要です。マイケル・ベーマイヤーは著書『発達障害のある生徒の自発的決定能力の促進』の中で自己決定の要素と、それを教育の場にいかに組み込むかについて述べています。自尊心と自己決定能力の基本要素は驚くほど重なっています。選択、問題解決、目標設定のようなスキルと共に、自己認識や自己知識といったセルフアドボカシースキル、さらに自立、自己観察、自己評価のスキルも重要です。自己コントロールの全体的なテーマは自己決定理論の要の1つになっているほどです（Mithaug 1991）。自尊心と自己決定の力は密接しているのです。

ケーススタディ：ジェシカ

　ジェシカは非常に賢い子でしたが、学校では苦手な分野がありました。そしてそのことを先生にうまく伝えられませんでした。頭の良いジェシカに苦手なことがあることを先生方もなかなか理解できませんでした。母親に促されて、ジェシカはIEP（個別指導計画）のミーティングに出て自分の意見を発表することにしました。パワーポイントを使って自分がどんな子なのかという全体像を述べ、学習面での得意なところと支援が必要なところを説明しました。ミーティングの最初ジェシカは緊張していましたが、はっきりと発表することができました。指導チームの人たちは驚き、先生方とカウンセラーたちはジェシカを誇りに思いました。ジェシカの勇気に参加者の多くが涙し、ティッシュの箱を回さなければならないほどでした。しかし一番誇りを感じていたのはジェシカ本人と母親でした。

　発達障害における自己決定とセルフアドボカシーの研究は進んでおり、今では特別支援教育の基準にもなりつつあります（Wehmeyer 2007、巻末の資料参照）。専門家と共にASDの当事者自身も、生徒は自分のIEPのミーティングに出席し、できれば話し合いの先頭に立つべきだと主張しています。

まず、ミーティングの最初の5分だけ出席し、自己紹介だけすることから始め、徐々に慣れさせていきましょう。やがてミーティングの場で自分の好き嫌いや得意なこと、苦手なことを絵カードや言葉で知らせることができるようになるでしょう。IEPのスタッフに宛てて手紙を書かせるのもよいでしょう。私たちが指導してきた生徒の中には、さらに力をつけ、ミーティングをリードするようになった子どもたちもいます。

診断のことを他者に打ち明ける

　この問題は、まったく秘密にするとか、誰にでも話すという極端なものではありません。娘さんとこの件について話すときには、いつ、どうやって、なぜ、誰に、そしてどういう状況で打ち明けるべきかを考えることが大切です。簡単に答えの出ることではありません。特に誰を信用し、必要なときには誰に助けを求めるかは、1人ではなかなか決められないことです。あなたやカウンセラーの手引きが必要でしょう。著書『アスペルガー的人生』の後半にリアン・ホリデー・ウィリーは「知ってもらう必要のある人たち」という箇所を設けています。この箇所は、親御さんだけではなく、理解できるなら、思春期後半の当事者にも読むことを勧めます。打ち明けることに対する思いは次第に変わっていくでしょう。最初は覚悟ができないかもしれません。あるいは逆に、後先を考えず誰にでも話して回りたくなるかもしれません。娘さんの自己決定を支えながら、周囲に打ち明ける一番良い時期を一緒に考えてあげましょう。専門家として私たちは、適したときに適した人たちに打ち明けることは娘さんのためになると思っています。リアン・ホリデー・ウィリーも『アスペルガー的人生』で次のように書いています。

　　自分のかかえている困難について、あるいは、特殊なニーズについて、周囲に広く知らせる方がいいのだろうか？　それとも、隠しとおす方がいいのだろうか？　これは難しい問題だけに、当事者の間でも論争がたえない。
　　ASであることを隠しとおす道を選ぶのは、隠しとおすことが可能な人たち、工夫しだいでは隠しきれる人たちに多いようだ。そんな彼らは、自分なりにいろいろと手だてを考えては、人付き合いのルールをうまく切り

抜けたり、学校に適応したりしている。
　その一方、周囲に障害のことを理解してもらった方がうまくいきそうだと思われる人たちも少なくない。特にASの程度が濃い人たちはなおさらだろう。そんな場合は、ほかの人たちを教育して、アスペルガー症候群とはどんな障害なのか、さらに、自分の場合はどういう影響が出ているのかを知ってもらう必要がある。(p.179)

　自意識の強い子、健全な自尊心のある子、成功した人生を送りたいと思っている子は打ち明けることに対してオープンです。ASDであることは恥ずかしいことではないと知っているのです。彼女たちはASをアイデンティティに組み込んでおり、それが自分にとってどんな意味をもつのかをよく理解しています。「打ち明けることができた」ということが、障害の影の中で生きる日々ではなく、充実した積極的な毎日につながっています。

他のASDの少女たちと知り合いになる

　ASDの少女は自分の世界で孤独に過ごしがちです。クラスやソーシャルグループには他にASDの女の子はいないかもしれません。実際、最近検査のために来院した子は「学校で自閉症の女の子は私だけなの」と言っていました。孤立感が高まるのは当然です。この点でも娘さんのために支援者(メンター)を探すのは大切です。支援者は年上のASDの少女で、すでに中学を卒業し、娘さんの悩みを実感できる子がよいでしょう。ソーシャルスキルのグループに入っている定型発達の年長の十代で、今流行(はや)っていることなどを教えられる子、また、自閉症について娘さんから学べる子も適しています。困難や興味深い経験を積んで成功を収め、全国で講演を行っている自閉スペクトラム症の女性もたくさんいます。リアン・ホリデー・ウィリー、テンプル・グランディン、ドナ・ウィリアムズ、ドーン・プリンス＝ヒューズ、ウェンディ・ローソン、ジェン・バーチ。もしかすると学会で娘さんと話してくれるかもしれません。あるいはメールの返事をくれるかもしれません。ジェシカ・ピアーズ、ニタ・ジャクソンのように自叙伝を出版している若い人たちもいます。年齢の近い著者と連絡をとるチャンスはあるかもしれません。

地域で他のASDの少女たちと親御さん方と知り合うことは、今後とても大切になります。地元の自閉症協会に問い合わせてみてください。地域が狭い場合は、インターネットで調べることもできます。ヤフーでは「Autism_in_Girls」というEメールグループがありますので、参加してみてください。私たちのグループの少女と親御さんたちは、これに参加して一番良かったことは、親子それぞれが「自分だけではないのだ」と感じたことだと話しています。もしできるなら、少女だけのソーシャルグループを作りましょう。毎月一度、他の少女たちとお母さん方と一緒にレストランに行くだけのカジュアルな会でもいいのです。仲間のいるコミュニティに入っていると感じられるようになります。

　また、娘さんには他のASDの少女についての本を読ませましょう。フィクションでもノンフィクションでもかまいません。お話を聞くのは好きだけれど、自分では読めない子には、読んであげてください。他のASDの少女たちとどんなところが似ているか、どんなところが違っているかを考えさせてみてください。

親が自尊心の手本を見せる

　ASDの思春期の娘を育てていると、自分の自尊心は放ったらかしにしていることがあります。自分を大事にしてください。自分自身を健康で好ましいと思えるように必要な支援を探してください。娘さんはあらゆることをあなたから学びます。娘さんのために自信や自尊心を示すようにしてください。自信をもつとどんなふうに見えるのか、実際に示してあげましょう。同時に、「完全ではない姿」も模範として見せてください。仕事や家事で失敗をしたら、娘さんにそのことを打ち明け、どうしたらよいのか対処するときの言葉をはっきりと口にしてください。娘さんの完璧志向が続いているなら特にこのことは大切です。失敗したときに適切な対処の仕方を見せると、日々の困難にぶつかったときのお手本になります。あなたは娘さんにとって良い親であることを心から強く信じてください。もしなか

なか信じられなければ、支援グループに入って、他の親御さん方と話し合ってください。地元の自閉症の会に聞けば、そのようなグループを紹介してくれるでしょう。ご承知の通り、自尊心は愛と価値を感じられるような社会の輪に入っていることから生まれます。友だち、家族、そして良い経験をして自分自身を包んでください。家族に問題があったり、あなたの立場を理解できない人たちのことで悩んだりしているなら、助けを求めましょう。誰と時間を過ごしたいのかをよく考え、決断しましょう。これはあなたにだけではなく、娘さんにとっても大切なことになるのです。

第6章

思春期の社交事情：
友だち関係と社会的ステータス

　興味があるのは、男の子、音楽、ダンス、お化粧、洋服。娘と同い年の女の子たちはきっとそういう感じだと思います。でも娘は他の女の子たちと打ち解けて付き合うことがほとんどありません。（11歳のASDの娘の母）

　あのね、お母さん、ジェーンと私とリサにはね、3人だけにしかわからない言葉があるの。
　　（ソーシャルグループの女の子。ジェーンもリサも同じグループに入っている）

「友だち第一！」の時期

　定型発達の少女の場合、思春期に近づくと、友だち関係が生活の中で非常に重要になっていきます。この頃になると、親の意見や、ときには自分の考えよりも友だちの意見を優先します。女の子同士で過ごすことを好み、何時間もおしゃべりを楽しみます。電話でも話します。話題は、服やファッション、そしてもちろん男の子のことです。私たちは学校でのカウンセリングプログラムの一環として、休み時間などに十代前後の定型発達の少女たちを観察します。
　あなたも、同じような格好をした少女がかたまっておしゃべりをしている様子を見たことがあるのではないでしょうか。彼女たちはくすくすと笑い、秘密を打ち明け合い、大きなジェスチャーや様々な顔の表情もつけて

早口で話します。

　他の子たちと交わらない、あるいは付き合い方を知らないASDの少女にとって、そういったグループに入るのは難しいだけではなく、恐怖すら感じさせることがあります。そのため、休み時間には読書や宿題をしたり、大人と話したり、1人でできる活動をしがちになります。グループに加わりたいと思う子は、中に入りはしますが、他の子たちのような表現はできず、会話やコミュニケーションに積極的に参加することはありません。

　本章では思春期の友だちづくりと関係の維持に必要な支援について述べていきます。そのほとんどは、友だちの性には関係なく使えるものです。後半では特に女の子の友だち関係（電話での会話、独占欲、攻撃性）に的を絞って考えていきます。異性の友だちを作る可能性についても、意識し、オープンでいることが大切です。ASDは男の子に多いため、療育プログラムも男子が中心で、ASDの女の子たちは、興味の対象がコンピュータゲームやアニメなど、しばしば同年齢の男の子と似ていることがあるからです。ただし、本章で取り上げる異性の友だちとは、もちろん恋愛やデートの対象という意味ではありません。そういう関係については次章で述べます。

友だちづくりを促す

　臨床経験からいえば、思春期のASDの少女たちは、友だち関係全般について様々な考えをもっています。友だちが欲しくてたまらない子、あるいはまったく要らないと思っている子もいます。「友だちは要らない、1人がいい」と思う子は、「友だちがいると考えの妨げになるし、学校の勉強など、もっと大事なものに集中できなくなる」といいます。また、単に1人で過ごすのが楽しいので、親や先生がさんざん促す「友だちづくり」など必要ないと考える子もいます。友だちづくりを促そうとした親御さんは、娘さんに反抗されたり、逆に娘さんの言い分に抗議した経験をおもちかもしれません。でもがっかりしてはいけません。友だち関係に対する娘さんの思いは、肯定的な経験によって変えられます。あなたの娘さんと同じような興味をもち、一緒に楽しく過ごせるような同年代の子が見つかれば、あとは適切な支援と励ましで、かなり長く続く友情が育まれる可能性

があります。

　友だちづくりを促すことは大切ですが、親は我が子の「友情の定義」に自分の意見を押しつけることがないよう気をつけて、あくまでも本人に決めさせるべきです（もちろん、適切な導きと支援は必要ですが）。生徒からの報告によれば、ASDの少女たちは、やはり「変わっている」とか「頑固だ」と思われている子や、個性を尊重する子の味方になる傾向があります。また、彼女たちは定型発達の子どもたちほど多くの友だちを欲しがりません。私たちのグループセラピーを受けている女の子たちの多くが、「数人の友だちとネットワークを作ってたむろするよりも、たった１人でいい。自分を理解し、ときには１人でいたいと思う気持ちもわかってくれるような友だちが欲しい」と言います。社会的な情報の処理能力が弱いため、複数の友だちとの付き合いが難しいことがあります。何人もの女の子たちとおしゃべりをするには、一度に複数の言い分を理解し、処理した上、自分の意見も返さなければなりません。さらに、相手が２人以上になると、会話のスピードはますます速くなります。ASDの少女には言語と社会的な処理に遅れがあることが多いので、そのようなやりとりや会話はとりわけ難しくなります。『アスペルガー的人生』（ニキ・リンコ訳　東京書籍　2002年）の中で、リアン・ホリデー・ウィリーは次のように記しています。

　　　私には、集団の原理が少しも理解できなかった。物をやりとりしたり、助けたり助けられたり、誰かのまねをしたり、ルールに従ったり、順番を待ったり。そんな何気ないことを基礎に成り立つ遊びの世界のしくみは、まったく解読不能だった。その頃の私は、子ども同士の付き合いに関しては、まだ勉強の途中だった。自分なりに少しずつ学びはじめて、１対１でならどうにか付き合えるかなというレベルだった。それ以上の人数になると手に負えなかったし、ひどい結果にもなりかねなかった。(p.19)

　彼女は友だちを「何分かのあいだ、場合によっては何時間かのあいだ、いっしょにいて楽しい人」（p.68）と捉えています。私たちのグループの女の子たちも「どうしても友だちと長い時間過ごしたいは思わない」「深刻なことや気持ちについてだらだらと話したくない」「共通の関心事（アート、テレビ番組、映画、音楽、本、好きな俳優などに）について時間をか

けずに話す方がいい」と言っています。

友だち関係の維持

全体的に見るとASDの少女は、友だちを作ったり、友情を保つことに定型発達の子ほど関心を示しません。しかしそれでも多くが、社会的な接触、特に同性との付き合いを望んでいます。セラピーを受けている子たちは「同じような興味や経験があって、私の違いを理解し、尊重してくれて、良いところを認め、欠点を我慢してくれる女の子たちと一緒にいたい」とはっきりと言っていました。中には、「学校でも、他のソーシャルグループでも男の子といる時間が多いし、男の子は子どもっぽいから女の子だけのソーシャルグループに入りたい」と言う子もいます。話題（月経、気分の変化、友だち関係、男の子や恋、清潔関連など）によっては、女の子同士で話す方がずっと気が楽なのです。ある親御さんが、私たちのソーシャルグループについて次のように書いてくれました。

> 娘はこのグループが大好きです。あの子があんなに嬉しそうな顔をすることは、めったにありません。今まで一度ももてなかった仲間意識を、グループの女の子たちには感じられるのです。
>
> （アスペルガー症候群の15歳の娘の母）

確かにグループの女の子たちは、一緒にいて互いにとても心地よさそうです。しかし、一歩グループを出ると、積極的にコミュニケーションをとることはほとんどありません。せっかく築いた友だち関係を維持することも簡単ではありません。その理由には、動機づけが低く、会話スキル（特に電話でのおしゃべり、インスタントメッセンジャーでのやりとり）の乏しさ、相手の立場に立って考えるスキルの弱さ、家庭や勉強のプレッシャーに疲れやすい、といったことがあります。研究でも、ある程度設定されたグループ外で友だち関係を維持する力は、私たちが考えるよりも低いという結果が出ています（Howlin, Mawhood, and Rutter 2000）。

ソーシャルグループ外での付き合いや友だち関係を維持させるため、私たちは2、3回目のセラピーで、連絡先（電話番号、メールアドレス、イ

ンスタントメッセンジャーのタグなど）を交換させています。セラピーの全課程は数週間で終わります。その間、私たちは、どの子がどの子と仲良くなるのかを注意深く観察し、その子たちがグループ外でも付き合えるように双方の親御さんに伝えています。また親御さん方には、グループで学んだスキルを般化させるために、地域を拠点とした活動（プールパーティーを開く、モールへ行く、バーベキューをするなど）を計画するよう勧めています。16歳の誕生会に招待し合った家族もいます。

　同年齢の定型発達の女の子たちと友だちになり、その関係を続けていくことはさらに難しくなります。これは、興味の対象が違う上、その興味が非常に限定されている（あるいは興味が似ていても、その度合いが異常に強い）からかもしれません。また、中学、高校の少女たちは、徒党を組んでかなり排他的になり、特にASDの少女には入りこめない壁を作ります。それが理由になっているかもしれません。同性の友だちが優位となる年齢ですが、ASDは男の子の率が高いので、包括的な教育環境や、同級生のほとんどが男子で占められている特別支援学級にいる場合、他の女の子たちに出会う機会が少ないことも原因として考えられます。

言語能力が低い子の友だち関係

　言語能力の障害はASDの中心的な特徴で、言語の形式（構音、音韻、語形、単語の配列）、内容（語彙、語意、言葉の概念、ジェスチャーなどの理解）、運用（語用）、多領域に渡って及びます。全領域での障害が重いと、まったく話すことができないことがあります。一方で、簡単な文章を話す、基本的な語彙を使う、実際の事柄や個人的なことについての質問に答える、限りはあっても短い会話をするといった力がある子もいます。しかし、このような子どもたちの多くがコミュニケーションの目的や理由がなかなか理解できません。そのため、友だちづくりは特に難しくなります。

　娘さんの言語の障害が中度から重度であれば、自分で友だちを作ったり、関係を維持するために必要なソーシャルスキルをうまく学べないかもしれません。同い年や年齢の近い少女たちと十分に構造化されたかかわりができるような地域密着型のソーシャルスキルグループを探してください。も

し、そういったグループが見つからなくても、社会的な相互作用を教えるテクニックや活動はたくさんあります。例えば、

- ヒントとして活動をシンボルや文字で大まかに示す。課題分析を行い、望ましい行動や反応を順を追ってはっきりと表す。
- シンボルのヒントと共に、簡潔かつ直接的な言葉で場面の描写や筋書きを伝える。
- 正しい行動を支援する（個人的にもグループ全体としても）。
- 長々とした会話ではなく「共通の関心事」「基本的な質問」「個人的な問いへの応答」に焦点を当てた活動を行う。
- 活動がいつまで続くのかがはっきりとわかるように視覚的なタイマーや、次の活動に移る合図を使う。
- 言葉、視覚補助、感覚的なヒントなど、学習スタイルに合った多様な方法を用いる。
- 地域のレストラン、スーパー、公園、ボウリング場などに出かけ、実際の場面でソーシャルスキルの練習をする。
- 言葉による指示が長く複雑にならないように注意する。よくわかるように、ゆっくりと繰り返し伝える。

社会的コミュニケーションと友だち関係の情報については、巻末にも載せています。

ソーシャルスキルグループの選び方

優れたソーシャルスキルのグループは認知レベルにかかわらず、ASDのどの女の子にも有益です。もちろん、その効果は、グループが娘さんのニーズや好みにどれだけ見合うかによって効果は異なります。ソーシャルグループを選ぶときには、次のような質問をしてみることをお勧めします。

- □ どうやってグループ分けをしていますか。
- □ グループに女の子はいますか。
- □ 会はどれくらいの割合で開かれていますか。
- □ 会は毎回、市の中心部で開かれるのですか。それとも、地域の店舗や施設で開かれるのですか（中心部で開かれる場合は、通常毎回決まった場所で開かれることが多い）。
- □ グループには同年齢で定型発達の支援者はいますか。もしいるなら、その子は女の子ですか。また、その子の役割はどういうものですか。ASDの子とかかわるためにどんな訓練を受けていますか。
- □ 女の子特有の問題を話すことはありますか。
- □ グループの責任者と親が話し合う時間はありますか。
- □ 責任者が他のセラピストと話す機会はありますか。もしあるなら、どのくらいの頻度で会っていますか。
- □ 新たに学んだスキルの般化を図るため、責任者は、学校関係者とのミーティングにも出席できますか。
- □ 目標への到達度を責任者はどのように測っていますか。

友だちの理解と関係を高めるスキル

　十代(ティーン)に近づくと、私は友だちが欲しくなってきた。毎日を誰かと分かち合いたいと思うようになった。みんな、誰かと一緒にいると楽しそうだった。1人でいるよりもずっと幸せそうだった。友だちは大切だとわかったし、みんなと違うのはもう絶対いやだった。ところが、私にはソーシャルスキルも友だちづくりのノウハウも欠けていた。私の行動はわがままだとか、変わっているという理由で不愉快に思われることが多かった。私はただルールを守りたかっただけなのに。そしてそれが私のルールなのに。付き合い方が下手な私の努力は結局トラウマになっただけだった。アスペルガーの十代はほとんどがこういう経験をする。

　　　　　　　（ウェンディ・ローソン『ガラスの向こうの人生』より）

アスペルガー症候群や高機能自閉症の十代の少女たちは「友だち」とはどんなものだと考えているのでしょう。以下は標準検査で得られた答えです。

- 優しくて親切
- 一緒にいる人
- 親しくて、同じ興味をもっている人
- 何でも話せて、信頼できる人
- 裏切らない人
- いつもそこにいてくれる人。失敗しても受け入れてくれる人

　かなり表面的なものから、受容、尊敬、誠意に根ざしたものまで様々ですが、どの回答も一般的な「友だち」の概念に通じています。しかし、友だちの定義がわかったところで、実生活で友だちをどう作るのか、仲をどう育むのかを知っていることにはなりません。これはASDと診断された十代前後の女の子に共通する問題です。彼女たちは、率先して他の子と話そうとはしません。そのため、他の子がどんな興味をもっているのか、あるいは自分と共通するものがあるのかが、なかなかわかりません。つまり、友だちを選ぶ決め手がないのです。また、選び方が不器用になりがちです。例えば、私たちのグループにいる、ある女の子は、他の人に過度に個人的なこと（年齢や現在の人間関係や体重など）を聞くようにしていると言っていました。「そうするとずっと友だちでいられるかどうかがわかりやすくなるから」。言うまでもなく、余りにも個人的なことを唐突に話したり、尋ねると第一印象が非常に悪くなります。相手に、またこの人とかかわりたいという気を失くさせてしまいます。ASDの少女は社会的に適切かどうかを考えず、思っていることをすぐに口にしがちです。そして、ぶしつけな意見で意図せずに相手を傷つけてしまうことがあります。そのため、相手から、友だちになりたい、あるいは友だちでいたいと思われなくなるばかりか、定型発達の子どもたちからは、無作法だとか気にさわると見なされるようになることが多いのです。

　良い第一印象を与えること、社会的に適切な会話を行うこと。この２点

は友だち関係を作り育むための多くのスキルのほんの一部です。他の重要スキルには次のようなものがあります。

- 顔の表情、視線を適切に変える
- 身体言語（例：うなずき、相手との距離、ジェスチャー、手の動き、姿勢）の理解
- 外見（服装、顔や髪の手入れ）を整える
- 相手の立場で物事を考える
- 分節以外の話し方の特徴を理解する
- 挨拶と自己紹介をする
- 相手の否定的な意見を煽りかねない微妙な話題（宗教、体重など）を避ける
- 以上のようなスキルが社会的な場面（例：親しい友だちや知人といる場合、授業中や昼食時、週末に出歩くとき、きちんとした夕食会）でどう左右されるかがわかる

　これらのスキルは、ソーシャルスキルの指導の一環として、数学の公式を教えるときと同じようにきちんと順序立てて教えてください。複雑なステップを簡単なステップに分解し、何度も繰り返して練習を重ねる必要があります。ソーシャルスキルグループなどで指導するときには、スキルを1単位ごとに教えます（例：会話スキル、いじめに対処するスキル、相手の立場に立つスキル）。十分に時間をかけて個別練習を行い、これらのスキルが他者には、いかに肯定的・否定的な印象を与えるかを理解させます。活動としては、社会的行動のマッピング（様々な社会的場面における望ましい行動と不適切な行動のリストを作る）、社会的な場面でのスクリプト（台本）作り（何をどういうふうに言うのかを考える。非言語行動も含める）、ロールプレイ、流行のファッションを考える、そのファッションが自分がなりたいイメージにどうマッチするかを考える、ビデオモデリング、肯定的なフィードバックを与え合う、などがあります。社会的行動マッピングは、言語療法士のミシェル・ガルシア・ウィナーが開発したものです。ウィナーは高機能自閉症、アスペルガー症候群の青少年の機能的ソーシャ

ルスキルの研究で広く知られています。社会的行動マッピングとは行動の因果関係をわかりやすく教えるテクニックです。私たちの行動によって他の人たちがどう感じ、その結果、彼らが私たちにどう接し、さらにそれを受けて、私たちが自分自身をどう感じるかという流れを示します。社会的思考とそれに関連する行動の複雑さを解明しやすくするテクニックです。

　ASDの子にとってソーシャルスキルの習得は非常に難しいことがあり

> ### ケーススタディ：マンディ
>
> 　マンディは高機能自閉症の５年生です。補助の先生と普通学級に在籍しています。マンディはある同級生と対等な関係を育めるようになりました。診断を受けて以来、マンディにとっては初めてのことでした。２人は昼休みや中休み、体育の時間など、あまり構造化されていない時間帯を一緒に過ごし、放課後も互いの家を行き来していました。しかし、ある日マンディの家で遊んでから、相手の子は学校でマンディを避けるようになりました。一緒に遊んだり活動でペアを組むことを嫌がり、マンディを無視しました。マンディは何が起きたのか、またどうしてそうなったのかがわからなかったのですが、とにかくまた仲良くなりたいと思い、その子に謝りました。補助の先生からの話で、マンディの母親は、その子がマンディを「気持ち悪い」と思っていることを知りました。最後に遊んだ日、マンディは過剰にべたべたと体をくっつけてきた、とのことでしたが、マンディは覚えていませんでした。ただ、その子がもう友だちでいたくないと思っていることが、マンディには悲しくてたまりませんでした。「誰も私の友だちになりたくないんだ」と言って教室で泣いたほどでした。その子以外の子どもと仲良くなるように言われても、マンディは拒否しました。その子だけと友だちになりたかったからです。しばらくして、自閉症担当のカウンセラーと補助の先生両方からカウンセリングを受け、マンディはようやく、クラスで他の友だちを作ってみることを受け入れました。しかし、これから先も同じようなことが起こらないように、社会的行動を十分意識させる課題は残っています。

ます。いろいろな場面で何度も練習することが大切です。しっかりと運営されているソーシャルスキルグループは、毎週何をしているのかを親にきちんと知らせます。そうすると家庭でも同じような指導ができるからです。私たちのソーシャルグループでは、学校でも目標スキルを伸ばせるように、毎週の課題の概要や宿題をカウンセラー、セラピスト、学校関係者に伝えています。

ソーシャルスキルの標準評価

　友だちづくりや関係の維持を支援するには、娘さんの最も重大な問題にどのソーシャルスキルが関連するかをよく見極めてください。ソーシャルスキルの発達と社会的反応の評価方法はたくさんあります。最も一般的に用いられる診断評価は、自閉症診断観察スケジュール（ADOS）(Lord et al. 1999) です。これは、半構造化された課題と会話から構成されます。会話では友だち関係、感情、社会的困難、会話能力、社会的な洞察の知識と理解度を直接引き出していきます。質問の例には「友だちって何？」「友だちかどうかどうやってわかるの？」「どんなことで嬉しくなる？（他に、悲しくなる・怒る・緊張するなど）」「クラスの人たちとトラブルになったことがある？」などがあります。言語能力や年齢、自閉症の症状の度合いによって、子どもの反応にはかなり幅がありますが、この方法は、社会的概念の機能定義が子ども自身の言葉で引き出されるので効果的です。さらに、友だち関係のスキルに関連する重要事項には社会的な動機づけ、過去の友だち経験（成功・失敗）、いじめられた経験の有無（いじめられたと本人が思う場合も含む）があります。

　ADOS は対話方式で、ほとんどの場合、親、教育関係者、本人からの聞きとり調査を行います。ソーシャルスキル評定システム（SSRS）(Gresham and Elliot 1990) は、ソーシャルスキルがどの程度習得され実行できているか、また様々な環境でどれだけ上手に使えるかを評価する質問調査法です。協力、主張、責任、共感、自己コントロールなど、調査領域は多岐に渡ります。対人応答性尺度（SRS）(Constantino and Gruber 2005) も他項目を評価できるツールです。親や教師からの報告をもとに、社会的な認知、コミュ

ニケーション、気づき、動機づけ（次ページ参照）、自閉症の度合いを評価します。これは、自然な設定で自閉症児の社会的障害を査定し、社会的な動機づけを量的に測れる現在唯一の方法です。

　このような評価法によって、質・量共に測られたソーシャルスキルの情報は目標設定やセラピーの種類（例：認知行動療法、心理カウンセリング、言語療法）、さらにセラピーの形式（個別指導かグループ指導か）を決めるときにとても役立ちます。例えば、もし自分がいつどのように同級生たちにいじめられているのかがわからなければ、いじめの言葉や態度を区別できる具体的な指導を重ねながら、いじめへの適切な対応の仕方も教えなければなりません。ソーシャルスキルのグループやフレンドシップクラブの指導者にとっても、子どもたちをグループやペアに分けるときにはこの情報が重要になります。ソーシャルグループを選ぶときには、ソーシャルスキルの評価結果が子どもたちのグループ分けや進度の確認にどう用いられているかを見てください。ソーシャルスキルの責任者への質問例は先にいくつか挙げましたが、評価については次の質問も加えるとよいでしょう。

- グループ分けの基準は何ですか。（年齢、言語IQ、興味、社会性の正式な評価結果）
- 認知と言語についての最新の検査結果が必要ですか。
- 子どもの評価と進度の測定にはどんな方法を使っていますか。
- グループ目標、個別目標はありますか。もしあるなら、それらの目標はどうやって決めるのですか。目標スキルを決める際に必要な情報はどのようにして集めますか。

> ### ソーシャルスキルの測定
>
> 標準検査では4つのソーシャルスキルを測ります。
>
> □ **社会的な気づき**：社会的な合図に気がつく力
> □ **社会的認知**：社会的な合図を解釈する力
> □ **社会的コミュニケーション**：表出的な社会的コミュニケーション（順番待ち、友だちづくり、感覚や感情の伝達）ができる
> □ **社会的動機**：対人行動をとるための一般的な動機づけの領域

友だち関係の段階

　トニー・アトウッドは、最新著書『アスペルガー症候群 完全ガイド』(2007)で定型発達の子どもたちに見られる「友だち関係の発達段階」を4つ記しています。第1段階は、遊びの中で基本的な分かち合いと順番待ちのスキルが求められる時期です。これらのスキルは3歳から6歳までの友だち関係の中心となる要素ですが、ASDの子の場合、習得が難しいことがあります。その理由として、認知的に融通がきかない（交代を拒否するなど）、規則に固執する（特に共有と順番待ちで例外を認めない）、他の子の身体言語や顔の表情、行動（交代してほしいと暗黙の要求）を読み取る力がない、などがあります。

　第2段階は6歳から9歳の間です。この時期の友だち関係には、「参加しているみんなが楽しい」と感じることが必要になります。遊びはそれまでよりも相互的になり、子どもたちは互いの考えや気持ちを理解し、コミュニケーションがうまくいかないときにはそれに気づいて、修復することもできるようになっていきます。相手の立場で考えたり、感情を理解することは、ASDの少女には難しいものです。例えば、ある普通学級を見学していたときのことでした。高機能自閉症の女の子が、自分が作ったカード

ゲームに1人の同級生を誘いました。適切にとても上手に誘っていました。ところが、すぐに問題が起こりました。誘った子はゲームのルールを説明せず、相手の子がやり方を理解しようと努めているのに、いきなり指示を出して誤りを指摘したのです。相手の子の表情は見るみるうちに変化し、苛立って混乱している様子が明らかでした。しかし、自閉症の子は、その子が楽しんでいないとは気づかずに、どんどん指示を出していました。ゲームは突然終わりました。自閉症の子は先生に、相手がルールを破ってずるいことをしたと言いつけていました。ルールを説明していないのに、ルールを破ったと言うのです。このような相互作用は頻繁に見られます。相手の女の子は誘われてももう応じないでしょう。

　「親友」の概念が出来上がるのもこの第2段階です。興味や経験の共有は友だちづくりに欠かせません。定型発達の少女は、性格やふるまい方で友だちを選ぶことが多いのですが、私たちが観察したところ、ASDの十代前後の女の子たちは同じ興味（例：漫画のキャラクター、アニメ、テレビ番組、映画、本）があるかどうかだけを基準にしているようです。他者の性格を認識したり分類する力が弱いせいかもしれません。ソーシャルグループで他のメンバーの性格について尋ねてみると、最も多かった答えが「いい人」でした。これでは余りにも漠然として、どんな特徴があるのかわかりません（余りにみんなが多用するので、この言い方はグループで禁止にしたほどです）。それでも、ヒントを出せば、少しずつ他の子のふるまいや興味を性格に結びつけて捉えられるようになっていきました（例：捨て猫に餌をあげる動物好きの子は優しくて世話上手）。

　第3段階は9歳から13歳までです。子どもたちは友だちを一層厳選するようになります。具体的な特徴や個性（どの「タイプ」かということも考慮される）が選ぶ基準になります。人気や自分の立ち位置が急激に重要視されるようになり、自分自身のステータス(ステータス)を上げるために慎重に友だちを選ぶこともよくあります。全体的に、十代前後になると、自分の意見（また、同年代の子どもたちの意見）を優先し、親の価値観や意見を否定することがあります。

　この時期がASDの少女にとってとてもつらく、その理由はいくつもあ

ります。まず思春期一連の変化、自分の能力の違いに対する気づき、他の子たちと付き合いたいという願望、自立したい気持ちと介護者や支援スタッフに頼りたい気持ちの葛藤、怒りや不安のコントロールの難しさ。さらに社会性、順応性、学業で要求されることが増えることも理由になります。定型発達の女の子たちが社会的なステータスをますます気にするようになるにつれ、今までASDの子を親しく支えてきた子どもも、さらにそのことに敏感になり、自分の人気を心配して、ASDの子から遠のくようになるかもしれません。悲しいことですが、私たちのグループにもそういう経験をした子がいます。ずっと仲良くしていた定型発達の友だちの母親に、「（ASDの子は）娘を（社会的に）引っ込める」ので、もう友だちでいることはできないと言われた子がいます。本人もお母さんもそれを聞いてどんなに傷ついたでしょう。同じような経験は自伝的な記述にもよく見られます。ニタ・ジャクソンは思春期に友だちを失ったつらさについて次のように書いています。

　きっと誰だって人生で1人くらい友だちを失うはずだと私は考えた。でも、私みたいに嘆き悲しむ人はいないかもしれない。私はどうしても事実を受け入れられなかった。かつては友だちだった人たちが、私を嫌うようになるなんて、その予兆さえなかった。それどころか、私に嫌われるところがあったなんて思いもしなかった。去ってしまった友だちを取り戻すことは無理だとは、どうしても思いたくなかった。私は彼女たちに電話をかけた。冷たく切られると、またかけ直した。1人につき15回かけたこともある。ナイーブで壊れてしまうほどの不安定なアスペルガーの子どもだった私にとって、そういうことはまったく自然な行為だった。でも、皮肉にも、友だちでいたいと思ってしたことが、友だちを失う原因になった。私が本当にするべきだったことは、過去にしがみつくことではなく、自分の人生をまっすぐ歩むことだった。友だちを失ったアスペルガーの人たちみんなにこのことをアドバイスしたい。第3のルール：過去は過去に残す。たとえそれがどんなにつらくても。
（ニタ・ジャクソン『あべこべ、さかさま、うら返しのアスペルガー症候群』p.76-77）

　アトウッドは、最終的な第4段階は13歳から成人期まで続くと述べています。友だち関係はさらに深まり、友だちは親や介護者よりも必要だと

思うことが多くなります。この段階は、友だち関係を維持する上で決定的な時期であり、ASDの女の子には感情的にも難しいときとなります。微妙な社会的・感情的ヒントを読み取る力が求められ、会話や交渉スキルが重要になります。歩み寄りや、自分よりも相手のニーズを先に満たすといったことも必要になります。この時期、ASDの子に特に難しいのは、拒否されたときにそれを受け入れ、事情を理解しながら、自分の思い、言葉、行為を修正していくことでしょう。拒否の理由がわからなかったり、同年代のみんなが「社会的に格好悪い」と考える行動に気づかないでいると、孤立感、社会的な不安感が高まります。さらに、ありのままの自分を受け入れてくれない人たちに怒りを覚えることもあります。

4つの段階それぞれに困難がたくさんあります。次に、あなたの娘さんが各段階を乗り越え、友だち関係において良い経験を積めるような支援方法を紹介しましょう。

物を共有する、交代で使う

第1段階を占める「物の共有と交代」は、友だち関係で最も基本となる相互作用です。活動（構造化の有無にかかわらず）の中で自分が好きな物を他の子にも使わせてあげたり、交代が進んでできるかどうかは、性格や妥協性が大きくかかわっています。交代の概念が理解できていないというより、ゆずったり待ったりする動機づけが十分でないこともあります。交代のルールは知っているのに、従いたくないだけなのかもしれません。その場合、視覚補助に加え、正しい行動を強化するプランやご褒美を使って教えます。

指導の際は「言葉を使っても使わなくても交代ができるようになること」を目標にします。言葉を使わずに交代する力をつけるには、ボードゲームやトランプなどの遊びがよいでしょう。言葉を使って交代を促すには、芸術活動や手芸などが適しています。必要な物を借りるときなどに、言葉によるやりとりが要求されるからです。ASDの子は会話を独占しがちになります。自分が選んだ話題や、特別に熱をあげていることばかりを1人で話し続けて、他の人たちの意見や経験を聞かないことがよくあります。も

し娘さんもそうでしたら、「2つ話して1つ聞く」のルールを教えてみてください。交代が必要な活動では、絵や文字の視覚的なヒントを使って、望ましい行動や応答の要点をはっきりと示すようにしてください。

感情の理解

第2段階では、互いに楽しめる活動が重視されます。つまり、相手の感情を意識し、理解できなければなりません。ソーシャルグループを観察すると、高機能自閉症の子、アスペルガー症候群の子のほとんどは、4つの基本的感情（嬉しい、怖い、悲しい、怒っている）を理解しています。しかし、苛立ち、恥ずかしさ、心配、興奮、混乱といった複雑な感情の認識や説明はできないことが多く、さらに、時間がたって感情が変化すること（例：混乱 → 苛立ち → 怒り）や感情の度合いも、なかなか理解できません。セラピストは、子どもがどの感情を（関連する身体言語や顔の表情と共に）よく理解しているのかを把握し、理解していない感情に的を絞って教えてください。同年齢の子どもたちとのかかわり合いを直接観察したり、親や先生に聞いてもよいでしょう。もし可能なら、複雑な感情について、またその感情が生じる状況について、子ども自身に尋ねてください。家庭では「指導の道具箱」を使って感情理解を促しましょう。具体的には次のような方法があります。

- 言葉とモデリング（感情によって目、口、眉を変える）で顔の表情をわかりやすく教える
- 大げさな表情やジェスチャーを交えた台本でロールプレイを行って感情を教える
- 特定の状況でのやりとりを設定し、姿勢、顔の表情、相手との距離に注目させる
- 社会的相互作用のモデリングとビデオを使ったモデリング
- 感情の強さの度合いを測る「感情温度計」やスケールを使う
- 2人の人がどうかかわり反応し合うかを短い話を使って教える

友だち関係に気をつける

　第3段階になると、友だち関係はさらに社会的になっていきます。年齢が進むにつれ、定型発達の友だちと関係を維持していくことは、娘さんにとって難しくなるかもしれません。どう手助けしたらよいでしょう。まず、娘さんの友だちは誰なのか、また、彼女たちとの付き合いで困っていることはないかどうか、よく注意していてください。直接、娘さんと話すか、あるいは話しづらければ、担任の先生や補助の先生にメモを書き、クラスで一緒にいて楽しそうな子がいるかどうか、また何か気がつくことがあるかどうか尋ねてください。問題の兆候にも気をつけましょう。いつもと違う様子（例：むっつりする、理屈っぽくなる）はありませんか。学校以外で同級生と会う回数が減っていませんか。

　もし問題が生じたら、学校関係のソーシャルワーカーや心理士に相談してください。自分の言動が友だちづくりや関係の維持にどう影響を及ぼしているのかがわからないこともあります。個別カウンセリングや学校でのソーシャルスキルグループで適切な社会行動を学ぶ必要があるかもしれません。この種の行動は、習得に多くの練習が必要です。セラピーやグループで、現在娘さんがどんなスキルを学んでいるのかを確かめ、「指導の道具箱」を使いながら家庭でも取り組んでください。

　娘さんに診断をまだ告げていないなら、今がその時期かもしれません。前章で述べたように、診断について教えると、娘さんは自分自身のことがわかるようになります。自分の強さ（才能）、弱さ、また、どんなことが難しいのかも知ることができます。自閉症全般の知識と共に、自閉症が友だちづくりや関係の維持にどう作用しているか（また関係を維持しやすくするにはどうしたらよいか）が書いてある本を読ませてください。親が同級生たちの行為や判断をコントロールすることはできません。しかし、彼女たちに受け入れられやすくなるように　娘さんが自分の行動や全体的なことにもっと気を配れるようにすることは可能です。

感情のコミュニケーション

　第4段階では、コミュニケーションのスキルが一層重要になります。大人同士の会話では、コミュニケーションは単なる「情報」のやりとりではなく「感情」の交換と共有になります。これはASDの少女たちの難題です。私たちが指導してきた少女たちの多くが、会話では相手が「何を」話しているのかに集中しようとすると言います。しかし「どうやって」話しているのか、つまり話し方によってどう気持ちを伝えているかには、多くの子が気づきません。さらに、他者が出す合図に気がつかず、自分でもそのような合図を伝えることがなかなかできません。ASDの女の子は単調なトーンで話し、感情を示す顔の表情や身体言語も使わないことが多いのです。声を録音して本人に抑揚を評価させたり、会話の様子をビデオに撮ってジェスチャーや顔の表情をもっと大きくした方がよいところを指摘するまで、自分ではほとんど気がつきません。これは家庭で教えやすい方法です。身体言語、声の調子、ジェスチャー、視線など、感情を伝える微妙な合図を教えるには、テレビドラマや映画も非常に効果的です。

人気とソーシャルステータス

　　カレンはよくやっています。ただ、私はいつも、あの子に友だちがもっといればどんなにいいかと思うのです。前の友だちは去年高校に上がったとたん、娘を捨てました。新しい友だちは、私の知る限り、まだ診断を受けていないようなのですが、カレンよりも社会性に問題を抱えています。ご両親はその子にはほとんど何もさせません。そのため、カレンは学校でその子に話しかける程度で、一緒に何かしたりすることはありません。私はいろいろなことをさせようとしているのですが……。可能性はたくさんあるのに、他の子たちとの付き合いがまったく奪われているようで、心が痛みます。あの子なりの魅力やユーモアのセンスが発揮されるには時間がかかります。でも誰もそのチャンスを与える気がないようなのです。
　　　　　　　　　　　　　　　　　（16歳のPDD-NOSの娘の母）

　思春期の少女たちは、人気者になるには、同年齢の子どもたち（特に同

性)からの受け入れが極めて重要なのだと知ります。学校カウンセリングでの観察を通して知ったことですが、定型発達の少女たちは、9〜10歳頃になると人気に敏感になり、非常に気にするようになってきます。彼女たちは、周りの女の子たちのふるまいや態度を見て、人気の度合いを判断します。例えば、まず、他の女の子たちの服装や髪型などに注意を払うようになります。そして同級生たちがどの子の周りに集まっているか、どの子がはっきりと発言し、自信がありそうかを見ます。

　私たちのところに来る少女たちの多くは、自分が他の子とは「違う」と気づいています。しかし、人気や社会的なステータスに関しては他の子たちほど注意を払いません。他の子たちが特定の女の子に引きつけられていることは知っていても、その子の服装や容姿、話し方やふるまい方がなぜそれほど魅力的なのかは考えません。私たちはグループセラピーで、人とやりとりをしながら相手の外見、性格、行動を分析する方法を指導しています。この指導によって、子どもたちは人気の社会的な土台を理解するようになり、自分自身も周囲にどう見られているかを洞察するようになります。「人気」とは何かを概念レベルでは理解していても、定型発達の子と同じような感情反応は示さないことがあります。次のケーススタディはその一例です。

ケーススタディ：アマリー

　アマリーは高機能自閉症の小学3年生で、私たちのソーシャルスキルグループに入っています。私たちは以前、学校での彼女の様子を観察したことがありました。教室に入ると、アマリーは私たちを見て喜び、すぐに教室の中を案内し始めました。そして親友の子を上手に紹介してくれました。アマリーもその子も妖精に夢中でした。2人は私たちに妖精の話をしていたのですが、アマリーはふと話題を変え、クラスの何人かが自分たちに話しかけてくれない、どうしてなのかもわからない、と言い出しました。他の子たちは人気があるのに、自分た

> ちは人気がない、とも言いました。ソーシャルグループではまだ「人気」について教えていませんでしたが、アマリーは「他の女の子たちみんなが、話しかけたい、友だちになりたいと思う人が、人気がある人」と表現していました。アマリーは人気の定義を正しく理解していましたが、自分が人気がないことをあまり気にしてはいないようでした。人気についての話はそれで終わり、彼女はまたすぐに大好きな妖精の話を一方的に話し始めました。

　ASDでも、より高機能の女の子は、定型発達の子と同じ時期に、自分のステータスを気にするようになり、人気についての理解も深めていきます。ソーシャルスキルグループでも、学校での相談会でも私たちはそういう子どもたちを見てきました。残念ながら、ASDの女の子はみんなから「違っている」と見られることが多く、社会的に孤立しがちです。人気についてよく知っていればいるほど、感情的な痛手は大きくなります。自分を友だちとして「選んで」くれる人は誰もいないと感じるようになります。周りの子どもたちは集まったり、パーティーに招きあったりしているのに、自分は仲間に入っていないと意識するようにもなります。しかし、そういう状況を変えるために、どんなことを言ったり、何をすればよいのかはわかりません。このような子どもたちには親、専門家、同年齢の支援者（メンター）からの助言が必要になります。

ASDの少女特有の問題

　ここまで、男女を含めた友だち関係に関する問題を見てきました。ここからは、女の子同士の関係に密接した3つのこと、「関係性攻撃」「独占欲」「電話での会話」について述べていきます。

関係性攻撃

　男の子のように身体的な攻撃を行う代わりに、十代前後の女の子たちは、例えば、秘密を漏らす、噂を広げる、他の子について嘘を言う、からかう、孤立させるなど、もっと操作的な攻撃方法をとる傾向があります。このような心理的な攻撃は「関係性攻撃」（Crick and Grotpeter 1995）と呼ばれ、女性的ないじめとしても知られています。関係性攻撃を行う子は、女の子たちの間で「気取り屋（スノッブ）」「裏切り者」「からかい屋」「ゴシップ」「いじめっこ」などと呼ばれています（Shearin Karres 2004）。

　関係性攻撃は直接的ではなく、大人でもすぐに気づかないことがあるため、とりわけASDの少女にとってわかりづらいものです。腹部にパンチを浴びせる、押す、すねを蹴る、などの行為は明らかに否定的な対決メッセージを送ります。ASDの人たちにとって、はっきりとしたメッセージは気づきやすく、理解も応答もしやすいのです。私たちが指導しているASDの少女たちの多くが、意地悪な子たちの行動を「優しい」と誤解していたり、注目されるのは友だちがいる証拠だと思っていましたが、実際は、巧妙なジョークの的になっていたのでした。関係性攻撃とはどういうものなのか、また、なぜ起こるのかも、娘さんには、はっきりと教えなければいけません。目をぐるりと回す、目配せ、背を向ける、手で口元を隠して笑う、などの言葉を使わない関係性攻撃行動に気がつくための学習が必要です。ほとんどの場合、ASDの子のソーシャルスキルは、攻撃性行動をすぐに認識できるほど高度ではありません。支援や指導がなければ対応の仕方もわかりません。もし娘さんが攻撃に気がつかなければ、あなたにも、先生やカウンセラーにも、そのことを伝えることはできません。

　まず、どんなことが関係性攻撃に相当するのかを教えます。少女たちがなぜそんなことをするのかも話しましょう。ただし、これは理解が難しいかもしれません。関係性攻撃の理由には、恐れの他、力、コントロール、人気、安心を求める気持ちなどがあります。視覚補助、社会性に関するストーリー、モデリング、ロールプレイ、社会的行動のマッピング、テレビ番組や映画の使用、場面の検証など、「指導の道具箱」からふさわしい方法を選んで教えてください。

思春期の少女のグループは非常に複雑なものです。その社会的な構図も覚えておくと役に立つでしょう。グループには、女王様のような子、その子の熱烈なファンの子たち、共謀者、噂を広める子、他の子にしつこく付きまとう子、やや距離を置いた傍観者、立場を転々と変える子、など、様々な役割の子がいます。もし娘さんが理解できるなら、それぞれの役割を一緒に検証してみるのもよいでしょう。実際の様子については第2章のお勧め映画のリストを参考にしてください。

私たちがかかわってきた若い女性の多くは、「変な子は出て行け」と言われているように感じたと話しています。否定的な注目を浴びたり、同級生からいじめられても、ほとんどの場合、支えてくれる友だちはいません。そのため、攻撃による感情的なダメージは一層強くなり、引きこもり、回避、不安、うつ、自尊心の低下、情緒不安定、勉強に対する集中力の欠如などを招くこともあります（Crick and Grotpeter 1995）。よりあからさまで孤立感を高める関係性攻撃に、中傷があります。クリニックに来ている女の子たちは「一匹オオカミ」「先生のペット」「レズビアン」「男オンナ」などと呼ばれており、環境を変えるために、転校しなければならなかった子も何人かいます。

関係性攻撃に関するウェブサイトでは、その詳細と親に向けた次のような対処方法を載せています。

- 子どもを地域の活動グループに入れて友だち関係を広げる。
- 同級生から関係性攻撃らしいことを受けたら、どんなことでも書き留めておくように子どもを導く。実際の攻撃を確認できるように、一緒にその記述を振り返る。
- 子どもに共感を示し、特定場面での対処法を教える。「きっと良くなるから」と励まし、本人がそのことばかりを重視しないようにする。
- 子どもの精神状態に十分に気を配る。必要に応じて専門家のカウンセリングを受けさせる。

あなたの娘さんが関係性攻撃を受けているなら、対処の方法（例：否定

的なことを言われたときには、肯定的なことを自分自身に言いきかせる）に詳しいセラピストに相談することが大切です。学校のソーシャルワーカーや心理士にも事情を話してください。そうすれば、被害者個人の問題としてではなく、学年全体の問題として扱い、陰険ないじめや排除を防ぎながら、受容や親切な行為を推奨できるでしょう。

独占欲

> 娘は100％いつも友だちと一緒にいたいと思っています。友だちには、自分以外の誰とも親しくなってほしくないのです。以前は学校から帰るとすぐに、友だち全員に電話をかけていました。夜も一緒に過ごしたいと思っていました。どんなに一緒にいてもまだ足りないようなのです。もし友だちが１人しかいなかったら、その子はどんなにたいへんだったでしょう。娘とそのことを話し合ったところ、彼女は前より良くなってきました。先日、「どうしてレイエンと放課後遊ばないの？」と聞いてみると、彼女はこう答えました。「えっ、だって、レイエンは学校でずっと私といるから。毎日私に会ってるでしょう。だから、息抜きさせてあげなくちゃ。そうすればレイエンが去っていくことはないから」
>
> （『アスペルガー症候群、思春期、アイデンティティ』より）

友だちを「自分だけの人」と思い、他の子たちがかかわると怒ったり、動揺したときには、独占欲が生じています。独占欲は、小学校低学年から十代まで幅広い年齢層で起こります。特に何でも文字通りに解釈しがちな自閉症の少女たちには難しい問題です。「私の友だち」は「私だけの友だち」だと誤解し、社交的で他の子たちとも遊ぶ友だちを「裏切り者」と見なすことがあるからです。親や学校カウンセラー、ソーシャルスキルグループの指導者やセラピストからの支援の有無にかかわらず、もし子どもの嫉妬や怒りがおさまらなかったり、相互のコミュニケーションや問題解決が成り立たなければ、その友だち関係は崩壊するかもしれません。また、友だちが何か新しいことに興味をもち始めたり、新入りの子の関心事を楽しんだりすると、もうあの子とは同じ楽しみを分かち合えないと思うこともあります。ASDの女の子たちは共通の興味を友情の土台として見なすことが多く、感情的なニーズや信頼を満たすレベルまで至りません。つまり、

共通の関心事が失せると、その子との友情はその先ずっと回復しない恐れがあります。

　友だちが他の子と一緒にいたり、話したからといって、関係が変わるわけではない、と理解させることが大切です。たとえ、「友だちが別な子と話しても、彼女にとってあなたは大切で、一緒にいたい存在に変わりはないのだ」と知らせましょう。友だち同士で会う約束や、一緒に出かける計画を立てていても、予定が変わって行けないことがあります。そんなとき、娘さんは、取り残されたとか、わざと「のけもの」にされたと思うかもしれません。しかし、そういうことはよくあることで、友だち関係が危機に陥るようなことではないと知っておかなければなりません。同様に、友だちすべてが、自分と同じ興味を抱いているわけではないことも理解する必要があります。友だちが、新しい子と別な興味について話したからといって、友情が終わるわけではないのです。自分の話や、誘う遊びに興味をもたないときがあったとしても、友だちでいたい思いは同じなのだと説明してください。そして、たとえ、特に興味がなくても、他の子どもたちが選んだ話題や遊びに入るように、娘さんを励ましてください。柔軟性や、他の子の考えにも関心をもっていることを示すことになるからです。

ケーススタディ：タリア

　私たちのグループセラピーを受けていたブルックとタリアは親友で、セラピー外でも一緒に過ごしていました。若い俳優や映画が共通の趣味で、２人は俳優の伝記や映画のシーンの話で盛り上がっていました。しかし、あるとき、グループでの話題が変わり、ブルックが別な子の話に興味を示すと、タリアはひどく怒って、声を荒立て、ブルックは自分との関心事を「捨てた」と非難しました。タリアにはブルックや他の子たちの観点が理解できませんでした。タリアの様子は、その場にいた全員に不安とストレスを与えました。言葉で自己弁護ができたブルックは、他の子の興味や経験を聞いたり話し合ったりしたい、でも、

> だからといってタリアとの関係を軽視するわけではない、と説明しよう
> としました。そして、タリアには「そんなにきつい失礼な言い方をしな
> いでほしい」とも言いました。2人は仲直りができましたが、このように、
> ほんの一瞬、互いを見失うこともあったのです。

電話での会話

　ASDの少女にとって特に難しく、注意が必要なソーシャルスキルは、電話での会話です。十代になった定型発達の少女たちは、家の電話や携帯で何時間も友だちと話します。インターネットでテキストメッセージやインスタントメッセージを使う子もいます。キャッチホンや携帯が普及する前の世代であれば、「他の電話が来たら困るから、長電話をやめなさい！」と親に注意されたことがあるでしょう。しかし、私たちのところに来ている女の子たちで、会話ができる子のほとんどは、友だちや知人に電話をかけるのは億劫で心地悪く、たいへんなことだと思っています。言葉に詰まったり、だらだらとしたおしゃべりに目的を見出せないことが多いと言います。やりとりに問題があると、話すタイミングがわからず、2人のうち一方だけがずっと話し続けることになります。また、会話が質問と答えのみに限定され、会話をどう終わらせるかがわからず、相手がまだ話しているのに、受話器を突然誰かに渡したりすることもあると、親御さんなどから報告されています。

　電話スキルは非常に難しいものですが、電話で会話ができることは社会的に重要です。しかし、それにもかかわらず、私たちのグループには（セラピーやカウンセリング、言語療法、学校でのソーシャルスキルグループなど）で電話スキルの指導を受けたことがある子は1人もいません。定型発達の少女はこのスキルを自然に学びます。しかしASDの十代前後の子どもたちには、しっかりと教えなければいけません。定型発達の子どもたちよりも、練習と繰り返しが必要なので、早いうち（8、9歳頃が適切で

す）から始めることが大切です。

　私たちが開いた夏のグループプログラム（9~11歳の女子対象）では、電話スキルを目標にしました。8週間のコースで、「なぜ」女の子たちは電話で話すのか（やりとり、説明、ソーシャルストーリーを通して）、「どうやって」3分間の会話を行うのか（台本(スクリプト)、ロールプレイ、モデリング、ビデオモデリングを使って）を指導し、会話の練習をしました。まず、建物の中（隣の部屋通し）で練習しました。4週間ペアで練習し、慣れてきたところで、電話での3分間会話を宿題にしました。話題はあらかじめ決めておき（例：「今度の週末、何するの？」）、スクリプトやプロンプトも伝えておきました。親御さんには電話をするときにそばで手助けをするように頼みました。うまくできたときのご褒美も前もって親子で決めてもらいました。その翌週、グループでは、1人ひとり、友だちについて知ったことを発表しました。会話が不安だったり、苦手な子には習得まで長い時間がかかりますが、電話スキルは教えることができるのです。

　指導にあたっては、まず、個別指導計画（IEP）などの正式な指導案に必要事項として電話スキルを入れてもらいます。そうすれば学校でカウンセラーが実施義務を負うことになり、上達具合も記録され、報告してもらえます。電話スキルは通常、社会性・情緒の目標、あるいはコミュニケーションの目標に該当します。指導は、個別指導計画に応じて、ソーシャルワーカー、言語療法士（日本では言語聴覚士）、心理士のいずれかが担当します。もし、娘さんがソーシャルスキルグループに入っているなら、電話での会話が指導計画に入っているかどうか、入っているならどのように教えるのか、聞いてみましょう。

　次に、娘さん自身に準備をさせましょう。ただ、受話器を渡して「話してごらん」と言うのはいけません。十分な練習を行わずに、電話で話をさせようとすると、大きな不安やフラストレーションを引き起こすことがあります。なぜ、みんな電話で話をするのか、その理由（例：特定の情報を知るため、予定を思い出させるため、おしゃべりをするため）を説明してください。コミュニケーションとは互いに働きかけるものだと教えるときの方法を用いましょう。私たちが好んで使うのは、会話をテニスのゲーム

に置き換えた例です。ラリーを続けるには、ボールから目を離さずに（話題を保ちながら）、ボールを打ち（話をする）、相手がボールを打つのを待つ（話を聴く）ことが必要です。相手に向かって話す代わりに質問をするよう教えましょう。意見を2つ述べたら、相手の意見、経験、思いについて1つ聞くようプロンプトを出して練習させます。

　会話を交わすルールがわかったら、3番目のステップは実践練習です。実際に電話を使ったロールプレイから始めましょう。次に、家族など、娘さんが快く話せる人と電話で会話をさせます。初めて電話をかける際のアドバイスは次の通りです。

- 制限時間を設け（キッチンタイマーや視覚的なタイマーを使うとよいでしょう）、あらかじめ台本（スクリプト）を書いて渡しておきます。そうすれば話題からそれずに、会話が成功します。スクリプトを練習するときには、間のとり方や、声のトーンにも気をつけさせてください。
- ASDの子は、雑談をせずにいきなり本題を話し始める傾向があることを覚えておいてください。スクリプトには挨拶や雑談、会話の終わり方も書きましょう。
- 電話をかける相手が、練習の手伝いをしていることを必ず確認しておいてください。そうすれば、会話の際、必要に応じて娘さんに十分な応答時間を与えてくれるでしょう。
- 娘さんには、あなたが別な電話で会話を聞いていること（見える範囲にいること）を知らせます。近くにいることで、助けが必要になったら、ささやいたり、プロンプトを書いた紙を見せてヒントをあげられます。
- 十分に練習ができたら、あなたの助けなしで、知人や友だちに電話をかけてみるよう促しましょう。スクリプトはまだ役に立つはずです。時間制限も設けた方がよいでしょう。
- 電話をかけたら、その都度会話を振り返り、互いの観点から会話がうまくいったかどうかを検証させましょう。セルフモニタリングや自意識の大切なスキルを養うことにもなります。

　電話での会話は難しすぎると思うなら、最初は家族や友だちと電話の代

わりにコンピュータでインスタントメッセージを交換する方が楽に感じるかもしれません。その場合も、スクリプトと時間設定は効果的です。もちろん、インターネットやインスタントメッセージを使うときには、決して知らない人と話すことのないようにすることが大切です。インターネットではゲームサイトやチャットルームなどに、子どもを餌食とする犯罪者が潜んでいることがあります。インターネットの安全性について娘さんによく話し、個人情報を流す危険性を教えてください。この件については、第8章で詳しく述べます。

羅針盤を見つけましょう

　ソーシャルスキルの発達と理解は、すべてのASDの人たちにとても重要な目標です。しかし実社会を渡り歩くことは、特に思春期のASDの少女には大きな重荷になることがあります。本章では、とりわけ難しい友だち関係や社交に関する問題をみてきました。思春期の友だち関係は、活動を一緒にすることよりも、おしゃべりや感情の共有が土台になります。社会的な上下関係が複雑になり、いじめの形態も微妙なものになります。社会的・文化的に理想とされる「女性像」に近づくよう期待されるようにもなります。一般的に、女性は社交的で、人付き合いに関しても直感的に理解するものだと見なされています。もし、自分のニーズや希望が他の同年代の人たちと違っていたり、人とのかかわりが不安や疲れや混乱を招くなら、このような一般論はどんなに負担となるでしょう。しかし、幸い、ASDの少女たちは誰でも、自分の社会的範囲でスキルを伸ばすことができるのです。ソーシャルスキルの習得が得意な子もいれば、同級生と過ごしたり、つながりを持つための動機づけがもっと必要な子もいます。おしゃべりをする友だちが1人欲しいと言う子がいる一方で、友だちのそばでただ黙ってビデオゲームをしたいと言う子もいます。能力や興味にかかわらず、あなたの支援と指導があれば、娘さんは伸びます。自信をつけて、人生での人間関係の対処法を学ぶことはできるのです。

第7章
健全なセクシュアリティ

　娘さんにとって性の話はまだ早すぎると思われるかもしれませんが、遅すぎるよりはずっといいのです。一旦この話を始めたら、生涯に渡って率直に話し合えるようにしておいてください。どうしても必要になってから話し始めるのでは、遅いかもしれません。自閉スペクトラム症の子に何をいつ教えるのかを決めるのは、確かに簡単ではありません。実年齢よりも、感情や認知の発達年齢を考慮しなければなりません。性的、社会的、知的な発達は子どもによって非常に幅があるからです。（メアリー・ニューポート『自閉症・アスペルガー症候群とセクシュアリティ：思春期とその後』p.49）

　友だちが恋に向かって全力疾走する一方で、ふと見れば、不恰好な体を引きずって歩く私がいる。友だちのほとんどは、きっと結婚して子どもをもつだろう。でも、なぜか私は、自分もそうなるとは思わない。性的な関係は今のところ優先課題ではない。私には、死ぬまで独身で、一人で年老いていく自分の姿が目に浮かぶ。友だちは、こぞってルーヴ・セントラル行きの急行列車に乗るのに、私は自転車に乗ったままなのだ（まあ、運動にはなるけれど）。
　（ニタ・ジャクソン『あべこべ、さかさま、うら返しのアスペルガー症候群』p.64）

セクシュアリティの定義：一般的な意味は？

　子どもが思春期に入ったとき、親が直面する壁の1つに、我が子を「性的な人間」として見てしまうことがあります。娘さんがASDなら、それは一層難しいでしょう。私たちは実際に多くの親御さんが、このことで悩み、あ

るいは否定する姿を見てきました。「思春期はひっそりと忍び寄ってきて、準備もできていないのに突然、性の問題を突きつける」と感じる親御さんもいます。一方で、健全な性教育を計画することで、心配ごとを解決しようとする人たちもいます。私たちは多くの家族にかかわってきましたが、性について目をそらさずに考え、学習ニーズに応じた性教育ができるように先を見越した取り組みを行い、セクシュアリティの発達を促す良い機会を与えられるようになった親御さんが、親子双方に最も良い結果となっています。

　現在、私たちは性的なことにどっぷりと浸された世界に住んでいます。マスコミ、音楽、映画、ファッション、性的なメッセージはいたるところにあふれています。そしてそのようなメッセージが、私たちのセクシュアリティに対する考え方に直接影響を与えているのです。セクシュアリティという言葉を聞いて、どんなことが思い浮かぶでしょう。それをどう感じるでしょう。私たちは「成長期の娘の親の会」（セラピーを受けている女の子の親御さんの会）の始めに、まずこの質問をすることにしています。そして思い浮かんだ言葉を何でも出してもらい、フリップチャートに書き出していきます。毎回必ず、ほとんどの回答はセックスに関連することです。セクシュアリティがいかに狭い意味で捉えられているかがわかります。しかし、少し促していくと、親御さんたちはセクシュアリティの概念を広げ、様々な領域にまたがる広い見解をもつようになります。次の一覧がその例です。

　　安全　　アイデンティティ　　空想　　必要　　神話
　　　　感情　　混乱　　衝動　　親密　　ジェンダー
　　愛　　情熱　　自信　　官能　　思春期
　　　つながり　　指向　　女性らしさ　　テクニック

　もしあなたが娘さんのセクシュアリティをセックスだけに結びつけて考えるなら、不安が高まるのは当然です。本章を進める前に、書き手の私たちと読者の皆さんが「セクシュアリティとは何か」について同じ見解に立つことを確認しておきたいと思います。どんな見解をもつかによって、娘

さんへの理解と受容、さらにあなたが娘さんの将来に望むことも変わってきます。私たちのメッセージはこれです。

「セクシュアリティとはセックスではない」

非常に簡潔なメッセージですが、これは極めて重要です。固定観念からなかなか抜けられないかもしれませんが、それでも大丈夫です。本章を読み終える頃には、セックスにかかわろうがかかわるまいが、娘さんの人生においてセクシュアリティが自然で健康的な要素である理由が、おわかりになると思います。また、そう願っています。

セクシュアリティがセックスではないのなら、幅広い意味でどう捉えられているのでしょう。いくつかの国際機関では、障害の有無にかかわらず人々の生活に肯定的で健全なセクシュアリティをもたらす活動を行っています。全米性情報教育協議会（SIECUS）ではヒューマン・セクシュアリティを包括的に次のように定義しています。

> 性の知識、信念、態度、価値観、個人的行動。その多様な特質は、「性反応システムの解剖学、生理学、生化学的特徴」「アイデンティティ、指向、役割、個性」「思想、感情、人間関係」に関連する。セクシュアリティは倫理的、精神的、文化的、道徳的事柄に影響される。　（SIECUS 2005）

世界保健機関（WHO）の声明は次の通りです。

> セクシュアリティとは、生涯に渡り、人間であることの中核的な特質の一つであり、セックス、ジェンダー・アイデンティティ、役割、性的指向、エロティシズム、快楽、情緒的愛着、生殖を含む。セクシュアリティは思想、空想、欲望、信念、態度、価値観、行動、習慣、役割、人間関係において、経験と表現がなされる。セクシュアリティには以上の特質が含有されるが、そのすべてが経験・表現されるとは限らない。セクシュアリティは生物的、心理的、社会的、経済的、政治的、文化的、倫理的、法的、歴史的、宗教的、精神的な要因に影響される。　（WHO 2004）

いずれにしても基本は、セクシュアリティは性行為ではない、あるいは、性的活動でもない、ということです。セックスは全体の部分でしかありま

せん。決して、セクシュアリティ＝セックスではないのです。セクシュアリティとはあなたの考え、感情、行動、価値観を含み、健康と幸福全体を形成する大切な一部分なのです。全米性情報教育協議会の定義では、人間のセクシュアリティは一面だけではないとはっきりと述べています。狭い解釈で捉えるべきものではありません。セクシュアリティには、もっと広い意味があり、私たち人間にはそのあらゆる側面が生まれつき備わっています。娘さんにも備わっているのです。障害の有無や障害の程度は関係ありません。親として、あなたは娘さんにセクシュアリティについて教えることができる、かけがえのない立場に置かれています。実際にどんな役割があるのかについては、本章の後半で述べていきます。ここでは、まず、あなた自身とご家族にセクシュアリティをどう考えているかを振り返っていただきたいと思います。

性的態度と価値観

　子どもにとって最も大切で、最も優れたセクシュアリティの指導者は親です。あなたは、他の誰かに代わってほしいと思うかもしれません。学校や医者の方が上手に教えてくれるだろうと思うかもしれません。しかし、娘さんにセクシュアリティの核心、統計学や生物学を超えた真髄を伝えられるのは、実は親だけなのです。あなたの文化的、宗教的な背景、さらに家族代々の考え方も、娘さんが性について学ぶ上で重要な要素になります。あなたの家庭ではセクシュアリティに対してどのような態度と価値観が示されているかを、分析し、理解してください。また、障害に関連したセクシュアリティも考えてみてください。その結果が、娘さんを指導する際の基盤になります。また、娘さんが成長するにつれていろいろと変わるあなたの役割を考えるときにも役立つでしょう。でも心配しないで。たった1人で指導するわけではないのですから。セクシュアリティの教育プランの立て方と、誰に補助を頼むべきかについては、もう少し先に述べます。まず、あなた自身の家族と地域社会について考えてみましょう。

家族の背景と共に、セクシュアリティに対するあなたの価値観と態度はどこから来ているのかを振り返ってください。できるだけゆっくりと時間をかけて考えましょう。もし希望するなら、パートナーや親、きょうだいとも話し合ってみてください。若かった頃、セクシュアリティについて「何を」「誰から」学んだかを思い出してください。今のあなたの性的態度と価値観、また、障害のある人のセクシュアリティに対する考え方を築いたのは何だったのでしょう。影響を与えたのは誰でしたか。若い頃と比べて、考え方に変化はありますか。ASDの娘さんをもったことで、セクシュアリティに対する思いは変わりましたか。たいていの場合、セクシュアリティの情報源は、家族、マスコミ、社会、学校、同級生、文化、医療従事者、宗教機関など様々です。そこから得た情報があなた自身の経験と結びついて、最終的に性的な価値観、考え、態度をまとめあげるのですが、それは時と共に変化したり、定まったりします。若い頃の考え方と、現在の考え方とではいくらか違うかもしれません。情報の影響力も年齢と共に変わります。十代前後の子どもたちは親よりも同級生から聞いたことに、より影響を受けやすいものです。ただし、ASDの女の子たちは、そうでないことがあります。

性的神話

　社会一般のセクシュアリティの捉え方には、マスコミも大きな影響を及ぼしています。残念ながら、発達障害とセクシュアリティに関しては相変わらず根拠のないことが語られがちです。特にASDの人たちに密接に関連したものもいくつかあります、あなたも次のような「神話」を耳にしたことがあるかもしれません。

- 発達障害の女性には、性的な衝動や興味がない。
- 心身が「健常な」女性だけが、性的行動を行うべきだ。
- 発達障害の女性は、親密な感情的な関係を結べない。
- 発達障害の女性の性的行動は異常である。あるいは誤ったものである。
- セクシュアリティに関する指導は、娘の問題を増やすだけだ。

- 発達障害の女性は、社会から保護される必要がある。
- 発達障害の女性は、虐待、搾取、損傷から否定的な結果を学ばない。

私たちが親御さんからよく聞く誤解には次のようなものもあります。

- 娘には性的な関心がないのだから、セクシュアリティについて教える必要などない。
- 娘はASDなので、パートナーと関係をもつための感情的・社会的理解に欠けている。
- 娘はASDなので、年齢を重ねても性的関係を築く力がないだろう。
- 娘はASDなので、年齢を重ねても性的関係に興味がないだろう。
- 娘はASDなので、感情理解に限りがある。そのため傷つくことがどういうことなのかよくわかっていない。
- 娘は賢いので、通常学級の性教育や保健の授業を問題なく受けられる（これについては後ほどあらためて述べます）。

　専門家として私たちは、このような誤った考え方が一向になくならないことを非常に残念に思っています。ASDの女の子たちにはどんなことが必要で、どんな力があり、どんな関心があるのか、私たちは説明や地域での啓蒙活動を通して、誤解を解くために力を尽くしているところです。ときには、見知らぬ人だけではなく、家族や、友だち、専門家や教育関係者までが誤解していることがあります。それを知ったときのあなたの苛立ちが私たちにはよくわかります。社会全体としては、障害のある人たちのセクシュアリティをより正しく理解する方向へと動きつつあります。ウォレン・ジョンソンは1980年代に「我々の旅路は、セクシュアリティを『排除しよう』とする考えから、『我慢しよう』という考えにまで進んだ。今、ようやく障害のある人たちの性的発達と健康を『育成しよう』というスタートラインに立ったのだ」（Johnson and Kempton 1981）と書いています。彼の言うスタートライン、つまり、娘さんの大切な一部であり、今もこれからも幸福に健康に生きるために大きな影響を与えるセクシュアリティの育成こそ、私たちの目標なのです。

親の役割

　娘さんの性的発達過程で、あなたは様々な役割（教師、境界設定者、秘密を打ち明けられる親友、代弁者など）を担うことになるでしょう。どの役割がより重要かは、成長と共に変わっていきます。全般的な役割は、娘さんの成長と生涯に渡る学習を促し、育むことです。以下に挙げる役割のいくつかは、『セクシュアリティ：特別支援の必要な我が子への備え』(Karakoussis, Calkins, and Eggeling 1998)、その他の関連図書から抜粋したものです。

- **性教育者**：情報と教材を与える。何を、いつ、どうやって教えるべきかを決める。
- **秘密を打ち明けられる親友**：娘さんが信頼し、聞きたいことや話したいことがあれば、そうできる人。一緒にいて心地よく、どんなことでもオープンに話し合える人。
- **境界設定者**：パーソナルスペース、接触のルール、会話での話題に関して、はっきりとした一定の境界線をひき、守らせる。
- **モデル**：家庭や地域で、セクシュアリティや愛情の表現方法を示す。自身が娘さんの愛情の源となるように。適切な愛情表現の模範を示す。
- **デモンストレーター**：娘さんが学ぶ必要のあるスキルや行動をしっかりと実践する（例：同級生の男の子に挨拶をする）。何を教え、何を実践するのかを知っておくこと。教える役割を快く思うこと。
- **社会的な通訳**：娘さんと同年齢の定型発達の子どもたちの文化を意識する（本や雑誌、テレビから情報を得る）。娘さんに対する他の子どもたちの話しかけや行動を通訳できる（親御さん方はこの問題を頻繁に挙げています。中には娘さんを導けるように、若い子たち特有の言葉遣いや文化を一生懸命学んでいる親御さんもいます。「まるでちんぷんかんぷんな外国語を通訳するみたいなんです！」と言ったお母さんがいました）。
- **問題の共同解決者**：生活場面や社会的なやりとりの中で生じた問題をチームとして一緒に解決する。「何でも知っている大人」という立場ではなく、一緒に考えながら、娘さんが解決法や計画を生み出せるように支援する（親御さん方は、これは難しいと話しています。娘さんが自閉症だからという理由だけではなく、十代前後という年

齢のせいだと言っています)。

- **道徳のガイド**：セクシュアリティや性行動に関する家族の宗教的・文化的な信念を教える。ASDの子は、認知機能（知的能力）の障害があったり、抽象的な概念思考が十分に発達していないことがあります。そのため、子どもによっては、この分野の理解はなかなかうまくできないでしょう。具体的な概念を超えた学習は非常に難しいのです。自分自身の価値観は育っても、家族から学んだことは全部組み込まれていないかもしれません。この先、娘さんは様々な価値観に出会うであろうこと、そして、戸惑ったときにどうすればよいのかを教えましょう（家族の価値観が他の人たちのとは違うことで悩んでいた子がいました。ルールやガイドラインの解釈に柔軟性のない子は、他の人たちの信条や行動を受け入れない傾向があります。そのため、深刻な社会的困難を招きかねません。道徳と価値観にはグレーゾーンがあることを理解できるように、そして価値観の違いを尊重できるように、娘さんと取り組んでください）。

- **保護者**：娘さんにとってリスクとなるような状況を知っておく。万一何か生じた場合には適切に話し合う。本人に自己防御の力をつける（娘さんのセクシュアリティの発達においては、多くの親御さんが「保護者」としての役割を最も重要だと考えています。もちろん、これは明らかに重要な役割です。でも、一方で過保護にならないように気をつけなければいけません。直接保護する役割と、娘さんに自分を守るスキルを教える役割とのバランスにも注意してください）。

- **代弁者**：娘さんが議論や主張ができないときに、代弁をする（学校で個別にセクシュアリティ教育をしてもらう要望も含む）。専門家の補助が必要な場合を見極める。娘さんのこと、また彼女の権利についてよく理解しておくこと。

- **地域での指導者**：公共の場、そうでない場、どちらでも、機会があれば地域の住人や家族に娘さんについて、また娘さんのセクシュアリティの権利について話せるようにしておく。必要に応じて、臆することなくはっきりと意見を言う。娘さんのこと、また彼女の権利についてよく理解しておくこと。

取り組みやすい役割もあれば、難しそうな役割もあるでしょう。娘さん

の性的発達全体を通して必要になると思われる役割を考えてみてください。それらの役割を務める準備はできているでしょうか。家族はどうでしょう。あなたは「性教育者」として、セクシュアリティの様々な側面を知っていますか。もし知らなければ、その情報をどこから入手できますか。娘さんが尋ねるかもしれないこと（例：ホモセクシュアリティ、アナルセックス、結婚前のセックス、堕胎）について、落ち着いて話すことができますか。もしできなければ、誰か他に「秘密を打ち明けられる親友」や「性教育者」の役割を担ってくれる人はいますか。学校や主治医に相談する予定はありますか。親として多様な役割をこなせるように備えておくと、たいていの場合、話題に対する不安が軽くなります。「えっ、どうしよう」とか「何と言っていいのかわからない」と、おろおろすることはずっと少なくなるはずです。支援が必要なら、この分野で経験のある専門家に相談して、一緒に指導プランを立ててもらいましょう。備えておけば、あなたにとっても、娘さんにとっても安心です。

ASDの少女の健全なセクシュアリティ権

　私たちは、ASDの少女たちとそのご家族と、セクシュアリティに関する権利案を作ってきました。当事者、親、専門家として、私たちはASDの少女には次のことを求める権利があると強く感じています。

- 年齢、発達レベル、心の受け入れ準備の状態に応じたセクシュアリティの知識
- 愛し、愛されること
- 友情や親密な関係を促すための社会的性行動に関するトレーニングとスキルの向上
- 検診、避妊、性感染症を含むセクシュアルヘルスについての知識
- 他者に自分のセクシュアリティを認識、受容、理解してもらうこと
- 適切であれば、自ら性的な決定を行うこと
- 恋愛関係、結婚、子どもに対する将来の希望をもつこと
- 害から離れ、安全でいること

これらの権利は障害のレベルにかかわらず、どの子にも与えられています。娘さんの人生において、具体的にセクシュアリティがどのように機能するかは、もちろん認知や社会性の能力によって変わります。しかし、最も大切なことは、彼女のセクシュアリティを無視してはいけないということです。本章では、セクシュアリティが娘さんにとってどんなものであるか、また、それをいかに肯定的かつ安全な方法で導いていくかについて述べていきます。

なぜセクシュアリティの教育が大切なのでしょう

　娘さんのセクシュアリティについて考えるとき、何か心地が悪いような、恥ずかしいような感じがするかもしれません。しかし本書をここまで読まれた方は、少しは楽に思われるはずです。本書前半に、思春期と月経についての章を設けましたが、その2項目もまたセクシュアリティの一部です。ですから、あなたの基盤はかなりできているのです。この分野の研究者たちは、セクシュアリティの教育が障害をもった若者になぜ大切なのか、また、セクシュアリティを学習や発達の母体とするべき理由を数多く挙げています。

- セクシュアリティは娘さんの一部です。定型発達の少女たちと同じようにセクシュアリティの発達に関する情報とガイダンスを受けるべきです。
- 知的障害のある子も身体的には定型発達の子と同じ発達を遂げます。このことについては、第3章の思春期の箇所で触れました。生理学的に「娘はずっと6歳のままだ」と言い続けることはできません。娘さんの体は変化しつつあります。ASDの子は変化が苦手だからこそ、自分の身体的な発達を認知力に応じて理解する必要があるのです。
- セクシュアリティは強力な社会的要素であり、人間関係に影響を及ぼします。社会的な理解や行動の難しさが特徴であるASDの女の子にとって、これは非常に大きな問題です。セクシュアリティにつ

いて教えるときには、その土台である社会的な概念に、特に注意を払わなければなりません。
- セクシュアリティ教育は、身体的・性的虐待や搾取（これらについては次章で詳しく述べることにします）のリスクを減らすために欠かせません。これ以上強い動機づけはないはずです。
- セクシュアルヘルスの学習は、すべての若い女性に大切です。認知力のレベルや性的行為をする見込みの度合いにもよりますが、学習内容には、婦人科検診、タンポンの正しい使い方、避妊、性感染も含みます。
- 世間一般で言われていることとは違い、セクシュアリティの教育をきちんと受けた人の方が、そうでない人よりも不適切で危険な行動をとる率が少なくなります。健全な性的発達とセクシュアリティ教育を優先事項と見なすならば、あなたは娘さんを過ちや不適切な決断から守り、望ましくない性的アプローチから離れて安全圏に留まっているように導くことができるのです。

ASDの少女のためのセクシュアリティ教育

　学術的には発達障害のある若者へのセクシュアリティ教育は、これまでほとんど注目されていませんでした（NICHYD 1992; SIECUS 1996）。ASDの子どもたちへのセクシュアリティ教育、性教育に関しては、理解を促すような研究はなきに等しいです（Henault 2004; Koller 2000）。現在は、ASDの成人のセクシュアリティに注目が集まっています。文献の数はまだかなり少ないのですが、研究結果ではASD成人のセクシュアリティは一般的に乏しいことが示されています。恋愛関係の難しさや満たされない性的ニーズは自尊心や心的状態にも否定的な影響を与えています（Henault and Attwood 2002）。その結果、自傷行動（Mortlock 1993）の他に、教育不足にも原因がある性的行動の問題が非常に多く発生しています（Van Bourgondien, Reichle, and Palmer 1997）。ASDの人は、そうでない人たちよりも虐待を受けやすく、行動を誤解することで法的な問題につながるリスクも高くなっています（Hingsburger, Griffiths, and Quinsey 1990）。成人後、このようなつらい結末を迎えないようにするために、ASDの若者への先を見越した早期

の性教育は必須です。

ASDの少女が抱える困難

　私たちはこれまでの経験から、娘さんのセクシュアリティと性の学習には、ASD独特の問題が影響することを学びました。ASDの問題は、親や教師がセクシュアリティ教育を行う際のアプローチにも、また娘さんの行動（例：感覚的、社会的、反復的、自己刺激的行動）に対する他の人たちの解釈にもかかわってきます。最も頻繁に生じる問題は6つのカテゴリー（社会性、コミュニケーション、行動、感覚、認知、心の健康）に分類できます。社会性、コミュニケーション、行動の領域の障害は、ASDの診断基準でも指摘されています。娘さんのスキル、強み、弱みについて、もう一度考えてみてください。自閉症はどんな影響を与えていますか。以下の問題の中には、あなたにも娘さんにも、大きく頷けるものがあるでしょうし、それほど当てはまらないものもあるかもしれません。大事なことは、娘さんのASDがセクシュアリティの発達と学習をどう左右するか、そして最も適した教え方は何かをよく理解することです。

社会性の困難

　先に述べた通り、セクシュアリティは健全な人間関係の要素です。プライバシーや人との境界線、接触に関するルールは覚えられる子でも、その基盤概念は、社会的な意味を通して学習しなければなりません。ASDの人にとって、個人の関係と社会的ルールの理解は簡単ではありません。その難しさは、特にセクシュアリティでは、次のような問題にもつながることがあります。

- 同年代の男の子との関係、また、将来的には恋愛関係に必要なソーシャルスキルの欠如
- 他者とのつながりを築きたいという希望の度合いが様々に揺れ動く
- 誤解を招くような不適切な行動（例：他人のスペースに侵入する、

人前で自分の体のプライベートな部分に触れる、衣服を脱ぐ）
- 自分自身の感情、他者の思いや気持ちを理解しづらい
- 微妙な（ときには明らかなものも含めて）身体言語や顔の表情（例：他者が自分に興味があるかどうか、もてあそんでいるかどうか）を理解しづらい

とてもきれいな娘さんのいるお母さんは、一緒にモールへ行くと、男の子がみんな娘さんを見るのに、本人はまったくそれに気がつかないと言っていました。「もうしばらく、気づかないでほしい」とお母さんは笑っていましたが。

ASDの若者は、警告のサインや危険信号を読み取れないことがあるため、虐待や搾取の被害にあいやすいと言えるでしょう。前にも触れましたが、ASDの少女は自分の「内なる声」を聞くことが苦手です。危ない目に合いそうだということに気づかないのです。また、他者の気持ちや視点をなかなか理解できないため、人に害を及ぼす行為や不適切なふるまいをしてしまうリスクもあります（ストーカー行為、不適切な接触など）。この問題については、第8章の虐待防止の箇所であらためて述べていきます。

コミュニケーションの困難

コミュニケーションの難しさはASDの顕著な特徴であり、セクシュアリティの発達と学習にも多くの影響を及ぼすことがあります。

- コミュニケーションの障害があると、自分のニーズを表現するのが難しい。困ったことが起きてもなかなか伝えられない。
- コミュニケーションの難しさによるフラストレーションによって不適切な行動が起きることがある（衣服を脱ぐなど）。
- 相互的な会話が苦手だと、デートや親密な関係が築きづらくなる。

行動上の困難

以下の問題は一般的ではないのですが、私たちがかかわってきたASDの少女たちに実際に生じたものです。

- 意図せずに行った行動が不適切で「性的」あるいは「逸脱している」と見なされることがある（例：大人の男性の膝に座る）。
- ASDの人たちの中には性的衝動が固定化したり、セクシュアリティに関連したこだわり行動を生み出すことがある（例：特定の匂い、物、音楽などを必要とする）。
- 有名人、ミュージシャン、映画スター（例：ジョニー・デップ）などに極度に夢中になり、空想の度合いが激しくなることがある。
- セクシュアリティ、あるいは性的行動が「特別な興味」になることがある（例：インターネットでアダルトサイトを見る。フェティシズム（下着や異様なものに対して性的欲望を感じること）的な物を探求する）。
- 性的興奮に関連する自己刺激が、反復行動癖や不安によって過剰になることがある。

感覚上の困難

セクシュアリティには身体的な要素もあります。ASDの少女の多くが抱える感覚の障害は、具体的に次のような問題を呈することがあります。

- 感覚が鈍すぎる、あるいは過敏な場合、セクシュアリティや人間関係にも影響が及ぶことがある。ハグや親しみを込めた接触を嫌がるかもしれません。優しい触り方も心地悪く感じることがあります。逆に、きつく抱きしめられるような強い身体接触を求めるかもしれません。
- 性的興奮に関連する自己刺激行動が、感覚低下（例：オーガズムに達しづらい）のため過剰になることがある。
- 生理学的なサイン（例：月経痛）に気がつかないことがある。

認知の困難

セクシュアリティの何をどう教えるかは、子どもの知的障害の程度によって変わりますが、以下のことも十分に考慮してください。

- 思考に柔軟性が乏しいため、セクシュアリティに関する考えやルールが固定的になる。私たちのところに来ていた少女で「22歳まで

デートをしてはいけないのだ」と決めて、母親をうろたえさせていた子がいました。なぜ22歳なのかは母親にもわからなかったのですが、この子は絶対に譲らず、22歳前にデートをしようとしていた子たちを叱責するようにもなりました。

- 言われたことを文字どおりに受け止め、白か黒でしか判断しないこと。興味をもっていた男の子から「今は、時間的にガールフレンドをもつ余裕がない」と言われた子がいました。この発言の意図を読み取れず、その女の子は2、3週おきに、もう時間の余裕ができたかどうかと尋ね続けていました。
- 実行機能（例えば予定通りに1日を過ごしやすくする高次認知能力）の弱さも関連する。自己規制や衝動性のコントロール、内省、自己監視、問題解決が苦手で、新しい対処方法もなかなか使えなければ、性的な発達、学習、行動に影響が及ぶことがあります。

心の健康上の問題

本書前半で述べたように、思春期や成長はASDの子どもたちに大きな不安をもたらします。思春期のASDの少女に現れることがある不安やうつ症状は、体の変化、大人になりつつあること、恋、人間関係、デートに対する憧れや戸惑い、初恋を実らせていく同級生たちを目にすること、失恋体験など、セクシュアリティに関連する問題とつながっていることがあります。十代前後のASDの少女が抱える不安には次のようなものがあります。

- 月経や乳房の発達に関する恐れや悩み
- 体の変化とボディイメージに関する不安
- 性的活動やマスターベーションについて話したり考えることへの不安
- 「性のルール」に関する不安（例：接触のルール、厳格な解釈）
- 自分が同年齢の他の女の子とは違っていることに対する悲しみ、ふさぎ込み、怒り
- ボーイフレンドができない悲しみ、ふさぎ込み
- ホルモンの変化のせいで感情の調節ができなくなる。思春期のASD

の子どもたち、特に女の子は、自分が「コントロール不能」に陥ったり「自分ではないように」感じ、恐ろしい思いにかられることがあります。
- 不安や気分の変化、人生のあらゆる浮き沈みに対処するためのストレスマネジメントや対処の効果的な方法をうまく学べないことがある。

　お気づきの通り、以上の問題のほとんどは、定型発達であろうがなかろうが、思春期の少女が一般的に経験することです。しかし、私たちはASDの少女たちと臨床的にかかわる中で、思春期の彼女たちの気分、行動調節、不安の問題は他の子どもたちのものよりもはるかに深刻であることを知りました。柔軟性のない考え方と問題解決力の弱さのせいで、余計に難しく感じられるのです。セクシュアリティに健全に取り組みながら、本書で取り上げた問題に対応できるようにしておくことは、娘さんが思春期を無事に乗り越える上で重要です。

定型発達の少女にとってセクシュアリティとは

　娘さんの性的発達を考える前に、まずそれに関する彼女の行動、心の準備、学習力に注目しましょう。現代はあなたが若かった頃に比べると、様々なことが大きく変わっています。十代前後の子どもたちのセクシュアリティもかなり変化しています。定型発達の女の子たちが、中学生、高校生の頃どんな経験をしているのかを理解することが大切です。Advocates for Youth-Parents' Sex Ed Center から転載した表 7-1 は、定型発達の子どもたちの性的発達の概観を的確に示しています。
　この表では、十代前期の性的活動はごくわずかしかありませんが、最近の映画やテレビ番組に出てくる思春期の子どもたちは、男女共に性的にずっと活発です。メディアが表す思春期の子どもたちのセクシュアリティの方が表 7-1 よりも正確だと示唆する研究もあります。特に性行動で本

表7-1 十代の典型的なセクシュアリティの発達

9歳~12歳
- 児童期から思春期への移行
- 思春期の始まり
- マスターベーション
- プライバシーのニーズが高まる
- 同年代と性的行動について話す
- 異性への興味
- キスやハグなどの初期的愛情行為
- 初めてガールフレンド、ボーイフレンドができる
- マスメディアによる性的な報道に興味をもち、影響を受ける
- 性に対する好奇心と疑問
- 性に対して困惑、気恥ずかしさ、不愉快さ、恐れを覚えることがある

13歳~17歳
- 思春期の完了
- ボディイメージに関する悩み：他者をひきつける魅力があるかどうか
- 健全で相互的な関係を育める
- 同年代のグループから影響を受ける
- 同年代と性的行動について話す
- キスやハグなどの初期的愛情行為
- ガールフレンド、ボーイフレンドがより頻繁に変わる
- 自分が性的に正常であるかどうか不安に思う

18歳以降
- 身体的な成熟の完了
- ボディイメージの確立
- 価値観の成立：社会的、文化的な志向が明らかになる
- より親密な性的、情緒的関係をもつようになる
- 性的志向を含む性的アイデンティティが確かになってくる
- より激しいセクシュアリティ（愛情や情熱）
- 他者への気づかいが高まる：共感

Advocates for Youth-Parents' Sex Ed Center より転載

質的に表と異なる点は、オーラルセックスの普及です。国立健康統計センターでは、19歳のほぼ75％が異性とオーラルセックスをしたことがあると報告しています。オーラルセックスは、十代の性のレパートリーとして定着しており、女の子は初めての性交に先立って行っていることもわかっています（Brewster and Tillman 2008; Mosher, Chandra, and Jones 2005）。オーラルセックスを行う理由は男女で異なり、女の子は、「関係を深めるため」「楽しいから」「好奇心」「同級生からのプレッシャー」などを挙げています（Cornell and Halpern-Felsher 2006）。女の子の性体験は、友だちや、性的パートナーになる可能性のある者からのプレッシャーと結びついていることがよくあります。オーラルセックスによる性感染の確率は高いのですが、性交よりもリスクが少ないと考えている十代が多いことも報告されています。

18歳までに70％の女の子たちが性交を経験しています（CDC 2005）。オサリバンとブルクス＝ガン（O'Sullivan and Brooks-Gunn 2005）の調査では、12歳から15歳の女の子たちは、まったく性的接触がない子から、手をつなぐ、キスをする、胸の愛撫、性器を触る、オーラルセックス、性交、を行っている子まで様々です。この研究調査では、自尊心や禁欲、同級生や親から認められるかどうか、といったセクシュアリティに関する認識が、実際の性行動に重要な相対的役割を果たしていることも明らかになっています。また、キスや手で触れるなどの早期の性行動は、彼女たちが自分自身を性的にどう思っているかに大きな影響を与え、その後の行動への意思決定をも左右すると報告されています。ヘンセル、フォーテンベリー、オー（Hensel, Fortenberry, and Orr 2008）は、彼女たちの性行動に反対ばかりするのではなく、若い女性を「性に関して有意義な意思決定ができる、積極的な性的能力のある者」と考えることを提言しています（p.174）。

十代の子どもたちに性的活動が普及しているからといって、あなたの娘さんもそういうことをするだろうとか、そうすべきだということはありません。しかし、何らかの形で性行動を知る可能性は昔よりも高いのです。親として、そのことを心得ておくと同時に、どんな質問にも答えられるようにしておいてください。そして、必ず、娘さんが自分のために正しい決

断ができるような指導を受けられるようにしてください。

　思春期女子のセクシュアリティの特徴に「性の二重基準」があります。幼いうちから、女の子はどうふるまい、どう感じるべきかについて、二重のメッセージが与えられます。雑誌、テレビ、映画からは、セクシーになって男性を引きつけることを助長される一方で、親や先生からは性的行動をしないようにと教えられます。この二重基準は彼女たちを混乱させるだけではなく、成長と共に、性における自己像やアイデンティティにも否定的な影響を与えます。どちらの基準が正しくて、どちらが正しくないのかを判断するのは、定型発達の子どもでさえ戸惑うことなのです。まして娘さんとってどれだけたいへんなことか考えてみてください。

ASDの女性にとってセクシュアリティとは

　ASDの少女たちの「健全なセクシュアリティのあり方」は連続体であり、徐々に変化していきます。十代前後の頃と、成人後ではかなり違います。連続体のどこに位置するのかを決めるのは、年齢だけではありません。認知能力、自立のレベル、ソーシャルスキル、興味、レディネス（準備・用意ができていること）、動機づけなど多くの要素が関連しています（図 7-1）。し

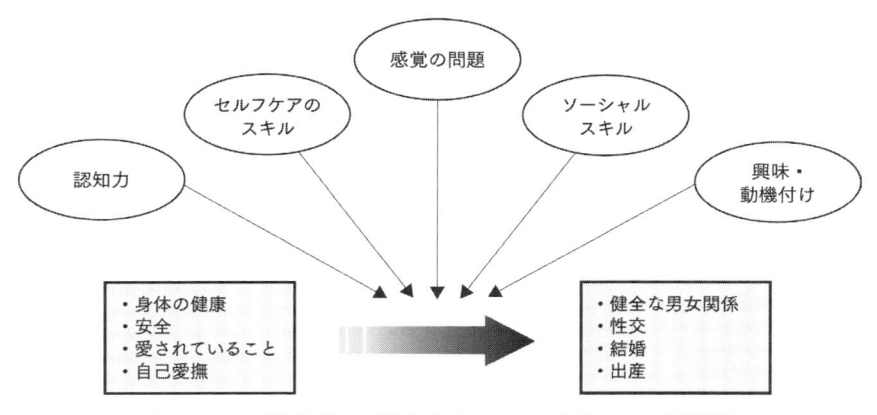

図 7-1　ASD女性の健全なセクシュアリティの連続体

かし、重要なのは、能力にかかわらず、娘さんは健全なセクシュアリティを経験できるということです。私たちは、娘さんが愛情を感じながら幸福で健康で安全でいてほしいと願ってやみません。

　障害が中度から重度であれば、性的な関係や非常に親密な男女関係を築くことはできないかもしれません。その場合、健全なセクシュアリティとは、家族や友だちから愛され、性的に健康で安全な日々を過ごし、マスターベーションなどの自己愛撫活動を行えることになるでしょう。肉感的な経験（この場合、温かいお湯につかる、治療的なマッサージなど）は、触れられたいというような感覚のニーズ、感情のニーズを満たします。同年齢との仲間付き合いも社会的感情のニーズと肉感のニーズを満足させるでしょう。ASDの女性の多くが動物への愛情を報告しています。

　障害が軽度、あるいは知能が平均かそれ以上の場合はどうでしょう。やはり、多くの要因によって連続体のどのあたりにいるのかは、変わってきますが、中でも感覚の問題、ソーシャルスキル、興味が重要になります。これらは時と共に変化します。あなたは、娘さんのウェディングドレス姿を見たい、披露宴をしたいと思うかもしれません。しかし本人はどうでしょう。思春期に入り、やがて大人になっていくときに、どんな経験をするかによって、男女関係に対する娘さんの理解は大きく変わります。あるお母さんは、「娘には関係をもつかどうかについて正しい判断ができるようになってほしい。早まらずに時間をかけて考えてほしい。そうすれば、いつか誰かと一緒になりたくなり、時期が来れば対応できるようになるはず」と言っています。意思決定と洞察のスキルは、年齢と知的能力の高い少女たちに私たちが非常に力を入れていることです。

　第6章では、社会的な動機づけと興味の標準評価について述べました。娘さんに男女関係を築く力があっても、興味があるとは限りません。感覚的な問題があれば、デートや性的な関係にためらいが起きるかもしれません。手をつないだり、キスや愛撫をすることは、特定の接触を嫌がる子にはとてもつらいかもしれません。社会性と感情の発達に遅れがあると、まだデートはできないかもしれません。娘さんにとって一番大切なのは、自分がどういうことを望むのかをしっかりと理解できるように、まず自分探

しを行うことです。自信をもって意思決定ができるようになるには、個別カウンセリングや、同年齢の子どもたちとのグループセラピーが効果的です。デートや男女関係で、次のステップに進む準備ができたかどうかも自分でわかりやすくなります。

性教育計画

　私たちは、12歳の子のいるお母さんから「娘が教室で自分の体を触る」という電話相談を受けたことがあります。体を触る行動は、何の注意もされないまま1か月ずっと続き、次第に同級生も気づくようになってきたとのことでした。学校側もお母さんもどうしたらわからず、パニック状態になっていました。また、別なお母さんからは「娘が学校で、好きな男の子に余りにも関心を寄せすぎるので、男の子に嫌がられるようになっている」と相談されたこともあります。「準備もしていないのに娘の生理が始まった」とうろたえていたお母さんもいました。この娘さんは、気持ちが悪いからと言って生理用ナプキンをつけようとしませんでした。このような「危機反応」こそ、私たちが避けたいことなのです。

　私たちはこれまで「準備が大事です」と繰り返し述べてきました。セクシュアリティの領域での準備とは、性的な発達と学習について先を見越した計画を立てることです。『セクシュアリティ、特別支援の必要な我が子への準備』(Karakoussis et al. 1998) では、性教育の計画が重要である理由が数多く挙げられています。また、娘さんの教育とセラピーにかかわる人たちとチームを組んで積極的に計画を立てる意味について、次のように説明しています。

- 「娘は性的な人間であり、そのことは成長過程で健全かつ自然なことだ」と認められるようになる。
- 「娘にはセクシュアリティに関する援助が必要だ」と理解していることを示せるようになる。
- 娘さんの健全なセクシュアリティは今後どのようなものにな

るのか、また性的な幸せを実現するための最良の手助けを公平で現実的に目標設定できる。
- 親として生活の中で指導の機会を見逃さずに利用できるようになる。
- 危機に備えられる。
- 娘さんの今後の発達を踏まえた視点で目標を立てられる。
- 娘さんの指導チームに「地図」を与えることになる。

　現在のスキルと知識、さらに次のステップをどうすべきかを詳しく個別に評価していくと、計画が立てやすくなります。立案には、発達障害の若者のセクシュアリティの評価と指導計画の経験を積んだ有資格者に相談してください。地元の自閉症センターや全米性教育者・カウンセラー・セラピスト協会（AASECT：www.aasect.org）に連絡をとってみてください。AASECTには、セクシュアリティと障害のグループがあり、地域の専門家も紹介してくれます（日本では、発達障害者支援センターなど）。

セクシュアリティ教育の一般ガイダンス

　セクシュアリティに関して、私たちがこれまで親御さんたちから最も頻繁に受けた質問（「どうしても教えなければならないのですか？」は除いて）は、①何を教えるべきですか？②いつ教えるべきですか？③どうやって教えるべきですか、の3つです。親御さん方は、セクシュアリティの話題を懸念したり、怖がる傾向があります。それはもっともなことです。しかし、一旦その過程を越えてしまえば、セクシュアリティの指導は、娘さんが大人になる上で必要な他の概念やスキルの指導と大差はありません。

　一般的に指導内容は娘さんの実年齢に応じて決めます（例：思春期近くであれば、体の変化について学ぶ）。しかし、指導方法は、発達年齢と、娘さんの強み、弱みに応じて選んでください。つまり「何を学ぶか」は、実年齢で、「どう学ぶか」は発達年齢で決まるのです。「教材を理解する概念レベル」も発達年齢が関与しています。ASDだからといって、全員がまったく同じ概念を学ぶ必要はありません。指導アプローチによって学習効果は変わります。指導内容と方法は、個別評価によって決まるでしょう。

ASDの子はセクシュアリティをどう学ぶのか

　指導計画を立てる際、ASDの少女はセクシュアリティについて、定型発達の子ともASDの男子とも違う学び方をすることを忘れないでください。セクシュアリティには生物学的・本能的な面（遺伝、ホルモン、性衝動、志向）もありますが、私たちの実際の性行動のほとんどは「学習されたもの」なのです。ギャグノンとサイモンは1970年代にヒューマン・セクシュアリティの社会的資源について記し始めています（Gagnon and Simon 1973）。彼らは著書『ソーシャル・コンダクト：ヒューマン・セクシュアリティの社会的資源』で「性的スクリプト」について述べる際、ヒューマン・セクシュアリティの社会的資源に着目し、行動、場面、経験を理解するためのガイドラインと把握すべき状況を示しています。「性的スクリプト」は次の事柄の学習に役立ちます。

　　内面状態の理解、具体的な性的ふるまいの順序立て、新奇な状況の理解、性的反応の限界設定、生活の中の「非性的な面」と「特定の性的経験」とのつながりの理解。（p.13）

　私たちの性的理解、学習、行動のほとんどは、社会的に規定されている「性的スクリプト（台本）」に基づいています。これは、ASDの少女にとって非常に不利なことです。ブレンダ・スミス・マイルズは著書『暗黙のルール』の中で、ASDの若者が自然には気づかない「隠れた社会的ルール」について書いています。世の中には何百という暗黙のルールがあります。例えば、プライバシーのルール、個人的な興味に関する話、「初デート」でのガイドライン、ハグをしてもよいとき、映画館でのマナー、正直でいてはいけないとき（例：魅力がない男の子本人に彼を素敵だと思うかと聞かれたとき）。ASDの少女たちには、このような暗黙のルールを作り、私たちの行動を導いている「性的スクリプト」をはっきりと、何度も繰り返して教えなければいけません。テリ・コーウェンホーヴェン（Couwenhoven 2007）は、グリフィス、クインジー、ヒングズバーガー（Griffiths, Quinsey, and Hingsburger 1989）らの研究に加え、発達障害と学習経験を考慮した「部分変更したスクリプト」について述べています。これは「性の学習に影響

を及ぼす独特の状況」での「性的スクリプト」です（Couwenhoven 2007, p.5）。大人になるまでの経験は、ASDの子と定型発達の子とでは、かなり違います。セクシュアリティの学習についてもそうです。違いの理由は数多くあります。

セクシュアリティの情報が少ない
- セクシュアリティに関する情報源も理解できる教材も少ない
- 知的障害が情報の処理と保持に影響を及ぼす
- セクシュアリティの情報を入手できないように「守られて」いることがある

定型発達の子に比べて社会的接触の機会が少なく、性教育のよりどころも異なる
- 親しくなれそうな子に近づくことが難しい。そのため同級生からの情報が入手しづらい
- 自閉症は男子に多い。つまり、特別支援学級やソーシャルスキルグループでは男の子と過ごす方が多い
- 自然な学習の場（例：男の子との外出）が少ない
- 学んだスキルや概念を実際に応用させる機会が少ない
- 社会的な気づきや相互関係が難しく、興味も持たないことから、同級生から排除されることがある

介護者に頼る必要がある
- 定型発達の子よりも自立が遅い
- 直接身体に触れるケアが必要な場合、プライバシーの問題が重要になる

環境的な問題が大きくかかわることがある
- 注意深い監督が必要なことが多い。制限やルールも定型発達の子より多くなりがちである
- 定型発達の子よりもプライバシーが少ない
- 家の環境や所属するグループのあり方が定型発達の子とは異なる

服用している薬が性的な面に副作用を及ぼすことがある
- 気分障害、不安障害への投薬は性機能に直接影響する（例：性衝動が低くなる、オーガズムに達しづらい）

根拠のない定説が自分の権利や他者の態度を左右することがある
- 神話的な一般論で機会と情報が制限されことがある

セクシュアリティ教育の基本計画の立て方

セクシュアリティ教育には、「ソーシャルスキルの発達」「感情理解」「自尊心」という3つの土台があります。セクシュアリティとは大きく見なすと社会的現象なのです。ソーシャルスキルの向上に継続して取り組んでいくと、セクシュアリティ教育を社会的脈絡で捉えやすくなります。感情理解には、自分自身の感情に気づくだけではなく、他者の感情や非言語の合図、身体言語を適切に読み取り、応答していくことも含みます。3つ目の土台である健全な自尊心は、健全なセクシュアリティの発達を育み、性的な安全を守る上で非常に大切な要素です。自尊心の低い子は、受容や愛情を求めて不適切な性行動に走りがちです。これらの3つの土台を常に心に留めながら、セクシュアリティ教育の基本計画の具体的な目標に取り組んでください。

表 7-2 は、発達障害のある若者の健全なセクシュアリティの発達において中心となるもので、学術的に一般的に認められている内容です。土台の3点と身体、プライバシーについては既に述べてきましたので、ここでは境界線について見ていきます。虐待防止については第8章で詳しく述べます。一覧と現在の娘さんのレベルを比べ、どんなことを計画に織り込むべきかを検討してください。

知的能力、実年齢、発達年齢、興味、動機づけによりますが、適切だと思われる十代の少女や若い女性には、これらの基本事項に加え、包括的なセクシュアリティ教育のカリキュラムもお勧めします。包括的カリキュラムには次のことが含まれます。

- デートと男女関係のスキル

表 7-2　セクシュアリティ教育の基本計画―内容

土台
- ソーシャルスキル
- 感情理解
- 自尊心

身体
- 体の部位の名称
- 機能（排泄、生殖、快楽）
- 体の部位に関する社会的なルール
- 衛生
- ボディイメージ
- 検診

プライバシー
- プライバシーの意味
- プライベートな場所と公の場所
- プライベートな行動と公な行動
- プライベートな話題と公な話題
- 他者のプライバシーの尊重

境界線
- 接触のルール
- 愛情の適切な示し方
- 触れる人、触れ方の区別
- パーソナルスペースのルール

虐待防止
- 体の部位（虐待の報告と信頼性のため）
- プライバシーと接触のルール
- 身体に対する権利、所有権
- 体が発する警告の理解
- ノーと言える権利
- 選択
- 被害の報告
- 適切な行動と不適切な行動の区別
- 自尊心、自信

- 健全な性行動（性交を含む）
- 健全な男女関係
- 拒否されたときの対応
- 性的責任（例：性感染、避妊）
- 結婚
- 家族の形成（例：生殖、出産、母性）

　全米性情報教育協議会（SIECUS 1992）と http://teachingsexualhealth.ca では、思春期の定型発達の子どもたちにおける「健全な性」の特徴を記した文献を公開しています。娘さんの知能が平均以上であれば、参考になるでしょう。健全な行動、意思決定、コミュニケーション、価値観、自尊心、アイデンティティ、関係を築き維持するスキルなどについても書かれているので、包括的なカリキュラムに他にどんなことを含めるとよいかがわかります。これらの文献をもとに、個別指導計画（IEP）に上記のような領域で定型発達の子どもたちと同じ教育を受けるよう主張し、成功した親御さんたちもいます。そうすることでセクシュアリティ教育の基盤を作ったのです。

境界線：パーソナルスペース、接触、愛情

　　小さかった頃は気にしなかったのですが、今になってみると、行動修正について知っていたらどんなによかったかと思います。そうすれば、このことが問題となる前に、適切な身体接触について教えることができたのに。現在、娘は 15 歳です。体が大きく、よく発達しています。人に会うときには、突進して抱きつくのではなく、握手をして「こんにちは、カイラです」と言うのだと、思い出させてやらなければなりません。

（15 歳の自閉症の娘の母）

　ASD の少女は、パーソナルスペースの問題を抱えがちです。また、関係の程度（例：祖父、知らない人）によって接触の度合いや愛情表現を変えることを理解していない子もいます。重要なことですが、「境界線」には、空間的なスペースと感情的・心理的スペースの両方が含まれます。ASD の少女には、「なぜ親しくない人と過度に個人的な話をしてはいけないの

か」というような心理的な概念よりも、抽象性の低い物理的なスペースの概念（例：誰かと話すときには、腕一本分、離れて立つ）の方が学びやすいでしょう。適切な行動、境界線の大切さ、接触にかかわる社会的ルールの指導は、娘さんの社会性の発達のためにも、個人的な安全のためにも不可欠です。最低でも、次のスキルの獲得を学習目標にしてください。

- 他の人とかかわるとき、会話をするときにはパーソナルスペースを尊重する
- 関係に応じた適切な接触や愛情表現を行う。
  （例：接触しすぎない、距離を置きすぎない）
- どのようにかかわられると快いかを、他者に適切に伝えられる
- 適切な会話の境界線を意識して話すことができる。
  （例：話題、会話の中断）

　パーソナルスペースや接触、愛情表現について教えるときに私たちが親御さんと共に用いるテクニックがいくつかあります。いずれも一般的な指導方法（例：視覚支援の使用）に組み込めるものです。既になじみのあるものばかりかもしれません。

視覚支援
　境界線や接触のルールを教える際に最もよく使う教材に、関係、パーソナルスペース、そしてどんな接触の仕方が適切なのかを示す「円の概念図」があります（図 7-2）。それぞれの円には、抽象的な概念が学ぶ側にわかりやすく伝わるように、親しさのレベル（例：見知らぬ人、知人、友だち、ボーイフレンド）とそれにふさわしい社会的行動（例：握手、ハグ、親しいハグ）、さらに適した話題（例：天気の話、家族の問題）も書いていきます。私たちはグループでこの方法を使うとき、少女たち 1 人ひとりに、円とラミネートしたカード（人、立場、話題、社会的行動）を配ります。カードはマジックテープで円に貼り付けられるようにしておきます。子どもたちは、まず、人の名前や立場のカードを、次に社会的行動のカードを、最後に話題のカードを適切な円の中に貼っていきます。この基本の円がで

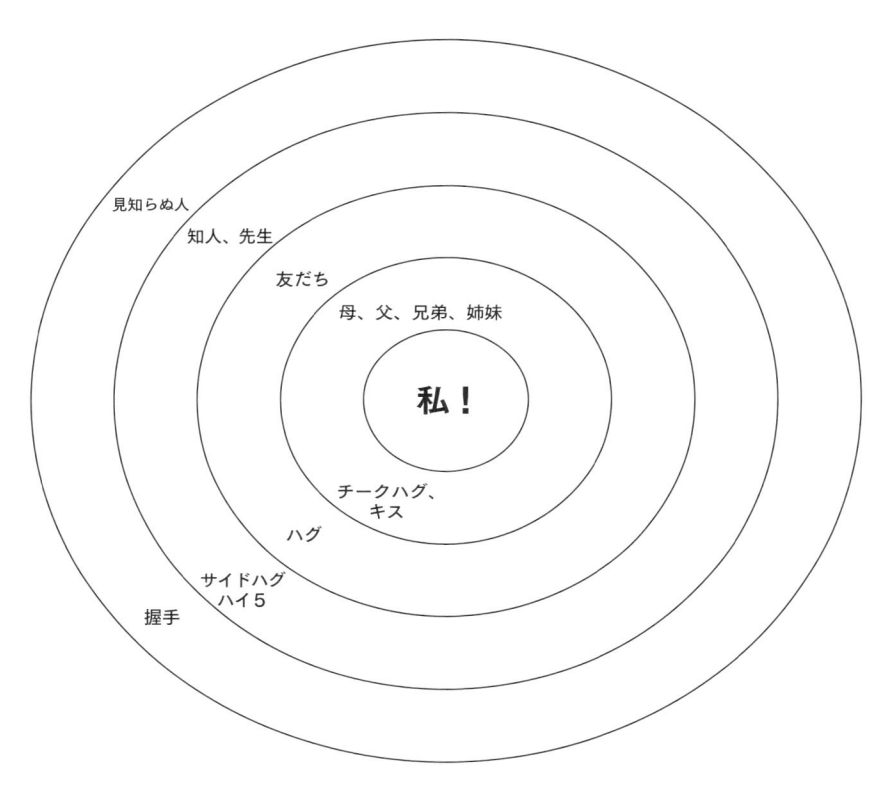

```
              見知らぬ人
                  知人、先生
                      友だち
                          母、父、兄弟、姉妹
                              私！
                          チークハグ、
                             キス
                          ハグ
                      サイドハグ
                       ハイ5
                  握手
```

図 7-2 「円の概念図」の例

きたら、「人は違う円に移ることもある」、つまり、人生ではいろいろなことが起きて（例：友だちに裏切られる、友だちが恋人になる）、ある人と今よりも親しくなったり疎遠になったりすることがあると教えます。

　ジェイムズ・スタンフィールド社は壁に貼って使う大きな円のプログラムを発売しており、ホームページで購入できます（巻末の資料のページを参照）。娘さんに一番合った独自のプログラムを手作りしてもよいでしょう。円の中に書き入れる人や行動を本人に選ばせ、一緒に作成しましょう。概念をよりわかりやすくしたければ、人物の写真を使ってください。親しみの度合いを表す円を参考にして、パーソナルスペースのとりかたや接触の仕方、愛情表現の方法をロールプレイで練習します。娘さんが理解でき

るなら、恋人同士、あるいは夫婦間の愛情表現について話し、安易に誰にでもそういう表現をしないように教えてもよいでしょう。

　この指導を行うとき、どうしてもボーイフレンドが欲しくて、「いきなりデートをする前にまず友だちになる」という概念が理解できず、「好きな子」のカードの隣に「親しいハグ」「キス」といったカードを貼り付ける子がいます。ロールプレイを何度も繰り返しながら、相手の立場に立つ練習（例：あなたの名前も知らないのに、もしあなたがダンスパーティーで突然キスをしようとしたら彼はどう思う？）をして、さらに説明を加え、ようやくまずまず納得できる円ができあがります。簡単な作業ではありませんが、必ずできます。子どもが非常に困っている場合には、個別指導も行い、概念を確かなものにしましょう。個別に接することで、悲しみ、孤独、混乱といった感情表現ができるプライバシーや信頼も与えることができます。

　視覚支援はここでも効果的です。フラフープを使ってパーソナルスペースを表すと子どもたちは喜び、理解も進むようです。グループ活動としても楽しいものです。決まりは「他の人のスペースに侵入してはいけない」です。絵や写真、文字で「フラフープを忘れないで」とヒントのカードを作成し、1日中持たせるのもよいでしょう。私たちは「腕一本分」のルールも使っています。パーソナルスペースの考え方は文化によって変わります。娘さんにとっては、難しいことだと思いますが、異なる人種からなる地域社会に住んでいるなら、重要事項です。

ロールプレイとビデオモデリング

　円で示した親しさの度合いに合わせた挨拶、かかわり、会話の仕方を練習します。挨拶や愛情表現としてどの行動が適切でしょう（例：握手、ハイファイブ、横からのハグ、正面からのハグ、頬にキス）。学校で、定型発達の同年齢の子どもたちの間で流行っている方法を調べてください。このことは、私たちがソーシャルグループに定型発達の子を入れる大切な理由になっています。彼女たちはいわば「特ダネ係」で、学校でどんなことが流行っているかを教えてくれる役割も果たしています。娘さんには、も

し誰かに自分のパーソナルスペースを侵害されたり、不適切な接触をされたら、きちんとそれを訴えることができる力も必要です（詳細は第8章に）。

　ビデオモデリングも他者とのかかわりを教える良い方法です。まず、大人や同年代の子ども、あるいは自分自身が目標行動（挨拶など）を上手にしている映像を30秒から10分ほど見せます。ビデオモデリングは、即座に注目して画面に集中する点は良いものの、学習は始めにくいと言われてきました。しかし最近の研究では、ビデオモデリングは、社会的コミュニケーションや相互作用など多様なスキルを教えるのに有効であるとされています（Bellini and Akullian 2007）。

備え、切り替え、プロンプト

　ただ適切な行動だけを学んでも、実際の場面では不適切なふるまいをしてしまうことがあります。よく遭遇する社会的場面を設定して、リハーサルを行い、十分に備えてください。携帯できる絵や写真、文字で書いたヒント（ヒントカード）を持たせ、必要に応じて参考にできるようにさせましょう。もし不適切な対応（例：よく知らない人に抱きつこうとする）をとってしまったら、その行動を止めて、適切な行動（例：握手）に切り替えさせましょう。過剰に親しげな挨拶に身を引いてしまう人もいれば、どう応じていいのかわからない人もいます。不適切なハグでも、拒んだり、身をよけてハグをされないようにすることで失礼だと思われたくないのです。娘さんがこのことをはっきり学べるかどうかはあなたの指導にかかっています。

お話と絵

　個人の境界、パーソナルスペース、適切な接触や愛情表現の概念を示した短いお話や絵本を作ってみましょう。娘さんが特別興味を抱いていることや認識できる大好きなキャラクターを利用して、パワーカードを作るのもよいでしょう。いろいろと工夫してみてください。

テレビと映画

　娘さんの発達に応じたテレビ番組や映画を一緒に見てください。パーソナルスペースの侵害や不適切な接触が見られたら、すかさず指摘します。適切な距離の置き方、挨拶（握手など）、愛情表現（家族とはハグをするが、知らない人とはしないなど）が映った場合も同様です。テレビや映画を使った方法、お勧めの映画については第2章のリストを参考にしてください。私たちの経験では、この方法は非常に楽しいものです。

練習、練習、また練習！

　練習の大切さはもう十分ご存知のはずです。娘さんがスキルを練習する機会を常に見つけるようにしてください。うまくできたとき、もう少しでできそうなときには、たくさんほめて、強化子を使いましょう。生活そのものが、学びのチャンスに満ちています。あなたが活用しようと思えば、チャンスはすぐそこにあるのです。日課の中でも、境界線、接触、愛情表現について教えることはできないでしょうか。食料品店、レストラン、モール、映画館、学校、車に乗っているとき、親戚の集い、テレビを観るとき、などはどうでしょう。意識すればするほど、そのチャンスは見つかりやすくなり、見つかればその日の指導が1つ増えることになります。娘さんには、このような学習が大切です。ソーシャルスキルのクラスでじっと座って学ぶことよりもずっと価値があります。「教えるチャンス」を見逃さない眼鏡をかけて、機会を探してください。そうしているうちに、ずっと自然に見つかるようになります。

性の目覚めとマスターベーション：どんなことが正常なのでしょう

　境界線とかパーソナルスペースといったことは、受け入れやすい内容です。ここからは、親御さんにとって考えるのがつらい話題、「性の目覚めとマスターベーション」へと移ります。つらくても、これは娘さんの性的

な福利に重要な項目です。能力に限りがある子にとって、自己愛撫やマスターベーションは思春期や成人期の健全な性表現の基本形でしょう。この分野の専門家は全員が、マスターベーションは身体的な性欲から生じるもので、セクシュアリティの自然かつ健康的な表現であると認めています。もしあなたの文化や宗教が、それとは異なる考えをもっているなら、あなたの所属する教会や寺院、あるいは同じ文化をもつコミュニティのお年寄りに助言と支援を求めてください。

　自分の体のプライベートな部分に対する興味や好奇心は、ごく幼い頃に芽生えます。乳幼児、就学前の子どもたちは、性器に触ると気持ちがよいことを発見します。心地よく、落ち着いて、楽しいのです（Lindblad et al. 1995）。9歳から12歳までにマスターベーションは頻繁になります。研究では思春期初期の男の子は同年齢の女の子よりもマスターベーションの回数が多いとされています（Leitenberg, Detzer and Srebnik 1993）。一般的に、15、16歳では、男の子の約4分の3が、そして女の子の半分がマスターベーションを経験しています。残念ながら、ASDの少女たちには二重の不利があります。まず、女性であること。女性のセクシュアリティは男性よりも理解や受容がされにくい傾向があります。次にASDであること。ASDの若者のセクシュアリティは男女共にほとんど理解されていません。

　デボラ・トルマン（Tolman 2002）は、受賞作『欲求のジレンマ：十代の女の子が語るセクシュアリティ』で、現在の思春期の女の子たちは社会から、恋愛や異性関係、ロマンスばかりに関心があると見なされており、その結果、彼女たちのセクシュアリティもそのような方面ばかりに偏って定義されている、と書いています。彼女たちの性的な欲求やあこがれについてはほとんど知られていません。少女たちの性的特徴は抑えられ、それが、自己理解や恋愛関係におけるふるまい、また自分で行動をしているという感覚や自尊心の発達にも大きな影響を及ぼしているとトルマンは述べています。十代の女の子たちに性の経験や感情について詳しいインタビューを行ったところ、彼女たちがどうふるまったらよいのか、またどう感じたらよいのかわからないことが多いという結果が出ました。一部の子たちは、自分の性的感情についてほとんど一切考えたことがなく、インタビュー

では性的欲求がどんなものなのか、自分の体がどう変化しているのかも説明できませんでした。この問題はやはり自分の体に対する気づきが苦手なASDの少女たちにも当てはまります。そのため、彼女たちにとって、自分の性的欲求を正しく理解し、対応することは非常に難しいのです。

性的欲求とマスターベーションについて娘さんに話しましょう

　娘は14歳です。自閉スペクトラム症で、度合いに波はあるものの強迫症があり、過去には不安症もありました。娘は最近マスターベーションを覚えました。私は、その部分に触るのは自分の部屋で行うプライベートなことで、清潔にも気をつけなくてはいけないと話しておきました。今のところ、この件に関して問題になるようなことはしていないので、あまりとやかく言って嫌な気持ちにさせたくないのです。（ちなみに、私は娘に「マスターベーション」という言葉を使っていません。体についての教育はとても大切だと思っていますが、娘はそういう言葉をだれかれかまわず、際限なく口にすることが多いので、今は「プライベートタッチ」と呼んでいます）　　　　　　　　　　　　　　（自閉スペクトラム症の十代の娘の母）

　性的欲求に関して論じられるとき、女性のマスターベーションはほとんど話題にのぼりません。私たちが主催する親の会では、親御さん方に、男性のマスターベーションと女性のマスターベーションを表す遠回しの言い方をそれぞれ挙げてもらいます。すると、必ず男性のリストの方がずっと長くなります。「りっぱな」女の子には性欲などない、と社会が信じているなら、なぜ女の子たちはマスターベーションをするのでしょう。その答えは、もちろん、彼女たちが人間であり、マスターベーションは気持ちがいいことだからです。

　娘さんに性欲とマスターベーションについて話すときには、ある程度リラックスすることが必要です。娘さんにとって、自己刺激行動が性の初表出であるなら、悪いことをしているかのように思わせてはいけません。恥ずかしいこととか、みだらなことと思わせないようにしてください。まず、娘さんにしっかりとプライバシーのルールを理解させます。マスターベーションをするときには、自分の部屋で行い、ドアは閉めておくこと。次に、

マスターベーションは正常で自然な行為で、気持ちがいいことだと伝えます。教えておくべきことは一般的に次の通りです。

- 性器、特にクリトリスに触ると気持ちがよくなる（必要であれば視覚補助を使って、クリトリスの場所を教える。あるいは医師に相談する）。
- 性器を触ることは、女の子にとって自然なことである。
- 性器に触ってもよいが、それはプライベートなことなので、「自分の部屋で」「1人でいるときに」「ドアを閉めて」行う。
- 性器をこすると、オーガズムに達する。すると、膣が収縮し、気持ちよく温かく感じる。
- マスターベーションはプライベートな話題なので、親しい人たちとだけ話すべきことである（人間関係を表した円図を参照する）。性器に触ることについて質問や悩みがあれば医師や親にだけ話す。
- 誰かにロマンチックな思いを抱いていると、性器に触りたくなることもある。
- 誰かのことを思いながら性器に触ることもある。

考えられる問題

マスターベーションに関してよく生じる問題には、様々なものがあります。もし公の場で触ってしまうなら、そういうことはどこでするべきか（ドアを閉めた自分の部屋でのみ）、視覚補助を使って教えてください。マスターベーションと「特にプライベートな時間」について教えるときには、視覚補助を用いて様々な工夫が可能です。必要なら、日課を組んで、その中に「特にプライベートな時間」を入れるのもよいでしょう。そのとき、プライベートな時間がいつ終わるのか、また次にどんなことをするのかを必ずしっかりと伝えてください。

マスターベーションに長時間没頭してしまうことも問題です。これは性器の炎症等につながるだけではなく、生活に必要な他の活動ができなくなる恐れがあります。頻繁にマスターベーションを行う理由が身体的なものかどうかを確認してください。服用している薬のせいで、オーガズムに達

しづらいことがあります。達しづらければ、それだけ苛立ちもつのるでしょう。もし炎症があれば、KYゼリーなどの水溶性の潤滑剤の使い方を教えてあげてください。そして、今の炎症がすっかり治らないうちは、マスターベーションをしないように伝えてください。ASDの少女は運動の協応力の弱さや、動きの流れがつかめず、なかなかオーガズムに至らないことがあります。マスターベーションに関する少女向けの本とビデオではデイヴ・ヒングズバーガーとサンドラ・ハールの『ガイドブック：女性のマスターベーション』が優れています（巻末の資料のページ参照）。娘さんがオーガズムに達しづらければ、医師に相談してみてください。マスターベーションにバイブレーターを使う女性もいます。バイブレーターとは、一定のすばやいリズムで集中的にクリトリスを刺激する掌サイズの道具です。運動の協応力や器用さを必要としないため、バイブレーターは便利かもしれません。

　もし、マスターベーションに関するプライバシーの概念がどうしても理解できない、自室であまりにも長い時間をマスターベーションにかけている、マスターベーションのしすぎや不適切な方法によって傷がついている、といった場合は医師に相談してください。もっと具体的な指導とプログラムが必要かもしれません。

　マスターベーションは誰にとっても簡単に話せることではありません。特に女性のマスターベーションについては、なかなか口に出せません。しかし、あなたが落ち着いて、はっきりと、受容的な態度で説明するなら、娘さんは必要なことを学ぶでしょう。学ぶ間もリラックスできるでしょう。女性のマスターベーションとオーガズム、また女性の性器の構造については、参考になる良いウェブサイトがあります。マスターベーションの仕方を載せているページもあります（巻末の資料のページ参照）。

恋と誰かさんへの興味

　多くの女の子たちとかかわる中で私たちは、十代前から思春期の女の子たちのデートに対する意識や興味が一般的に5段階のいずれかに当てはま

ることを知りました。表 7-3 がその段階です。まったく意識をしないレベルから、不健康なほど強迫的に考えているレベルまであります。レベル 4（興味をもつ）は、目標としてよく挙げられます。特に ASD の女の子の多くにとって、これはふさわしい目標です。しかし、中には、デートや恋愛関係に興味をもたない人もいます。社会的に要求されることがあまりにも高かったり、感覚的な問題があるために、身体的な関係をもつことが難しい場合もあります。例えば、テンプル・グランディンは、そういう関係には興味がないし、これからもそうだろうと、公に述べています。デートをしたくなければ、それはそれで良いのです。娘さんの年齢では、まだ自分がどう思うのかわからないかもしれません。時間と社会的な経験を重ねていくうちに、どういったことを望み、どんなことが一番自分にとってプラスとなるのかがわかるようになるでしょう。

　私たちのセラピーグループには表 7-3 に挙げた 5 段階それぞれに当てはまる少女たちがいます。セラピーでは、デートに関してたくさんの考え方が出るので、それをいちいち理解することはどの子にも難しいものです。6〜8 人の ASD の女の子を一室に集めると、デートや恋愛に対する興味のレベルがいかに様々かわかります。「いったいどうして、デートやら男の子やらキスなんかに興味をもつのか」「どうして急いでボーイフレンドを作らなくちゃならないのか」「どうして特定の男の子が自分とデートをしたがるのか」といった話が聞かれます。ファシリテーターをつけず、指導もせず、特別なグループ活動もないまま、このようにただおしゃべりをさせておくことは一見無益かもしれません。しかし、彼女たちには、自分が恋愛に興味があるのか、デートをする心構えができているのかをよく考える機会が必要なのです。もし興味があるなら、上手に、安全にデートをするには、どんなことを知っておく必要があるのかも考えるでしょう。まだ心構えはできていなくても、他の子の意見を聞くことは大切です。自分の気持ちや経験と比較して考えることができるからです。デートに対する健全な興味を養う上で、このような機会は非常に役に立ちます。

表7-3 デートに対する意識と興味のレベル

レベル	様子	介入方法
1．気がつかない段階	・恋愛への憧れや誰かに惹かれる思いはほとんどない。あるいは気がついていない。 ・他の女の子たちが恋愛感情を抱いていることに気がつかないことが多い。	・この段階では積極的な介入は不要。 ・他の子と比べ、発達に何年かの遅れがあることを留意。 ・デートへの関心の兆候に気をつける。他の子どもたちがデートに興味をもっていることを意識し始めていないかどうかにも注意。
2．無関心の段階	・デートに興味はないが、他の女の子たちが恋愛感情やデートへの興味を抱いていることは知っている。 ・自分は「絶対に」恋愛などしたくないと思い、他の子たちが憧れている理由が理解できない。	・他者の視点で物事を考える力を養う。どうして他の子たちは恋愛に興味をもつのだろう。 ・プレッシャーをかけずに、興味がない理由を理解しようと努める。そうすることで娘さんの考えや気持ちにもっと配慮できるようになる。
3．揺れ動く段階	・他の子たちがデートに興味をもっていることに気づいており、自分自身、興味が芽生えている。 ・デートに対して神経質になっている。「デートしたいけど、今はいや」などと言うかもしれない。 ・拒否されるのを恐れたり、自分には魅力がないのではないかと悩むことが多い。 ・好きな相手に告白するスキルがない。 ・自尊心が低い。	・デートのスキルや恋愛スキルを築く。 ・自己洞察、自尊心、自信を身につける。 ・グループ指導と個別指導を組み合わせると効果が出やすい。
4．興味をもつ段階	・自分も他の女の子たちもデートや恋愛に興味があると知っている。 ・拒否されたらどうしようという臆病な気持ちや恐れがあるが、現実的に洞察ができる。デートへの心構えができているかどうかが、自分でわかる。 ・自分がどんな人に恋心を抱くのかがわかるようになっている。	・この段階は積極的にデートや恋愛のスキルを築くときである。自分自身や他者について、また、恋愛やデートの相手に何を求めているかをよく知る準備ができている段階。 ・グループ指導と個別指導を組み合わせると効果が出やすい。

第7章　健全なセクシュアリティ

5．絶望段階	・他の子たちがデートをしていることが非常に気になる。そのことばかりを考えたり、絶望感に襲われることがある。 ・デートを断られると、怒り、嫉妬、恐れが生じることが多い。二度とデートはしないと思う。通常、非現実的なことに対する強迫性が高まる。 ・自尊心が非常に揺れる。自分のニーズを読み取れない。どんな人とデートをしたいのかもわからない。	・危険な状態であることが多いため、個別指導が必須。 ・うつ、不安、自傷、自尊心の低下など心の健康の問題が生じる恐れがある。 ・社会的な理解とスキルの確立に向けた集中指導が必要。

ケーススタディ：モーラ

　モーラは長年私たちのプログラムに参加しています。2年前、17歳のとき、彼女は十代を対象にしたソーシャルスキルグループで唯一の女性メンバーでした。グループの中の、ある男の子がモーラに好意をもっていましたが、モーラはその気持ちに応えることはありませんでした。少なくても自分では、応じたことはないと思っています。デートをしたり、男の子を好きになるなど考えてはいなかったので、モーラにとって、このことはストレスになりました。翌年、モーラは転校をしました。以前の学校よりも、プラスになることが多く、彼女はある男の子に恋もしました。この男の子はどうやらASDのようで、社会的な相互作用や会話がモーラよりも苦手でした。モーラは、彼も自分に興味があるようだと思っていましたが、確信はもてませんでした。この男の子との関係はまったく進展しなかったのですが、モーラは自分がデートをしたいと考えるようになっていることに気がつきました。彼女は今大学1年生で、毎週カウンセリングを受けています。カウンセリングのとき、モーラはさびしいと打ち明け、正式なボーイフレンドはまだいらないと思う一方で、誰かを好きになりたい、一緒におしゃべりをしてデートに出かける相手がほしいと言いました。2年の間に、

> モーラは「無関心の段階」から「揺れ動く段階」へ、そして健全な「興味をもつ段階」へと前進しました。私たちは現在、大学で同じような関心を抱いている若者たちに出会う方法を探りながら、モーラがどんな男性に興味をもつかを検討しているところです。

恋愛への興味からデートへ

　十代の女の子の母として、私はアスペルガー症候群の特徴に感謝していると言わざるをえません。娘は何事にも「規則優先」で、それは人付き合いや、何と恋にまで当てはまるのです。昨夜、娘は私を呼んで、友だちへの怒りを話し始めました。その男の子は娘の良い友だちの１人なのですが、アニメの会でお酒を飲み、誰かとセックスをしたというのです。娘は、①彼がお酒を飲んだこと、②結婚もしていない相手とセックスをしたこと、にひどくショックを受けていました。娘のかたくなさが良いことに活用できるようになったと思います。きっとこれからも、しばらくはそのかたくなさのおかげで娘は安全でいられるでしょう。娘は感情的に非常に幼いので、人間関係に性的な要素が入ってきたらたいへんなことになると思うのです。これからも娘のかたくなさは良い意味で利用できるでしょう。娘はさっき、ボーイフレンドにキスをされたと私に言いつけに来ました。これもかたくなさのおかげです。16歳になるまでキスをしてはいけないことにしていますので……
（15歳のアスペルガー症候群の娘の母）

　ASDの少女たちは、恋愛感情をなかなか理解できません。そういう気持ちにどう対応したらよいのか、思春期や成人期前の健全なデートとはどんなものなのかもよくわかっていないことが多いです。娘さんの安全と健康的な感情発達に、この領域の知識とスキルは欠かせません。誰かとつながりをもつことは娘さんにとってすばらしい経験となります。ただし、あくまで、本人が希望すれば、です。恋とデートについて理解するには、次のような目標があります。

恋
- 誰かに魅せられる、恋愛感情をもつとはどういうことなのかがわかる。
- 自分が誰かに恋をしているかどうかがわかる。
- 誰かが自分に興味をもっているかどうかもわかる。
- 「いちゃつき」の意味を理解する。どんなことなのか、礼儀をわきまえた適切な「いちゃつき方」とはどういうものか。

恋心の伝え方
- 恋心を適切に表現する方法を知っている。
- デートにふみきるタイミングを知っている。
- デートに誘われたら対応できる（決心する。承諾するか、丁寧に断る）。
- デートに誘うことができる。
- 断られたときに上手に対応できる方法を知っている。

恋愛関係について
- デートの「基本」を理解する。
    - デートの準備ができている（例：清潔、身だしなみ、服装）。
    - デートでの適切なふるまい、やりとり、境界線を乱さないことを知っている。
    - デートの終わり方を知っている。
    - もう一度デートをしたいとき、あるいはしたくないときにどうすればよいのかを知っている。
- デートの状況が不健全になったとき、それに気づき、対応できる。
    - 不愉快になったとき、デートを終わらせる方法を知っている。
    - 不健全な状況になったときに、誰に話すべきかを知っている。
    - もう二度とそういう状況が起こらないようにするにはどうしたらよいかを知っている。
- 恋の相手に何を求めるかを知っている（ボーイフレンド・ガールフレンドの条件）。
- 健全な関係、不健全な関係の特徴を知っている。
- 自尊心と自己主張のスキルを身につけている。
- 関係は進行する可能性があることを理解している。

多くの女性が上記のスキルについて悩んでいます。『別な星から来た女性』の中で、ゲイル・ペニングトンは、高校時代の経験と、恋心を表す方法がいかに乏しかったかについて次のように記しています。

> 高校の頃、ボーイフレンドは1人もいませんでした。たとえ、私を好きな子がいたとしても、まったく気がつきませんでした。誰かが私を好きだという噂を何度か聞いたことはありましたが、実際に近づいてくる子はいませんでした。父と義母は私に同性でも異性でも友だちがいないことに気をもんでいました。特にボーイフレンドがいないことに苛立っていました。2人とも、どこか私におかしいところがあるんじゃないかと思っていました。自分に欠陥があるように感じるのは本当にいやでした。「どこかおかしいのでは」というような言い方を聞くと、実際に自分はおかしいのだと思ってしまいました。男の子を毛嫌いしていたわけではなかったのですが、男の子に好かれるようなこともしていませんでした。どうしたら好かれるのかも知りませんでした。誰かを好きになったときには、その子に気づいてほしいと思いました。他の女の子たちは男の子をひきつけていたけれど、私にはそのやり方がわかりませんでした。どうしたらいいのか聞いてみたことは何度かありましたが、与えられたアドバイスはまったく理解できませんでした。(p.184)

『アスペルガー的人生』では、リアン・ホリデー・ウィリーは「いちゃつく」ことができなかった様子を書いています。

> ほかの少女たちを見ていると、若い男性の集団をたくみにあしらっている。それも、見たところ、何の苦もなく自然にできるらしい。さらに見ていると、彼女たちは握手もしていなければ、ろくに会話もしていない。ただ、くすくすと笑ったり、きゃあきゃあと笑ったり、髪をかき上げたり、男の子の腕に軽く手を置いたりしているばかり。どうやら、自分に注がれる注目のスポットライトにすっかり陶酔しているらしい。こうして、彼女たちの行動のパターンは読めた。でも私には、どうしても、そのとおりにまねることができなかった。
> (『アスペルガー的人生』p.72 ニキ・リンコ訳 東京書籍 2002年)

娘さんはどんなことを知っておく必要があるか、この機会によく考えてみてください。ノートに書き留めたり、日記をつけてみてください。そう

いった情報は基本的な指導プランに直接つながります。娘さんは誰かに恋をしていることを話したことはありますか。デートの準備は整っていますか。デートに対する戸惑いはありませんか。本人は最近、デートについてどう思っているでしょう。不安、興奮、恐れ、無関心、どれに当てはまるでしょう。先に述べたデートに関する重要事項を理解していますか。デートで不愉快な対応を受けたとき、はっきりノーと言えますか。

　恋愛やデートについて教えるとき、次の３点があなたにも学校側にも役に立つでしょう。①デートに対する娘さんの現在のレベルを知る。②どの概念をよく理解しているかを知る。③次に教えるべき概念を知る。これらの３点が明らかになったら、概念理解とスキルの指導に取り組んでください。前述の、境界線とパーソナルスペースを教える方法を使って成功した親御さん方がいます。視覚補助、ロールプレイ、ビデオモデリング、準備、切り替え、プロンプト、お話や写真、テレビや映画、そして何度も繰り返すことです。特に効果があったと報告されている視覚補助は以下の通りです。

- 「身体図」を使って、恋をするとどう感じるかを説明する（例：心臓がドキドキする、顔がほてる、性器がくすぐったく感じる）。性的なことを話すのは心地悪いかもしれませんが、非常に重要です。
- 人間関係を表す円を活用する
- デートでの適切な行動を順に示す図を作る（例：手を握るようになるのはいつか、頬にキスをするのは、唇にキスをするのはいつか）
- デートで生じる可能性のある健全な行動と不健全な行動のリストを作る。健全な行動には緑の印、不健全な行動には赤い印をつける。娘さんにも印をつけさせてください。
- 「デートの準備リスト」を作る。清潔、身だしなみ、服装、持ち物（手帳、お金、携帯電話、緊急用の電話番号）などの項目をリストアップする。

　どういうことが適切なのかは、各家庭の価値観、娘さんの年齢や能力レベル、経験によって大きく左右されます。思春期後半の娘さんが誰かに胸を触られることをどう思いますか。そういうことを先回りして考えると、

よく準備ができます。親御さんの多くが「セックスは大人だけがすること」「洋服の下から触るのも大人だけがすること」というように教えます。しかし、実際にどんな行動が適切なのかを必ずはっきりと教えてください。セックスについては、本章後半で述べます。

安全な支援付きデート

　娘さんが誰かを好きになり、デートをしたがるようになったら、あなたは何となく怖く感じることでしょう。どの親御さんもそうです。幸い（とは思わないかもしれませんが）、相手も娘さんに興味があるとわかったら、「安全な支援付きデート」を計画してください。この名称は私たちが考えたものです。安全でないデートがあるのか、と思われるかもしれません。もちろん、あります。ASDの少女にとって、初期のデートは「安全で」あるだけではなく、「支援付き」でなければいけません。安全なデートについては、これまで述べてきた通りですが、ふるまい方だけではなく、状況がおかしくなったら場合にどうしたらよいかを知っている、はっきりとノーと言える、といったことも大切です。支援付きデートを行うとデートが楽になります。ちょうど、自転車の補助輪やスキーの初心者用スロープのようなものです。表7-4は支援付きデートの進め方です。大人の付き添いを伴うグループデートから、監視のない一般的なデートまでの概略を示しています。たとえ、将来１人でデートに出かけることはなさそうな子でも、支援付きデートを経験すると自主性や自信が養われます。能力に一番合った形のデートができるようにもなるでしょう。

　中には支援付きデートをいやがる子もいます。特に表7-3（266-267頁）で「絶望段階」にいる子たちはそうです。このような少女たちは、定型発達の子と同じようになりたいと努力していることが多く、仲間に受け入れられたいと望んでいます。デートに親が同伴するなど、彼女たちには恥ずかしくてたまらないことなのです。一方で、支援付きデートに肯定的な反応を示す子もいます。私たちのクリニックの「親の会」に入っている家庭の少女たちの中から、最近３人の子が支援付きデートを行いました。みんな緊張していましたが、デートはうまくいき、相手の男の子に２度目のデー

表 7-4 「安全な支援付きデート」の進め方

デートの形態	内容	指導方法
大人が支援を行うグループデート	・他の子どもたちと共に大人が直接かかわる中で、好きな子とデートをする。ソーシャルスキルグループの活動の一環として行える。親が計画してもよい。 ・好きな子と話したりかかわりをもつ機会となる。 ・必要に応じて大人はかかわりを促す。ソーシャルスキルグループの正式な指導と見なしてもよい。	・始めの挨拶の練習。 ・デートの終わりにさようならを言う練習。 ・会話の始め方、続け方、終え方の練習。 ・質問をして相手に興味があることを示す練習。 ・対処スキルと不安の調整の仕方を教える。 ・ロールプレイとビデオモデリングを何度も行う。
大人が観察を行うグループデート	・他の子どもたちと共に、大人が見守る中で好きな子とデートをする。 ・例えば、グループでモールや映画へ出かける。親やグループの責任者は一歩引いて必要なときだけかかわる。 ・手をつないだり、ハグをするかもしれない。	・上記のスキルを定着させる。 ・自然に付き合いを始めるにはロールプレイによる練習が重要。 ・相手への好意を表す方法、また相手が自分に興味をもっていることに気づく方法を話し合う。 ・セルフモニタリングと自己評価。デートの後、そのデートがどれほど成功したか、どういうことがうまくできたか、また改善点について評価させる。
大人の監督のもとで行うデート：ただし通常のデートとは異なる	・デートをする子どもの双方の親が前もって電話で、できれば直接会って話をする。 ・デートの内容については細かいところまでよく計画を立てておく。これは「デートのようなもの」ではなく、ゾーシャ・ザクスが『人生と愛：自閉症成人のためのポジティブな方法』で述べている「代わりのデート」である。 ・例として、動物園へ行く、ミニゴルフ、散歩、一緒にコンピュータ講座をとる、家では、ボードゲーム、テレビゲーム、ピザを注文する、などがある。 ・親はひたすら下がっている。	・1対1の会話とはたらきかけのスキル練習。 ・引き続きロールプレイ練習。 ・自己洞察、セルフモニタリングの力、自尊心、自信を育む。 ・デートの進み具合について話し合う。もしうまくいっていなければ分析を行う。最初から細かく検証し、どこでつまずいたのかを知る。次回はどう改善できるかを検討する。

大人が監督するデート	・まだ細かく計画を立てておく必要があるが、この段階では、映画を観に行く、夕食、アイスクリームを食べに行く、夕食後にダンスに行くなど、より通常のデートに近くなる。 ・親は同伴するが、子どもたちにはかかわらない。 ・子どものスキルレベルや快適さによって、距離は変わるが、ある程度離れたところで見守る（例：映画館の後列に座る）、あるいは別な場所（例：ロビー）で待つ。	・デートと恋愛関係の自発的なスキルが要求される。自分自身と他者への理解を深め、恋愛関係やデートの相手にどんなことを求めるのかを学ぶ時期である。 ・安全保持のスキルとデートでの適切な行動を教える。 ・恋愛関係における次の行動を話しておくとよい。例えば、ハグ、別れる際のキス、適切な身体的接触の境界線を設定し、主張のスキルも身につけることが重要である。 ・カウンセラーの指導のもとに、グループで、さらに個別にも練習するとよい。
通常のデート	・親はまだ計画に携わるが、デートには同伴しない。 ・本人が計画の詳細を理解していることを確認する。どこで何時に相手に会うのか、どうやって何時に帰宅するのか。また緊急連絡先も確認しておく。	・デートと恋愛関係のスキルを引き続き練習する。 ・デートの後、どこが良くてどこが良くなかったかを話し合う。 ・性的な境界線について話し、はっきりとノーと言えるようにしておく。

トを申し込んだ子もいました。

　また、デートをしたからといって、相手が恋人とかボーイフレンドになるわけではないと知っておく必要もあります。娘さんには、相手がボーイフレンドになるとはどういうことなのか、それに必要な社会的な段階と共にはっきりとわかりやすく教えなければいけません。ASDの十代の少女の場合、デートはゆっくりと徐々に進めていくべきです。本人がデートでのマナーや安全性をどれだけ理解しているか、また、快適さのレベルをよく考慮してください。私たちは、娘さんが大学に入るまで、あるいは高校を卒業するまで、決まった恋人を作らない方がいいと、多くの親御さんに勧めてきました。娘さんには、自分自身について、さらに、デートや恋愛

関係について先に学ぶべきことが余りにもたくさんあります。特定の男の子と1対1のデートを重ねるのはまだ早いでしょう。次の章では、個人の安全について、また娘さんの安全をいかに確保するかについて述べていきます。巻末の資料のページには、デートでの暴力や異性関係における十代の少女の安全性についての優れたウェブサイトを載せてありますので参考にしてください。

セックスと性的活動について

本章の冒頭で、セクシュアリティはセックスではないと述べました。そしてセクシュアリティについて、感情理解や体の気づきからマスターベーションや恋心に至るまで、様々な角度から検討してきました。セクシュアリティのいかなる面も娘さんにとっては重要なことです。ここでは、セックスについて考えていきましょう。おそらくあなたの心には、既に次の2つの質問があると思います。娘はセックスをするだろうか。もしそうなら、どんな備えをしてやれるだろうか。

娘さんがセックスや性的活動に興味をもつかどうかは、これまで挙げてきた多くのことが関与します。まず、社会的な動機づけです。娘さんは性的な異性関係に興味があるかもしれないし、ないかもしれません。他者との結びつきに対する考えや感情は、異性関係のスキルを学び、思春期から成人前期に実際に関係を経験するうちに、一層はっきりしていきます。ウェンディ・ローソンは『鏡の向こうの人生』(Life Beyond Glass)(邦訳版『私の個性、私の障害』)の中で、恋愛関係への目覚めと欲求を次のように書いています。

> 「恋愛関係」「結婚」「家族」といった考えは、そこら中にあふれている。みんな、誰かと一緒にいたいのだろう。特に怖いときに。完全には理解していないけれど、私もそういう思いがわかるようになった。誰かと一緒にいて楽しいとか、一緒にいれば怖くないというのが、どんなことなのか、わかるようになってきた。実際に一緒にいれば穏やかな気持ちになる。これは私が10年かかってようやく知ったことだ。　　　　　(原書 p.12)

娘さんのソーシャルスキルは、個人的な関係やセックスをするかしな

いかにも大きくかかわってきます。イザベル・エノーは著書『アスペルガー症候群とセクシュアリティ』で、性的に活発なASD女性は、同時期に、あるいは連続して多くの相手と性的関係をもつ傾向があると書いています。娘さんには境界線、異性関係における「赤信号」、さらに、しっかりとした意思決定と判断のスキルを学んでおく必要があります。私たちのプログラムを受けるASDの少女たちの中には、初めてのデートから、たった2、3週間後にはセックスをしてもよいと思っていた子が実に多くいます。巻末の資料（7章と8章）に、境界線、健全な恋愛関係、意思決定に関する本をいくつか推薦していますので参考にしてください。

知的な能力も、セックスをするかどうかにかかわります。次の章では、性的活動への同意について述べます。同意するには、少なくても、まず身体理解と、性的接触の間どんなことが起こるのかがわからなくてはなりません。

感覚の要素はASDの場合、特に密接に関連します。多くのASD女性が、親密な身体的接触はあまりにも圧倒的で、とても楽しめるものではないと書いています。匂い、身体的な感覚、音が一緒になって、不安や不愉快な気持ち、ときには痛みさえ招くのです。他の身体的な接触は嫌ではなくても、セックスは困難なことがあります。リアン・ホリデー・ウィリーは感覚の問題が夫との関係にも影響していると記しています。

> トムは私がみんなと違っていることくらい百も承知で、それでもなお私と一緒に歩む気なのだ。そうわかる一言だったから。この言葉をかけられてからというもの、感覚過敏のことだって正直に打ち明けられるようになった、私さえ言う気があるならば、こんな刺激でいらいらしてしまう、過剰に反応してしまう、混乱してしまうと言ってもいいのだとわかったから。
>
> 手をつなぐのに、2人の指を交互にからませてこられると、今にも指を引き裂かれるように感じられること。軽くふんわり触れられると、肌の下を虫が這うような感じがすること。トムがある特定のオーデコロンをつけていると、口には唾がわき、鼻は焼けつき、胃はむかむかすること。あまり近くに立たれると思わず払いのけたくなり、それを抑えるには全身の力をふりしぼっていること。　　　　（『アスペルガー的人生』p.116-117）

運動の協応性は、様々な性行動を行う能力にかかわっています。もし協

応性が非常に弱ければ、パートナーといるときに自意識過剰になったり、不安を感じるかもしれません。

コミュニケーション障害があれば、性行動に関する自分の欲求や思い、心配事を言葉その他の手段で伝えたり、セックスをしたくないときにノーと言うことも困難になるでしょう。

私たちが指導をしてきた親御さん方は、いろいろな方法でセックスに関する話し合いに対処しています。この話題では、家族の価値観が基盤となります。結婚まで性的関係はもたない、決まった相手ならもってもよい、と考え方は様々です。定型発達の子どもたちは6年生のときに学校で、男性と女性の生殖の仕組みを学びます。セックスについて教える内容は、娘さんの年齢、知的レベルによって変わります。どの程度のことをいつ話すべきか、かかりつけの医師や心理士に相談してみてください。詳しく触れない単純な説明は次のようなものになるでしょう。

> セックスとは、2人がお互いをとても素敵だと感じて、性的にできるだけくっつきたいと思うときのこと。セックスは気持ちがよくて、相手が大好きだと伝える方法。

この説明から、さらに詳しく、視覚補助も使って、性的反応やセックスの行為自体（男性のペニスが女性の膣に入る）にまで発展させることができます。これまでに述べてきたように、行動やふるまいを説明するときには、社会的な文脈をふまえてください（例：なぜ人間はセックスをするのか、なぜ両者が同意し合わなければならないのか、なぜプライベートに行うのか、なぜコンドームをつけて責任ある行動をとらなければならないのか）。

若い女の子にこのように詳しく教える際には、次のことも加える必要があります。

- 避妊と安全なセックスの練習（例：コンドームの使用）
- 性感染
- 妊娠と生殖のサイクル
- 相手の欲求や希望を尊重すること（性的活動への同意）
- 虐待予防

- 責任と意思決定
- 長期的な関係と結婚

　セックスの説明については、基本的なものから、視覚補助付きで詳しく述べるものまで多くの書籍やカリキュラムがあります（巻末の資料のページを参照）。「指導の道具箱」を思い出して、娘さんに最も効果的な方法を見つけてください。そして、いつでも質問に答えられる用意をしておいてください。あなたが、まだ教える準備ができていないうちに、娘さんはセックスへの興味を示したり、質問をしてくるかもしれません。教材を用意して、教えたいことを明らかにしておきましょう。そこがスタート地点です。何を教えるべきか、また、いつそれを教えるべきかがもっとわかるようになれば、会話の糸口はほどけて、自然に展開していくようになるでしょう。

学校のセクシュアリティ教育の授業に参加するかどうか

　全米性情報教育協議会（SIECUS）を通して出版された『セクシュアリティ教育の理解に向けたガイドライン』（SIECUS 1996）では、セクシュアリティ教育のカリキュラムで重要な6つの概念（人間の発達、関係、個人のスキル、セクシュアル行動、セクシュアルヘルス、社会と文化）を挙げています。大規模な調査に基づいたこのガイドラインは、セクシュアリティを教える側の貴重な情報源となっています。ガイドラインでは、男女の生殖機能（生殖そのものも含む）と思春期の変化に関する指導は、6年生から中学2年生までのカリキュラムに入れるよう勧めています。このガイドラインは非常に包括的で、北米の各学校では、保健やセクシュアリティの授業用に独自のプランを立てています。

　残念ながら、発達障害の子どもたちを対象にしたこのようなガイドラインはまだありませんが、2005年にカナダのマニトバの教育省が『統合校支援：自閉スペクトラム症の生徒のためのプログラムの開発と遂行のハン

ドブック』という本を出版しています。コロラドで私たちの指導を受けていたお母さん方の1人が、ぜひ、この本を読んでほしいと薦めてくれました。確かに読む価値のあるすばらしい本でした。意外だったのは、補遺に「ASDの生徒のためのヒューマンセクシュアリティ教育」という項目があったことです。私たちはたいへん驚き、もちろん喜びました。ASDの若い人たちには、定型発達者とは違う方法でセクシュアリティ教育を行う必要があると教育省が認めた初めてのケースでした。

　中学生、高校生とかかわっていると、指導の側に次のような3つの根本的な誤解があることがわかります。①ASDだから、セクシュアリティ教育は必要ない。②障害があるのは承知しているが、おそらく今使っている通常のセクシュアリティ教育のカリキュラムで十分だろう。③ASDではあるが、あの子は非常に頭がいいので、通常の性教育の授業で十分だろう。このような誤解に対して、私たちはどう答えるか、もうおわかりのことでしょう。①いいえ、彼女にはセクシュアリティ教育は必要です。②いいえ、通常のカリキュラムでは不十分でしょう。③たとえ、非常に頭がよくても通常の性教育では不十分です。

　セクシュアリティ教育に関して親御さん方は、我が子ならではの必要性に応じて多様な選択を行っています。

- 通常のセクシュアリティ教育のカリキュラムを省いて、学習ニーズを考慮した個別指導サービスを求める。
- 学校の指導チームから積極的な支援を得られるときにだけ、通常のセクシュアリティ授業に参加させる。授業内容は前もって親に渡される。親はそれを元に予習をする。授業後は、概念の理解を確認するために復習も行う。
- 個別指導計画（IEP）に個別のセクシュアリティ教育を含めるように要望する。セクシュアリティの学習目標も入れる。
- いくつかの授業を選んで参加させる（例：セクシュアルヘルス、実際的な授業）。その他（例：社会的な問題や抽象概念を含む授業）には参加させない。

　どんな選択をするにせよ、学校の指導チームと一緒に案を立てるのがべ

ストです。可能なら、セクシュアリティと発達障害において経験がある地域の専門家にも相談するとよいでしょう。私たちはこれまでに、とてもつらい経験をして学習が停滞してしまった少女に何人も出会ってきました。通常の性教育の授業に彼女たちを入れたことは大きな間違いでした。例えば、セックスをすれば、バナナが膣に入ってくると思った子たち（授業でバナナが象徴的に使われたことを理解できなかった）がいます。クラスで「バカみたいな」「子どもっぽい」「上品ぶっている」質問をしたという理由で何週間も何か月もひどくからかわれ続けた子たちもいます。

　娘さんのセクシュアリティ教育で学校が果たす役割をよく考えてください。カリキュラムの個別化がどれだけ可能かは、学校や校区によって異なることがあります。これまで私たちは、教師や学校心理士の研修会に招かれ、ASDの若者へのセクシュアリティ教育について話してきました。このような研修会を行うと学校の指導者たちがチームとして同じ情報を共有し、娘さんの福利と教育にしっかりと関与できるようになるため、たいてい良い結果につながっています。ASDの少女たちが、高校の最終学年のダンスパーティーに嬉しそうに安心して参加する姿は、学校職員にとってとてもすばらしいごほうびなのです。

ジェンダーアイデンティティと性的指向

　思春期の子どもたちが皆そうであるように、娘さんも「自分とは誰なのか」「人生の楽しみは何なのか」を理解しようとしているのです。このプロセスの中には性指向とジェンダーアイデンティティを含む「性的なアイデンティティ」の発達が含まれます。娘さんは、同年齢の定型発達の子どもたちとは違う歩み方をしますが、特に社会的、感情的、心理的に幼い場合は、歩み方もゆっくりになります。ただし、自閉症による障害があっても、思春期の身体発達が遅れるわけではないのと同様に、性的なアイデンティティは早い例を除いて、通常、十代後半から成人にかけて発達していきます。

　セクシュアリティとASDはめったに話題にのぼることはありません。

まして、セクシュアリティの要素である多様性とかジェンダーアイデンティティとなるとほとんど取り上げられません。あまりにもおろそかにされている研究領域です。総合的な発達障害の分野で、障害のある人たちの性的なアイデンティティや好み、指向の理解を促すような研究は、数えるほどしかありません。

　幼いうちから性差が社会化されている一方で、もしASDの女の子たちが、性差そのものや自分が女性であることにもほとんど興味をもたず、あるいは気づきもしないとすれば、後になって問題なく自分のジェンダーを受け入れたり理解することはできるようになるでしょうか。ASDとジェンダーアイデンティティの問題に関連があるのではないかと指摘する予備的研究はいくつかありますが（Abelson 1981; Gallucci, Hackerman, and Schmidt 2005; Mukkades 2002）、ASDの女の子たちが自分のジェンダーを経験によってどのように理解するのかについてはまだ十分な調査がなされていません。『おめでとう！　アスペルガー症候群です』の著者、ジェン・バーチはジェンダーにかかわる初期の体験を述べています。

> 　私は男の子と一緒にいる方が好きだった（女の子といるよりも問題が起こりにくかったから）。そしてそれは私が長年両性具有であるという思いにも通じている。私は自分が女の子らしいと感じたことは一度もない。だから、女の子だけのグループには到底なじめなかった。それも今思えば、「遠まわしのコミュニケーションで使われる秘密の言葉」のせいだ。少なくても一因にはなっている。どの女の子ともうまくいかなかった。暗号を解読できなかったから。おまけに、私には「女性らしく」なりたいという思いにも欠けていた。きれいな服を着る、化粧をする、アクセサリーをつける、流行を追う、髪を整える、子どもを産む、そういう欲求がない。大人になって、「両性具有」という言葉を知った。男でも女でもないこと。男女両方の面が等しくあること。自分の気持ちを表す言葉があることが嬉しかった。
> 　　　　　　　　　　　　　　　　　　　　　　　　　　　　（p.120-121）

　ジェンダーアイデンティティとは、自分が男である、あるいは女であるという意識のことです。この意識は定型発達では、だいたい生後18か月から2歳半の間に芽生え（Steinberg, Belsky, and Meyer 1991）、安定するのは、

それからしばらく立ってからです。子どもたちは、ジェンダーとは不変の特性、つまり、女の子はこれからも女の子のまま、男の子は男の子のままなのだと理解するようになります。ASDの子どもたちにおいて、この過程がどう進むのかはほとんどわかっていません。いくつかの文献と早期療育プログラムでは、就学前のASDの子どもたちは男女の区別がつきづらく、heとsheの使い分けも難しいという報告がなされています。具体的にその領域をターゲットとした指導プラグラムも開発されています。ジェンダーアイデンティティの社会化は、ASD者の場合、男女を問わず非常に困難でしょう。自分のジェンダーアイデンティティを理解しようとした経緯を何人かのASDの女性が書き表しています。『別な星から来た女性：自閉症宇宙に生きる私たち』で、メアリー・マーガレットは次のように記しています。

> 当時、私のジェンダーは謎だった。男の子たちからは「メアリーは他の女の子とは違う。けがをしても泣かないし。だから女の子よりも上だ。でもメアリーは男じゃない。メアリーはただ、メアリー・マーガレットなんだ」と言われた。自分がそうやって区分されるのはもちろんさびしかった。私は自分のジェンダーが嫌いになった。それから何年もたち、フェミニストの本を読むようになって、ようやく私は「男性アイデンティティ」から抜け出すことができた。(p.38)

同じ本で、ジーン・カーンズ・ミラーはこう書いています。

> ここにいる仲間の中には、人生、見解、行動がジェンダーと全然結びつかない人がいる。私自身は、いくぶん女性らしい生活を送っているが、実際の自分とはある意味で、かけはなれた感じだ。コスチュームを着ているようなのだ。子どもの頃は両性具有だった。今でも世の中をジェンダーに関係なく捉えることができる。(p.38)

ASDと性指向の関係もほとんど明らかになっていません。ASDの人たちにおけるヘテロセクシュアル、ホモセクシュアル、バイセクシュアルの率を表す立証的なデータは今のところまったくありません。ヘレマンズら (Hellemans et al. 2007) は、グループホームに住む高機能自閉症の24人の

若い男性（言語IQ70以上）を対象に、自己報告の形で調査を行っています。その結果、17％がホモセクシュアル（4％）かバイセクシュアル（13％）の指向があることがわかりました。女性を対象にした調査はなされていません。著書『アスペルガー症候群とセクシュアリティ』で、イザベル・エノーは「性の多様性とジェンダーアイデンティティ」という章を設け、ASD成人の男女の性指向とジェンダーに関する体験談をまとめています。そして、何がASD者の性指向とジェンダーアイデンティティに影響を与えるのかを知ることが大切だと強調しています。

　ASD女性の自叙伝では、非ヘテロセクシュアル指向が多く見られます。いずれも健全な性体験がやはり健全な性生活へとつながっています。ジェネット・パーキス、ジェン・バーチ、マーティン・ストーンハウス、ウェンディ・ローソン、ゾーシャ・ザクスらが、成長過程の性経験について、プラスとマイナス両面を現在のライフスタイルと共に、率直に執筆や講演を通して伝えています（巻末の資料のページを参照）。

我が子をどう支えたらよいでしょう

　娘さんは様々な方法で自分のセクシュアリティを探っていることでしょう。親としてのあなたの役割は、彼女の自己理解を支え、必要に応じて導いてあげることです。もしかすると娘さんは自分のジェンダーアイデンティティや性的指向について迷っているかもしれません。自分の気持ちに戸惑っているかもしれません。あなたが期待するほど男の子には興味がないかもしれません。惹かれるという感情に困惑しているかもしれません。「指導の道具箱」を取り出して、「人は男性にも、女性にも、あるいは両方に惹かれることがある」とわかるように教えてください。娘さん自信が自分の気持ちに気がつくように手助けをしてあげましょう。

　若い女性に対応する専門家の立場として、私たちは、どの性指向も許容しています。自分の性的な指向や好みを探求することは自然なことなのです。しかし、私たちが住む社会では、未だにヘテロセクシュアルだけが唯一公認される性指向とされています。この話題は非常にデリケートなものです。娘さんの性的発達がなかなか受け入れられなかったり、理解できな

いなら、同じ文化と宗教に携わる人たちや、この分野の専門家に相談してみてください。性指向と若者に関する情報には優れた書籍やウェブサイトがたくさんあります。Advocates for Youthでは自分のジェンダーやセクシュアルアイデンティティ、性指向に疑問をもつ若者とその親御さんのために役立つ情報を提供しています。特に発達障害を対象にした唯一の書籍には、ジョン・D・アレンの『ゲイ、レズビアン、バイセクシュアル、トランスジェンダー：発達障害と知的障害のある人たちの場合：レインボーサポートグループの物語』があります。娘さんを支えるために助力を求めることを恐れないでください。家族に受け入れられている、安心して自分の気持ちを表してもいいのだ、と感じることが娘さんには大切です。あなたの対応は、娘さんの自尊心や人間としての価値観に直接影響を及ぼします。

読み物を与える

　残念ながら、ASDの若い人たちに適した性に関する読み物は多くありません。特に知的障害がある子や読書が困難な子でも理解できる本はほとんどありません。ASDの少女のための指導内容を決めるときに、私たちは定型発達の十代向けの書籍を利用しています。そのような一般書籍を使う場合、あらかじめ通読して、どの箇所が娘さんにふさわしいか、どんなことが指導目標に当てはまるかを決めておきましょう。例えば、キャサリーン・マギーとローラ・ブッデンバーグは著書『知られざる性の誘惑：感情操作とデートバイオレンスを避けるには』でデートの段階について非常にわかりやすく書いています。私たちのプログラムを受けている少女たちにも適した内容です。デートには７段階あり、いきなりデートをするのではなく、まず異性との友だち関係を築くのが大切だと述べています。親のためのガイド、グループ指導のためのガイドもついています。また、私たちは『アメリカンガール』のシリーズ、『男の子と賢く付き合うには：思い続ける、真実を見失わない、その他』という本も使っています。ふられたり、デートを断られたときの対処の仕方について具体的に書かれた良い本

です。先に挙げた「デートに対する意識と興味のレベル」の表7-3(266-267頁)で「絶望段階」にいる子たちや、余りにも男の子に夢中になっている子には特にこのような情報が必要です。

　ASDの若い人たちを対象に書かれた本は、私たちの知る限り、2冊だけです。その1冊『自閉症・アスペルガー症候群とセクシュアリティ：思春期とその後』を書いたジェリー・ニューポート、メアリー・ニューポートはどちらもアスペルガー症候群の夫婦です。良い情報が満載の若者向けの本ですが、親への推薦図書にもなっています。もう1冊はカーリ・ダン・ブロンの『5は違法！ 社会的境界線：若い人たちのための率直なガイドブック』です。境界線やそれを破ることについて覚えておくべきことが書かれています。内容はASDの若者にふさわしく、視覚的かつ論理的に示されています。私たちも現在、ASDの十代の男女に向けた本の執筆を検討しているところです。ASDの少女たちが難しい思春期を順調に過ごす助けとなるような本を他の専門家たちにもぜひ書いてほしいと願っています。

参考：グニラ・ガーランド著　石井バークマン麻子訳『自閉症者が語る人間関係と性』
　　　東京書籍2007 絶版（スウェーデン語より翻訳）

第8章
現実社会での安全を確保する

> 自閉症のせいで娘のカイラがひどい目にあうのではないかと心配です。被害にあいやすいのですから。娘を守ってやれるようにと願ってやみません。
> （15歳の自閉症の娘の母）

　ASDの少女たちのプログラムを始めるにあたって、私たちは多くの親御さんに集まっていただき、子どもが思春期や成人期に入る頃の願いと心配事を尋ねました。ASDの女の子をもつ親御さん方に最も共通した懸念は、「虐待」「望まない妊娠」、そして「愛してくれる人が見つからないこと」の3点でした。悲しいことに、これらは決して根拠のない悩みではありません。発達障害を抱える女性は社会の中で最も被害を受けやすいのです。身体的、感情的、性的な虐待を受けるリスクは非常に高いのが現状です。しかし、あなたには娘さんが自分の身を守る手助けはできますし、それによって被害にあわない率も高まります。本章では、性的な被害と自閉症について振り返りながら、娘さんの安全をどう保つか、不適切な他者の侵入からどう守るかについて述べていきます。また、被害にあわないようにする方法と、もし何らかの虐待を受けていると知ったとき、あるいはそう感じたときの対処法と共に、安全なデートの仕方、セクシュアルハラスメント、学校でのいじめ、性的活動への同意、インターネット上の安全性など、具体的な問題にも触れていきます。

　本章の話題があなたにとっていかにつらいことか、私たちはよく知っています。多くの親御さんが、できることなら永遠に娘を守ってやりたい、虐待への対処法など学ばずに済むようにしたいとおっしゃいます。あなた

が本章の情報を受け入れ、娘さんの安全を守るために学んでみようと思われることに、私たちは拍手をお送りしたいと思います。無視をしても問題はなくなりません。以下に挙げるのは、ASDの女の子の安全に関する権利です。私たちは皆、他者に敬意をもって接してほしいと願います。娘さんもそうです。娘さんの権利を覚えておくことは、あなたにも娘さん自身にも力となります。そして、力を感じていると、たとえ難しいことでも、行動へとつながるようになるのです。

ASD女性の安全の権利

ASDの女性には年齢や能力にかかわらず、次の権利があります。

- 安全だと感じ、安全でいる権利
- 主張する権利、意見を聞いてもらえる権利
- 助けを求め、助けられる権利
- 自分自身の境界線を定める権利、不適切なときにノーと言える権利
- 自分の気持ち、「内なる声」を聞く権利
- 尊厳をもって扱われる権利
- (必要なら補助を得て) 自分にとって正しい選択を行う権利
- 社会に属していると感じる権利
- 自立を育む権利
- 自分を肯定的に感じる権利
- 自分を守る方法を学ぶ権利

虐待と発達障害

　数値が警告を発しています。私たちは決して親御さん方にショックを与えたり、怖がらせたいとは思いません。しかし、ここで、ありのままの現実をお伝えしたいのです。現実に向き合うことが、唯一娘さんをしっかりと守る備えにつながるからです。発達障害の女性が虐待を受ける率は驚くほど高く、全米の調査では発達障害の女性の39~83％が、男性では16~32％が18歳になる前に性的な被害を受けると示唆されています（Baladerian 1991）。この調査にかかわったバラデリアンはさらに、虐待事件の97～99％で、加害者は被害者と面識があり、信頼もしていた人物だったことを報告しています。虐待予防と障害の研究における第一人者であるディック・ソブシーは、発達障害の女性の70％が性的暴行を受けたことがあり、知的障害のある女性の半数近くが生涯で10回以上も被害にあっていることを明らかにしました（Sobsey 1994; Sobsey and Doe 1991）。

　非常に恐ろしい統計です。しかし、さらに恐ろしいことは、社会がこの問題に十分に向き合っていない事実です。発達障害のある人たちの虐待は、皆が避けたがる話題です。虐待への取り組みがなかなか行われないのはそのためです。「虐待は実際に起きている」と認めることが、予防、教育、政策を変える極めて重要な第一歩となるのです。

虐待とASD

　研究はまだ十分になされてはいませんが、ASDの少女や女性は社会的な相互関係の経験や理解が乏しいため、他の発達障害の場合よりも非常に被害にあいやすいと考えられます。危険な状況の「赤信号」を察知する、他者の思いや意図、行動を正しく解釈する、といったことはASDの少女には特に難しく、それだけに利用されるリスクも高くなります。アスペルガー症候群のジェン・バーチは自叙伝『おめでとう！ アスペルガー症候群です』の中で、社会的な無防備さについて次のように記しています。

　　「状況に対する自分の声に耳を傾けなさい。気配を感じて、自分の本能

を信じなさい。そうすれば不審な状況を察知できるから」。私はこれまでにみんなから何度もこう言われた。しかし！私には社会性に関連することで、自分の声に耳を傾けるとか、気配や本能を感じるなど、できないのだ。自分を導くものが内面に存在しないのだ。ふつうの人ならすぐに不安を感じるレベルの危険が迫っていても、私にはそれを知らせる「非常ベル」がない。そういう状況では理解が遅くて、良くないことがいつ起きたのかもわからない。「あれは悪いことだった」と気づくまで、私はこれまでに何度も何度も同じ間違いを繰り返さなければならなかった。つまり、何度も何度も危ない目に合っていたのだ。(p.82-83)

リアン・ホリデー・ウィリーは『アスペルガー的人生』で同じような記述をしています。彼女が大学の教室で講義の準備をしている最中に、ある見知らぬ男性が入ってきたときのことです。

　それでもまだ私は、男の存在を不安に思いはしなかった。それよりも好奇心の方が勝っていた。あれほど静かだった部屋の空気が、男の存在によって一変した不思議さに気をとられて、男が私の身の安全をおびやかす可能性にまで思い至らなかったのだ。男は私に、自分はこれまで刑務所に入っていた、釈放されたばかりなのだと言う。思考の奥で、小さな警告のベルがかすかに鳴ったが、私にはほとんど聞こえなかった。とにかく男の身なりの汚さにすっかり目を奪われて、相手の動機を考えてみるどころではなかった。
　男は良くても場違いだったし、悪ければ危険な存在のはずだった。それを理解できなかったのもAS（アスペルガー症候群）のせいだったが、大変だと気づくことができたのもやはりASのおかげだった。男との距離が手を伸ばせば届くほどにまで縮まったとたん、かすかだったベルの音は耳をつんざく大音響に変わった。パーソナル・スペースに敏感な私は、時と相手を問わず、他人にある程度以上近づかれると決まって不愉快になる。でもこのときばかりは不愉快どころではない。怖いという以上に、吐き気がした・・・(中略)・・・
　男が私の空間を侵害したとたん、私はじりじりと後ずさりを始めた・・・(中略)・・・叫び声を上げればいいなんて思いつきもしなかった。走って逃げるという発想も浮かばなかった。・・・(中略)・・・
　私はこの日の経験から、自分がいかに人間の行動というものをわかって

いないか思い知らされることになった。私には、他人の行動の背後にある動機をまともに判断する力がないのだ。おかげでほとんど我が身を危うくするほどだったではないか。そこまでは私にもわかった。でもわかるのはそこまでだった。ある人は安全で、ある人は楽しい人。ある人はこれから関係を築いていくべき相手で、ある人は避けるべき相手。それを見分ける基準まではわからなかった。分類のしかたがわからなかった。

(ニキ・リンコ訳　東京書籍　p.89-92)

他にも何人かのASD女性が被害にあった経験を綴る中で(『私の障害、私の個性』ウェンディ・ローソン著　ニキ・リンコ訳　花風社 2001年; "Songs of the Gorilla Nation" Dawn Prince-Hughes; "Finding a Different Kind of Normal" Beanette Purkisなど)、社会的ルールや虐待予防のスキルを教わらないと、ASDの少女たちにはどのような現実が待ち受けているのかを強く示しています。

大まかな分類による調査では、子どもたちが被害にあう率は、自閉症と他の障害で差はありません(Spencer et al. 2005; Sullivan and Knutson 2000)。しかし、それらの調査は、年齢の低い子どもたちを対象としており、知的障害から生じる無防備さに焦点を当てたものです。社会性と知的能力の障害と被害の関係はどうなのでしょう。ASDの少女の年齢が上がり、地域社会でより自立して活動できるようになると被害のリスクは高くなるのでしょうか。虐待を予防する方法を小さなうちから教えておかなければ、そのリスクは確実に上がります。子どもの頃は、親、その他の大人の目が行き届いていますが、年齢が上がると保護者と過ごす時間は減るからです。

自閉症者がどれほど虐待を受けているか、またその心理社会的な影響はいかなるものかについてなされた研究はほとんどありません。ペンシルベニア大学の調査(Mandell et al. 2005b)では、156人の自閉症の子どもの家族から情報を集め、その結果およそ5人に1人が身体的な虐待を(平均年齢11.6歳)、6人に1人が性的虐待を受けている(親の報告)ことが明らかになりました。虐待の影響は深刻で、被害にあった子どもたちは性的行動や家出、自殺未遂をしやすいと報告されています。クックら(Cook et al. 1993)は、自閉症の思春期の少年のケーススタディを挙げています。この子は、地域の学校で、職員の1人から身体的な虐待を受け、PTSD(心的外傷後

ストレス障害）の兆候を示すようになってきました。教師に殴られていたことを、最終的には両親に伝えられるようになりましたが、その症状には、恐怖、興奮、不安、夜間の覚醒、泣き発作、体を揺らす頻度の増加、以前は楽しんでいた活動への興味の喪失、トラウマに関連する状況の回避がありました。個別セラピーで、この少年は、徐々に虐待に対する自分の感情を表せるようになり、「自分はもう安全で、あのような怖い状況に置かれることはないのだ」と理解できるようにもなりました。別なケーススタディに、重度知的障害の自閉症の15歳の少女を対象にした『ダーラのための戦い』("Fighting for Darla" Brantlinger, Klein, and Guskin 1994) があります。ダーラは自閉症の子どもたちのための学校に通っていました。その寮に入って2か月後、職員はダーラが妊娠5か月目であることを知りました。障害のある若者の性表現、無防備さ、妊娠できないようにする「断種」の問題、性に関する意思決定、専門家や地域社会の見解、などを浮き彫りにしたこのケーススタディは人を動かさずにはおかない非常に重要な1冊です。特に専門家にはぜひ読んでほしいと思います。障害のある若い女性の無防備さ、彼女と家族、そして彼女にかかわる専門家たちが直面する現実社会の複雑さが明らかになっています。

　虐待経験がASDの女性に与える影響は非常に大きく、生涯、多岐に渡ってずっとPTSD（心的外傷後ストレス障害）を抱えることにもなりかねません。ひどいことですが、世の中には、ASDなら虐待にあっても平気だと考えている人たちがいます。ある日、私たちのところに、重度の自閉症の娘さんをもつ家族の代理人から電話がありました。娘さんが雇用者にひどい性的暴行を受けたのだが、この事件を書類にまとめて立証できると思うかという相談でした。この代理人の自閉症に対する見解は、「ASDの人は人間関係や感情というものを理解しないから、傷つけられたり搾取されてもわからないのではないか」というものでした。大間違いです！　社会性や感情の理解に障害があっても、恐怖や痛み、怒り、苦しみ、混乱は感じます。雇用者に乱暴された娘さんは、確かに社会的な理解力が十分ではありませんでしたが、家族や他の人たちから「自分の体は自分のものであり、ノーと言えるのだ。自分が望まない限り、誰も触ってはいけないのだ」

と教えられていました。それにもかかわらず、境界線が侵害されたのです。彼女は社会的・認知的に他の人たちと同レベルの理解はしていませんでしたが、「ノー」と言ったのです。しかし、つらいことが起きてしまいました。1人の人間として自分に対する信頼や信念までもが犯されたのです。それが「暴行」なのです。

　私たちは、周囲の人たちに自閉症の特質を説明しながら、その特質が、被害にあった女の子にどういう影響を及ぼすのかはもちろん、自閉症の有無にかかわらず傷つくことに変わりはない点も知らせていかなければなりません。第7章で述べたように、発達障害、特にASDにおけるセクシュアリティについて社会には未だに誤った考えが横行しています。暴行や虐待を受けたASDの女性は例外なく全員がつらい思いをしています。思考スキルが高い子は、知的障害の重い子よりも深いレベルで事件を捉えます。しかし、認知理解が弱いから、虐待を受けても恐怖や痛みを感じないということは決してありません。虐待に苦痛が伴うことは、明白な事実なのです。

我が子を被害から守るには…虐待防止の方法

　ASDの少女たちは、同年齢の定型発達の子たちに比べ、はるかに被害にあいやすいため、リスクを減らすスキルの学習が欠かせません。自分の安全を保つスキルを教えると、虐待を受けるリスクは大きく減ります。デイヴ・ヒングズバーガー（Hingsburger 1995）は著書『ただノーと言おう！　発達障害者の性的被害のリスクの理解と減少を目指して』の中で、「安全の輪」と名づけたガイドラインを説明しています。これは発達障害の人たちを守る以下の7点を指します。健全なセクシュアリティの選択権、性教育、プライバシーの意識、ノーと言える力、相談できる人をもつ、個人の権利の理解、健全な自意識と自信。発達障害の分野では他にも何人かの研究者が、先を見越した安全プランを立てる際の重要点について書いています。私たちもASDの少女や女性とかかわる中で、独自の安全プランを編み出してきました。以下に挙げるのはそのプランの成功に欠かせない大切

な要素です。まず、必ずソーシャルスキルの指導から始めます。ソーシャルスキルこそ安全を勝ち取る第一歩であり、他のすべての要素の土台です。これまでも繰り返してきた通り、ここでも、娘さんのスキルレベル、コミュニケーション能力、過去に最も効果的だった指導法を考慮するのが大切です。安全保持のスキルの指導には、ぜひこのアプローチを用いてみてください。

ソーシャルスキル

ASDの少女の健全なセクシュアリティを育成するには、ソーシャルスキルがいかに大切かを私たちは前章で述べてきました。個人の安全保持にあたってもソーシャルスキルは同じように重要です。健全なセクシュアリティは健全な人間関係があってこそ根付きます。娘さんが他の人たちについて、また互いの関係について学び、理解し、実際に経験できるようになればなるほど、「不健全な」「不適切な」行動、状況、人間関係に気づくようになるのです。コミュニケーションスキルに限りがあり、認知的にも障害が重い場合でも、お風呂で陰部を洗うときには必ず「自分で」タオルを持って洗うのだと教わっていれば、適切な行動（例：介助者は娘さんにタオルを使うように導く）と不適切な行動（例：介助者が娘さんの体を洗い始める、陰部に触れる）の区別はつくようになります。娘さんの安全を保つためにはどんなソーシャルスキルや理解力が大切か、よく考えてみてください。第6章、7章でも述べましたが、娘さんの現在のスキルを評価し、セイフティプランを立てるためには、ソーシャルスキルやソーシャルコミュニケーションの発達に詳しい心理士や言語療法士と十分に相談してください。

ソーシャルコミュニケーション

基本的にソーシャルコミュニケーションとは「自分の欲求や必要を伝え、相手からの注目を求める力」を指します。この基本部分からソーシャルコミュニケーションは限りなく複雑になり、多層に渡る親密な関係を築く土台を生み出します。コミュニケーションの力がなければ、権利の主張、拒否や抵抗ができません。ノーを言えず、恐怖や嫌悪も伝えられません。起

こってはいけないことが起きても知らせることができないのです。会話ができる子にとってもソーシャルコミュニケーションの育成は欠かせません。ソーシャルコミュニケーションの力があれば、自己防衛ができます。境界線を明らかにし、変えてほしいことを要求できます。不健全な関係を終結させたいと伝えることもできます。スキルレベルに応じたソーシャルコミュニケーションの学習は、安全保持に不可欠です。

　言葉を使えなかったり、発語に限りがある子の場合はどうでしょう。単語だけではなく、文で話せる子でも、言葉だけでコミュニケーションをとるのはストレスとなります。まして、圧倒される状況では、視覚補助なしでは十分に言いたいことが伝えられなくなるものです。幸い、セクシュアリティと個人の安全保持に関連する視覚補助は入手可能です。メイヤー・ジョンソン社（Mayer-Johnson）が出している「ボードメーカー」（Boardmaker）というコミュニケーションプログラムがよく知られています。このプログラムには「セクシュアリティに関するコミュニケーション」と題する補遺があり、セクシュアリティと安全保持にかかわる400以上もの絵（シンボル）と48のコミュニケーションボードがついています。これはカナダ、トロントの「スピークアップ・プロジェクト」との共同開発によって作られたものです。コミュニケーション補助プログラムを用いて虐待から身を守るように支援することがこのプロジェクトの目標です。

　詳しいことは、コミュニケーションの例やシンボルの使い方も含めて、ホームページで見ることができます（巻末の資料のページを参照）。扱われているトピックは非常に幅広く、体の部位の外見から内部の様子、男女関係、アイデンティティ、医学的な症状や検査の具体的な図解、生殖、虐待に関するコミュニケーション、セクシュアリティの補助指導にまで渡っています。

感情的な気づき

　自分の感情に気づき、体が伝えるメッセージを聞きとれるようになることを私たちは非常に重要視しています。ASDの女性はその領域が苦手であることは、もう言うまでもないと思います。ジェン・バーチやリアン・

ホリデー・ウィリーの体験記を思い出してください。特定の状況で、自分が緊張している、不愉快だ、怖い、困っている、せかされていると感じられるかどうかはたいへん重要です。前にも述べたように、視覚補助を使って、特定の場面で自分の体がどう反応するかをよく理解させてください。自分の気持ちを意識できるような手助けをしてください。つまり、状況によって不愉快になったり、緊張したときにはそれに気がつくように、「直感」がわかるように導いてください。それには、社会的な理解と、適切で健全なかかわり方を同時に養う必要があります。例えば、「教師は過剰に生徒を抱きしめるものではない」と知らなければ、「赤信号」(何か悪いことが起きるかもしれないという不安)には気がつかないでしょう。

セクシュアリティ教育

　虐待予防と発達障害について書いている専門家の誰もが、個人の安全を保つにはセクシュアリティの教育が重要だとはっきりと述べています。知識はあらゆる点で非常に強力な防具になります。体の部位の知識があれば、不適切な行動を伝えることもできます。自分自身や男性の体の部位の正式名称を知っていれば、いたずらや乱暴されたときに報告しやすくなります。また、裁判の場では、きちんと部位の名称を言えると、証言の信憑性が高くなります。適切な単語を教えることが大切です。それも早期に教えてください。多くの場合、ASDの子は概念的なことよりも事実に即したことを学ぶのが得意です。セクシュアリティとセクシュアルヘルスについて正しい事実を教えましょう。娘さんはどこかで誤った情報を得ているかもしれません。それを払いのける手助けをしてください。健全な性行動の知識があれば、何が健全で正しく、何が悪いことなのか、区別がつくようになります。知識は多ければ多いほど混乱や戸惑いが減り、意思決定や自己主張のスキルが育まれます。第7章では、セクシュアリティの教育カリキュラムの必要事項と共に、指導計画の立て方も述べました。思春期から十代後半にかけて、カリキュラム全体の中でセクシュアリティと性の健康育成を重視していくと、現在、未来共に、娘さんの安全保持に向けて大きな一歩を踏み出すことになるでしょう。

プライバシーの気づき

　セクシュアリティ教育には個人の安全を促進するために欠かせないトピックがいくつかあります。プライバシーの気づきについては第3章で詳しく述べましたので、ここで一から繰り返すことはしません。ただ、プライバシーは「社会的な概念」であることをよく覚えていてください。ASDの少女にとってプライバシーのルールの習得は非常に難しいことがあります。パターン通りにはいかない現実の様々な場面でスキルを般化するのも苦手です。プライバシーのルールとスキルは自然に対応したり使ったりできるように何度も繰り返し練習する必要があります。プライベートな場所、行動、話題の区別がつき、自分の体は自分が所有するプライベートなものであると知っている子は、誰かがルールを破ったとき、それによく気がつくようになります。

パーソナルスペース、接触のルール、境界線

　プライバシーの気づきと同様に、パーソナルスペース、接触のルール、境界線も時間をかけて覚えていく社会的概念です。これらは文化的な概念でもあり、適切だと見なされる範囲は文化によって変わります。ASDの子にはやはり難しいことばかりです。しかし、パーソナルスペースに関するスキルや気づきをはっきりと示すことは娘さんの安全にとって不可欠です。本章では後ほど、他者の境界線を尊重する重要性（相手の「ノー」を返事として受け入れる、ストーカー行為や脅迫をしない）についても述べていきます。第7章ではパーソナルスペース、接触のルール、境界線（身体的・感情的）の教え方を記しました。誰かに、自分が望まないやり方で触れられたとき（例：乱暴に触られた、くすぐられた、抱きしめられた、キスをされた、陰部に触れられた）には、「いや！」と言うことを教えてください。身体の所有権やプライバシー、ノーと言うことについて書かれた子ども向きの本が出ています（"My Body is Private and Uncle Willy's Tickles"など。巻末の資料を参照）。第7章で触れたジェイムズ・スタンフィールドのThe Circles というプログラムには、不愉快な身体的接触には応じる必要がないと教える「虐待を防ごう」という課程も入っています。

> ### ケーススタディ：ザイラ
>
> 　ザイラは11歳の女の子です。自閉症と軽度の知的障害があります。簡単なことなら文章で話すことができますが、何を言いたいのかよくわからないこともあります。ザイラは3年ごとの検査のために私たちのクリニックへやって来ました（アメリカ合衆国の特別支援教育プログラムでは、3年ごとに推理力、学習の到達度、話し言葉、言語全般の力、運動能力を検査することになっています）。ザイラは親しみやすく、優しくて快活な女の子でした。身体的には明らかに思春期の兆候が現れていました（胸のふくらみなど）。ザイラのセラピーには女性の心理士と男性の実習生がかかわっていました。最初の休憩時間、ザイラは立ち上がり、心理士に近づくと「ぎゅっとハグする？」と言いながら抱きつきました。心理士はこの行動をたしなめ、医師や教師には握手をするかハイファイブ（片手同士を打ち合わせる）をするものだと教えました。そして片手を挙げると、ザイラは同じように応じたので褒めました。しかし30分もたたないうちに、ザイラは実習生に抱きつこうとしました。注意されると「投げキッス？」と言って、実際に投げキッスをしました。ザイラの母親は悩んでいました。ザイラのこの問題はずっと続いており、先生やセラピストなどに挨拶をするとき、愛着を示すときにはどうすればよいのかをうまく教えることができないと言っていました。だれかれ構わずに過度に愛情を示すことが、将来トラブルのもとになるのではないかと母親は心配していました。

「ノー」の承諾、「ノー」と言える力

　親御さんたちは我が子が成長を続け、生涯に渡って新たなスキルを身につけていくことを願っています。思春期になって診断を受けた場合は別ですが、娘さんはおそらく幼い頃から、教師、補助員、心理士、行動療法士、言語療法士など様々な専門家と共に新しいスキルの習得に励んできたことでしょう。指導者たちは、難しいことにも挑戦するようにと言います。新

しい物を食べてみなさい、ビデオゲームをしまいなさい、ソーシャルグループのメンバーに挨拶をしなさい、エジプトとジョニー・デップ以外のことを話しなさい、夢中になっているミュージカルの話もいけません、清潔を保ちなさい。私たちはそう言って、娘さんが指示に従うことを期待します。残念ながら、それでは、先生や大人には「必ず」従いなさいというメッセージを送ることになりかねません。つまり一層虐待の被害にあいやすくなるということです。

　この問題には社会的な側面も影響しています。一般的に、愛想や気立てが良く、従順な発達障害のある子は肯定的に見られます。もちろん、ほとんどの場合、人当たりがよく、のんびりした気質は長所です。娘さんはこれからも新しいこと学び、実際に経験する機会ももつでしょう。ここで娘さんのことを考えてみてください。彼女は社会生活でいつも「イエス」と言うようになってはいませんか。自分がしたくないことを大人から言われても応じてはいませんか。どういうときに、また、どんな場面で「ノー」を言えるのかを教えることは非常に大切です。さらに、効果的に拒否を伝えるスキルの指導も欠かせません。

　身の安全に関するスキルと、社会的に要求される行動や社会基準に沿った行動を教えるときには、バランスのとり方が難しくなることがあります。意図しなくても、親御さんたちはつい、他の人に反発したり「いや」と言うのは良くないことだと教えてしまいがちです。特に娘さんに責任をもってかかわっている大人には従いなさいと言ってしまいます。例えば、最近の親戚の集いを思い出してみてください。その中に娘さんがめったに会わない人たちはいませんでしたか。そういう親戚が娘さんを抱きしめたり、キスをしたがったり、さらに娘さんからのお返しを期待してはいませんでしたか。安全保持のスキルを育むためには、なじみのない親戚から過剰に親密なふるまいを受けたとき、娘さんに我慢させないようにすることをお勧めします。定型発達の若い子なら、例えば、大叔母さんから熱烈にキスをされても、たまになら「笑ってこらえる」ことができるでしょう。別に大事には至りません。しかし、ASDの子に「笑って我慢しなさい」では、混乱してしまいます。「自分の身体は自分のものだ」と理解することが学

習目標になっているなら、とりわけそうでしょう。

　虐待防止という点では、娘さんにとって「ノー」と言えることは、ぜひ習得するべき重要なスキルです。次に挙げる項目で、これまで取り組んだものはありますか。娘さんが引き続き学ぶべきスキルはどれでしょう。

□ 娘さんに、選択の機会をできるだけ多く与える。
□ ２つの物を提示したとき（例：２種類のおやつ、着用可能なセーター２枚）、娘さんは自分の好みに従ってどちらかを選ぶことができますか。「選択」をカリキュラムに組み込んでください。
□ 適切なときに「ノー」を言える機会を与える。
□ 質問（例：・・したいの？）と要求（例：遊戯王カードを片づけて）の区別がいつでもつきますか。質問をしたときに、娘さんが「いや」と言ったら必ず尊重してください。要求ではなく質問をすれば、本人が望むように応答させることができます。
□ 相手が体に触れてもよいかどうかは、いつでも自分が決めることだと教える。
□ また、相手に触れたい、触れてほしい、ということは自分が決めることだと教える（例：本人が望まないのに、親戚にハグをするよう強要してはいけません）。
□ きっぱりとした口調で「いや」を言えるように教える。しっかりとそう言うと、加害者になりかねない相手に「私は接触のルールをよく理解している」と伝えることになります。実際に娘さんが接触のルールを知っていて、どういうことがルール違反かがわかれば、被害にあったときに報告しやすくなるでしょう。
□ 加害者になりかねない相手が聞き入れるまで「いや」を言い続ける必要があると教える。
□ はっきりとわかる身体言語を使うことを教える。
　○「いや」と言いながら首を横にふる
　○ 両手で拳を作る
　○ 背筋を伸ばして立つ
　○ 相手の眼を見る
　○ 確信をもって叫ぶ

○ 抵抗する
　● 障害のある若者向けの護身術のクラスを利用する。「キッドパワー^{Kidpower}」は若者に身の安全を守る力を与えるプログラムの開発を目的として1989年に設立されたNPOです。コロラド州のコロラド・スプリングのような州支部では発達障害の若者のためのコースを設けており、特に必要な場合には個別のレッスンも行っています。

　私たちはASDの十代の少女たちとグループでロールプレイをしながらはっきりと拒否を示すスキル（強い身体言語を使いながら、「いや」と言う）を練習しています。鏡を使い、ビデオで録画をして、シナリオを作ります。虐待予防のスキルトレーニングでは、ロールプレイが重要な役割を果たします。しかし、研究によれば、単に知識を与え、実際の虐待状況の前後関係を無視したロールプレイで練習するだけでは不十分だとされています。現実とはかけはなれた設定で学んだスキルは実生活に活かされないことが多いのです（Miltenberger et al. 1999）。ほとんどの場合、ASDの子は状況が変わるとスキルをなかなか使えません。では、より現実的な状況で練習するにはどうしたらよいでしょう。私たちは、まずセラピー室や学校などで教えてから、それ以外の場所でスキルと選択の力を試すシナリオを親御さんたちと作っています。以下がその例です。

● **知らない人の車に乗らない**：娘さんが外にいるとき、家族の友だちに車で来てもらい、犬がいなくなったから探すのを手伝ってほしいと声をかけてもらう。
● **連れ合いとはぐれたら店員に伝える**：娘さんとデパートに出かけ「お母さんはあっちで買い物をするけれど、もしお母さんが見つからなければ、店員さんにそう言いなさい」と言う。もちろん、これは怖いチャレンジですが、私たちの経験では成功しています。
● **ハグを求められたときに「いや」と言う**：娘さんとあまり面識のない職員や教師（ただしあなたはよく知っている人）に頼み、娘さんに挨拶をしてハグをしてもいいかと聞いてもらう。

　ミルテンバーガーは、発達障害のある成人女性の研究で、「おとり」に抵抗するスキルは、職員に協力してもらい自然な状況で教えた場合、順序

立てたロールプレイで指導したときよりも、ずっと般化がしやすかったことを述べています。虐待予防のプログラムはさらなる開発が必要です。プログラムの目標は、スキルの獲得だけではありません。学んだスキルの般化とその後の維持も必要です。ASDの女の子たちの安全保持にはこの2点が欠かせません。

カリキュラムに「安全」に関する項目を入れる

娘さんを守るには…
- □ 自分の体は自分のものだと教える。
- □「いや」という言葉に効力を与える。娘さんが「いや」と言ったらそれを尊重する。「いや」は音声以外の表現でもよい。
- □ 可能なら護身術を学ばせる。
- □ 1人で入浴することを目標にする。そうすることで裸でいるのを職員が見る機会が減る。
- □ 体のプライベートな部位について教える。もしそれらの部位に誰かが不愉快なことをしたなら、何度もしつこく訴え続けるように言う。
- □ コミュニケーションの手段を与える（絵やシンボル、キーボード、言葉、とにかく役に立つものを）。
- □ 娘さんを信じつつ、しっかりと見張っていること。

　私は毎晩祈ります。もうどの女の子も被害にあいませんように。自閉症の人たちがもう傷つけられたり、殺されたり、レイプされたり、不当に扱われることがありませんように、と。私たち自閉症者とその家族は共同体としてこの問題の解決をはからなければなりません。どういうことが解決に向けた学びに役立つのかは明らかです。皆さんは我が子がどう学ぶのか、また学んだことをどう活かしていけるのか、ご存知のはずです。
　　　　　　　　　（カッシアン・シブリー　高機能自閉症の25歳の女性）

　虐待予防は非常に重要な論題であり、予防スキルに関してだけでも1冊の本が書けるほどです。ASDの少女たちに最も必要なスキルは先に挙げた通りですが、さらに緊急時とその対処法などについても指導していくことが大切です（例：道に迷ったら誰に助けを求めるか。家に1人でいる

ときに玄関のチャイムが鳴ったら、あるいは電話があったらどうするか)。また、本章冒頭で述べた個人の権利を娘さんに十分に理解させ、自尊心と自信(第5章を参照)に引き続き注意を払ってください。自尊心、才能、スキルをいつも養うようにすると、娘さんは「私は愛されている」「私には力がある」、つまり自分には意思決定や選択をする能力があり、資格があり、他者に影響を与えることができるのだと思えるようになります。セクシュアリティ教育同様に、虐待予防のスキルは生涯に渡って学ぶべきものです。他のあらゆるカリキュラムと同じくらい大切なことなのです。

虐待予防指導の7つの要素
- □ ソーシャルスキル
- □ ソーシャルコミュニケーション
- □ 感情の気づき
- □ セクシュアリティ教育
- □ プライバシーの気づき
- □ パーソナルスペース、接触のルール、境界線
- □ 「ノー」の承諾と「ノー」と言える力

学校でのセクシュアルハラスメントといじめ

　今年は他の子たちからのいやがらせが少なく、メルトダウン(くずれ落ちる)も減った年でした。男の子たちからのいやがらせについては娘としっかり話し合いました。娘のサンディはただのいちゃつきだと思っていましたが、実際は卑劣ないやがらせでした(投げキッスをする、デートを申し込む)。ある先生が娘にアドバイスをしてくださり、それについても少し話したことがあります。　　　(中学3年生のアスペルガー症候群の娘の母)

近年、ASDの女の子たちがいかに学校でいじめられたり、からかわれているか、またそのような経験が男の子の場合といかに違っているかが明らかになってきています（巻末の資料のいじめに関する書籍を参照）。学校でのもう1つのいじめの形態である「性的ないじめ」は残念ながら、特に中学、高校で広がっています。事件は危機的なほど増えており、それらをくい止める方法は緊急課題となっています。2001年、AAUW教育財団は、生徒の実に81％が在学中に何らかのセクハラを経験し、27％が頻繁に性的いじめのターゲットとなっていることを報告しています。さらにこの調査によると、ほとんどのセクハラは小学6年生から中学3年生の間に始まっています。ニール・ダンカン（Duncan 1999）はイギリスでの性的いじめに関する研究で、早熟な少女たちがよく被害にあっていることを詳しく述べています。少女はいじめの加害者にもなります。その理由には、性的なねたみや、社会的に低く見なされている少女たちに力を誇示したいという思いが挙げられています。性的ないじめは様々な形をとります。

- 悪口
- 性的なコメント、ジョーク、眼差し、からかい
- 性的な噂
- 性的な写真やメモを見せる、あるいは与える
- 体を触る、つかむ、つねる

娘さん本人が、こういった行動は悪いことで、法に触れることもあると知っていることが大切です。私たちのセラピーグループには、「無頓着な格好をしている」「ファッションの流行にうとい」「化粧をしない」「おしゃれなアクセサリーをつけていない」といった理由で中傷された経験のある少女たちがいます。世間では特定の性的志向と外見とを根強く結びつけています。中には「レズ」「男っぽいレズ」「ホモ」などと呼ばれていた子もいます。彼女たちは動揺し、傷ついてセラピーグループにやって来ます。自分たちの経験を分かち合う様子にはいたたまれないものがあります。なぜ自分が中傷されるのかがわからないのです。「レズ」などと呼ばれてもその意味さえわからない子もいます。

アスペルガー症候群のジャネット・パーキスは自叙伝『違う普通を探して』の中で、中学のとき自分には状況が理解できないまま性的ないじめにあったことを綴っています。

> しばらくすると、私を可哀想に思い仲良くしてくれた子たちからも残らずいじめられるようになった。ほんのわずかな子を除いて、ほとんどは私と親しくするのをやめて、いじめる側に回った。年上の子たちは、よくわからない性的なジョークを飛ばした。きわどいことを言われても、私には何のことなのかさっぱりわからなかった。(p.22)

他にも男の子に下着をひっぱり下ろされる、スカートをめくられる、スカートの中に手を入れられそうになる、といったことが記されています。

私たちのグループの女の子たちは、「痴漢行為をされた」「性的なメッセージを送られた（送られた子は内容を十分に理解していませんでしたが）」「セックス目的のデートに誘われた（これも本人は気づいていませんでした）」「体について性的なことを言われた」といったことを報告しています。学校でのセクハラや本人が望まない性的接触は許されないことです。しかし実際にそういうことは起きているのです。親としてまずその事実を知ってください。娘さんが言葉を理解できるなら、「指導の道具箱」（絵や図、語りかけ、文章）を用いてセクハラや不適切な行動にはどんなものがあるのかを教えてください。セクハラの基本的な定義は「望まない、いやな性的行動」です。性的な悪口やあだ名を言われても娘さんは気づいていないかもしれません。学校で他の子たちにどう呼ばれているのかを本人に聞いてみてください。言葉の理解が難しい子であれば、視覚補助を使っていじめやいやがらせを区別できるように指導しましょう。娘さんの行動や気分に変化がないかどうかよく注意してください。行動や気分に良くない変化が見られたり、学校へ行くのを怖がったり、避けたりするようになれば何かが起きているサインです。

もし娘さんがセクハラを受けているなら、どんなことをされているのかを報告できるように助けてあげてください。学校でのセクハラは広がっています。他の子たちも被害にあっている可能性があります。娘さんの指導

にたずさわっていて、あなたと良い関係を築いている学校職員に相談しましょう。とるべき手段を一緒に考えてくれるはずです。

　学校の方針やプログラムにも目を通してください。どういうセクハラ対策をとっているのか、また予防プログラムをどう実施しているのかに関する文書を見せてもらいましょう。セクハラに気づき、何か不愉快なことをされたらきちんと話せる（あるいはそう伝えるための絵カードを指す）ように教えるためには継続したプログラムが欠かせません。犯行した者に対する処分がない限り、セクハラはなくなりません。娘さんのIEP（個別指導計画）には、先を見越したセクハラ対策を必ず組み込むようにしてください。

親と子のためのセクハラ予防策

　セクハラに対する最も有力な予防策をスキルとして次にまとめました。どのスキルも目新しいものではありません。本書でこれまでに見てきたものばかりです。娘さんと共に続けてとにかく練習を何度も何度も繰り返し行ってください。やがて娘さん自身が安全を意識した強い女性へと変わっていくことでしょう。

- 体の部位に関する知識。被害にあった部位を伝えられる力
- 適切な行動と不適切な行動に関する知識
- 相手がプライバシーの境界線を越えて侵入しているかどうかがわかる力
- 健全な関係に関する知識
- 「ノー」と言って相手に従わない力
- 自己主張のスキル
- 自尊心と自信
- 親であるあなたといて心地よく感じ、コミュニケーションがとれること

虐待のサインとは

　障害のあるなしにかかわらず、若い女の子への虐待には共通する点がいくつかありますが、コミュニケーションに障害があると被害にあってもなかなか報告できません。次のページに挙げた虐待のサインをあなた自身がしっかりと知っておいてください。これらのサインのほとんどは、それだけで直接虐待の証拠となるものではありません。身体的なサインと行動上のサインのパターンをよく覚えておいて、娘さんのふるまいや感情に変化がないかどうか注意してください。もし娘さん本人から被害にあっていることが伝えられたときには、十分に話を聞いてください。暴行や虐待を受けたと知ったらどうすべきかについては、本章後半で述べていきます。

　機関誌『自閉症と発達障害』で、ロンドンのセント・ジョージ病院医科大学のハウリンとクレメンツ（Howlin and Clements 1995）が発達障害のある若者に虐待が及ぼした影響を調べる方法を報告しています。イギリスでは自閉症の子ども専門の学校で職員が告訴されたことがありました。12名の児童生徒（4歳~18歳）の家族が、この学校に在籍中、子どもたちがトラウマに苦しんだことを何とか証明したいと支援を求めていました。そこで弁護士は、ハウリンとクレメンツに子どもたちが受けた虐待の影響を評価してほしいと頼んだのです。弁護士は3つの基本的な問題を挙げていました。まず、言葉で十分なコミュニケーションがとれる子がほとんどいないこと。2つ目に、彼らは感情面、行動面で自閉症ならではの困難があること。3つ目は、被害を報告するためには家族に頼らなければならないこと。ハウリンとクレメンツは、ストレスから来る行動上の問題を含む5つの機能領域を調べるインタビューを詳細に渡って立案し、実施した結果、虐待が起きたとされる時期の行動の変化を文書化することに成功しました。子どもたちは、言語や身辺自立スキルなど成長が予測されていた領域では伸びていましたが、問題行動（攻撃、自傷、学校への恐怖感や登校拒否、かんしゃくや気分の激しい変化、多動、睡眠障害など）の率は上がっていました。また、多くの子どもたちが摂食の問題を悪化させていました。そして彼らのほとんどが、度合いは様々ながら、転校後も長期に渡って問

虐待のサインがわかりますか？

身体上のサイン
- □ 性器にあざがある
- □ 性器に不快感がある
- □ 服が破れていたり、なくなっている
- □ 性感染症
- □ 骨折
- □ 頭の怪我
- □ 頭痛

行動上のサイン
- □ うつ
- □ 引きこもり
- □ 異常な愛着
- □ 特定の状況を避ける
- □ 特定の大人を避ける
- □ 過剰に泣き続ける
- □ 退行
- □ 睡眠障害
- □ 自尊心の欠如
- □ 不従順
- □ 摂食障害
- □ 医師による検査を拒む
- □ 自己破壊行動
- □ 不適切な性行動
- □ 学力の急激な低下

題を抱えています。統制的な調査は十分になされてはいませんでしたが、ハウリンとクレメンツは、子どもたちが示した行動様式に見られる一貫性と、行動上の変化が起きたタイミングから、実際に彼らが学校での出来事によって重篤なストレスを受けたことが示されると結論づけています。彼らはまた、次の重要な2点も挙げています。①広汎性発達障害の若者が虐待から受けた影響は査定可能である。②家族や専門家が気づくべき虐待のサインがある。

ケーススタディ：サラ

サラは典型的な自閉症の13歳のきれいな女の子です。たいていきげんよく、読書と絵を描くことが大好きです。自分に対する質問には1語で答えるだけですが、小学5年生レベルの本が読めます。率先して言葉を発することは滅多にありません。自宅で十代の男子にレイプされてからは一層口を閉ざしています。私たちがセラピーで会ったサラは、悪夢を見る、1人で部屋にいられない、鋭い歯のあるサメやモンスターのことを独り言のように話す、頻繁に叫ぶ、などの重いPTSD（心的外傷後ストレス障害）の症状を抱えていました。どれも記憶から来るものだと思われました。学校での成績は下がり、補助員や担任の教師を含む他者に攻撃的になり始めていました。セラピー、ペアレントトレーニング、指導プログラムへの注意深い配慮を始めて、数か月しないうちに、サラの行動は改善されてきました。夜中に目覚めることなく眠れるようになり、読書や絵をかくなどの活動を1人で行う時間が長くなりました。サラは自分がどう感じるかを伝えることはできませんでしたが、行動と感情がしっかりと代弁したのです。穏やかに養育しながら日々の営みを保っていく中で、サラは再び人生を楽しむようになるでしょう。しかし彼女の経験が長期的にどのような結果をもたらすかは、私たちにはまだわからないのです。

安全ネットワークを築く

　万一不愉快なことが起きたとき、どうしたらよいのか、また誰に連絡するべきかを娘さんは知っておく必要があります。連絡するべき人は、自宅、学校、友だちの家、ショッピングモールなど、居場所によって変わります。備えの第一歩として、まず安全ネットワークに入れる人を決めましょう。娘さんの話をよく聞いてくれる人、どんなときでも、例えば明け方5時でも、夜の10時でも助けに来てくれる人、30キロ離れたところにでも迎えに来てくれる人、夜中でもそれをいとわない人、そういう人はいませんか。娘さんに話をする力があるなら、大切なことを打ち明けられる人、誰かに不適切なことをされたなど、言いづらいことでも話せる相手は誰でしょう。発語がないなら、娘さんのコミュニケーション手段を理解できる人はいますか。娘さんが使う絵カードその他の表現方法から彼女の思いを読み取れる人はいるでしょうか。安全ネットワークに入れる人は1人では足りません。家族、学校、地域、そしてセラピーに関係している専門家からそれぞれ誰かが入っていることが理想です。私たちがかかわっている親御さんたちは、学校では、先生、進路指導者、学校心理士など少なくても信頼できる人を1人は見つけています。学校は娘さんが6時間、場合によっては8時間も過ごす場所です。安全ネットワークに入っている人がそこにいることは極めて大切です。

　以下は娘さんが被害にあったときに、どうやって連絡をとらせるか、そのプランを教える際の重要なステップです。「指導の道具箱」を使って、現在特に難しい領域のスキルに取り組んでください。

指導のヒント：緊急時の報告方法

□ 安全ネットワークに入れるメンバーを選ぶ。メンバーは、自分がネットワークに入っていること、そしてどういう役割を担っているのかを必ず知っておくように。

第8章　現実社会での安全を確保する

- □ もし可能であれば、緊急時の携帯電話の使用法を教える。ネットワークのメンバーの電話番号を入力しておく。
- □ ネットワークのメンバーの情報をラミネートのカードにして、学校の鞄に入れておく。
- □ 110番への通報の仕方を教える（必要ならカードに書いておく）。
- □ 警察官を識別できるようにさせる。このスキルは地域に出たときに教えるとよい。警察の車両の区別もつくように、また、モールなど様々な場所でも警察官を見つけられるように指導する。警察官には、娘が地域で危険にさらされた場合、安全な人を区別できるように教えているのだと説明する。
- □ 「良い秘密」と「悪い秘密」の違いを教える。「悪い秘密」を報告しても決してトラブルにはならないことを伝える。
- □ 被害にあったときに、どんなことをして何を言うべきか、台本（スクリプト）を作る。文章でも絵でもよい。そのスクリプトを簡潔にしたものを鞄やポーチに入れておく。もし忘れたときにはそれがヒントになる。必要に応じて絵や写真を使う（295頁の「スピークアップ・プロジェクト」を参照）。
- □ 接触に関して、どういうときにネットワークのメンバーに伝えるべきかを教える。①性的に触れられたとき、②触れられて戸惑ったとき、③「いや」と言っても相手が触るのをやめなかったとき。
- □ 触られたことについて簡潔かつ率直に伝えるように教える。誰が（もしわかるなら名前も）、どこを触ったのか、そのときどんな気持ちがしたのかを、言葉で表現したり、写真や絵カードを指差すことで報告できるようにする。もし可能であれば、それだけではなく、いつ、どれほどの頻度で、どこで触られたのかも伝えられるように。イラスト付きのシナリオを使い、「この子に触っているのは誰？」「どこを触られているの？」「こうやって触ることは良いこと？　それとも悪いこと？」といった質問をしていく。

虐待への対処法

　子どもが不適切に体を触られていたのに本人からは何も伝えられなかった。これは親御さんが最も恐れることです。娘さんが自分の安全を確認し、安心するには、事実を知ったときのあなたの反応が非常に重要です。難しいことですが、支援的に落ち着いて対応してください。話してくれて嬉しい、そんなことが起きて本当に残念だ、と伝えてください。どんなことが起きたのであっても、娘さんには何も非がないことを強調します。質問は娘さんを混乱させるので、最小限にします。そしてただちに、虐待を受けた疑いがあること、あるいは実際に受けたことを児童相談所に報告しましょう。加害者が誰であろうと、娘さんの言ったことは真実だと想定してください。

　次の段階は娘さんにとってとても大切です。娘さんはおそらく動揺して怖がっており、不安でたまらないでしょう。今までにはなかった不快極まる状態にいるのです。あなたが十分に気を配らなければ、どうしたらよいのかわからないはずです。専門家に相談をして、これからどうするか、被害について誰と話すことになるのかを一緒に説明してもらいましょう。親として、対処の過程をしっかりと把握してください。娘さんの理解を促すためには、絵やソーシャルストーリーを使います。どの程度理解できているかを必ず確認してください。娘さんへの聞きとりは発達障害（特に自閉症）の若者とかかわった経験のある専門家にしてもらうように頼みましょう。発達障害の人との聞きこみには細かいテクニックが必要です。スーザン・E・ルートヴィヒによる『話した後』（巻末の資料を参照）というイラスト付きのソーシャルストーリーがあります。これは虐待被害を報告した後、聞きとり調査と起訴が終わるまでの概略を示したものです。小学４、５年生の読書能力がある成人用に作られたものですが、娘さん向けにソーシャルストーリーを作るときに役立つでしょう。

　あまりにも多くの親御さんが、最も忌むべき悪夢を現実に経験しています。あなたがしっかりと備えていれば、次のステップも乗り越えていくことができます。娘さんのために経験豊富なセラピストを、そしてあなた自

身のためにサポートグループをあらかじめ探しておきましょう。発達障害の若者向けのセラピストを探すには、アメリカ性教育・カウンセラー・セラピスト協会（AASECT）に相談することをお勧めします。

他者の境界線を尊重させる：
本人と他者の安全を保持する

　本章ではこれまでASDの少女たちがいかに傷害、虐待、搾取にあいやすいかを述べてきました。ここではもう一方の面、つまり、彼女たちが他者の境界線を尊重しなければどんなことが起こるかを考えていく必要があります。ASDの若者たちには誤解されるような不適切な行動をとってしまうリスクがあります。多くの場合、わざとしているわけではないのですが、攻撃をしていると見なされたり、法に触れて警察沙汰になることもあります。この件で私たちが経験したケースはもっぱら男の子の方が多いのですが、娘さんにも同様の問題があるかもしれません。以下は不適切行動と結びつきやすい特徴です。娘さんに当てはまる点はないかどうか考えてみてください。もしあれば、境界線をよりしっかりと理解できるように、また健全な人間関係が保てるように特にその点に注意を払ってください。

- □ すぐに親密な興味や好意を抱いてしまう。
- □ 相手への興味に全エネルギーを注いでしまう（そのことばかり考えてやめられない）。
- □ 他者のパーソナルスペースを尊重できない。
- □ よく知らない人にも個人的なことを聞いてしまう。
- □ 友だち関係を極端に排他的にとらえてしまう（「私の友だちなら、私以外の人と友だちになってはいけない」）。友だちが他の子と一緒にいるとねたむ。
- □ 相手に対して過剰に保護的になる、べたべたとつきまとう、圧制的になる。

- □ 強情で、すべて思い通りにしないと気がすまない。他者との付き合いで怒ってしまう。
- □ 拒否や「ノー」と言われることをなかなか受け入れられない。
- □ 感情の調節が難しい。
- □ 愛情表現のガイドラインがわからない。
- □ だれかれかまわず、身体的に愛情を示してしまう。

　私たちはソーシャルスキルグループでこれら1つひとつの問題に取り組んでいます。指導したい社会概念に応じて、ロールプレイ、ビデオモデリング、ソーシャルストーリー、映画やテレビ番組の短い場面、社会的場面の検証、ストーリー、視覚的あるいは文字によるヒント、その他様々に工夫した教材（例：パーソナルスペースの指導にフラフープを）を用いています。境界線と適切な人間関係について学んでおけば、他者とトラブルを起こす確率は低くなるでしょう。

　ニタ・ジャクソンは著書『あべこべ、さかさま、うら返しのアスペルガー症候群』の中で、自らの思春期のむなしい強烈な恋心を回想しています。彼女は、ロビン・ウィリアムズ、デイヴィッド・ドゥカヴニー、ユアン・マクレガーなどの有名人にしか興味をもつことができませんでした。恋が叶うような相手ではないことをまったく受け入れられなかった当時の自分をニタは「狂気じみたストーカーになっていた」と記しています。彼女は、彼らの留守番電話に繰り返しメッセージを残し、数え切れないほどのメールや手紙を送り続けていました。今思えば、自分の行動がどれほど深刻だったか、またそういう行動を促した恋心がどんなに恥ずかしいものだったか、よくわかると彼女は書いています。娘さんのために先を見越した備えをしておきましょう。健全な関係と境界線の保ち方とはどういうものかをよく教えてください。そうすればニタのような経験をせずにすむでしょう。

　警察教育指導官で自閉症の息子をもつデニス・デボートは、ASD者の行動がどれほど誤解されやすいものか、さらに、誤解が生じたときにどう対応するべきかを法の専門家と地域社会の両方に向けて述べています（Autism, Advocates and Law Enforcement Professional. Recognizing and Reducing

Risk Situations for People with Autism Spectrum Disorder)。法の介入については本書の領域を超えたことですが、私たちは親御さん方に彼の本と記事『問題状況を避けるには』を読むことを勧めています。彼のホームページ（巻末の資料を参照）にも安全に関する情報がたくさん掲載されています。

　私たちのグループでも、これまでに何度か強迫的なストーカー行動をするようになった少女たちがいました。PDD-NOS と診断されたある 19 歳の子は、同じグループの男の子に夢中になり、周囲に気がねなく自分の思いを話し回るので、介入が必要でした。彼女はしつこく男の子のパーソナルスペースを侵害しつつ、「私は許されるんだもの」と言っていました。相手の子は彼女の行動にひどく困って、職員が何度も彼女に注意する必要がありました。

ケーススタディ：クリスティ

　15 歳のクリスティは最近、母親によると「男の子の存在に気がついたばかり」です。同じクラスにやはり発達障害の内気な男の子がいました。彼はクリスティに興味があるようで、いくらかその思いを表していました。クリスティは容易に愛情過多になるところがあり、これまでも姉が友だちと一緒にいることにやきもちをやいたりすることがありました。誰かに興味をもつとすぐに夢中になり、その人のことばかり考えてしまうのです。母親は同級生のジェイソンへの興味も強迫的になるのではないかと心配していました。たとえ、ジェイソンもクリスティに好意をもっていたとしても、やがて怖がって遠のいていくのではないかと思っていました。クリスティは「車でジェイソンの家のそばを通ろう」とか「ジェイソンに電話をして家にいるかどうか確かめよう」などと言うようになりました。母親は境界線についてしっかりと教えることにしました。どの程度なら電話をかけてもよいのか、あるいは家のそばを通ってもよいのかもはっきりとルールを決めて指導しました。クリスティはジェイソンと一度「セーフデート」をして、うまくいき

> ました。クリスティが彼のパーソナルスペースを尊重することを学び、あせることなく、デートを始めたばかりの15歳にふさわしいステップを踏んでくれることを私たちは願っています。

　第7章の「デートに対する意識と興味のレベル」を思い出してください（266-267頁）。もし娘さんが「絶望段階」にいるなら、他者の、特に好きになった相手の境界線を侵害する恐れがあります。相手が娘さんに興味があってもなくても、侵害は問題になります。娘さんは相手の男の子をじっと見つめたり、ぴったりとそばに立っていたりすることがあるかもしれません。廊下や学校外でも後をつけてしつこいほど話しかけようとするかもしれません。相手が興味がないことをさりげなく示したり、うっとうしい行動に腹を立てていても気づかないかもしれません。せっかくデートのチャンスがあったとしても、過激なふるまいで台無しにしてしまうでしょう。もし娘さんが好きになった相手が自閉症の場合、彼は面と向かったアプローチを嫌がるかもしれないので、もっとおだやかな方法が必要だとわからせてあげましょう。

　境界線や他者の気持ちがわからないようであれば、特に境界線と健全な人間関係を教える教育プログラムを受けさせる必要があります。ジェイムズ・スタンフィールド社の『賢いデート法2：トラブルを避け、相手のノーを受け入れるには（Becoming Date Smart 2. Avoiding Trouble and Listening for "No")』というビデオプログラムがお勧めです。男女に向けたこのプログラムではどんなふるまいが、思わぬトラブルの元になりかねないかを学べます。この問題に関しては書籍も何冊か出ています。自分の行動が相手の気持ちをどう左右するか、わかりづらければ、行動を5段階に分解する方法が役立つかもしれません。カーリ・ダン・ブロンは著書『5は違法。社会的境界線』で、自閉症と高機能自閉症の十代の子どもたちに向けたソーシャルスキルを教えています。具体的に1点から5点までの尺度を使うことで、かかわり方とそれによって相手がどういう気持ちになるかを視覚的

に理解しやすいようにしています。5点の行動は相手に身体的な害や脅威を与えるもので、1点は社会的に適切な行動です。かかわりにはグレーゾーンがあり、行動は許容範囲からグレーゾーン、そして違法ゾーンにまで渡ることがあるとも教えています。他にはノーラ・J・バラデリアンの『セックスのルール：まだ知らない若者のための社会的・法的ガイドライン（The Rules of Sex. Social and Legal Guidelines for Those Who Have Never Been Told. Written for Young Adults)』という本もお勧めです。学習障害のある若い人たちに向けた社会的かつ合法な性行動の概要が明確にわかりやすく書かれています。

　残念ながら、ASD者の行動は広く理解されてはいません。そしてたとえ理解されても、何か問題が起きたときには、許してもらえるとは限りません。許されないこともあります。場合によっては柔軟に対応してもらえないこともあります。私たちはこれまで、停学になった子、ストーカー行為で退学になった子、セクハラの容疑をかけられた子、他の子を虐待や危険にさらしたとして逮捕された子、警官に暴行を加えたことで告訴された子にかかわってきました。緊急機関や法律関係者にASD者への正しい理解を促すことは、専門家として、また教育者としての私たちの責務です。自閉症の特性に対する知識と意識が高まり、事件の現場に最初に駆けつける警官や救急隊がその知識をマニュアルに組み込み、活かせるようになれば、学校や地域社会は誰にとっても、より安全な場になるでしょう。

性的活動への同意

　娘さんが成長する中で自分のセクシュアリティを探求し始めたとき、誰かと性的な関係をもってみたいと思うようになるかもしれません。恐ろしいことのように感じられるでしょうが、それは思春期から成人期へと向かうときの当たり前の発達なのです。親の役割は、娘さんの年齢や親子関係によって様々です。アメリカでは、子どもは18歳になるまでは未成年者であり、通常親が後見人となります。18歳になるまでは、あなたが娘さ

んの判断を助け、家庭でルールを決め、デートを許可するかどうかを決めることができます。18歳になれば、娘さんは同意成人となり、裁判所が後見人を決めることになりますが、多くの場合それまで通り親が後見人となります。後見人として、あなたは彼女自身と彼女の財産に関する判断を求められます。後見人の問題は複雑で、ここで軽々しく述べることはできません。今現在、あるいは将来に向けて、後見人制度を知りたいと思われるなら、その分野で経験の豊かな障害者専門の弁護士に相談してください。将来、娘さんの意思決定にかかわることをどうするか、という問題は今のうちに考えておきましょう。早すぎるということは決してありません。

　アメリカ精神遅滞協会（AAMR）では『同意に関するガイドブック』を出版しています。これは親御さんと専門家にも非常に役に立つ冊子で、「十分な説明に基づいた同意（インフォームドコンセント）」の意味、またそれが金銭管理、健康管理、性的活動などにおいてどういう役割を果たすのかをわかりやすく解説しています。「相互の同意に基づいた相手と性的な表現を交わすことができるのかどうか」といった重大な判断には、これまでの考え方や現在の社会的な見解も反映されます。性的関係をもてるかどうかを決める大切な要素は、知識（情報）、理解（良識）、同意（合意）の３点とされています。以下は『同意に関するガイドブック』から抜粋したリストです。これは、ASDの若い女性が他者と性的興奮を伴う活動や性行為に同意する力があるかどうかを評価する際に欠かせないものです。どの項目が娘さんに当てはまるでしょう。指導が必要な項目はどれでしょう。

　　□ 性的活動の基本を理解している。
　　□ 性的活動を安全に行うスキルがある。
　　□ 妊娠（身体的・法的な責任）の知識がある。
　　□ 性感染症と予防の知識がある。
　　□ 不適切な、あるいは違法な性行動について知っている。
　　□ 他者の境界線を侵害するとはどういうことかを知っている。
　　□ 「いや」は「ストップ」の意味だと知っている。
　　□ 性的活動にふさわしい時と場所を知っている。

☐ 相手が性的活動に同意しているかどうかがわかる。
☐ 自分の身に起きたことを正確に報告できる。
☐ 現実と空想、真実と嘘の区別がつく。
☐ 自分自身と他者の気持ちに気づくことができる。
☐ 虐待につながりそうな状況を認識できる（危険信号を察知できる）。
☐ 関係を進めたくないときにははっきりと拒否できる。
☐ 助けを求めることができる。

　以上の項目すべてに相当しなければ性的活動をしてはいけないということではありませんが、その場合は、まだいくつかの性行動に至る準備が整っていないことになります。性の表現に関する「権限・能力」の定義は普遍的ではありません。信頼できる専門家に相談して、娘さんのニーズに見合う、そして安全と幸福を保てるような正しい判断を行ってください。

インターネットの安全性： 被害から娘さんを守るには

　現代の若者はコンピュータでつながった世界に生きています。多くの親御さんがそのことに戸惑っています。レコードやカセットテープ、ダイヤル式の電話、タイプライターなどの世代なら、現在のインターネット生活に圧倒されかねません。CD、Eメール、コンピュータと共に育っていても、インターネットのテクノロジーはあまりに急激に変化するため、追いつくことが難しいものです。2005年にフォレスター・リサーチが行った北米アンケート調査によると、十代の若者は平均、週に11時間（1日1.57時間）、12歳から17歳の5分の1は週に20時間以上（1日2.86時間）もインターネットに費やしていることがわかりました。
　ASDの若者はどうでしょう。今のところ公式調査による統計はありませんが、親御さんや本人からの報告では余暇（学校、食事、睡眠以外の時間）の大部分をコンピュータや小型ゲーム機に費やしており、中には夢中にな

る余り、他のことは何もしない子もいます。コンピュータが孤立の原因となっていると嘆く親御さんは少なくありません。親御さんは、子どもが宿題を終えるまで、シャワーを浴びるまで、部屋を片づけるまで、夕食を食べるまで、短くても家族と言葉を交わすまで、コンピュータに向かう時間を制限したいと考えます。しかしそのことでいつも親子喧嘩が絶えない状態になるのです。臨床心理士として、私たちはそのような親子の交渉にかかわり、日課を果たすことを条件にコンピュータの時間をもてるようなプランを立ててきました。認知的にも身体的にもコンピュータで時間を費やす能力のあるASDの子は、同じようにインターネットを楽しんでいる定型発達の子どもたちよりも長く集中的にコンピュータに向かう傾向があります。インターネットには「特別な興味」にまつわる情報が満載されています。検索すればするほど情報が現れるのです。私たちのクリニックに来ている少女の中には、好きな動物、ブロードウェイのミュージカル、映画スター、歌詞などの特別な興味の情報を求め続けて過剰な時間をインターネットに費やし、検索をやめることができない子たちがいます。インターネットは、ただいたずらに検索を続けるためのものではありませんし、「十代のテクノロジー」もコンピュータだけとは限りません。適度なバランスを保てば、テクノロジーは社会性を促すきっかけをもたらしたり、創造性を養うことができるのです。

- ネット上には同じ興味を共有できる子どものグループが多く、学校では接点のないような子どもたちと友情を築くことができる。
- 直接顔を合わせずに付き合えるため、社会性にかかる負担が軽くなる。
- テクノロジーによる交流では、直接的な会話よりも、情報処理や応答に時間をかけることができる。
- コンテンツを創作する機会（ブログの作成など）が与えられ、創造性が活かされる。美術作品、詩や小説、その他創作したものを発表できる。
- 学校では教師が以前よりも頻繁に情報技術を使うようになっている。ASDの若者には魅力であり、動機づけにもなる。

●特別な興味に関してインターネットを使うことで、社会的な目的や活動（絶滅の危機にある動物を救う活動など）にかかわることができる。

テクノロジーに精通した親になりたいと思われているなら、次のリストを見てください。リストのそれぞれがどのようなものかわかりますか。もしわからなければ、インターネットで調べてみてください。あるいは若い人たちのインターネット文化に関する本を読んでください。インターネットの害から娘さんを守るには、まず親がインターネットのことを知っておくことが大切です。娘さんが最近夢中になっているもの、あるいは使っているものはどれでしょう。

- □ Eメール
- □ ユーチューブ
- □ iPod、MP3、iTune
- □ インスタントメッセージ
- □ 携帯、テキストメッセージ（SMS）
- □ MySpace（マイスペース）、Facebook（フェイスブック）
- □ チャットルーム
- □ ブログ
- □ グーグル検索、拾い読み（ブラウジング）
- □ ゲーム
- □ コンテンツの作成

私たちの経験では、ASDの若い人たちは特に最後の3項目、グーグル検索・ブラウジング、ゲーム、コンテンツの作成に膨大な時間を費やしています。それ以外の項目の多くは、もともと社会性が必要な活動なので、ASDの子どもたちは興味をもちづらいのかもしれません。しかし、ブラウジングをしていると簡単に、チャットルームや掲示板に出くわします。社会性を刺激されれば、マイスペースやフェイスブックにプロフィールを発表したいと思うかもしれません。これが、インターネットの安全性とASDの子どもたちに関連する最も大きな問題につながるのです。特に少

女の場合、たとえテクノロジーの操作には非常に長けていても、インターネットの社会では非常にだまされやすい存在となっています。

インターネットの危険性に対応する

　ASDの少女たちがインターネットを使うとき、「時間をかけすぎる」「情報を得すぎる」「境界線がほとんどない」という3つの大きな問題を抱えます。

　「時間をかけすぎる」ことは、即座に明確に指導すれば解決しやすい問題です。中には発達に差し障りがあるほどの時間を費やす子もいます。親子で共に話し合い、適切な時間制限を設けてください。娘さんは、社会的に要求されていることや、家庭での役割を果たしていますか。宿題をしていますか。シャワーや家事の手伝いなど毎日しなければならないことをしていますか。もし答えが「イエス」なら、娘さんがインターネットに費やしている時間はほどほどだと言えるでしょう。もし答えが「ノー」で、さらに話し合っても時間制限を設定できないなら、行動療法のできる心理士に相談してください。娘さんがどうしたらコンピュータの時間を確保できるか、さらに、週末に余分に時間を費やすにはどうしたらよいか、案を出してくれるでしょう。ただし、どの案でも急激に時間を減らすのではなく、徐々に微調整していくことを忘れないでください。

　次の「情報を得すぎる」ことは、どんな問題につながるのでしょう。まず1つ目は、余りにも個人的な情報を他者に与える危険性です。多くの場面にこの問題がひそんでいます。メールの名前を決めたり、マイスペースにプロフィールを載せるときにはもちろん、週末のことをチャットで伝えるときに、家のすぐ近くのモールの名前を挙げてしまうなど、個人を特定しやすい情報を与える恐れがあります。2つ目は、ブログなどの内容に注意を払わないことです。若者、特にASDの場合は多くが、ネットに載せた情報は個人のものではなくなり、著作権が保護されていない状態になることを忘れてしまいます。3つ目は、時間をかけすぎることにも関連しますが、必要のない、あるいは有害なサイト（アダルトサイト、拒食を煽るグループのサイトなど）にも制限なくアクセスしてしまう危険性です。

ケーススタディ：ポーラ

　ポーラはPDD-NOSと診断された10歳の女の子です。彼女の母親から相談されたことがあります。最近までポーラは成長について関心をもっていませんでした。セクシュアリティや体の変化について母親が話そうとすると、ポーラは落ち着かなくなり、会話を拒んでいました。ところが、先月、変化が起こりました。ポーラはインターネットで成長に関する情報を探しているうちに、うっかりアダルト用のアニメのページにアクセスしてしまったのです。残念ながらアダルトサイトはパスワード不要のものが多く、子どもたちは簡単に非教育的な性的サイトにアクセスできます。特にアニメが大好きな子が長時間アニメのサイトをブラウジングしていれば、どこかでアダルトサイトにぶつかります。ポーラが自宅のコンピュータでだけではなく、祖父母の家でもアダルトサイトを見ていたことが発覚したとき、彼女は、体やセックスに「好奇心をもった」だけで、そういうサイトを見るのが悪いことだとはわからなかったと言いました。ポルノ作品は現実的ではなく、一般的な体格や男女関係を表してはいません。それは嘆かわしくも事実です。アダルトサイトはASDの若者に混乱と矛盾をつきつけるような性的文化を助長させているのです。

　「境界線がほとんどない」という問題はどうでしょう。ASDの女の子にはどのようなリスクをもたらすのでしょう。人間関係の境界線（面識のない他人、知人、親しい友人、恋人、家族）については第7章で述べた通りです。障害の有無にかかわらず、十代の子どものいる親御さんは、インターネットを通して性犯罪者が我が子に近づくことを危惧しています。もし娘さんが見知らぬ者からのコミュニケーションに応答するなら、そのリスクは激増します。単なる知人には友だちのように何でも話すものではないということが理解できない場合も同様です。特にASDの若者は、何かしなさいと言われると無防備に従ってしまいがちです。例えば、ネット上で別

な若者から頼まれると、たとえそれが不適切なことであっても気がつかずにしてしまうことがよくあります。誰かにメールを送るように、あるいは時間と場所を指定されて誰かに会うようにと指示されても、娘さんは危険信号に気がつかないかもしれません。レンハート (Lenhart 2007) の報告では、インターネットを使用する十代の32％がネット上でまったく知らない者から連絡を受けたことがあり、そのうち29％が応答していました。ネット上のかかわりのルールはASDの若者にとって、よりわかりづらいものです。そのため危険性が一層高まるのです。

　境界線がほとんどないということは、他者の境界線を尊重しづらくなることでもあり、その結果、過剰に連絡をとるようになる恐れもあります。本章の前半では他者の境界線を無視する危険性について述べました。もし娘さんが生活のいろいろな場面で境界線を越えがちであれば、インターネットで絶対にトラブルに巻き込まれないように、娘さんの人間関係を監視してください。境界線を越えているときには、次のような様子が見られます。

- □ ネット上の友だちが接続していないかどうか何度もコンピュータをチェックする。
- □ ネット上の友だちにどうしても会いたがる。たとえ相手が会いたくないと言ってもあきらめない。
- □ 独占的になる。ネット上の友だちが別な人とかかわっていたり、一緒にチャットやゲームをしたいときに連絡がとれないと動揺する。
- □ いやがらせと見なされるような行動をとる。ストーカー行為、メールやテキストメッセージを繰り返し送り続けるなど強迫的な行動をとる。
- □ 有名人（ミュージシャンや俳優など）のファンのホームページにアクセスして、不適切なメッセージを送る。
- □ 有名人からは返事が来ないこと、彼らは友だちではないことを理解できない。

親として我が子を守るためにできること

　先にも述べましたが、親としてまずできることはインターネットに関する知識を得ることです。娘さんがはまっているテクノロジーと電子世界の文化についてできる限り学ぶことです。関連書籍を読み、インターネットの安全性に関するウェブサイトを見てください。1つでも2つでもコンピュータのクラスを受けてみてください。もし娘さんが新しいことを覚えたいと思うなら、一緒に受けるとよいでしょう。共に学びながら、娘さんが興味をもつことに関心を示してください。娘さんは学校の友だちとテキストメッセージのやりとりをしていますか。若い女の子たちが使う略語を調べてみてください。例えばPIR、BC、F2F、LMIRL(注)といった略語の意味がわかりますか。PIR は Parents In Room（親が部屋にいる）の頭文字です。まったく新しい言語なのです。

　親ができる2つ目のことは、娘さんと一緒にインターネットを使うことです。インターネットを使う宿題は一緒にしましょう。娘さんを誘い、コンピュータの使い方やインターネットの操作の仕方を教えてもらいましょう。マイスペースやフェイスブックの設定もしてくれるかもしれません。共にインターネットを使うことで、娘さんとの関係に今までにはなかった道が開かれる可能性があります。彼女が他者とどうコミュニケーションをとっているかもよりわかるようになるでしょう。

　「指導の道具箱」を使って、インターネットの安全な使い方を話し合ってください。ネット上の情報の信憑性を正しく判断する方法を教えましょう。繰り返しますが、ASDの子たちはだまされやすいため、言われたことは何でも信じてしまったり、ネットで誰かに頼まれたことを疑いもせずに行ってしまう危険性があります。「あなたに新しいコンピュータが当たりました！　ここをクリックして個人情報を入力の上、賞品を受けとってください！」というような詐欺にもひっかかるかもしれません。迷惑メール、フィッシング（メールやウェブサイトを使った詐欺）、ハッキング（他人のコンピュータに不正に侵入すること）、無料ゲーム、危険な支援グルー

（注）BC は Be Cool（落ち着いて）、F2F は Face to face（面と向かって）、LMIRL は Let's meet in real life.（直接会おう）の略。

プ（自殺支援サイトなど）について、娘さんは学ぶ必要があります。

　コンピュータの使用状況を監視する方法もあります。例えば、インターネットに接続できる時間を制限する（特に深夜）、コンピュータを家族の誰もが使う部屋に置く、スクリーンネームを親が決める、メールアカウントを管理する、フィルタリングソフトを使う、検索履歴を調べる、本人の承諾を得てネット上のプロフィールをチェックする、インスタントメッセージをやりとりしている相手やネット上の友だちについて聞く、といったことができます。インターネットによる買い物と情報のダウンロードに厳しいルールを設けたり、ネット上のいじめが起きた場合には特定のメールアドレスを排除していた親御さんもいます。

　ネット上のいじめにも十分注意してください。いじめはデジタル時代に突入しています。インターネットに時間を費やすASDの少女はネットいじめの被害にあう恐れがあります。私たちは実際に、いやがらせや強迫のメールやMSNメッセージを受け取った子たちの話を親御さんから聞いています。12歳のアスペルガー症候群のサラはネットで受けたいやがらせを次のように記しています。

> インターネットで人間はひどく意地悪になることがある。学校で、友だちにあげた私のメールアドレスを誰かがこっそりコピーした。友だちがきっと他の子たちに知らせたのだ。MSNメッセンジャーで私にチャットをしかけてきている。みんなひどいことばかり話している。私は魔女で39％は天使で50％は悪魔だとか……。とうとう私はあの子たちをブロックしてもう二度と私にチャットをしないようにするしかなかった。
>
> （『アスペルガー症候群、思春期、アイデンティティ』p.68より）

　報告されているネット上のいじめの率は、いじめ行動の定義や年齢、性別によって9％から40％まで幅があります。886人の十代を対象にした2007年のピュー・インターネット・アメリカンライフプロジェクト（www.pewinternet.org）による調査では、インターネットを使用している十代の32％がネット上でいやがらせを受けた経験があり、女子（38％）、特に15歳から17歳までの女子（41％）は男子（26％）よりも被害にあいやすいことが報告されています。自分の情報を開示している子は、匿名を守ってい

る子よりもさらに標的となっています。ネット上のいじめには、いやがらせ、掲示板へのひどい書き込み（怒りに満ちた下品な言葉を使う）、悪口や噂を流す、本人になりすます、ストーカー的行為、仲間から排除するなど、多様な形態があります。最近の研究によると、携帯電話やテキストメッセージを使ったいじめは男子よりも女子が頻繁に行っています。このような形のいじめの打撃は即時的で、さらに、本人を否定するようなメッセージはあっという間に多くの子どもたちに行き渡ります。

　ニューヨークタイムズに「いじめっこが無名になったとき」という記事がありました（2007年12月16日）。ネットによる少女たちのいじめがいかに危険であるかを訴えたこの記事は、マイスペースを使った過酷ないじめの例を挙げています。被害者の13歳のミーガン・マイヤーは容赦ないいじめ（彼女は「嘘つき、太った売女、最低」と呼ばれていました）からうつ状態になり、それ以上耐えるよりも自らの命を絶つことを選びました。ネット外のいじめに関しても、もちろん娘さんと共に理解を深め、対策を練りながら彼女を守っていかなければなりません。同様に、もし娘さんがインターネットに時間をかけているなら、簡単にネットの脅威にさらされる恐れがあることをよく注意していてください。ネットの使用中に不適切な介入があったときには必ずあなたに報告するように、また報告できるようにさせてください。そしてネット上のいじめについてはしっかりと教えておいてください。テレビ番組でいじめのシーンがあったなら、それを指摘して説明ください。いじめについてインターネットで一緒に調べたり、ネットを使ったメッセージ交換をロールプレイするのもよいでしょう。工夫を重ね、指導の機会があれば逃さずに活用してください。

第9章

私たちの道のり：アスペルガー症候群の少女とその母の手記

モーリーン・ペトロ、モーラ・ペトロ

　　モーラはアスペルガー症候群の19歳の女性です。本章ではモーラと彼女のお母さんがそれぞれの体験談を記してくれました。アスペルガー症候群の成長期の女性ならではの苦労が綴られています。以下、明朝体の箇所はお母さん、ゴシック体の箇所はモーラによるものです。

　2001年4月13日、金曜日。この世のカレンダーではいわゆる「不吉な日」。教会暦では受苦日。神聖で最も厳粛な日。

　精神科医院の駐車場で、私は車の座席にいた。6週間前に予約を入れておいた診察日。医者に会う前に私は考えを整理しようとしていた。中学1年生の12歳の娘は後ろの座席で黙って外を見ていた。この子も同じ思いなのだろうか。

　精神科の駐車場で私たちは何をしているのか。精・神・科!? いったいどうしてこんなところに来たのか。この子に理由をどう説明しよう。どう切り出そう。

　あと数分で、問診が始まる。「言うべきこと」をまとめたいのにまったく集中できない。診察時間は1時間。モーラの10年以上に渡る困った行動の数々と、それにまつわる心配事をその短い時間内に的確に伝えなければならないのだ。

　いかにも中学校の教師らしく、私は助手席の書類の山をかき回す。なぜか一向に整理されない書類。その中から白紙を1枚見つけると、急いで思

いつくままメモを書いた。娘が落ち着かないこと、ときどきおかしくなること、過去10年間の一連の行動。

- フラストレーションへの耐性が低く、我慢できなくなると自分を叩いたり、ひっかいたりする。
- 驚くほど長い集中力。興味が続く限り、同じことを何度も何度も繰り返したがる。
- 何週間、何か月、ときには何年も前の会話を一字一句繰り返すことができる。
- 要求に対してかんしゃくやメルトダウン（くずれ落ちる）を起こす。
- 家の階段の真鍮の手すりに、誰かがほんの少しでも触れただけで叫び声をあげる。
- 家族の特定の者を無視する。まるでそこにいないかのように相手の向こうを見る。
- 他の人に話しているのに、私の方を見て話す。
- 場面に関連のないような、変わった「造語」を使う。

　このリストはばらばらで、それぞれが何の意味もないようにも見えるが、確かにモーラの主な問題を表していた。精神科医なら、このリストから何かを読み取れるだろうか。もし読み取れなかったら、何と言ったらいいのだろう。問題を解決するようなアドバイスやヒントはもらえるだろうか。モーラは医者の前でリストに書いたようなことをするだろうか。それとも、考えすぎの母親に連れられてきた普通の十代の女の子、といった印象を与えるだろうか。私には医院のドアを開けて、最善を願うことしかできなかった。

　私たちは一緒に診察室に呼ばれた。これまで数え切れないほどそうであった通り、モーラはまっすぐに私を見つめたまま、医者にどうして来院したのかを話し始めた。医者は、優しい口調の人当たりの良い女性だった。モーラは突然話題を変え、数学の先生が机の上に上がって叫び始めたことなど、まったく関係のないことを話し始めた。リストの項目の少なくても1つが立証されたことを私は喜んだ。15分後、医者はモーラと2人きり

で話したいと言った。私は隣の部屋で待つように言われ、移動した。さっき車の中で急いで書いたリスト。あの子はリストに一致するふるまいをするだろうか。しないかもしれない。でも、どうかしますように。私は願い、実際にそう祈った。

モーラが面談している15分間は長かった。まるでワープしたかのように、15年だったかのように感じた。私と向かい合って座った医師は、モーラの印象を話し始めるところだった。疑問にとうとう答えが出るのだろうか。学校の先生方は情緒障害だと思っているようだった。本当にそうなのだろうか。それとも単に難しい、反抗的な子なのだろうか。もっと規律を徹底すれば変わるだろうか。成長すれば落ち着くのだろうか。とにかく、答えはあるのだろうか。家族や、友だち、学校の先生方に伝えられるような答えをもって帰ることはできるのだろうか。

しかし医者が口を開きかけた瞬間、私は何も聞きたくないと思った。詳しい説明も、診断も、あの子がどうしてあんなふうなのかも。

医者から聞いた言葉。うまく言えないが、ちょうどプールの中で、水の上から誰かが話しかけるのを聞きとろうとするときのようだった。私がリストに綴った「寄せ集めの」ばらばらの行動は、新たな「寄せ集めの」言葉のリストによって説明された。用語のいくつかは意味もよくわからないものだった。夜になるまで、私はそのことにすら気がつかなかった。打ち破りがたい「水の壁」を通して聞いた言葉。

　　PDD
　　広汎性発達障害
　　自閉スペクトラム症
　　アスペルガー（いったい何？！）
　　自閉症の極めて高機能な形態
　　非常にラッキー

「非常にラッキー？」。それはどの用語よりも、反発を感じさせるものだった。皮肉にも13日の金曜日、世俗的にも宗教的にも意味のある日だということが頭から離れなかった。世間では究極の「不運の日」、キリスト教

では英語で「グッドフライデー」とも呼ばれるが、本来は喪に服す日だった。
　今振り返ってみると、あの日は究極の「幸運の日」だった。なぜ娘が独特の行動や過ごし方をするのか、すべてわかったわけではなかったが、とにかく答えを得たのだ。覆いは外され、私たちはモーラが世の中を渡る助けができるようになったのだから。あの頃のモーラにとって世間はまったく見知らぬ異国だった。だから苛立つことが多かった。グッドフライデー。宗教的に非常に重要な日という意味でも私はあの日を思い出す。グッドフライデーは確かにキリスト教で「死」を意味するが、人生の終わりという死ではない。救い主は３日目によみがえるという約束につながる死である。つまり先には復活祭があるのだ。私たちは個人的なグッドフライデーを経験した。４月のあの金曜日、私たちの古い命は過ぎ去り、アスペルガー症候群の診断を通して「何も知らない」生活、おそらくはもっともつらい生活から根本的に救われたのだった。なぜ娘が世の中に適応するのにあれほど苦しむのか、一旦その理由の「名前」がわかれば、理解も情報も手に届くところにあった。あの日のことをモーラは彼女ならではの視点で次のように回想している。

　　中学１年生のとき、母が私をいろんなお医者さんのところへ連れて行った。診察の予約は次から次へと入っていた。最初に行ったのは精神科だった。そのときの診察についてはよく覚えていない。でもお医者さんはとても優しそうだった。自分のことをいろいろと聞かれた。
　　それから何週間か経って、また別な病院に行った。今度は小児神経科だった。お医者さんはとてもいい人だった。バランスと体の協調能力の検査をした。それからまた別な小児神経科に行った。今度は男のお医者さんだった。前と同じような検査をした。でも、私はお医者さんが５分ごとに時計を見ていることに気がついた。お医者さんは急にもう行かなくちゃいけないと言った。とても変わった人だった。それに失礼だった。アスペルガー症候群のことを調べた後で、私はあのお医者さんもそうじゃないかと思った。

母が家のあちこちに置きっぱなしにした本を読むまで、私はアスペルガー症候群について一度も聞いたことがなかった。自分が変わっていることはいつも知っていた。みんなと違う行動をするし、私を好きな人はいないみたいだった。私はすごくいじめられるようになっていた。「私はアスペルガー症候群なの？」と母に聞いたときのことを覚えている。初めて聞いたとき、母は授業で使う本を読んでいるのだと言った。でもその本には私のことが書いてあったのだ。それくらい私にははっきりとわかっていた。アスペルガー症候群は命にかかわる病気なのかもしれないと思った。今でも私にとって一番怖いことの1つは、病気になることだ。特に最近ニュースになっている病気が怖い。

　ある日の夕方、診察から帰る途中、私は車の中で母にもう一度、アスペルガー症候群なのかどうか聞いた。母はとうとう私にそうだと言った。そして、「ただ心のはたらきが違うだけよ」と説明した。病気じゃなかったし、対処できることもあるから私は本当にほっとした。

私たちの旅路：BD（診断前）
Before Diagnosis

　どんな旅もそうであるように、私たちの旅にも始まりがあった。モーラを授かるまで私は長い間妊娠できなかった。2番目と末の子どものときには排卵誘発剤を使っていた。不妊治療を2サイクル繰り返して、ようやく妊娠したときには夫と感激した。喘息(ぜんそく)がひどかったが、私は帝王切開でモーラを産んだ。モーラが他の子とは違うかもしれないという最初の兆候は、新生児担当の看護師からの話だった。新生児室で、モーラは周囲をじっと見つめていた。他の赤ちゃんのようにしょっちゅう泣かなかった。それは私も後になって気がついたことだった。モーラは幼児期ずっとそうだった。

　それからの2年間、モーラは上の子と同じように発達していった。発達過程は正常範囲で、普通と違うところはどこもないようだった。モーラは

とてもおだやかな順応性の高い子だったので、私は「きっと今は全部受け入れていて、いつか全部放出するのよ」と冗談を言ったものだった。控えめに言っても、あれは予言だった。

　実際に、それからいくらもたたないうちに、モーラの気質は変わってきた。自分の思い通りにならないと大声を出し、親戚や友だちが家に来てもほとんど反応しなかった。彼らが到着しても無視をして、まるで誰もいないかのように自分の好きなことをしていた。ただし家族や、よく会う親戚にはごく普通に接していた。

　幼稚園から小学校低学年にかけても、家族とはうまくかかわっていたが、徐々に家庭でも学校でもフラストレーションに対する耐性の弱さが現れるようになった。以前からの気になる行動が悪化し、さらに説明のできない新しい行動が増えていった。行動の変化は毎日ではなく時々だったが、特にストレスが多くなると頻繁に見られた。

　最大の変化が起きたのは3歳の頃、幼稚園に入ってすぐのときだった。地域の公立幼稚園で1日だけの日帰りキャンプがあった。モーラはそれに参加した後、同じ幼稚園の年少組に入り、同じ先生と2年間過ごすことになった。幼稚園では活動の変わり目に体操の時間があったが、先生は、モーラはそれをいやがって、自分のしたいことを続けようとしたり、その頃大好きだったネコの話ばかりすると言った。思い通りにならないとモーラは叫び声をあげた。落ち着かせるために廊下へ連れて行かなければならないこともたびたびあった。先生方は、まだ幼いゆえの行動だろうと思っており、1年経てばおさまっているだろうと話していた。

　モーラは非常に活発だった。両腕をいっぱいに広げて教室を走り回っていた。他の子どもたちと遊ぼうとはしたが、みんなが自分のしたいゲームをしてくれないと1人で遊び続けた。1人で遊ぼうがみんなと遊ぼうが、どうやら本人は気にしていないことに私は気がついた。その頃、モーラは先生の言うことを一字一句復唱するようになった。これは、先生との遊びの1つとして始まったのだが、先生がクラスの子どもたちに言った言葉を、1秒もしないうちに繰り返していた。また、教室の騒音にも耐えられなくなっていた。特に子どもたちが歌うと、「うるさすぎる！」と叫び、両耳に

指を入れて聞こえないようにしていた。

　年長組になってもほとんど同じだった。勉強に関しては、非常に賢く、優秀とさえ言われた。私たちにとってモーラは、言葉の発達した好奇心旺盛な子、自分の意見と鋼鉄の意志をもった子にしか見えなかった。１番の問題は、やはり１つのことから次のことへ移行するときの切り替えだった。２番目の問題はフラストレーションへの耐性の低さ。そして、好きな話題（ネコ）を話し出すと止まらないことだった。１年生のときの先生は、モーラが不適切なとき、例えば算数の授業中などに、大きな声でネコの話をするのだと言っていた。

　友だち付き合いに興味はもっていたが、その度合いは同年齢の他の子たちほどではなかった。モーラは他の子と比べられることをひどく嫌がった。ほんの少しでも比較されていると感じると極端に腹を立てた。褒められるのも、他の子よりも優れていると思われるのも嫌なようだった。良いことでも悪いことでも、とにかく自分が注目されるのが大嫌いだった。

　初めて本当に親しい友だちができたのは、小学１年生のときだった。モーラが２人の関係に余りにも夢中になりすぎるまで付き合いは続いた。モーラはその子に自分だけの友だちでいてほしいと願い、絶え間なく話しかけていた。おまけに、その子は同じクラスだったので、モーラの変わった行動にいち早く気がついていた。学年が終わる頃、その子の誕生会があったが、モーラは招かれなかったのでひどく傷ついた。なぜ招かれなかったのか。「お母さんは娘の誕生会で叫んだり、泣いたりする子は呼ばないって」とその子はモーラに言った。残念ながら、これが引き金となった。

　　私は母が教えている学校付属の幼稚園に入った。他の子たちとはあまり遊ばなかったことを覚えている。ただ１人でいたかったのだ。私はクラス全員で歌うのが大嫌いだった。うるさくて、苛々した。年長組の先生はとても優しかった。たくさんお話を読んでくれたし、私たちにも好きな話を書かせてくれた。絵と自分のお話がかけるようになったことが嬉しかった。一度、単語のスペルをほとんどまちがえずにお話を書いたことがあった。先生はとても感心していた。

１年生のとき、「レベッカ」という名前の親友ができた。初めての本当の友だちだった。いつも一緒におしゃべりをしたり遊んでいた。レベッカは祖母の家のすぐ近くに住んでいた。よく垣根ごしに話をした。パーティーに呼ばれなかったことは何も覚えていない。でも私と話さなくなって、優しくしてくれなくなったことは覚えている。

　私は、モーラにはカウンセリングが必要かもしれないと思うようになった。あの子の問題は社会的な領域にまで広がっており、「幼いから」という理由では済まなくなっていた。１年生が終わると同時に、私たちは引越しをした。モーラも別な公立学校へ転校することになった。これを機にモーラの社会性や行動が改善するのではないかと願ったが、心の奥には、たぶん変わらないのではないかという不安もあった。

　その年の秋、モーラは新しい学校で新学期を迎えた。モーラの様子に良くなる気配はなかった。それどころかどんどん悪くなっていった。フラストレーションと社会性の問題は誰の目にも明らかになった。10月、モーラは公園の遊具から落ちて腕の骨を折った。手術が必要になり、地元の子ども病院に２日入院した。腕にギプスをはめられたモーラのフラストレーションは常に高くなった。11月にギプスが取れるまでに、モーラは激しく自分を叩くようになっていた。

　私がカウンセラーを探し始めたのはその頃だった。最初に診察を受けた心理士は、引越しで家と学校が変わったことが原因の適応問題だと考えていた。セカンドオピニオンを求めて訪ねた心理士には今でもみてもらっているが、診断名はすぐに与えられなかった。モーラはこの心理士と信頼関係にある。

　２年生から５年生まで、モーラは学業では良い成績をおさめ、少人数の友だちとの関係も維持していた。しかし、モーラは皆の笑い者になっていた。小さないじめが３年生のときに始まった。ある女の子がモーラをのけ者にして「みんなモーラが大嫌い！ 友だちになりたいなんて誰も思わない！」などと言ってあざけるようになった。５年生になる頃には、ある男の子が毎日いやがらせをするようになっていた。モーラはそういう状況を

基本的には無視することでおさめていた。あの頃、私が介入しなければならなかったのはたった一度だけだった。

　いじめられていたのは、モーラだけではなかったので、私は単に一般的ないじめだと思っていた。モーラが変わっているとか、ときにはおかしいと思われていることは知っていたが、何人かの仲間はいたので特別孤立しているようには見えなかった。仲間にとってモーラは良い友だちだったと思う。みんなで何をするかを決めるときにはおっとりとしていて、やかましくも差し出がましくもなかった。モーラは仲間に入っているだけで嬉しそうだった。

　モーラはイザベルという友だちと特に親しくなり始めた。2人はとても仲良くなった。イザベルが泊まりに来ると秘密を打ち明けあったりした。デートごっこもしていた。2人でシナリオを作り、演じあっているのが部屋から聞こえた。私はイザベルをモーラの「天使」だと言ったことがある。いつもそばにいて、モーラの「違い」を超えた面を見ていた。他の女の子たちがどう思おうが、何を言おうが気にしなかった。モーラもイザベルにとってすてきな友だちだった。口げんかやからかいは一度もなかった。イザベルの前では不適切な行動もとらなかった。あえて1つ挙げるとすれば、何でもイザベルの要求に従っていたことだろう。そうこうしているうちに、イザベルは中学生になった。

　　2年生になったとき、私は新しい町の小学校に入った。腕の骨を折ったときのことははっきりと覚えている。家の近くの公園のジャングルジムから落ちたのだ。手術が必要だった。腕は5週間もギプスの中だった。何かうまくいかないことがあると私は必ずいらいらして、折れた方の腕をドンドン叩いたり、ひっかいたりした。

　クラスで「イザベル」という名前のすてきな子に出会った。私たちは親友になってとても仲良くなった。お互いの家に泊まることもあった。イザベルに会ったり、イザベルの家族と過ごすのはすごく楽しかった。私たちはずっと一緒だった。他の子たちとは違って、イザベルは絶対に私をからかったりしなかった。友情の証しのネツ

クレスもくれた。ハートの形で、「ベストフレンド」と彫ってあった。２つに分かれるようになっていて、私が片方を、イザベルがもう片方をつけた。イザベルとの友情は小学校の間何年も続いた。でも中学校が始まると、イザベルには新しい友だちができて、私たちの仲は変わってしまった。

　中学校。中学の難しさを私は誰よりも知っていたはずだった。私自身の中学時代は、痛い目にも合わず何とかうまく過ごしていた。上の娘は同性とも異性とも人間関係や感情のことでいろいろな問題を抱えていたものの、私は辛抱強く対処していた。しかし私が中学の難しさを知っていたと断言するのは、そういう経験からではない。私は中学校の教員で中学1年生を受け持っていた。だから確かに、中学という移行期を机の向こうからもこちら側からも見ることができる特典があった。モーラが困難を抱えていても、私には、あの子が中学の荒波を乗り越えていけるようにうまく導いてやれる自信があった。私自身に、また長女にそうしたように。

　実際、私は、中学の間にモーラは成長して、狭い友だち関係を維持するだけではなく、広げることもできるようになるだろうと思っていた。校区には全部で3つの小学校があり、そこを出た子どもたちは皆モーラが通っていた中学に進学することになっていた。おそらく他にもモーラのような子はいるはずだった。良い生徒、社交が苦手、変わっている、同じものばかりに興味をもつ、誠実な友だちを求めている、そういう子。中学生になることをモーラも喜んでいた。何をするにしても監視や「手取り足取り」の指導がなくなるのだから。幼稚園や小学校でモーラはそういう支援をひどくいやがっていた。私は楽観していたが、一方で現実を思うと嫌な予感もしていた。そして、悲しいかな、私の恐れはまさに的中する直前だった。

　モーラは2000年の9月に中学校に入学した。うまく適応しているように見えた。成績も良いままだった。しかし残念なことに、問題は起きた。廊下のロッカーでモーラは他の生徒たちと揉めるようになった。中学のロッカーは、幅が非常に狭く、10センチほどしかなかった。それがずらりと廊下に沿って並んでいた。モーラは体が触れたり、パーソナルスペー

スを侵害されることに非常に敏感だった。モーラのロッカーは列の真ん中にあった。そのため他の生徒たちと接触しやすく、それが感覚的なオーバーヒートにつながったのだ。私たちはそのことを後で知った。10月、モーラのロッカーがめちゃめちゃにされた事件が起きた。モーラのいつもの過敏な行動に腹を立てた女子生徒が他の子たちをそそのかしてしたことだった。その子たちはモーラがロッカーに鍵をかけるのを堂々と見張り、組み合わせ番号を記憶していた。そしてモーラがいないときにロッカーを開け、中に「モーラはバカ」と落書きをした。誰か1人にではなく、複数の子たちにそんなことをされた、と思うと私は落ち込んだ。おまけにそのグループは小学校のモーラをまったく知らない子どもたちだった。

　ロッカーでのトラブルはまだ続いた。モーラの隣のロッカーを使っていた男子生徒は扉を思い切り開けて、モーラが自分のロッカーを開けられないようにわざと邪魔をしていた。1月の誕生日、友だちがモーラのロッカーの内側をキャンディで飾ってくれた。隣の男子生徒はモーラがロッカーの扉を閉められないようにして、後で閉めておいてあげるからと言った。規則を絶対的に守るモーラは、授業に遅れてはいけないと思い、そのまま立ち去った。後で戻ってみるとキャンディは消えていた。親切を装った男子生徒が取ったのだ。

　　　中学校の始まりは思っていたほど悪くはなかった。最初の2、3週間は、自分のロッカーを持てたことや、毎回違う教室に行くのが嬉しかった。同じクラスに友だちがいたし、前よりもずっと自立した感じも好きだった。でも、それから何週間か経つと、全部が転げ落ちるように悪くなった。廊下はものすごく混み合っていて、ぎゅうぎゅう詰めだった。みんな我れ先にと重なり合っているみたいだった。感覚的に嫌でたまらなくなった。特に余りにも大勢の中にいると我慢ができなくなった。
　　　ある日、ロッカーを開けると扉の内側に嫌なことが書いてあった。すごく腹が立って、動揺して仕方がなかった。私は誰とも問題を起こしたことがなかった。誰がそんなことを書いたのかわかったとき、

裏切られたように感じた。みんな私の知らない子だった。

　中学に入ってから2か月後の11月、教師との個人面談があった。私はモーラの担当教師全員と話した。どの先生もモーラに対して同じ意見をもっていた。モーラは勉強では秀でているが、ソーシャルスキルが心配だとのことだった。私は、モーラはフラストレーションへの耐性が低く、それがソーシャルスキルの発達に影響を与えていること、そのために心理士の世話になっていることを伝えた。先生方は、モーラの問題行動や目立つ行動を見たことがなかったが、私はもし何か困ったことがあればお知らせくださいと丁寧に頼み、連絡先の番号を渡した。

　ロッカーの事件の後、私はソーシャルスキルのグループを指導している心理士のところにモーラを連れて行った。心理士はモーラの検査をしたが、残念ながらモーラにちょうどよい年齢のグループがなかった。

　ちょうどその頃、2001年1月の上旬、モーラは数学の教師に激しい怒りをぶつけるようになった。それまでもモーラは何か気に入らない状況ではフラストレーションを爆発させることがあったが、それはいつも「状況」に対してであって、友だちや生徒、教師などの特定の「人」に対して問題を起こしたことはなかった。ところがそのときは、違っていた。モーラは礼儀正しくいつも成績優秀な良い生徒だったので、教師からとやかく言われて対処しなければならなかったことなど一度もなかった。それどころか、私は当の数学教師から、モーラがいかに優れた「すばらしいお子さん」であるかを綴ったメモをもらったことさえあった。

　数学教師は、モーラのクラスの学習進度や行動が他のクラスと比べて良くないと厳しく叱った。そして、他のクラスとは別に、2倍の宿題を出すことにしたと話した（「おまえたちは、小学4年生並だ！」「このクラスの成績は低いだろう」）。言うまでもなく、どんな形でも批判的な比較や不公平が大嫌いなモーラは激怒した。私はそれまで何年間もモーラの否定的な行動をいろいろと見てきたが、あのときほど激しいものはなかった。

　モーラは毎晩、数学教師がいかに不公平かを語った。「証拠もないのに！」とモーラは言った。「あんなことを言うだけの宿題やテストも出していな

いくせに！」。止めようとしても、モーラは止まらなかった。「重大な」不公平をずっと気に病んでいた。先生に話してみたら？と言ってみたが、モーラは拒んだ。

　私はソーシャルワーカーに連絡をとり、数学教師に関することで、モーラが自制できなくなっていると相談した。モーラは毎日、帰宅すると不公平な事例を報告した。モーラの怒りはどんどんエスカレートしていた。このまま状況が変わらなければ、いつか学校で爆発するのではないかと心配だった。私の知る限り、それまでのモーラはどんな方法でも学校でフラストレーションを表すことはなかった。私との短い会話の後、ソーシャルワーカーは、数学教師に話してみると言った。

　4日後、中学校から電話があった。私は仕事で留守だったので、夫が出た。教頭の話では、モーラが学校で甚だしい問題を抱えているので、学校側は「研究チーム」を発足し、私たちとの話し合いを求めているとのことだった。私は唖然とした。個人面談で、何かあればお知らせくださいと言ったのは、つい2か月ほど前のことだった。それまでに、先生、生徒指導カウンセラー、学校心理士、事務関係からの電話は一切なかった。私はすぐに折り返し電話をかけた。そして教頭から、モーラの行動がこのところ逸脱しているという理由であの数学教師が話し合いを求めているのだと知らされた。思い当たることがあるとすれば、4日前にソーシャルワーカーにかけた電話のことだった。あのソーシャルワーカーはモーラにかかわる問題を何1つ知っている様子はなかった。モーラのことを知ってもいなかった。教頭との話の中で、モーラがかなり苦しんでいることがわかった。1学期のある日、1時間目が始まる前に廊下で起こったことについてもそのときに初めて知った。

　最初のベルが鳴るまで生徒は校舎には入ってはいけないことになっていた。生徒は入り口の二重ドアの外側で待たなければならない。最初のベルが鳴ると、生徒たちは一斉に校舎に入り、ただちに自分のロッカーへ向かって教科書などを取り出し、1時間目の教室に向かう。それを慌ただしく雑然とした雰囲気の中、たった5分でしなければならない。モーラはいつも生徒たちの渦に巻き込まれていた。そしてその日、とうとう堪忍袋の緒が

切れたのだった。

　それは学校からの電話が来る3週間前のことだった。モーラは何とかロッカーまで行って、1時間目の数学に必要なものを取ろうとしていた。生徒がひしめき合う中、モーラはもがき進もうとしたが、感覚的に耐えられなくなり、ついに苛立ちを噴出させた。モーラは廊下に立ちつくし、自分の額を激しく叩きながら「もういやだ！」と叫んでいた。私は重い気持ちで、そういう話を聞いた。教頭は、モーラの行動を列挙し、担当教師全員とのミーティングを設けることにしたと話した。

　「研究チーム」とのミーティングの日、私は絶望的な気分で学校へ向かった。モーラは学校のことを私にあまり話さなかった。話すことといえば、数学教師の絶え間ないコメントと、彼への激しい怒りだけだった。私は廊下のはずれの会議室に通された。私の前にはチームの教師が4人、教頭が2人、学校心理士、養護教諭が1人ずつ、そしてモーラの生活指導カウンセラーがいた。他にも規律指導部長とソーシャルワーカーが出席予定だったが、その日は不在だった。総勢11名、出席者9名。こんなに多くの人たちが私を待ちに待っていたとは知るよしもなかった。

　中学1年生を教える教師として、私は何度も彼らの席にいた経験がある。しかし、チームはいつもずっと少人数だった。教師3人とせいぜい指導カウンセラーか心理士がいる程度、それも非常に深刻なケースに限られていた。だから、出席者を見回して、こんなに大勢で娘の話をするのかと思うと気がひるんだ。まず始めに数学の教師の話を聴いた。彼は3週間前にモーラが廊下でメルトダウンを起こしたときのことを詳しく語った。内容は電話で教頭から聞いたこととほとんど同じだった。当然、私は数学の教師に、そのときどうやってモーラを助けたのかと尋ねた。彼の返事はこうだった。

　「隣にいた女子生徒をなだめるのに忙しくてそれどころではなかったんですよ。可哀想に、その子は何が起きたのかわからず、非常に狼狽してましたから」

　私は耳を疑った。私の娘がパニックを起こして苦しんでいる最中に、この人は他の生徒をなだめていた！　私は他の教師たちにも聞いてみた。

　「見ていませんので」が彼らの答えだった。

生徒が授業の準備をするのを監督するのも教師の仕事ではないのか。その後、最近のモーラの行動に関してそれぞれの教師が自分の懸念を述べた。しかし、社会科の教師だけは何も言わなかった。廊下でパニックを起こした日の最後の授業は社会科だった。私は彼女にモーラの行動について尋ねた。

「何も問題がありませんが」と彼女は言った。

それから私はあらためて、各教科の教師に同じ質問をした。国語と理科の教師は、モーラは授業中、不安そうに見えることはあるが、感情を爆発させたことは一度もないと言った。理科は2時間目、つまり数学のすぐ後だった。理科の教師は、パニックを起こした日のモーラは、たいへん動揺した様子で教室へ入ってきた、それまでも他の生徒とのかかわりで難しいところはあったが、通常は落ち着いて授業に参加していると話した。

11月の個人面談を思い出しながら、私は社会科、理科、国語の教師に「前に携帯の番号をお渡しして、何か問題があれば連絡をくださいと申しましたよね」と言った。皆「はい」と言った。私はさらに「電話をくださったことはおありですか」と聞いた。皆「いいえ」と言った。私は数学の教師の方を向き、同じ質問をした。いずれの答えも他の教師と同じだった。私はこのときばかりは、「どうして電話をしてくださらなかったのですか」と尋ねた。彼は私を見ただけで、何も言わなかった。彼にはラッキーなことに、そこでベルが鳴った。数学の教師は昼食の仕事をするために退室した。

ミーティングは終わらなかった。私は質問を続けた。生活指導カウンセラーに「娘はパニックを起こした後、あなたのところに行くように言われていましたか」と聞いた。

「いいえ」と彼は答えた。

「娘と話したこと、会ったことはおありですか」

「いいえ」

今度は学校心理士に「パニックの後、娘はあなたのところに行くように言われていましたか」と聞いた。

「いいえ」と彼女は答えた。

「娘と話したこと、会ったことはおありですか」

「いいえ」

次に私は、教師、指導カウンセラー、心理士、教頭、全員に「10月に娘のロッカーがめちゃめちゃにされたことをご存知でしたか」と聞いた。

「いいえ」と全員が同時に答えた。

私には図が見えてきた。数学の教師と揉めている娘について母親がソーシャルワーカーに電話をかける → ソーシャルワーカーは数学教師に話をする → 数学教師は生徒の問題行動に関する指導チームのミーティングを要請する。その理由は自分から注意をそらさせるため。生徒の行動にかかわるいかなる責任からも逃れるため。

モーラには大きな問題があると思うかと聞かれたら、私は大きな声で断然「はい」と答える。

問題を知らされてありがたく思うか？　やはり大きな声で「はい」と答える。

教師たちが暴露したコミュニケーション不足と思いやりの欠如にぞっとしたか？「はい」「はい」「はい」

ミーティングの後、私は非常に腹を立てていたが、今こそモーラの行動の理由をしっかりとつきとめるときだと思い知った。なぜあの子はあんなにもあからさまに否定的な、自制のきかない行動をとるのだろう。生徒たちはモーラが理由もはっきりしないまま激怒するのを見ていた。中学校で、そういうことは社交上の「破滅」を意味する。体に障害のあるクリスティンとは付き合いがあったが、モーラが築いた小学校時代の小さな友だちグループとはもうかかわりがなくなっていた。

あの仲良しだったイザベルと数人の女の子たちがモーラに意地の悪いいたずらをするのを私は何度か目撃したことがあった。特に地元の小学校で毎週開かれていたガールスカウトのミーティングでよく目にした。ある日の夕方、ミーティングが終わるのを待っているときだった。モーラは小学校のカフェテリアで作業の仕上げをしていた。イザベルのグループは一斉に女子トイレに駆け込んだ。作業を終えたモーラはみんなを探し始めたが、すぐに見つからないのでうろたえ始めていた。ただの無邪気な遊びだろう

かと私は様子を伺っていた。みんながトイレからすぐに飛び出てきて、モーラも一緒に笑うことを願いながら。しかし、モーラが廊下を走りぬけ、みんなの名前を呼びながら体育館まで行く間、彼女たちはトイレのドアのかげから覗きながら笑っていた。私は本当に胸が張り裂けるようだった。私がトイレの前に立っているのを見ると、彼女たちは笑うのをやめた。私はただ彼女たちを見つめ、ゆっくりと悲しげに頭を振った。モーラと友だちでいることに、仲間からの圧力がいかに大きくのしかかるのか、私にははっきりとわかった。

モーラは自分の誕生会に毎年彼女たちを招いていたが、彼女たちから招かれることはもうなかった。小学校の頃、親友だったイザベルは明らかにモーラを避けるようになった。モーラが電話をしても、折り返しかけてくることはなかった。モーラはショックで打ちのめされていた。どうしてそんなふうになってしまったのか、モーラにはまったく理解できなかった。後で知ったことだが、イザベルの母親は娘がモーラと付き合うことをやめさせたがっていた。そしてそれは誰もが知っていることらしかった。イザベルとモーラはどんなことがあってもあれほど仲が良かったのに、なぜ母親は付き合いをやめさせたかったのだろう。モーラの学校でのふるまいを耳にしたからかもしれない。あるいは他の女の子たちがモーラを排除し始めたからかもしれない。おそらく、自分の娘が「情緒不安定」のような子と付き合うことで、社交上、不利になるのを恐れたのだろう。中学生の頃は、みんなに合わせることが究極の社交ルールとなる。そういうときに、独特な行動のせいで急にモーラが孤立するようになったのは明らかだった。

今考えてみると、私にとってもモーラにとっても、あの頃の経験は非常に大事だったと思う。ああいうことがあったからこそ、学校でのモーラの苦労や、それが社会生活に及ぼす影響にもはっきりと気づくことができたのだ。そしてその気づきによって、私はモーラを精神科に連れて行こうと思った。その結果が、7年前の、あの大切な「グッドフライデー」あるいは「13日の金曜日」の診察となった。あの日、アスペルガー症候群と診断されたことで、「なぜモーラはあんなふうにふるまうのか」という疑問に対する答えが与えられた。同時に全力を尽くしてモーラを支えよという

指令も与えられたのだ。

私たちの旅路：AD（診断後）
<small>After Diagnosis</small>

　精神科医の診察が終わり、帰宅すると、私はアスペルガー症候群に関して、わかる限りのことを調べた。医者は娘が「自閉スペクトラム症」のどこかに属していると説明したが、私は納得できなかった。「アブスペガー」というものを徹底的に調べようと思い、コンピュータに向かった。アブスペガー症候群とキーを叩いて検索したが、「該当なし」としか出なかった。精神科医はPDDとも言っていた。それが残り唯一の手がかりだった。PDDの検索結果はオウム病の一種だった。私は苦笑したが、その後に「広汎性発達障害」という言葉を見つけた。医者がモーラを評して使ったPDDとはこれだった。PDDについて読んでいたとき、医者が言ったのは「アブスペガー」ではなく「アスペルガー」だったことにも気がついた。こうして私はモーラの診断名を知った。そして自分に問いかけた。「アスペルガー症候群て何？」

　アスペルガー症候群！　何と変わった名前だろう。しかしこれこそようやく見つけた答え。私たちは何年間もそれを知らず、何もわからずにいた。コンピュータのキーを叩くたびに、新しいウェブサイト、新しい記事が現れ、私たちはむさぼり読んだ。どの説明にもモーラの特徴がそのまま記されていた。あの子がずっと住んできた世界のことも。私たちは本当に何も知らなかったのだ。

　インターネットで記事を次々読みながら、これは娘のことだけではないと思った。私の弟のことでもあった。いつもみんなから孤立して「違う子」だった。非常に知的でIQは139もある。南北戦争のことならどんなことでも詳しく知っている。しかし、大学は1学期行っただけで続けることはできなかった。5人きょうだいで弟だけは、友だちに恵まれず、いじめも受けて、つらい子ども時代を過ごしていた。みんなとなじんで付き合えないので、周囲からは知能が遅れているとか、情緒障害だと思われていた。

私が知っている弟は、優しく、南北戦争が大好きで、スタートレックのエピソードを驚くほど細かく覚えている、そして誰かと話すときには必ず下を向いてひげを撫でる、そういう人だ。
　その晩、アスペルガー症候群について多くを知った私は、記憶のかなたから母の従兄弟のことを思い出した。やはり非常に頭が良かったが、子どもの頃、1950年代当時の言葉で「小児期精神分裂病（Childhood Schizophrenia）」と診断されていた。しかし、もしかすると誤診だったかもしれない。本当はアスペルガー症候群ではなかっただろうか。もう亡くなったが、母の兄はどうだろう。とても変わった、内にこもった人だった。結婚せず、人付き合いもせず、両親が亡くなるまで60代になっても一緒に暮らしていた。あの叔父も自閉スペクトラム症だったのだろうか。亡くなった私の母自身、自分の思い通りにならないような社会的な付き合いを避けていた。いつも物事を白か黒かで判断し、強迫症、社交恐怖症、うつ病の傾向があった。母にもアスペルガー症候群の兆候があったのではないだろうか。あの夜、コンピュータの前に座り、キーを押しながら、私はまるで一族の奇想天外な謎を解き明かしているように感じた。
　記事を読むにつれ、私は、人と違うことが絶対に許されないような世界でモーラが抱える激しい不安やフラストレーションを理解できるようになっていった。あの子のふるまいや感じ方に名前がついていることにも安堵した。まとめて考えてみると、何とつじつまの合うことか！　人込みを嫌うこと、真鍮（しんちゅう）の手すりを手でこすったようなハイピッチな音を聞くと鋭い痛みを覚えること、驚異的な記憶力……精神科医院の駐車場で紙切れに書いたリストの項目すべてが、アスペルガー症候群に当てはまった。
　中学校での「研究チーム」とのミーティングから、モーラが診断を受けるまで3か月あった。その間、学校からは、モーラの行動を憂慮する電話がたくさんかかってきた。ほとんどの行動は相変わらず数学教師との摩擦によるものだった。数学教師は、クラスの比較をやめず、モーラのクラスを非難していた。
　「期末試験でも良い点を期待していません。どうせこのクラスは低い点数しかとれないのだから」

そういう言葉を聞くにつけ、モーラは机を叩いたり、突飛な行動を起こしていた。なぜそのような強烈な反応を示すのか、私にはもうよくわかる。アスペルガー症候群の特徴の1つに「白黒思考」がある。何事も厳しく白か黒かで考えるため、一切の「不公平」には耐えられないのだ。それがわかってからは、アスペルガー症候群というレンズを通したモーラの見え方がずっと理解しやすくなった。数学教師に対するモーラの異議もそのレンズを使えば明快だった。アスペルガー症候群についてくまなく調べていると、次の記事にぶつかった。

> そのような子どもたちを研究するうちに、アスペルガー自身、いかに教師の態度が重要であるかに気がついた。1944年にアスペルガーはこう書いている。「こういう子どもたちは、教師の性格に驚くほどの敏感性を示すことが多い。（中略）彼らを指導することは可能である。ただし、それができるのは、彼らに真の理解と愛情を注ぎ、優しさを示す者だけである。もちろんユーモアも必要だ。（中略）教師の潜在的な感情のあり方は、無意識のうちに、いやおうなく子どもの気分や行動に影響を与えるのである」
> 　　　　　　　　　　　　　　　　　　　　　　　　　　　　　（Bauer 1996）

気分が不安定で、生徒を厳しく批判し、さらにモーラのニーズにも気づかない教師は、モーラのような生徒にとって、理想の教師像からは最もかけはなれた存在だった。

中学校での1年目が、あと2か月余りとなった頃、私たちは状況にもっと適応できるようにモーラを指導した。そして最終学期の終わりに、教頭、ソーシャルワーカー、そして新しい生活指導カウンセラーに集まってもらい、2年生になるにあたって、モーラの環境をどう整えるかについて話し合った。その結果、ロッカーは列の一番端になり、ランチタイムのソーシャルスキルグループに入ることになった。

2年生になっても、モーラの成績は優秀だった。私は主要教科の教師と生活指導カウンセラーに直接会って、モーラのユニークな個性と、アスペルガー症候群の診断について話した。モーラの社会性と行動の問題について私は非常に率直に話した。特に教師の批判や比較に敏感なこと、社会的、感情的に未熟なことを伝えた。そして、モーラが地元の子ども病院で受け

ることになっている神経心理検査用の質問票に答えを書いてほしいと頼んだ。モーラの強みと弱みは何か、問題を改善するにはどういう方法が必要か、また何らかの特別支援サービスを受けられるのかも私たちはぜひ知りたかった。特別支援に関しては個別指導計画（IEP）が唯一の道だった。

　2001年、11月の個人面談の前に、私はもう一度、それぞれの教師とモーラの成績、社会性の進度について話をした。どの教師も評価を伝えてくれた。前回は、「たいへん優秀」「文章を書くのが非常に上手で、高校生レベルです」「あらゆる知識があり、優れた生徒」「抜群の記憶力」「彼女の授業に対する姿勢はクラス全体に良い影響を与えています」といったことが聞かれたが、今回は良い評価と共に問題点が指摘された。「自由作文が苦手」「他の生徒たちは自分がモーラの感情的な反応の引き金となることを恐れているようです」「心ここにあらずといった感じです」「ときどき激しく動揺します」「クラスのテストの成績が話題になると机を叩きます」。私は耳をそば立てて聞き、メモを取った。12月に出る神経科の検査結果が怖かった。

　そしてその結果はまさしく、精神科医の診断を裏づけるものだった。しかしアスペルガー症候群だけではなく、さらに強迫症、不安とうつの重い症状もあった。言語能力は非言語能力よりもはるかに発達していた。豊富な語彙と秀でた抽象言語のスキルがそれを証明していた。非言語領域では知覚的な構成能力に弱さがあった。神経心理士からは、ソーシャルスキルグループへの参加、不安とうつに対する個別セラピーの続行、言語の実際的な運用スキルの弱さに向けた言語療法を強く勧められた。そして最後に、必ず特別支援教育委員会に連絡し、アスペルガー症候群の診断を受けたことを伝え、長年に渡るモーラの感情・社会性・行動の問題を評価してもらうようにと言われた。

いじめ──悪夢の中学校時代

　中学1年生の始めに起きたロッカー事件は、数人の生徒によるものだったが、クラスではさらにいやがらせがあった。体育の前の着替えの時間、モーラは、ある女子生徒のグループから、笑われたり、体についていろいろなことを言われていた。胸が発達していたため「ココナッツガール」と呼ばれた。モーラは苛立ったが、からかわれても無視するようにしていた。しかし、それ以上につらかったのは会話に入れてもらえないことだった。モーラが近づくと彼女たちは必ず「あっちに行ってよ！」ときつい口調で言った。体育は選択科目だった。モーラはオーケストラの授業をとることにした。ところが体育の授業で一緒だった「ドナ」という子もオーケストラをとっていた。ドナは中学1年の間ずっとモーラをからかい続けた。1年生が終わろうとする頃、ある日、ドナは間もなく入学予定の小学生に付き添い、校舎を案内していた。担任の先生から使い走りを言いつけられていたモーラは、廊下でドナに遭遇した。モーラは何も言わずにそばを通り抜けようとした。そのときドナは隣にいた小学生に「あの人は変質者なのよ」と言った。それを知った私は、ソーシャルワーカーに連絡をしたが、対処は何もなされなかった。

　学校外でもモーラはいじめやいやがらせから逃れることはできなかった。学校帰りのバスの中では男子生徒のグループからキャンディや小銭を投げつけられた。その中の1人は近所の子だった。この子はモーラに「知恵遅れ」「ばか」「邪魔者」などと言うのをひどく楽しんでいた。ある日バスの中で、この子はモーラにあからさまな性行為に関する質問をした上、「ほんとの知恵遅れだ」と言った。モーラからこの話を聞き、私はショックで気分が悪くなった。バス内での身体的ないじめについては学校に連絡してあり、キャンディを投げつけていた生徒たちは警告を受けていた。しかし、身体的ないじめはセクハラになっていた。この件に関しては夫が全面的に対処した。非常にうまく対処したので、当の男子生徒はもう一切モーラにはかかわらなくなった。

　中学1年生のときのいじめは数々続いたが、加害者は個人か小さなグ

ループで、比較的単発的なものだった。しかし2年生のときのいじめは、頻度も内容もエスカレートしていた。そのひどさは、夢想だにしなかったほどだった。「夢想だにしない」……人間が経験する領域を超えた非常に異様なことを表現するときによく使う言葉だ。中学2、3年のときのモーラの経験を伝えるなら、私は「夢想だにしなかった」を「悪夢にさえ見なかった」という意味で使いたい。

　アスペルガー症候群について調べていくと、子ども時代の激しいいじめに関する記事や本が次から次へと現れてきた。アスペルガー症候群の子どもたちは非常に被害にあいやすく、その後、うつ病や不安症を抱えることがある。私は、おそらくアスペルガー症候群であろう弟が、幼児期から思春期までずっとひどいいじめを受けていたことを思い出さずにはいられなかった。同じ学校に通う近所の男の子が、小学生の頃から高校を出るまで11年間も弟を容赦なくいじめ続けていた。両親がいくら介入しても効果はなかった。不幸にも、当時、特に男の子にとって、いじめは「通過儀礼」のように考えられていた。ある日、クラスで後ろの座席にいたいじめっこがタイミングよくひどいことを言ったとき、弟はとうとう我慢の限界を超えた。風変わりで内気な優しい私の弟は、振り返って腕を上げ、その子の鼻の骨をへし折った。学校側は「不適切な乱暴をはたらいた」として弟を懲戒処分にした。弟は強制的にカウンセリングを受けさせられた。いじめっこはどうなったか。彼が何らかの処罰を受けたかどうかは覚えていないが、それ以来、弟をいじめることはなかった。

　私が最も恐れていたのは、モーラもいつか、いじめの加害者に対して弟と同じような反応をしてしまうのではないかということだった。私は、もし個別指導計画（IEP）によってモーラがいくらかでも保護されるのであれば、特別支援学級に入れてもらおうと考えていた。身体的な攻撃行為を示したときには処罰を受ける規則があったが、個別指導計画があれば、事件は障害に関連したものと見なされるだろう。

　2年生になると、いじめはまたすぐに始まった。言葉によるいやがらせには、セクハラが加わるようになった。複数の男子生徒がモーラに近づき、男性器の詳細や、モーラとどういう性行為をしたいかについて話した。身

体的ないやがらせも続いた。ある男子生徒はモーラに無理やり階段を登らせ、ロッカーに閉じ込めた。この生徒はモーラを「きちがい！ きちがい！」と呼んで嘲笑しながら、学校中を追い回した。モーラが知りもしない子だった。他にもモーラを簡単な標的と見なして、定期的にいじめていた男子生徒がいた。モーラはこの生徒のことは知っていた。

　しかし、そういういじめは、その後の最もひどいいじめに比べると序の口だった。どういうきっかけかはわからないが、ある男子生徒がモーラに極度に接近し、顔のすぐそばで「シーッ！」と大きな声を出した。モーラは今にも爆発寸前となった。その場にいた生徒たちは皆、まったく抑制がきかなくなったモーラの様子を目撃している。すぐに他の生徒たちも、モーラの反応をおもしろがり、期待して、同じことをし始めた。１人か少人数のグループで行われるこのいじめは、たちまち野火のように学校中に広まった。同学年の生徒だけではなく、他の学年の生徒たちまでこのいじめをするようになった。モーラを怒らせて、気が動転するのを見たければ、ただ「シーッ！」と言って待つだけでよいということは常識となっていた。

　この時点で、私はモーラのために立ち上がった。どの学校にも親からの苦情に対処する「指揮系統」がある。私は、モーラの教師、生活指導カウンセラー、ソーシャルワーカー、学校心理士、教頭に連絡をした。彼らの全員がモーラに対するいじめがあることを知っていた。しかし、近年制定された家族のプライバシーに関する法律で、いじめにかかわった生徒や罰を受けた生徒の情報を保護者に流すことは一切禁じられていた。

　２月のある午後、私が仕事から帰ってくると、モーラはベッドで布団をかぶっていた。そして、明日学校に行くと考えるだけで耐えられないと言った。私は校長に電話をかけて、いじめに関する質問をしたが、教頭が言ったように、プライバシーの問題で情報の開示はできないとのことだった。校長は何とかあきらめさせようとしたが、私はゆずらず、翌日ぜひ会ってほしいと強く頼んだ。モーラにも権利があった。私は校長に、娘が特定の生徒たちにどれだけひどくいじめられたか、１件１件を詳しく証明する文書を作成したと伝えた。加害者はあなたに監督責任がある生徒たちだとも言った。

そしてその晩、私はそれまでつけておいたいじめの記録メモをすべて集め、まとめた。明け方までに、6ページにわたる文書が出来上がった。モーラが中学生になってから1年半に渡って受けたいじめの1つひとつを私は非常に客観的に綴った。「誰が、どこで、何を、なぜしたか。そしてどういう対処がとられたか」。文書は客観的というより、ほとんど無味乾燥なものになった。私は校長に会う2時間前にその文書を学校に届けることにした。そうすればモーラがどれだけひどい扱いを受けたか、よく考える時間を与えられるから。

面会のためにあらためて学校へ出向くと、校長は私をあたたかく迎え、校長室へ通した。そこには教頭が待っていた。私が口を開く前に、校長はモーラに不適切なふるまいをした生徒たちの保護者に電話をかけたことを詳細に語った。多くの生徒たちが訓戒、居残り、停学などの処罰を受けることになっていた。率先して行動を起こしていますという雰囲気をかもしだしながら、校長は、頂点で指揮をとるのは自分であると、私をさとそうとしていた。前日に電話をかけて、面会を要求し、あの無味乾燥な報告書をつきつけた私に対する姿勢として、それは仕方がなかったかもしれない。

私は校長の態度を大目に見ることにして、彼が自分にも3人の娘がいるのでお気持ちはよくわかる、と話すのを聞いていた。すると、間もなく、思いがけないことが起きた。校長の口調が変わり、次に彼の口から出た言葉に私は驚愕した。

「事件に関与した男子学生たちと話したのですが、ペトロさん、どうやら、モーラさんの行動がいじめを引き起こしているようなのです」

私は唖然として校長を見つめた。そして単刀直入に「被害者を責めるのですか？」と聞いた。

校長は苛立ちを見せながら、ただ、モーラの行動が問題の原因になっていると知らせたいだけだと言った。私は怒りを抑え、具体的にどういう行動がいじめを招いているのかと聞いた。

「昨日、モーラさんは校長室の前を走っていました。大声で叫び、胸を叩きながら」

「校長先生はモーラを止めて、何が起きたかお聞きになったのですか」

「いや。モーラさんはソーシャルワーカーのところに相談に行く途中でしたから」

　私はもう驚かなかった。モーラは昨夜、私にあるいじめのことを話した。保健の授業中にモーラはトイレへ行った。その間、ある男子生徒がモーラのプリントを取り上げ、「きちがい」と書いた。トイレから戻って席についたモーラはそれを見て、非常に動揺し、ソーシャルワーカーのところへ行ったのだった。私はその話をモーラから聞いた通り、校長に伝えた。モーラの反応は、生徒のいやがらせによって起きたものとしか考えられないではないか。しかし、いじめに対する不当な解釈はすでに日常茶飯事となり、悪循環を招いていた。

　私は校長室をあとにした。この校長はこれからもモーラに対するいじめをうまく防止することはできないだろうと思いながら。

　その後、在学中ずっと、校長は何か問題が起これば、必ず介入してくれたが、いじめは続いた。いじめは学校だけではなく、地域にまで広がり、モーラの他にも被害者が増えていった。近くの店で買い物をしているときや、サッカー場でもモーラはいやがらせを受けた。

　サッカー場で、私が特に怒りを覚えたのは、モーラが同じチームのメンバーから除け者にされ、嘲笑や悪口を浴びせられていたことだった。そんなことがあったとは、もし目撃していなければ信じられなかったかもしれない。試合の前、チームの年上の女の子たちが集まって話をしていた。モーラが彼女たちに近寄っていくのが見えた。モーラのふるまいには、彼女たちの残虐性を刺激するようなものは何もなかった。モーラは静かに彼女たちの脇に立ち、会話に加わった。一見何の問題もなさそうだった。ところが、モーラが話すと、女の子たちはあからさまに目をぐるりと回し、互いに薄笑いを交わしていた。試合開始の時間になり、メンバーはそれぞれのポジションについた。モーラも自分のポジションについた。そのとき私は一斉に「モーラはホモ！」という声を聞いた。それはさっきモーラが話していたチームメイトたちから発せられていた。モーラは当惑した顔で彼女たちを振り返ったが、ポジションから動かなかった。

　私は自分が見聞きしたことに再び気分が悪くなった。あの声がモーラに

届かなかったことを願うのが精一杯だった。帰宅途中、モーラはそのことには一切触れなかった。少なくとも１つは、つらい経験をせずに済んだ、と私はほっとした。しかし、その夜、おやすみのキスをしたとき、モーラは私を悲しそうに見上げ、「お母さん、今日サッカーのとき、誰かが私をホモって呼んだと思う」と言った。私は「そうね。お母さんにも聞こえた」と言った。他に何と言えただろう。私は、コーチに電話をして話し合ってはどうかと伝えた。どんな場合でも、私はモーラに、母親が介入するかしないかを選択できるようにした。そして、１回限りのいじめのときには、モーラの望みを優先させるようにしていた。いじめが一度で済んだ場合、モーラは相手を苦しめるのではなく、大目に見てやりたいと思っていた。私はコーチに出来事を話し、チームメイトたちは叱責を受けた。それから間もなく、モーラはサッカーをやめた。

２年生の終わり、私はモーラが個別指導計画（IEP）を受けられるかどうかを評価してもらう手続きを始めた。私は教育委員会の主任に手紙を書き、特別支援教育委員会にモーラの感情、社会性、行動、コミュニケーション、言語、感覚の領域を評価してもらいたいと頼んだ。問題は今や成績にまで及んでいた。小学校時代でも、感覚や社会性の障害が原因と考えられる登校拒否やテストへの不安、学校に関連した過剰なストレスはあったが、中学校では頻繁な深刻ないじめがそれに加わり、状況ははるかに悪化していた。

問題改善に向けた個別指導計画の必要性は全員一致で認められた。ミーティングでは、学校心理士から「モーラには、音、匂い、人込み、そして教師からのコメントに対して過敏性がある」という報告書が渡された。また、同年齢の子どもたちとの関係が過大な負担となっていることも指摘された。特別支援教育委員会では、個別指導計画に、言語療法と昼休みのソーシャルスキルグループへの参加を含めることを勧めた。

その頃には、校長も他の職員もモーラが毎日受けているいじめについて認識していた。３年生になれば少しは良くなるのではないかと、私たちは期待していた。しかし、３年生が始まって、ひと月もたたないうちに、少なくても８件のいじめがあった。私は記録をとりながら、教育委員会に訴

えるときだと察した。校内で行われるモーラに対するいじめは、もう校長がコントロールできるようなものではなかった。加害者の人数は余りにも多く、どれだけ懲戒処分を行っても、大量出血をしている傷にバンドエイドを貼るようなものだった。

　私は教育委員会に電話をかけ、教育長との個人面談を申し込んだ。その日の夕方、留守番電話に教育長の秘書からのメッセージが入っていた。教育長は私だけではなく、中学校の全職員とも一緒に話し合いたいとのことだった。

　「そこにも行った、それもした、またも同じ繰り返し」という歌の通りだ。私は再度、個別面談を求めた。そして秘書から電話をもらい、またしても「個別にはお会いできません」と言われた。ただし、電話でなら個別に話せるとのことだった。私は教育長に言いたいことをそのまま秘書に告げた。「私は教育長にお会いして、校区が掲げている『ゼロ容認』のポリシーについて伺いたいのです。そのポリシーが娘にどうはたらいているのか、深刻な言葉のいじめ、身体的ないじめ、性的ないじめを行っている加害者の中学生たちにはどう適用されるのかを知りたいのです」。教育長は翌週の面談に、しぶしぶ応じた。

　また面談。またいやな管理職者、と思いながら、私はあらためて今度は9ページに渡る報告書を作成し、前回同様、面談の前にあらかじめ教育委員会に届けておいた。モーラが中学校でいかに苦しんでいるかを理解してもらえるように。

　教育委員会を訪ねると、最初のシーンは校長との面談のときとそっくりだった。あたたかく迎えられ、部屋へ通された。しかし前回と大違いだったのは、教育長が実際に支援したいと望んでいたことだった。彼は私の報告書のコピーを持っていた。モーラが受けたいじめを年月順に記録したものだった。この1年半の様子を話すと、彼は熱心に聞き入った。私が報告書を届けた後、教育長は中学校に赴き、モーラの様子を観察していた。面談は長時間に渡り、私の予想をはるかに超えた良い形で終わった。

　今回の面談には成果があった。モーラには「シャドウ」と呼ばれる補助教員がつくことになった。さらに、最近地元にできた自閉症センターの相

談サービスをも受けられるようになった。教育委員会はモーラよりもひどい被害を受けていた自閉症の生徒たちのために、自閉症センターに連絡をとってあった。センターのスタッフは、中学3年生を対象に、互いの多様性を認め合い、いじめ防止を促すクラスを開いた。その結果、公然と行われていたいじめは次第になくなっていった。しかし、モーラは相変わらず、排除され、孤立していた。特にクラスの女の子たちから避けられていた。

　モーラはサッカーチームのメンバーに話しかけたときのように、女の子たちのグループの会話に入ろうと試みていた。しかしそのつど「あの子たちに話しに行っても無駄だよ。あの子たちだってモーラとは話したくないと思っているんだから」と言われるだけだった。ある午後、モーラが帰宅したときの様子を私は忘れない。モーラはリビングルームの床にうずくまり、「私を治して」と訴えながら2時間以上泣き続けた。その日モーラが受けた拒否と孤立感は圧倒的だった。最後の授業で、課題の間に短い休憩時間があった。モーラは女の子たちと話をしようとした。モーラの望みは、ただ会話に入れてもらうこと、そして仲間の証拠として、みんなのようにニックネームをもらうことだった。そしてとうとうモーラにもニックネームがつけられたのだが、それは「モーラ・ペスター」だった。本名のモーラ・ペトロをもじってつけられたのだが、ペスターは「厄介者」を意味する。数人の女の子がそれを非難し、モーラをかばった。彼女たちの勇気を私は本当にありがたく思った。そういう子が現れるたびに、私は校長だけではなく、その生徒の親にも必ず電話をかけ、彼女たちがどんなに勇敢だったかを伝えることにしていた。

　3年生の春を迎える前に、私は、モーラは感情的に地元の高校には通えないと思った。そこへ行けば心の成長も起こりえないだろう。地元の高校には、今の中学校の生徒たちがそのまま進学する。これまでの問題もついてくる。この先、あらたに3年間ずっといじめられるかどうかは未知のことだが、中学校はモーラにとって、社会的にも感情的にも、さらに今では学業の面でも耐え難いものになっていた。娘のニーズにあった新しい教育環境を探す必要があった。

　私たちは仲裁人として弁護士を雇い、校区外の代替校にモーラにとって

理想的だと思われるプログラムを見つけた。それは、「その他の健康障害のある」生徒たち（OHIとも呼ばれる）を対象とした特別なプログラムで、開設されたばかりだった。受講者はアスペルガー症候群の生徒が多かった。モーラは独自のニーズをよくわかってくれる職員のいる環境で学習ができるのだ。

　4月、モーラと私はその学校に面接に行った。そして2人の学校心理士からOHIプログラムの特徴について説明を受けた。モーラはとても積極的に、自分のアスペルガー症候群の症状や、これまでの感覚的な問題、フラストレーションの制御、社交の難しさ、いじめについても詳しく話した。心理士はモーラに、カウンセリングは毎日受けられること、クラスは小規模で宿題も少ないことを伝え、とにかくその他あらゆる点で、中学校で抱えていたストレスを緩和させるようにすると約束した。

　いじめやからかいにもう我慢しなくてもよいのだ、もしもそういうことが起きれば、すぐに校長先生から親に連絡があるのだ、と知ったモーラは心から安堵した。OHIプログラムを受けている生徒たちは、説明で聞いていた通り、男の子の方が女の子よりもずっと多かった。モーラはその比率が、アスペルガー症候群の男女の比率（8：1から4：1まで諸説あり）と関係していると言って感心していた。

　帰宅後、私はモーラに、今日行った高校は他とどう違うのかを説明した。そして特別支援高校と見なされていることも話した。モーラは私をちょっと見て、こう言った。「天国に一番近い学校があるとすれば、あの学校よ」。高校では、秋からの新学期に向けたプログラムがすでに整えられていた。あとは何とか中学校での残りの日々を過ごすだけだった。

　そしてようやく卒業の日が来た。私は夫と上の娘と一緒に講堂で祝辞を聞いていた。この3年間を振り返り、もうすぐ終わるのだと思うと安心感が満ちてきた。モーラは、毎年苦しめられてきたあの生徒たちのいない高校に行くのだ。モーラが同級生たちと座っている間、フラストレーションや不安の兆候を示していないかどうか、私は気を配って見ていた。モーラは落ち着いて幸せそうに見えた。スピーチが終わるたびに拍手をしていた。卒業式にしっかりと参加していた。

モーラは、同じ列の生徒たちと一緒に起立をし、卒業証書を受け取るためにステージに向かって歩き始めた。ステージへの階段に近づいたとき、モーラの顔に動揺と失望の色が現れた。これまで私が数え切れないほど見てきた表情だった。何か良くないことがある、と思った。しかし、いったい何なのか。モーラは証書をもらうために校長の方へ歩み寄ったが、私には彼女が怒っているのがわかった。モーラは校長に何か言おうとしたが、急いでステージから降りた。今すぐモーラのもとに行かなければならない。そばに立っていた教師もそう感じた。私たちはすばやく講堂を抜け出し、廊下でモーラと教師に出会った。

　モーラは明らかに激しく動揺しながら、先ほどの出来事を語った。ステージに上がる前、他の生徒たちの横を通ったとき、モーラに向かって彼らの多くが声を合わせて「シーッ!」と叫んだ。一生の良い思い出になるはずの一瞬でさえ、あの子たちはモーラをそっとしておかなかった。中学校の悪夢はこうして幕を閉じた。

　　代替校に入る前、校区の学校では、ほとんどずっと、私は社交上の迷子だった。同い年の生徒と付き合うのはいつも苦手だった。それでよくいやがらせをされた。みんなとくらべて、すごく場違いに見えたからかもしれない。私には障害があって、みんなみたいに付き合いのことを知らないのだ。だから、人に会ってもどう挨拶したらいいのか、うまく会話に入るにはどうしたらいいのかわからなかった。

　　最低だったのは、中学校の2年生頃から卒業までだ。中学で、他のみんなは別な世界にいるみたいだった。私は見たこともない、変わった場所を覗いているよそ者の気分だった。自分はそこに属していないと感じた。周りの生徒たちもそう思わせた。私は正しくないやり方で会話に割って入ったり、すぐに苛々するから、いじめられた。でも、私はわざとしているわけではなかった。あの頃はそういうことがよくわからなかったのだ。あの子たちは、ひどいことをした。私のテスト用紙やロッカーにまでいやなことを書いた。

そういういやがらせばかりされて、私は、もう他の子たちは私と一緒にいたくないのだと感じた。私に存在さえしてほしくないのだと思った。それまでの人生であんなに落ち込んだことはなかった。２年生になると状況はもっと悪くなった。みんなにいじめられると、私はとても激しく反応した。みんなはそれをおもしろがった。日が立つにつれ、もう学校に行くのが耐えられなくなった。高校に行くのも怖くなった。勉強の量もいじめも増えるだけだろうと思った。

　先生方は助けてくれなかった。いつも他の子たちの肩をもち、いじめられるのは私のせいだと思っていた。私が困っていることや、私の言い分を理解してくれなかった。学校側がいじめをなくすために何かしても、まったく効果がなかった。自宅謹慎を受けた生徒たちは、学校に戻ってくると、私をもっといじめるようになった。

　でも、中学校の最終学年の終わりの頃には、良くなってきた。何人かの子たちが優しくしてくれて、いやな生徒たちから守ってくれるようになった。その後、私は地元の高校には行かないことを知った。校区から私を出すために、両親が違う学校を探してくれた。ゆっくりと私の人生は良い方向へ変わっていくみたいだった。

高校：山あり、谷あり、平地あり

　本当に久しぶりに、モーラは新学期をとても楽しみにしていた。代替校への入学は教育委員会にも認められた。入学許可証にはモーラが受けられるサービスのリストもついていた。毎日のカウンセリングは時間割に組み込まれていたし、週に一度、ソーシャルスキルのグループと昼食をとることになっていた（毎週金曜日、近くのピザショップで）。どちらも入学前にモーラと面談した心理士の１人が指導担当だった。彼女は学校が始まる前に、モーラ宛に歓迎の意を表した短い手紙も送ってくれた。この学校こそ、モーラにふさわしい場所だと私たちは思った。

　新学期初日、モーラは、はりきって家を出た。前とは大違いだった。ほ

んの２、３か月前までは、毎朝モーラを玄関から出そうとすると、あの子は泣いて「地獄に行かせないで！」と哀願した。どうしても今日は難しいかもしれないと思ったときには、そのまま家にいさせることもあったが、専門家が口をそろえて言ったアドバイス通り、無理やり登校させる日の方が多かった。しかし、ストレスの度合いが少しでも上がると、モーラは学校生活に適応できなくなった。精神科医が、深刻ないじめからモーラを守るためには１対１で補助員をつける必要があると、特別支援委員会に文書を書いてくれたおかげで、１歩下がってモーラを見守る「シャドウ」をつけることができた。

しかし、新しい学校では補助員は不要だった。どの授業でも、教師の他に補助員が必ずいた。１クラスの人数は少なく、９人以上になることはなかった。教師はよく気がつき、配慮が行き届いていた。宿題はあったが、最小限の量だった。１日の終わりには、宿題クラブというものがあり、希望すればそこで宿題を終えることができた。

初日の午後、モーラは上機嫌で帰ってきた。まったく苦労がなくなったわけではなかったが、ようやく自分の居場所を見つけたのだ。モーラの鞄には次のようなメモが入っていた。

今日の良いこと
- 新しい学校が始まった
- バスはきれい
- 午前中楽しかった
- すばらしい生徒と先生
- 学校が楽しい（やっと！）
- クラスは女子だけではない
- 学校の中がわかった
- クラスにおもしろい人たちがいる
- テストで追加点をとった

毎週が飛ぶように過ぎた。モーラはよくなじんでいた。勉強にも進歩があり、１学期の終わりには優等生名簿に載った。モーラの行動に関する電

話や、迎えに来てくださいという連絡も一切なかった。代替校での1年目、波はあったが、中学校のときのようないじめはまったく起きなかった。

しかし、一層難しくなったことがあった。モーラは自分がいかに他の子とくらべて変わっているかを気にするようになり、人付き合いがますます苦手になっていった。学校の生徒たちは、全員がOHIやアスペルガー症候群というわけではなく、情緒や行動の面で問題を抱えた子どもたちも混じっていた。かつてモーラをいじめた子たちがこの学校に送られてきて、またモーラを標的にすることを私たちは恐れていた。しかしその心配は無用に終わった。情緒的に重い障害のある生徒たちは、ほとんどが、モーラにとても親切だった。

> 中学を卒業したら人生は変わるだろうという私の勘は当たった。代替校に初めて行ったとき、これからは今までとはまるきり違う生活を送れると思った。そして9月が私の新しい人生の始まりだった。成績は徐々に上がって、最高潮に達した。私は周囲から前よりもよく受け入れられたし、先生方もずっと親しみやすかったから。代替校に行くのはとても楽しかった。この学校に入学したのは、それまでの出来事で一番すばらしいことだった。生徒たちは私と同じような悩みを抱えていたから、校区の人たちよりも、互いへの共感が強かった。ほとんどの子たちは、とても優しくて、いじめられるのがどんなことかも知っていた。問題行動がかなり出たときでも、たいていは予想よりもおだやかだった。ようやく、初めて、私は社会的に学校に所属できた。代替校は自分の家のように感じられた。今までいろいろなことがあったけれど、ついに私は学校社会、学校文化での自分の道を見つけたのだ。

最初の年は大きな問題もなく、かなりスムーズに過ぎた。しかし、モーラには、うつ症状の悪化の気配が見られるようになった。特に11月から4月にかけて、顕著になった。モーラは「季節性感情障害」(seasonal affective disorder) と診断され、それまでに精神科から出ていた薬に加え、新しい薬も服用することになった。

第9章　私たちの道のり：アスペルガー症候群の少女とその母の手記

　学校での支援や、個人的に相談していた専門家の介入があったにもかかわらず、モーラのうつ症状は進んでいった。代替校での２年目、３年目の間に、モーラの世界は再び崩壊しかけていた。中学でいじめられた経験は、直接的な理由ではなかったかもしれないが、確かにうつ病の大きな一因ではあった。モーラは自分の世界を理解しようと努める中で、つらい経験をあらためて思い出し、周囲から拒絶されたときの痛みを何度も何度も感じていた。モーラの生活には余りにも多くのストレス因子があった。日常の感覚上の問題に加えて、それらのストレスにも対処することなどモーラにとって耐え難いことだった。彼女が受けていたサービス、つまり、ソーシャルスキルトレーニング、言語療法、行動療法は、どれも社会的な適応力を養うには役立ったが、問題克服にまでは至らなかった。うつと不安はモーラの生活を抑圧し、どんな介入を行っても、薬を変えても良くならなかった。モーラはそこから出ることができなかった。学校心理士からの報告書によると、モーラの学校での様子は様々で、ストレスによって一瞬でも激変することがあった。モーラはいたたまれなくなると、頭痛や目まいなどの身体症状を訴え、心理士に助けを求めるために興奮状態で教室を去ることが多かった。そしてその後、メルトダウンが起きた。ときには非常に激しいものが起こったが、たいていは心理士に助けられて落ち着くことができた。その際、モーラは職員に必ず謝った。

　モーラは、強い疲労感、多すぎる課題、大きなストレス、そして気分の悪さについて常に不平を言うようになり、その不満は学校での過ごし方にも影響を及ぼしていた。アスペルガー症候群の思春期の女性として、モーラは月経周期に関連する毎月のホルモン変化にも対応しなければならず、それが大きな不満の１つになっていた。男性にはない悩みだ。自閉スペクトラム症の男女の大きな違いはここにあると感じる。モーラは毎月の体の変化に極度に敏感だった。いつものストレスや不安、うつ症状が大きく悪化し、学校でうまく過ごすことができなくなった。

　　高校３年生のとき、私はうつ状態だった。私はしょっちゅう苛立つようになり、学校は大きなストレスになった。あの年は、いろいろな

ことが悪くなった。好きな男の子ができて、私は優しくしようとしたのに、彼は私とかかわりをもちたがらなかった。年上の友だちはほとんどが卒業して大学へ行ってしまったから、さびしかった。その前の年には、知り合いの女の子が私を完全に無視するようになった。3年生になってもそのことが悲しかった。
　その年、私は一層ふさぎこむようになり、時とともにうつは悪化した。学校生活もますますたいへんになった。勉強についていけなかったし、社会性の問題も悪くなった。ストレスが多くて苛々している私とは誰も一緒にいたくないようだった。とうとう医者が新しい薬をくれた。試してみたが、気分は余計にひどくなるばかりだった。こんなに不安ではもういられないと思った。私はついに母と学校心理士の先生にそのことを伝え、うつ病を治すために入院することを認めてもらった。

2週間の入院の後、モーラは対処法を学ぶ治療プログラムに通うことになった。社交の力や適切な感情表現には日々進歩が見られた。ストレスはまだ存在したが、私たちの助けによって前よりも受け入れられるレベルのものだった。学校の生徒たちも職員もとてもよく支えてくれた。

　入院中は、友だちや家族、それから自分の意思に頼って過ごさなければならなかった。「電話の時間」のときには、友だちが電話をくれた。家族はお見舞いに来て、ストレスをあまり感じずに、穏やかに過ごせるようなアドバイスをくれた。支援してくれる人が増えれば増えるほど、私は進歩した。手紙を置いていってくれた学校の友だちもいるし、両親も学校ではみんなが私に会いたがっていると言ってくれた。だんだんと私のうつはコントロールできるものになり、不安もおさまっていった。退院した日、私はほっとした。必要な助けは得られることがわかっていた。家族や友だちの支えがあったからこそ、私は乗り越えられたのだということもわかっていた。病院で学んだ解決方法を使えば、これからは問題にうまく対処できるのだ。入院生活はいやだったが、入院のおかげで私は前よりも強い人

間になった。

　代替校での4年間、モーラはうつの苦しみにもかかわらず、著しく成長した。自分の強さと弱さを見抜く力を驚くほど身につけた。そしてその強さと弱さは自分だけではなく、他者をも左右することを生まれて初めて理解した。感情的に成長するにつれ、自分の行動の「原因と結果」が、よりはっきりするようになった。日常生活には努力が要ることを理解し、社会生活を改善するために必要なことはすすんでするようになった。

　そして改善を予感させる出来事が起きた。就職だ。言語療法士と職業訓練の先生はモーラに「働きたいと思うところへ行って、応募用紙に必要事項を記入する」という宿題を出した。モーラはビデオゲームが大好きで、知識もかなりのものだった。モーラは地元のビデオゲーム店を選んだ。記入した応募用紙を届けると、面接の日時を告げる電話があった。そして面接の結果、モーラは採用されることになった。

　ここで新たな心配が生じた。社会生活が一気に進んだため、戸惑いが壁となった。登校拒否は通勤拒否になった。不安ばかりが先走り、モーラは自分のシフトを始める前に激しく動揺した。店に電話をして、仕事をやめると言ってほしいと頼んだが、私は拒んだ。やめるかどうかは自分自身の責任で決めなければならない、やめるなら前もって自分できちんとそれを店に知らせなければならない、と私は言った。私は店に迎えに行くたびに、仕事をやめたかどうか聞いた。そしてそのたびにモーラは「やめなかった」と答えた。一旦仕事を始めてしまえば、あとは順調のようだった。この問答はそれから2、3か月続いた。そして、ある日ぴたりと止まった。モーラは研修期間を終えて、有給店員になった。大きなハードルを1つ越えたのだ。

　　就職していなかったときは、まったく自由がないように感じた。経済的に親に頼らなければならないのだと思っていた。欲しいものや必要なものを買うとか、そんなことでさえ誰かに頼らなければならなかった。私には実社会での経験がほとんどなかったし、ソーシャルスキルのレベルは同年齢の子たちの平均以下だった。人に応対し

たことがあまりなかったから。私は一日中自分の部屋でコンピュータゲームをしたり、インターネットを見たりしていた。

　今、私はビデオゲーム店で働いている。1人で実社会に出るのは本当に初めてだったから、最初はすごく緊張した。でもしばらくすると、慣れてきた。いやな同僚や客への接し方もわかってきた。お客の買い物を手伝ったり、同僚と協力して働くうちに、ソーシャルスキルが少しずつ身についてきた。同僚は、私の個性や一生懸命働くことを知るようになると、親切になった。自分で使えるお金があるから、独立した気持ちになった。私はもう1日中コンピュータに座ってばかりではない。

　高校で多くの男の子と共に学び、社会性を広げた後、モーラは誰かと親しくなることに年齢相応の興味をもつようになってきた。中学校時代、男子生徒は大きな悩みの種だった。高校では友だちだった。そして次第に彼らとの友情はモーラの生きがいになった。かつてはあれほど恐れていたのに、今では男の子たちから注目を浴びたくて仕方がないのだった。彼女の年齢なら、異性と適切に会話をするにはどうしたらよいかを自然に知るようになる。しかし自閉スペクトラム症の若い女性として、モーラはそれを学習しなければならなかった。他の女の子たちには生まれつき備わっている異性との関係を築くスキルがモーラには欠けていた。発達上、それは目に見えてわかった。しかしモーラは我が道を進んでいた。

　もっと若かった頃、私は絶対的に男の子を憎んでいた。特に中学校で男子と組んで課題をするのが大嫌いだった。一緒に組む子はボーイフレンドだと見られていたから。ちょっと男の子に親切にしただけで、気があるんだと言われ、からかわれた。

　高校では、まったく違った。私の学校では90％が男子生徒だった。だから、たくさんの男の子の中に順応することを大急ぎで学ばなければならなかった。女の子は私を含めてほんのわずかしかいなかった。入学したとき、私は学年で唯一の女の子だった。

　時間が経つにつれ、男の子は本当はそんなに悪くはないことに気

づいた。そして大勢の男の子たちと仲良くなった。私は彼らよりも大人だったし、校内の他の女の子たちのように「恋愛ドラマ」を仕立てなかった。男の子たちは、私を友だちとして見ていたが、だんだんと私は男の子への興味をつのらせるようになった。

　高校2年生のとき、私はある男の子に強くひかれていた。夢中というまではいかなかったけれど。その子は私と同じ国語の授業をとっていた。彼も私に興味がありそうだった。私は親切にしようとしたが、彼は応じなかった。私には大人っぽすぎる人だ、とすぐにわかった。

　男の子への思いが決定的に変わったのは、翌年、転校生に出会ったときのことだった。その男の子は最初はすごく素敵に見えた。美術の授業では私の絵を褒めてくれた。着ていたシャツまで褒めてくれた。でも、少し経つと、彼は私とは何のかかわりももちたがらなかった。謎の人物だった。どんな人なのか探ってみても、まったくわからなかった。初めて夢中になった人だったから、私は落ち込んだ。何とかしたいと思った。周りの子たちは、彼が私に興味を示さないのは、私のせいではなくて、ただそういう人なのだと言ってくれた。そういう性格なのだ。でも私は、もしかすると私の態度がおかしかったからではないかと自分を責めていた。学校の中でも外でも、女の子と親しくなりたがっているアスペルガーの男子生徒が何人かいる。ストーカーみたいに見えることもある。私は男の子に対して自分もそうなるのはいやだった。

　高校には私みたいに社会性に障害のある生徒たちがたくさんいた。私が好きになったあの男の子も、きっとそうかもしれなかった。それで私は自分を責めるのをやめた。今でもあの子が私を好きだったかどうかはわからない。本当は好きなのに、その気持ちをうまく隠していただけだったかもしれない。あるいは嫌いなことをわからせないようにしていた可能性もあるけれど。

　私は姉のようにボーイフレンドが欲しかった。男の子とそういう関係をもちたいと思った。姉がうらやましかった。性的な関係をもちたいとか、すごく親しくなりたいとは思わない。ただ、私を特別

だと思ってくれる人、本当に信頼できる人、おしゃべりができる人、そういう男の子がほしい。将来どうなるんだろう、どんな関係をもちたくなるんだろうと私はまだ考えている。

2007年6月、モーラは卒業証書を受け取るために、再びステージへ向かった。しかし今回は、先生、支援スタッフ、同級生の仲間たちとその家族の喝采の中で。中学校の卒業式に味わったあの痛み、悲しみは、「自分は愛され、尊敬されている。何より、ユニークな個性が受け入れられている」という思いへと変わったのだった。

そして今

現在、モーラは地元のコミュニティカレッジに通っている。幸い、配慮の行き届いた専門家に恵まれ、新しい学びの場でモーラが抱える苦労を助けてくれている。ちょうどよろめきながら偶然代替校を見つけたように、私たちはモーラにふさわしい大学プログラムに出会った。教授、カウンセラー、他の職員らもアスペルガー症候群の生徒のニーズを熟知しており、モーラには目標を達成させる機会が与えられた。それも代替校とそっくりな、思いやりと理解、支援に満ちた教育環境で。新たな試みに向かうたびにそうであるように、モーラは複雑な気持ちになっていた。

大学に行くのは負担だった。行きたいとは思ったが、そこでどんなことが起きるのか不安だった。授業についていけないのではないか、先生を嫌いになるのではないか、そんなことも心配だった。おちこぼれて大学をやめてしまうかもしれないと考えただけで、怖かった。自分は進学する力がないようにも感じていた。一旦入った大学をやめることだけはしたくなかった。

私には社会性と不安の問題がある。それでコミュニティカレッジに進むことにした。私は変化に弱いから、家から離れて住むとなるとたいへんだ。そのこともあって、大学に行くことがますます不安

だったのだ。姉は大学に進学したとき、家を出た。それがとてもたいへんそうだったので、私は絶対進学できないと思っていた。見学にも行かなかった。

　高校の最終学年のとき、私は、家から近くて他の大学よりも小規模のコミュニティカレッジに行くことに決めた。そこでどんなことが待っているのかわからなかったし、授業にちゃんとついていけるかどうか不安だった。高校ではついていくのが難しかったから。キャンパスで迷ったり、授業に遅れることも心配だった。不安はたくさんあったけれど、私はとにかくコミュニティカレッジに行くことにした。

　大学は高校とは大違いだった。一番の違いは、生徒たちに与えられた自主性の高さだった。学校のことに親がかかわる必要はなかった。自分のことは自分で主張し、自分で必要なサービスを得ていた。先生からの支援も自分で求めなければならなかった。私もそういうことを他の人にやってもらうのはいやだった。全部自分でするのだと思うと嬉しかった。先生や同じクラスの人たちからは、大人のように扱われた。それで、一層自立した感じがした。

　大学で会った人たちは、高校の生徒たちよりもずっと大人だった。他の人と違う点にはずっと寛容だったし、互いに積極的に仲良くしたがっていた。大学に進むのが心配でたまらなかったけれど、もうそういう恐れは消えていた。高校のときのように、大学も自分の家のように感じた。授業に出るのも不安ではなく、楽しみになっている。大学は私の人生でとても大切なときになっていると思う。大学を出た後、何をしたいのかも考えるようになってきた。大学はすばらしいスタート地点だと思う。

　モーラは現在、商業美術の準学士号取得に向けて、２学期を過ごしている。自分のことは自分で主張したり、時間も自分で管理することを学んでいる。何年にも渡る試みと失敗を繰り返し、忍耐に磨きをかけながら、モーラはようやくこの世界で自分の道を見つけつつある。

アスペルガー症候群の女性であるということ

　アスペルガーの女性には、月経周期への対処が一番難しいことの1つだと思う。私の場合、初めて生理が来たときにはきちんと準備ができていた。母から教わっていたし、それに関する本ももらっていた。姉はもう生理になっていた。

　最初、成長するのはまんざらでもなかった。でも成長に伴いいろいろなことにどんどん敏感になっていった。月経前症候群（PMS）は重く、強い痛みと感情の波に悩まされた。その頃から周期の2、3日目に必ず排卵があるようになり、私はすごく苛立ち、感情的になった。特定の食べ物がどうしても欲しくなり、ストレスも大きくなった。こういう症状は、フラストレーションの耐性にも大きく響いた。ストレスも加わって、勉強にも悪影響を及ぼした。私が発見した唯一の解決法は、学校から帰った後、お風呂につかり、それから2時間ほど寝ることだった。

　何年も苦しんだあと、母は自分のかかりつけの婦人科にようやく私を連れて行き、検査してもらった。病院に行く前に、母は医者がどんなことをするのか、それはどうしてなのかをよく説明してくれた。

　婦人科医が診察室に入ってきたとき、私は思っていたほど緊張していなかった。お医者さんは女性で、とても優しそうだった。ユーモアのセンスもあった。これから受ける検査の手順を、私が予測できるようにとても細かく教えてくれた。

　パプテストという子宮癌検査のとき、最初少し怖かったが、リラックスするようにと言われたので、そうした。子宮検査は全然痛くなかった。私には性経験がなかったので、お医者さんは小さい内視鏡を使ったから。検査はほんの5分で済んだ。

　それから診察室でお医者さんは、重いPMSを改善させるいろいろな方法を話してくれた。私は排卵とPMSを止めるピル（経口避妊薬）を飲むことになった。

ピルを飲み始めてから、私の具合はずっとよくなった。気持ちもずいぶん落ち着いた。前ほど怒らなくなった。小さなフラストレーションでも乗り越えられるようになった。痛みやつっぱるような感じも、前よりコントロールできるようになった。以前は痛み止めを飲まなければならなかったけれど、もうほとんど要らなくなった。必要なときでも、飲む回数はぐっと減った。

　生理の開始は成長の証しだった。でも定型発達の女の子たちとは違い、私は絶対に成長したくなかった。私は他の子よりも成長が早く、「ココナッツガール」と呼ばれてからかわれていた。とてもくやしくて、ますます成長がいやになった。後になって、あの子たちは私をうらやんでいたのだと気がついた。私みたいに、大人になっている証拠が欲しかったのだ。あのときは、本当に傷ついた。でも今振り返ると、笑ってしまう。アスペルガーの男性にもいろいろと深刻な問題があるだろうが、生理に対処しなくてもいいのはラッキーだ！

アスペルガー症候群の娘をもつ母としての思い

　モーラが生まれた日は、私にとって人生最高の日だった。なかなか妊娠しなかったので、もう1人女の子が授かったとわかったときには夫も私も本当に嬉しかった。モーラの誕生について、2つのことをはっきりと覚えている。真っ黒な髪の毛と、肺からいっぱいに発せられる泣き声。夫とよく冗談を言ったものだった。上の娘は眠ったまま生まれてきたから今でも眠るのが大好き。一方モーラは叫びながら生まれてきたから……その結果は言うまでもない。

　19年の（そしてまだ続くかもしれない）、苛立ちの日々の中、かなり厳しいときでさえ、私たちはユーモアを忘れなかった。上記のモーラのコメントの通り、まさに「でも、今振り返ると笑ってしまう」。もちろん全部ではない。しかし、私たちは物事を客観的に見る方法を学んだ。特にモーラは家族の誰よりもそれを知っている。人に寛容と許しを与える点で、モー

ラは一番だ。私もそうありたいと思うが、いまだにモーラから学んでいるところで、苦労している。

　私は心から娘を誇りに思っている。モーラは驚くほど快活な、優しい女性になった。私たちは旅路の中で、多くの人たちに恵まれた。モーラが彼らに助けてもらいながら、大きく前進する様子を私は見てきた。精神科医、言語療法士、学校の先生方（中学校の先生さえも！）、高校の職員や支援スタッフ、友だち、家族、すべての人たちが優しさ、愛、忍耐、そして思いやりをもって今日に至るモーラの道を整えるのを手伝ってくれた。

　私たちの旅はまだまだ続くが、未来に向かって先導するのは、今やモーラ自身である。

まとめ：
変化に取り組む

　人生における変化は、人によって様々な意味をもたらします。喜びにもなれば、ストレスにもなります。希望、安堵、不安、高揚、多様な気持ちを招きます。周知の通り、どんな良い変化でも、ある程度のストレスは伴うものです。変化は誰にとっても100％安楽というものではありません。そしてASDの娘さんには、どんなに小さな変化でも他の人の何倍も対応が難しいものなのです。

　本書では、娘さんが人生で直面する最も大きな変化の1つ、「成長」とそれに伴う様々なことを述べてきました。発達の過程は子どもによって異なりますが、幸い、どんな場合でも、親御さんと本人とを導く道しるべはあるものです。あなたはこの冒険旅行を喜んで受け入れるでしょうか。旅の支度は整っているでしょうか。旅の中で、娘さんと自分自身について何を知るでしょう。

> 　レスリーのおかげで、私にもあの子にもそれぞれ独自の人生の目的があることがわかるようになりました。レスリーが教えてくれたのは、忍耐、違い、そして愛。あの子には人生で成功を手にしてほしいと思います。でもレスリーは「成功」の意味をどうとらえるでしょう。他の人たちが語る成功ではありません。それは意義深い、満ち足りた人間関係、そして安らぎと幸福がいつもそばにあることなのです。
>
> 　　　　　　　　　　　（もうすぐ14歳になるPDD-NOSの娘の母）

　娘さんが小さかった頃、思春期はどのようなものになると考えていたでしょう。娘さんがこれまで習得したことは何でしょう。そして思春期から

大人になる過程で今後も続けて学ぶべきことは何でしょう。これからも相変わらず波風は立つでしょう。あなたも娘さんも苦労されると思います。しかし、決意があれば大丈夫。娘さんの人生における変化を喜んで受け入れてください。そうすれば、健康と安全を守りながら、娘さんが自信と幸福に満ちた女性になる手助けができるのです。深呼吸をして、ときには道のりを楽しんでください。自分で思う以上に、あなたは娘さんと自分自身の未来への備えができているのですから。

　物事は進歩します。娘さんは成長して、学び、あなたを驚かせ、喜ばせるでしょう。あなたは娘さんを本当に誇りに思うようになるでしょう。私たち親にとって成長のポイントは、こうあるべきだという期待を捨てることです。現実を受け入れる余裕をもってください。あなたの人生にはもちろん悩みがあります。娘さんの人生にもあるでしょう。これからも困難はついてくるでしょう。娘さんにはあなたがそばにいることが必要でしょう。でもそこで、控えてください。様子をみてください。娘さんは他のきょうだいとも違っていると思います。でも、愛情と支援があれば、娘さんは娘さんならではの大人になります。良いところがたくさんあるとわかるようになるでしょう。診断の中にも雲の明るい切れ間はあるのです。信じてください。思っている以上の支援があります。自分自身に、娘さんに、そして他の人たちに対して忍耐を強くもってください。「乗り遅れた」とか「もう遅すぎる」「もし3歳のときに……してさえいれば」といったコメントに負けないで。自閉症の人たちも、適切な支援があれば、他の人と同じように学び、生涯成長するのです。何が適切かは、娘さんの変化やあなた自身の変化によって時と共に変わるでしょう。今の耐え難い悲しみや動揺を振り返って、あれから何と遠くまで来たことかと驚く日が来るでしょう。
　　　（メリンダ・コッポラ、アスペルガー症候群と強迫症と診断された娘の母）

　過去10年間に渡り、私たちはクリニックに来る親御さんとその娘さんたちから学んできました。そして質問を受け続けてきました。中には未だに答えが見つからない問いもあります。特に難しいのは、安全、自立、月経、幸福感、自尊心、友だち関係、男女関係、そして未来に関する質問です。「問い続けてください」と、私たちは親御さんや、共に取り組む人たちを促してきました。やがて研究がなされ、介入プログラムが開発され、評価

されるようになるはずです。新しい指導法が実施され、検討されるはずです。ASD の少女たちの独特な経験を理解することがいかに重要か、臨床医、科学者、教育者たちは今、一様に気づき始めたところです。本書が、親御さんや、支援者、娘さんにとって大切な情報源となりますようにと、私たちは願ってやみません。また、本書によって、評価、臨床発表、診断、治療、そして発達の分野でも性に関する有意義な調査研究への問いかけが始まることを期待しています。どうか質問を続けてください。質問がなければ、答えもないのですから。

訳者あとがき

　私にも思春期に入った障害のある娘がいます。
　ここ２、３年、他のお母さん方との会話では「思春期」という言葉が、まだ見ぬ恐ろしい怪物のように語られていました。「思春期は怖いらしい」「たいへんなことがたくさん起こるらしい！」
　可愛い盛りから目まぐるしい数年を経て、ようやく落ち着いてきた矢先、「思春期」という怪物の足音が聞こえてきます。確かに思春期がもたらす心身の変化は、障害の有無にかかわらず、大きなチャレンジです。特に娘のように障害の重い少女たちには、過酷とさえ思えることもあります。しかし、本当に思春期は怪物なのでしょうか。
　本書はそのような親の不安と疑問に誠実に向き合っています。誰に聞けばよいのかわからないような問題にも触れています。親として目を覆いたい箇所もありますが、そのような情報は重要だからこそ掲載されているのです。
　私たちは娘を守りたいと思います。そして、どのような形であれ、社会生活を喜んでできるような大人になってほしいと願います。周囲から良い影響を受け、自分自身も良い影響を与える人になってほしいと思います。その備えのときが思春期だということも知っています。ところが、日常の忙しさに追われていると、先を見越せなくなることがあります。何をどう備えておくべきなのか、わからなくなることもあります。著者は備えておくことの大切さを何度も強調しながら、備え方を示しています。本書の中で、娘さんにあてはまる箇所がありましたら、ぜひ担任の先生にもご紹介ください。娘にかかわる人たちと適切な情報や対処法を共有し、備えを強化していくことこそが、本当に娘を守ることであり、喜びのある将来への道筋でもあるのだと、私は本書を通して知りました。備えがあっても憂いがまったくなくなるわけではありませんが、少なくとも「対処法があるから大丈夫」と言うことはできるでしょう。思春期の足音が玄関先まで響いたとしても、親子で震えずにすむはずです。思春期は、ひょっとすると、怪物から姿を変えるかもしれません。最後に著者が勧めている通り、深呼吸をして、ときには道のりを楽しもうではありませんか。
　本書の出版を何より親として喜ばしく思います。あたたかな前書きを寄せてくださいました稲垣由子先生、辻井正次先生、編集の大山茂樹氏に心より感謝申し上げます。

テーラー幸恵

本書を読んで

　自閉スペクトラム症の、特に女の子のことだけを対象にした本が、なぜ必要なのでしょう？　最初タイトルを見た時こそ不思議に思ったのですが、実際に読んでみると疑問は吹き飛びました。生理を迎えること、ファッション、安全なデートなど、女の子ならではのことがらについて、実用的な情報や問題の解決策がぎっしり詰まっていたからです。

　ファーストブラの選び方や、クラスで浮かない服選び、好きな男の子へのアプローチのしかた、といった話題について、一般的な女の子は、いわゆる「ガールズトーク」── 女の子同士の仲間うちの会話 ── から情報を得るのだと思います。けれども、自閉スペクトラム症の女の子の場合、友だちグループに入ることや、打ち明け話をするほど親しい女友だちを作ることが難しい場合も多いですし、性についての健全な知識など、親からきちんと教わった方が良いこともたくさんあります。友だちの話していることや雑誌に載っていることを文字通りに解釈してしまうために、誤解が生じることもあるからです。親の理解と適切な指導は、とても重要なのです。

　私の場合は、診断のないまま、単なる「変わった子」として何の援助もなく育ったうえ、女のきょうだいもいなかったため、この本に載っているような「女の子の問題」に関してはいつも自分だけで対処し、たいていは失敗して、自信をなくすことの繰り返しでした。この本に出会って初めて、私がひとりで混乱したり、困ったりしていたことについて、周囲にはほとんど理解されていなかったことがわかりました。例えば、せめていじめの格好のターゲットにならない程度に、こざっぱりした清潔感のある身だしなみを保って学校に行きたかったのに、具体的にどういう点に注意すればいいのかについては、全くお手上げ状態だったのです。学校の成績は悪くなかったので、私がそんなこともわからないで、惨めな気持ちでいたとは、親も教師も、少しも気づいていなかったと思います。

　思春期は、誰にとっても難しい時期です。自閉スペクトラム症の子どもは特に変化に適応するのが苦手なので、思春期に自分の心身に起こる急激な変化に適応するのは大変なことです。この本では、「常に先回りすること」をすすめています。実際に生理がくる前に、生理用品を使う練習をさせる。

ブラが必要になる前に、ブラをつける練習をさせる。心と身体が性的に成熟する前に、セックスやセクシュアリティに関する健全な知識をきちんと教える。変化が起きてから親子であわてるのではなく、余裕を持って変化を受け止められるように、先回りして対処していくというわけです。これは非常に実用的な方法で、先のことが不確かだと不安になりがちな自閉スペクトラム症の特性に合った指導法だと思います。特に、セックスやセクシュアリティについては、日本ではまだ、なかなか親子で話題にすることが少ないように思いますが、決して恥ずかしいことでも、隠すべきことでもないので、しっかりと教えてほしいと思います。

　とっくに大人になって久しい私ですが、この本の第5章で取り上げられている「自己受容と自信」というテーマには、いまだにはっとさせられる内容が多くありました。私には30代半ばになるまで診断がつかなかったので、自分自身の特性をうまく理解することも、弱点をカバーすることもできず、思春期もそれ以後も、ひたすら失敗経験ばかり積み重ねてしまったのです。いったん大きく自尊心を損なってしまうと、何年かかっても取り戻すことは難しく、私はいまだに自分に自信が持てずにいます。それだけでなく、挫折感やストレスから起こってきた摂食障害や強い不安、慢性的なうつ状態などをかかえて生きているのです。これから大人になる自閉スペクトラム症の女の子たちには、私のようになってほしくありません。

　この本が、フィットネスやファッション（外面）と自己意識（内面）を一体としてとらえているのは興味深いことです。確かに、心と身体はつながっています。自分にとって心地よく、他人からも受け入れられるような、その場に合った服装をすることや、日常的に適度な運動をして、健康的で自分にとっても満足できる体型でいることは、自分の内面について考えるのと同じぐらい、自己肯定感を育てるのに役立つことでしょう。

　この本を活用することで、これから大人になってゆく自閉スペクトラム症の女の子たちが、伸びやかで健康的な自尊心を育ててくれることを願っています。

　　　　　　　　　　　　　　　　　　　　　　　　　　　泉　　流星

資　料

【第1章】
少女特有の問題に関する書籍
Attwood et al. (2006) *Aspergers and Girls*. Arlington, TX: Future Horizons Inc.
Ernsperger, L. and Wendel, D. (2007) *Girls Under the Umbrella of Autism Spectrum Disorders. Practical Solutions for Addressing Everyday Challenges*. Shawnee Mission, KS: Autism Asperger Publishing Company.

少女に関する記事および女性特有の問題
Faherty, C. (2002) 'Asperger's syndrome in women: A different set of challenges? *Autism Asperger's Digest*. July-August 2002. Arlington, TX: Future Horizons Publications, Inc.
www.autismtoday.com/articles/Aspergers_in_Women.htm
Flora, C. (2006) 'The Kiriana conundrum: Plumbing the contradictions that define Asperger's Syndrome: *Psychology Today 39*, 96-100.
New York Times. (2007) What autistic girls are made of.' August 5.
www.pai-ca.org/news/NYT2007AugO5AntisticGirls.htm

母親による手記
Claiborne Park, C. (2002) *Exiting Nirvana: A Daughter's Life with Autism*. Boston, MA: Little, Brown & Company.
Cutler, E. (2004) *A Thorn in my Pocket: Temple Grandin's Mother Tells the Family Story*. Arlington, TX: Future Horizons Inc.
Downey, M.K. and Downey, K.N. (2002) *The People in a Girl's Life. How to Find Them, Better Understand Them and Keep Them*. London: Jessica Kingsley Publishers.
Summers, L. (2006) *Autism is Not a Life Sentence. How One Family Took on Autism and Won*. Shawnee Mission, KS: Autism Asperger Publishing Company.

当事者女性による手記・自伝
Birch, J. (2003) *Congratulations! It's Asperger Syndrome*. London: Jessica Kingsley Publishers.
Blackman, L. and Attwood, T. (2001) *Lucy's Story: Autism and Other Adventures*. London: Jessica Kingsley Publishers.
Grandin, T. (1995) *Thinking in Pictures: My Life with Autism*. New York, NY: Knopf Publishing Group.（『自閉症の才能開発──自閉症と天才をつなぐ環』テンプル・グランディン著　カニングハム久子訳　学研　絶版）
Grandin, T. (1996) *Emergence: Labeled autistic*. New York, NY: Warner Books, Inc.（『我、自閉症に生まれて』テンプル・グランディン＆マーガレット・M・スカリアーノ著　カニングハム久子訳　学研　絶版）
Lawson, W. (2000) *Life Behind Glass. A Personal Account of Autism Spectrum Disorder*. London: Jessica Kingsley Publishers.（『私の障害、私の個性』ウェンディ・ローソン著　ニキ・リンコ訳　花風社）
Miller, J.K. (ed.) (2003) *Women From Another Planet?* Bloomington, IN: 1st Books Library.
Prince-Hughes, D. (2004) *Songs of the Gorilla Nation. My Journey Through Autism*. New York, NY: Harmony Books.
Purkis, J. (2006) *Finding a Different Kind of Normal*. London: Jessica Kingsley Publishers.
Willey, L.H. (1999) *Pretending to be Normal*. London: Jessica Kingsley Publishers.（『アスペルガー的人生』リアン・ホリデー・ウィリー著　ニキ・リンコ訳　東京書籍　絶版）
Williams, D. (1992) *Nobody Nowhere: The Remarkable Autobiography of an Autistic Girl*. New York, NY: Harper Collins Publishers.（『自閉症だったわたしへ』ドナ・ウィリアムズ著　河野万里子訳　新潮社）
Williams, S. (2005) *Reflections of Self*. Arlington, TX: Future Horizons Inc.

少女・成人の若い女性による手記
Brosen, S.K. (2006) *Do You Understand Me? My Life, My Thoughtss, My Autism Spectrum Disorder*. London: Jessica Kingsley Publishers.
Jackson, N. (2002) *Standing Down, Falling Up*. Bristol: Lucky Duck Publishing Ltd.

Peers, J. (2003) *Asparagus Dreams*. London: Jessica Kingsley Publishers.

その他資料
'Autism_in_Girls' Yahoo!® email group, started in July 1999.
Centers for Disease Control and Prevention（自閉症の疫学に関する情報）
　　www.cdc.gov/ncbddd/autism/overview.htm
The Center on Human Policy, Law and Disability Studies, Syracuse University, Autism and Gender Resources（ジェンダーとASDに関するオンライン情報。性差とASD女性の理解につながる書籍、ニュース、ネット記事、映画、科学論文の短いリストを掲載）http://disabilitystudies.syr.edu/resources/autism.aspx
Neurodiversity.com Autism and Gender（他のウェブサイト、記事、プログラムへのリンク可）
　　www.neurodiversity.com/gender.html
Autism is a World (2004)（自閉症の若い女性であるスー・ルービンの自伝映画。アカデミー賞ノミネート作品）

【第2章】
思春期とASDに関する一般書
Bolick, T. (2001) *Asperger Syndrome and Adolescence: Helping Preteens & Teens Get Ready for the Real World*. Gloucester: Fair Winds Press.
Boushéy, A. (2007) *Talking Teenagers. Information and Inspiration for Parents of Teenagers with Autism or Asperger's Syndrome*. London: Jessica Kingsley Publishers.
Gabriels, R.L. and Hill, D.E. (eds) (2007) *Growing Up with Autism. Working with School-Age Children and Adolescents*. New York, NY: Guilford Press.
Korpi, M. (2007) *Guiding Your Teenager With special Needs through the Transition from School to Adult Life: Tools for Parents*. London: Jessica Kingsley Publishers.
Molloy, H. and Vasil, L. (2004) *Asperger Syndrome, Adolescence, and Identity: Looking Beyond the Label*. London: Jessica Kingsley Publishers.
Sicile-Kira, C. (2006) *Adolescents on the Autism Spectrum: A Parent's Guide to the Cognitive, Social, Physical, and Transition Needs of Teenagers with Autism Spectrum Disorders*. New York, NY: Perigree Trade.
Smith Myles, B. and Adreon, D. (2001) *Asperger Syndrome and Adolescence: Practical Solutions for School Success*. London: Jessica Kingsley Publishers.（『アスペルガー症候群への支援――思春期編』ブレンダ・スミス・マイルズ＆ダイアン・エイドリアン著　吉野邦夫監訳　テーラー幸恵・萩原拓訳　東京書籍　絶版）
Willey, L.H. (2003) *Asperger Syndrome in Adolescence: Living with the Ups, the Downs and Things in Between*. London: Jessica Kingsley Publishers.
Yoshida, Y. (2006) *How To Be Yourself in a World That's Different: An Asperger's Syndrome Study Guide for Adolescents*. London: Jessica Kingsley Publishers.（原書『あなたがあなたであるために――自分らしく生きるためのアスペルガー症候群ガイド』吉田友子著　中央法規出版）

十代の当事者による手記
Brosen, S.K. (2006) *Do You Understand Me? My Life, My Thoughts, My Autism Spectrum Disorder*. London: Jessica Kingsley Publishers.
Jackson, L. (2002) *Freaks, Geeks & Asperger Syndrome: A User Guide to Adolescence*. London: Jessica Kingsley Publishers.（NASEN & TES Special Educational Needs Children's Book Award 2003 受賞）（『青年期のアスペルガー症候群――仲間たちへ、まわりの人へ』ルーク・ジャクソン著　ニキ・リンコ訳　スペクトラム出版社）
Jackson, N. (2002) *Standing Down, Falling Up*. Bristol: Lucky Duck Publishing Ltd.
Peers, J. (2003) *Asparagus Dreams*. London: Jessica Kingsley Publishers.

ストレス、不安、対処法に関する親向けの書籍
Cautela, J.R. and Groden, J. (1978) *Relaxation: A Comprehensive Manual for Adults, Children, and Children with Special Needs*. Champaign, IL: Research Press.
Dunn, K.B. and Curtis, M. (2004) *Incredible 5-Point Scale--Assisting Students with Autism Spectrum Disorders in Understanding Social Interactions and Controlling Their Emotional Responses*. Shawnee Mission: Autism Asperger Publishing Company.（『これは便利！　5段階表』カーリ・ダン・ブロン＆ミッツィ・カーティス著　柏木 諒訳　スペクトラム出版社）

Gagnon, E. and Chiles, P. (2001) *Power Cards: Using Special Interests to Motivate Children and Youth with Asperger Syndrome and Autism*. Shawnee Mission: Autism Asperger Publishing Company.

Groden, J., LeVasseur, P., Diller, A. and Cautela, J. (2001) *Coping with Stress through Picture Rehearsal: A How-to Manual for Working with Individuals with Autism and Developmental Disabilities*. Providence: The Groden Center, Inc.

Lipsitt, L.P., Groden, G., Baron, M.G. and Groden, J. (2006) *Stress and Coping in Autism*. Providence: The Groden Center, Inc.

Smith Myles, B. and Southwick, J. (2005) *Asperger Syndrome and Difficult Moments. Practical Solutions for Tantrums, Rage, and Meltdowns*. Shawnee Mission: Autism Asperger Publishing Company. (『アスペルガー症候群とパニックへの対処法』ブレンダ・スミス・マイルズ＆ジャック・サウスウィック著　冨田真紀監訳　萩原拓・嶋垣ナオミ訳　東京書籍　絶版）

不安と対処法に関する若者向けの書籍

American Girl Publishers. (2002) *The Feelings Book. The Care and Keeping of Your Emotions*.

Buron, K.D. (2006) *When My Worries Get Too Big: A Relaxation Book for Children Who Live with Anxiety*. Shawnee Mission: Autism Asperger Publishing Company.

Jaffe, A. and Gardner, L. (2006) *My Book Full of Feelings: How to Control and React to the Size of Your Emotions*. Shawnee Mission: Autism Asperger Publishing Company.

Romain, T. and Verdick, E. (2000) *Stress Can Really Get on Your Nerves!* Minneapolis, MN: Free Spirit Publishing.

その他資料

The Groden Center: アメリカ合衆国ロードアイランドを拠点とするグローデンセンターは自閉症の人たちへの支援で国際的に有名。近年、リラクゼーションとストレス弱化のプログラムを開発。対処スキルの育成のために視覚補助の使い方も研究している。www.grodencenter.org

【第3章】
セルフケアと思春期に関する書籍（自閉症と学習障害の子どもたちが対象）

Crissey, P. (2005) *Personal Hygiene? What's That Got to Do with Me?* London: Jessica Kingsley Publishers.

Wrobel, M. (2003) *Taking Care of Myself: Hygiene, Puberty, and Personal Curriculum for Young People with Autism*. Arlington, TX: Future Horizons, Incorporated.

セルフケアと思春期に関する書籍（定型発達の子どもたちが対象）

American Medical Association and Gruenwald, K. (2006) *Girl's Guide to Becoming a Teen. Getting Used to Life in Your Changing Body*. (Amy B. Middleman, ed.). San Francisco, CA: Jossey-Bass.

Bourgeois, P. and Martyn, K. (2005) *Changes in You and Me. A Book About Puberty Mostly for Girls*. Toronto, ON: Key Porter Books.

Crump, M. (2002) *Don't Sweat It! Every Body's Answers to Questions You Don't Want to Ask*. Minneapolis, MN: Free Spirit Publishing.

Harris, R.H. (1994) *It's Perfectly Normal. Changing Bodies, Growing Up, Sex and Sexual Health*. Cambridge, MA: Candlewick Press.

Jukes, M. and Knopf, A.A. (1998) *Growing Up It's a Girl Thing. Straight Talk about First Bras, First Periods, and Your Changing Body*. New York, NY: Knopf.

Madaras, L. (2000) *The "What's Happening to My Body?" Book for Girls. A Growing-Up Guide for Preteens and Teens Including a Special Introduction for Parents*. New York, NY: Newmarket Press.

Madaras, L. (2003) *Ready, Set, Grow! A "What's Happening to My Body?" Book for Younger Girls*. New York, NY: Newmarket Press.

McCoy, K. and Wibbelsman, C. (2003) *Growing and Changing: A Handbook for Preteens*. New York, NY: Perigree.

Schaefer, V. (1998) *The Care and Keeping of You. The Body Book for Girls*. Middleton, WC: Pleasant Company Publications.

指導の手引きとなる資料
Dixon, J. (2007a) *ISPEEK at Home* (CD-ROM). London: Jessica Kingsley Publishers.
Dixon, J. (2007b) *ISPEEK at School* (CD-ROM). London: Jessica Kingsley Publishers.
Frost, L. and Bondy, A. (2002) *The Picture Exchange Communication System Training Manual* (2nd edition). www.pecs.com
Hodgdon, L. (2005) *Visual Strategies for Improving Communication: Practical Supports for School and Home*. Troy, MI: Quirk Roberts Publishing.
Nikopoulos, C. and Keenan, M. (2006) *Video Modelling and Behaviour Analysis. A Guide to Teaching Social Skills to Children with Autism*. London: Jessica Kingsley Publishers.

少女・成人の若い女性による手記
Peers, J. (2003) *Asparagus Dreams*. London: Jessica Kingsley Publishers.

少女雑誌
●プリティーン向け
Discovery Girls: 7~12歳向けの少女雑誌。読者が暮らしに関するアイデアを投稿できる。中学校、ファッション、友だち関係の記事や励みになる物語などを掲載。
American Girl: 8歳以上を対象にした典型的な少女雑誌。物語、アドバイス、コンテスト、ゲームなどを掲載。
New Moon: 8~14歳を対象にした少女雑誌。記事の執筆と編集には同世代の少女たちがかかわっている。保護者が選ぶ良書の賞を6度受賞。構想力に富んだ草分け的な雑誌。文芸、美術を通して自己表現を促すことで健全な女性のあり方を推奨している。

●十代向け
Justine: 健康的なライフスタイルに焦点を当てた十代向けの少女雑誌。プラス志向の見解に立ってファッション、美容、エンターテイメントを扱う。
Girl's Life Magazine: 10歳以上の少女向けの雑誌。保護者が選ぶ良書の賞を5度受賞。アドバイスや意見の他に自尊心、友だち関係、ファッション、有名人の情報などを掲載。
Cosmo Girl: 十代後半の少女向け雑誌。美容、ファッション、有名人の情報を掲載。
Seventeen: 1944年刊行。ライフスタイル、ファッション、美容の他、励みとなる読み物や記事（軽いものから深い内容のものまで）を掲載。
Teen Vogue: Vogue誌の少女版。ハイファッションと十代の実際の流行を紹介。

少女と親向けのウェブサイト
Advocates for Youth: 専門家、親、十代の当事者向けの優れたサイト。若者のセクシュアルヘルスに関連した情報を掲載。www.advocatesforyouth.org
American Girl ("Fun for Girls") 少女向けの記事、クイズ、楽しいアクティビティを掲載。www.americangirl.com/fun
Birds and Bees Project, The: 十代の若者と成人向けの包括的な生殖保健情報を掲載。www.birdsandbees.org
Girl Power!: アメリカ保健社会福祉省後援による全米学校教育キャンペーンのホームページ。9~13歳の心身の健康育成を目的としている。www.girlpower.gov
Girl's Health: アメリカ保健社会福祉省の女性保健局によるサイト。10~16歳の少女の健全かつ建設的な行動育成を目的としている。信頼性の高い有用な健康情報と共に、家族や友だちとの関係への対処法も掲載。www.girlshealth.gov
Girl's Incorporated: 少女の権利保護運動（ルーツは1864年に遡る）に関連するサイト。受賞歴あり。本団体は少女たちに充実した生活を促す目的で設立された全国的な非営利組織。www.girlsinc.org
Go Ask Alice!: コロンビア大学の保健サービス局提供。若い女性が心身の健康、セクシュアリティ、同性・異性関係について信頼性の高い情報を得られるサイト。www.goaskalice.columbia.edu
iEmily.com: 心身の健康に関する少女向けのサイト。情報検索の他、ビデオやクイズも楽しめる。http://iemily.com
KidsHealth: 受賞歴のある非常に人気のあるサイト。健康と子ども（誕生前から思春期に至るまで）に関する医師承認の情報を掲載。子どもの健康情報提供を目的としてヌムール財団センターが作成。保護者と若者に向け、正確かつ最新の情報を記事、ゲーム、アニメーションを含め、わかりやすく発信している。www.kidshealth.org

Planned Parenthood: 国際家族計画連盟アメリカ支部（PPFA）は女性のヘルスケアの提供、指導、擁護を先導。女性が正確な知識に基づいた選択をできるように健康、安全、権利、能力の推進をはかり、セクシュアルヘルスと生殖に関する医学的に正しい情報を提供している。www.planned-parenthood.org
Teenwire: 上記の PPFA が十代に向けて開設したセクシュアルヘルスのサイト。受賞歴あり。www.teenwire.com

【第４章】
親向けのノンフィクション
Ferreyra, S. and Hughes, K. (1991) *Table Manners. A Guide to the Pelvic Examination for Disabled Women and Health Care Providers.* Alameda/San Francisco, CA: Sex Education for Disabled People, Planned Parenthood.
Gillooly, J.B. (1998) *Before She Gets Her Period. Talking with your Daughter about Menstruation.* Los Angeles, CA: Perspective Publishing.

少女と親向けのノンフィクション
Feinmann, J. (2003) *Everything a Girl Needs to Know About Her Period.* Portland, ME: Ronnie Sellers Productions.
Gravelle, K. and Gravelle, J. (2006) *The Period Book: Everything You Don't want to Ask (But Need to Know).* New York, NY: Walker & Company.
Loulan, J. and Worthen, B. (2001) *Period. A Girl's Guide to Menstruation.* Minnetonka, MN: Book Peddlers.
Weschler, T. (2006) *Cycle Savvy The Smart Teen's Guide to the Mysteries of Her Body.* New York, NY: HarperCollins Publishers.

月経を祝する書籍・ウェブサイト
McBride, K. (2004) *105 Ways to Celebrate Menstruation.* Vacaville, CA: Living Awareness Publications.
Morais, J. (2003) *A Time to Celebrate: A Celebration of a Girl's First Menstrual Period.* Fairfield, CA: Lua Publishing.
Smith, M.T. (2004) *First Moon: Celebration and Support for a Girl's Growing-Up Journey* (box set). Novato, CA: New World Library.
New Moon Publishing (Celebrates girls and women)：娘の月経周期を祝する記事を掲載。www.newmooncatalog.com
Woman Wisdom: 女性と少女の能力向上に関する自然主義のヒーリングサイト。初潮を祝うキットを発売している。www.womanwisdom.com

少女向けのフィクション
Blume, J. (1970) *Are You There God? It's Me, Margaret.* New York, NT: Yearling.

ビデオと指導カリキュラム資料
Cooper, E. (1999) *Becoming a Woman: A Teaching Pack on Menstruation for People with Learning Disabilities.* Brighton: Pavilion Publishing Ltd.
Janet's Got Her Period™. Training in Menstrual Self-Care for Girls and Young Women with Severe Developmental Disabilities (Video learning package). James Stanfield Company.
The Gyn Exam. Reduce Fears and Apprehension Associated with Gyn Examinations. (Video learning package). James Stanfield Company.

インターネットで入手できる資料
Table Manners and Beyond. The Gynecological Exam for Women with Developmental Disabilities and Other Functional Limitations (May 2001) Edited by Katherine M. Simpson. www.bhawd.org/sitefiles/TblMrs/cover.html

婦人科保健に関するウェブサイト
American Academy of Family Physicians: アメリカ家庭医学会（AAFP）が運営。家庭医とヘルスケアの情報（実

際の家庭医の名簿と容態に関する資料）を掲載。http://familydoctor.org
American College of Obstetricians and Gynecologists: 女性の健康に関する多くの情報を掲載。
www.acog.org
Estronaut. A Forum for Women's Health: Your First Gynecological Exam:
www.estronaut.com/a/first_gynecological_exam.htm
For College Women: Health. Our Way: The First Gynecological Exam:
www.4collegewomen.org/fact-sheets/firstgyno.html
Kids Health: Your Daughter's First Gynecological Exam:
www.kidshealth.org/parent/system/medical/first_gyn.html
Planned Parenthood Federation of America: セクシュアルヘルスの多領域の情報を掲載。
www.plannedparenthood.org

【第5章】
運動と身体活動に関する親向けの書籍と資料
Betts, D.E. and Betts, S.W. (2006) *Yoga for Children with Autism Spectrum Disorders: A Step-by-Step Guide for Parents and Caregivers*. London: Jessica Kingsley Publishers.
North American Riding for the Handicapped Association, Inc. (NARHA): 教育、コミュニケーション、研究、規範を通じて安全、専門性、倫理性、治療を考慮した馬との活動を促進している。当協会の規範はセンターの認可とインストラクターの資格取得プロセスに則している。www.narha.org
Special Olympics: 発達障害のある人のための年間スポーツとトレーニングを紹介。www.specialolympics.org

自主性の発達に関する親向けの書籍
Hudson, J. and Coffin, A.B. (2007) *Out and About: Preparing Children with Autism Spectrum Disorder to Participate in Their Communities*. Shawnee Mission, KS: Autism Asperger Publishing Company.

自尊心と自己決定に関する親向けの書籍
Martinovich, J. (2006) *Creative Expressive Activities and Asperger's Syndrome. Social and Emotional Skills and Positive Life Goals for Adolescents and Young Adults*. London: Jessica Kingsley Publishers.
Mithaug, D. (1991) *Self-Determined Kids: Raising Satisfied and Successful Children*. Lexington, MA: Lexington Books.
Wehmeyer, M. (2007) *Promoting Self-Determination in Students with Developmental Disabilities*. New York, NY: Guilford Press.

ASDであることに関する若者向けの書籍
Brøsen, S.K. (2006) *Do You Understand Me? My Life, My Thoughts, My Autism Spectrum Disorder* [written by a young girl]. London: Jessica Kingsley Publishers.
Elder, J. (2006) *Different Like Me: My Book of Autism Heroes*. London: Jessica Kingsley Publishers. (『みんなとはちがった人たち──自閉症の英雄のこと』ジェニファー・エルダー著　牧野 恵訳　スペクトラム出版社)
Faherty, C. (2000) *Aspergers... What Does It Mean To Me? A Workbook Explaining Self Awareness and Life Lessons to the Child or Youth with High Functioning Autism or Aspergers*. Arlington, TX: Future Horizons Publishing Company.
Keating-Velasco, J. (2007) *A Is for Autism, F Is for Friend* [fiction story involving friendships and autism]. Shawnee Mission, KS: Autism Asperger Publishing Company.
Larson, E.M. (2006) *I Am Utterly Unique: Celebrating the Strength of Children with Asperger Syndrome and High-Functioning Autism*. Shawnee Mission, KS: Autism Asperger Publishing Company.
Schnurr, R.G. (1999) *Asperger's Hub? A Child's Perspective*. Ottawa, ON: Anisor Publishing.
Vermeulen, P. (2000) *I Am Special*. London: Jessica Kingsley Publishers.
Welton, J. (2003) *Can I Tell You About Asperger Syndrome? A Guide for Friends and Family*. London: Jessica Kingsley Publishers. (『ねえ、ぼくのアスペルガー症候群の話、聞いてくれる?』ジュード・ウェルトン著　長倉いのり・門 眞一郎訳　明石書店　絶版)

ASDであることに関する十代およびヤングアダルト向けの書籍
Ives, M. (2002) *What is Asperger Syndrome and How Will It Affect Me? A Guide for Young People*.

Shawnee Mission, KS: Autism Asperger Publishing Company.
James, I. (2005) *Asperger Syndrome and High Achievement: Some Very Remarkable People*. London: Jessica Kingsley Publishers.（『アスペルガーの偉人たち』イアン・ジェイムズ著　草薙ゆり訳　スペクトラム出版社）
Ledgin, N. (2002) *Asperger's and Self Esteem. Insight and Hope Through Famous Role Models*. Arlington, TX: Future Horizons Publishing Company.
Marquette, J. (2007) *Becoming Remarkably Able: Walking the Path to Talents, Interests, and Personal Growth*. Shawnee Mission, KS: Autism Asperger Publishing Company.
Prince-Hughes, D. (ed.) (2002) *Aquamarine Blue: Personal Stories of College Students with Autism*. Athens, OH: Ohio University Press.
Yoshida, Y. (2006) H*ow To Be Yourself in a World That's Different. An Asperger's Syndrome Study Guide for Adolescents*. London: Jessica Kingsley Publishers.（『あなたがあなたであるために──自分らしく生きるためのアスペルガー症候群ガイド』吉田友子著　中央法規出版）

自己決定と診断の公表に関する十代およびヤングアダルト向けの書籍
Bliss, E.V. and Edmonds, G. (2007) *A Self-Determined Future with Asperger Syndrome. Solution Focused Approaches*. London: Jessica Kingsley Publishers.
Murray, D. (ed.) (2005) *Coming out Asperger. Diagnosis, Disclosure and Self-Confidence*. London: Jessica Kingsley Publishers.
Shore, S. (ed.) (2004) *Ask and Tell: Self-Advocacy and Disclosure for People on the Autism Spectrum*. Shawnee Mission, KS: Autism Asperger Publishing Company.（『自閉症スペクトラム生き方ガイド』スティーブン・M. ショア著　荒木穂積・森由美子訳　クリエイツかもがわ）

感情の発達に関する親向けの書籍
Cardon, T. (2004) *Let's Talk Emotions: Helping Children with Social Cognitive Deficits Including AS, HFA, and NVLD, Learn to Understand and Express Empathy and Emotions*. Shawnee Mission, KS: Autism Asperger Publishing Company.

アイデンティティ、心の健康、対処法に関する親向けの書籍
Cautela, J.R. and Groden, J. (1978) *Relaxation: A Comprehensive Manual for Adults, Children, and Children with Special Needs*. Champaign, IL: Research Press.
Cohen-Sandler, R. (2005) *Stressed-Out Girls. Helping them Thrive in the Age of Pressure*. New York, NY: Penguin Books.
Dunn, K.B. and Curtis, M. (2004) *Incredible 5-Point Scale--Assisting Students with Autism Spectrum Disorders in Understanding Social Interactions and Controlling Their Emotional Responses*. Shawnee Mission, KS: Autism Asperger Publishing Company.（『これは便利！　5段階表』カーリ・ダン・ブロン＆ミッツィ・カーティス著　柏木諒訳　スペクトラム出版社）
Gaus, V. (2007) *Cognitive-Behavioral Therapy for Adult Asperger Syndrome*. New York, NY: Guilford Publishers.
Groden, J, LeVasseur, P., Diller, A. and Cautela, J. (2001) *Coping with Stress through Picture Rehearsal: A How-to Manual for Working with Individuals with Autism and Developmental Disabilities*. Providence, RI: The Groden Center, Inc.
Molloy, H. and Vasil, L. (eds) (2004) *Asperger Syndrome, Adolescence, and Identity. Looking Beyond the Label*. London: Jessica Kingsley Publishers.
Paxton, K. and Estay, I. (2007) *Counseling People on the Autism Spectrum. A Practical Manual*. London: Jessica Kingsley Publishers.

心の健康と対処法に関する若者向けの書籍
American Girl Publishers. (2001) *The Care and Keeping of Me. The Body Book Journal*.
American Girl Publishers. (2002) *The Feelings Book. The Care and Keeping of Your Emotions*.
American Girl Publishers. (2004) *Real Beauty. 101 Ways to Feel Great About YOU*.
Buron, K.D. (2006) *When My Worries Get Too Big: A Relaxation Book for Children Who Live with Anxiety*. Shawnee Mission, KS: Autism Asperger Publishing Company.
Jaffe, A. and Gardner, L. (2006) *My Book Full of Feelings: How to Control and React to the Size of Your*

Emotions. Shawnee Mission, KS: Autism Asperger Publishing Company.

ASDの女性を主人公にした若者向けの小説
Brenna, B. (2005) *Wild Orchid*. Calgary, AB: Red Deer Press.
Hoopman, K. (2002) *Lisa and the Lacemaker. An Asperger Adventure*. Haze. London: Jessica Kingsley Publishers.
Ogaz, N. (2002) *Buster and the Amazing Daisy. Adventures with Asperger Syndrome*. London: Jessica Kingsley Publishers.

役に立つウェブサイト
My First Bra. www.myfirstbra.us
The National Association of the Dually Diagnosed: 発達障害と心の健康にニーズを抱える人のための全国的な協会。www.thenadd.org

【第6章】
親向けの書籍
Attwood, T. (2007) *The Complete Guide to Asperger's Syndrome*. London: Jessica Kingsley Publishers.
Downey, M.K. and Downey, K.N. (2002) T*he People in a Girl's Life. How to Find Them, Better Understand Them and Keep Them*. London: Jessica Kingsley Publishers.
Jackson, L. (2002) *Freaks, Geeks and Asperger Syndrome: A User Guide to Adolescence*. London: Jessica Kingsley Publishers.（『青年期のアスペルガー症候群――仲間たちへ、まわりの人へ』ルーク・ジャクソン著　ニキ・リンコ訳　スペクトラム出版社）
Lawson, W. (2000) *Life Behind Glass. A Personal Account of Autism Spectrum Disorder*. London: Jessica Kingsley Publishers.
Lawson, W. (2006) *Friendships: The Aspie Way*. London: Jessica Kingsley Publishers.
Molloy, H. and Vasil, L. (eds) (2004) *Asperger Syndrome, Adolescence, and Identity. Looking Beyond the Labe*l. London: Jessica Kingsley Publishers.
Sainsbury, C. (2000) *Martian in the Playground. Understanding the Schoolchild with Asperger's Syndrome*. Bristol, UK: Lucky Duck Publishing, Ltd.
Willey, L.H. (1999) *Pretending To Be Normal*. London: Jessica Kingsley Publishers.（『アスペルガー的人生』リアン・ホリデー・ウィリー著　ニキ・リンコ訳　東京書籍　絶版）

少女向けの書籍
Criswell, P.K. and Martini, A. (2003) *A Smart Girl's Guide to Friendship Troubles. Dealing with Fights, Being Left Out, and the Whole Popularity Thing*. Middleton, WI: American Girls.
Koborg Brosen, S. (2006) *Do You Understand Me? My Life, My Thoughts, My Autism Spectrum Disorder*. London: Jessica Kingsley Publishers.

カリキュラムとプログラムに関する親と専門家のための書籍
Baker, J. (2003) *Social Skills Training*. Shawnee Mission, KS: Autism Asperger Publishing Company.
Bellini, S. (2006) *Building Social Relationships: A Systematic Approach to Teaching Social Interaction Skills to Children and Adolescents with Autism Spectrum Disorder and Other Social Difficulties*. Shawnee Mission, KS: Autism Asperger Publishing Company.
Caldwell, P. and Horwood, J. (2007) *From Isolation to Intimacy: Making Friends without Words*. London: Jessica Kingsley Publishers.
Freeman, S. and Dake, L. (1997) *Teach Me Language: A Language Manual for Children with Autism, Asperger's Syndrome, and Related Developmental Disorders*. Langley, BC: Sfk Books.
Hodgdon, L. (2005) *Visual Strategies for Improving Communication: Practical Supports for School and Home*. Troy, MI: Quirk Roberts Publishing.
Moyes, R.A. (2001) *Incorporating Social Goals in the Classroom--A Guide for Teachers and Parents of Children with High-Functioning Autism & Asperger Syndrome*. London: Jessica Kingsley Publishers.
Nikopoulos, C. and Keenan, M. (2006) *Video Modelling and Behaviour Analysis. A Guide to Teaching Social Skills to Children with Autism*. London: Jessica Kingsley Publishers.
Quill, K.A. (2000) *Do-Watch-Listen-Say. Social and Communication Intervention for Children with Autism*. Baltimore, MD: Brookes Publishing Company.

Winner, M.G. (2002) *Thinking About You Thinking About Me: Philosophy and Strategies to Further Develop Perspective Taking and Communicative Abilities for Persons with Social Cognitive Deficits*. San Jose, CA: Think Social Publishing, Inc.

Winner, M.G. (ed.) (2007) *Social Behavior Mapping--Connecting Behavior, Emotions and Consequences Across the Day*. San Jose, CA: Think Social Publishing, Inc.

女性のいじめと関係性攻撃に関する書籍

Dellasega, C. and Nixon, C. (2003) *Girl Wars: 12 Strategies that Will End Female Bullying*. New York, NY: Fireside.

Shearin Karres, E.V. (2004) *Mean Chicks, Cliques, and Dirty Tricks: A Real Girl's Guide to Getting Through the Day With Smarts and Style*. Cincinnati, OH: Adams Media Corporation.

Simmons, R. (2003) *Odd Girl Out: The Hidden Culture of Aggression in Girls*. San Diego, CA: Harcourt Trade Publishing.

Wiseman, R. (2002) *Queen Bees and Wannabes: Helping Your Daughter Survive Cliques, Gossip, Boyfriends, and Other Realities of Adolescence*. New York, NY: Three Rivers Press.
（『女の子って、どうして傷つけあうの？――娘を守るために親ができること』ロザリンド・ワイズマン著　小林紀子・難波美帆訳　日本評論社　絶版）

ビデオ

My Friend Dylan [Video]. Autism Ontario. ディランは自閉症の10歳の少女。すばらしい学校に通い、友だちから多くの支援を受けている。小学2年生から6年生を対象にした10分間のこのビデオでは、ディランの同級生たちが彼女に対する思いや友情について語り、ディランを理解するためのヒントや意見も投じている。同級生たちがディランとの友情を楽しみ、益を得ていることがよくわかる。

【第7章】
ASDの若者向けの書籍

Brown, K.L. and Brown, M. (1997) *What's the Big Secret? Talking About Sex with Girls and Boys*. Boston, MA: Little, Brown and Company.

Buron, K.D. (2007) *A's Is Against the Law! Social Boundaries Straight Up: An Honest Guide for Teens, and Young Adults*. Shawnee Mission, KS: Autism Asperger Publishing Company.

Harris, R. (1994) *It's Perfectly Normal: Changing Bodies, Growing Up, Sex & Sexual Health*. Cambridge, MA: Candlewick Press.

Holyoke, N. (2001) *A Smart Girl's Guide to Boys, Surviving Crushes, Staying True to Yourself, and Other Stuff*. Middleton, WI: American Girl Press.

Mayle, P. (1977) *Where Did I Come From?* New York, NY: Kensington Publishing Corp.

McGee, K. and Buddenberg, L. (2003) *Unmasking Sexual Con Games--A Teen's Guide*. Boys Town, NE: Boys Town Press.

Newport, J. and Newport, M. (2002) *Autism-Asperger's & Sexuality: Puberty and Beyond*. Arlington, TX: Future Horizons Publishers.

Packer, A.J. (1997) *How Rude!: The Teenagers' Guide to Good Manners, Proper Behavior, and Not Grossing People Out*. Minneapolis, MN: Free Spirit Publishing.

Packer, A.J. (2004) *The How Rude! Handbook of Friendship & Dating Manners for Teens: Surviving the Social Scene*. Minneapolis, MN: Free Spirit Publishing.

Peter, V.J. and Dowd, T. (2000) *Boundaries: A Guide for Teens*. Boys Town, NE: Boys Town Press.

自閉症と発達障害に関する親向けの書籍

Allen, J.D. (2003) *Gay, Lesbian, Bisexual and Transgender People with Developmental Disabilities: Stories of the Rainbow Group*. New York, NY: Harrington Park Press.

Bolick, T. (2001) 'Friendship and intimacy.' In *Asperger Syndrome and Adolescence. Helping Preteens and Teens Get Ready for the Real World*. Gloucester: Fair Winds Press.

Drury, J., Hutchinson, L. and Wright, J. (2000) *Holding On Letting Go. Sex, Sexuality, and People with Learning Disabilities*. London: Souvenir Press Limited.

Ford, A. (1987) 'Sex education for individuals with autism: Structuring information and opportunities.' In Cohen, D.J., Donnellan, A.M., Paul, R. (eds) *Handbook of Autism and Pervasive*

Developmental Disorders. Maryland: Winston and Sounds.

Griffiths, D.M., Quinsey, V.L. and Hingsburger, D. (1989) *Changing Inappropriate Sexual Behavior: A Community-Based Approach for Persons with Developmental Disabilities*. Baltimore, MD : Paul H. Brookes Publishers.

Hingsburger, D. (1993) *IOpeners: Parents ask Questions about Sexuality and Children with Developmental Disabilities*. Vancouver, BC: Family Support Institute Press.

Lawson, W. (2005) *Sex, Sexuality, and the Autism Spectrum*. London: Jessica Kingsley Publishers

Maksym, D. (1990) *Shared Feelings. A Parent Guide to Sexuality Education for Children, Adolescents, and Adults Who Have a Mental Handicap*. Toronto: The G Allan Roeher Institute.

Monat-Halter, R.K. (1992) *Understanding & Expressing Sexuality: Responsible Choices for Individuals with Developmental Disabilities*. Baltimore, MD: Paul H. Brookes Publishing Co.

Schwier, K. and Hingsburger, D. (2000) *Sexuality: Your Sons and Daughters with Intellectual Disabilities*. Baltimore, MD: Paul H. Brookes Publishing Co.

Shea, V. and Cordon, B. (1991) *Growing Up: A Social and Sexual Education Picture Book for Young People with Mental Retardation*. Chapel Hill, NC: University of North Carolina at Chapel Hill.

Walker-Hirsch, L. (2007) *The Facts of Life and More: Sexuality and Intimacy for People with Intellectual Disabilities*. Baltimore, MD: Paul H. Brookes Publishing Co.

当事者女性による手記・自伝

Birch, J. (2003) *Congratulations! It's Asperger Syndrome*. London: Jessica Kingsley Publishers.

Holliday Willey, L. (1999) *Pretending to be Normal*. London: Jessica Kingsley Publishers.
（『アスペルガー的人生』リアン・ホリデー・ウィリー著　ニキ・リンコ訳　東京書籍　絶版）

Jackson, N. (2002) *Standing Down, Falling Up*. Bristol: Lucky Duck Publishing Ltd.

Miller, J.K. (ed.) (2003) *Women From Another Planet?* Bloomington, IN: 1st Books Library.

Stonehouse, M. (2002) *Stilted Rainbow: The Story of My Life on the Autistic Spectrum and a Gender Identity Conflict*. Toronto: Martine Stonehouse.

親と専門家のための指導用資料

Adams, J.I. (1997) 'Relationships, the family and sexuality.' In *Autism-PDD: More Creative Ideas from Age Eight to Early Adulthood*. Kent Bridge, ON: Adams Publications.

Attainment Company (1996) *Learn About Life: Sexuality dud Social Skills*. Syracuse, NY: Program Development Associates.

Dalrymple, N., Gray, S. and Ruble, L. (1991) *Sex Education: Issues for the Person with Autism*. Bloomington, IN: Indiana Resource Center for Autism.

Gray, S., Ruble, L. and Dalrymple, N. (1996) *Autism and Sexuality: A Guide for Instruction*. Bloomington, IN: Indiana Resource Center for Autism.

Henault, I. (2005) *Asperger's Syndrome and Sexuality: From Adolescence through Adulthood*. London: Jessica Kingsley Publishers.

Karakoussis, C., Calkins, C.F. and Eggeling, K. (1998) *Sexuality: Preparing your Child with Special Needs*. Kansas City, MO: Developmental Disabilities Resource Center on Sexuality.

Kerr-Edwards, L. and Scott, L. (2003) *Talking Together... About Sex and Relationships: A Practical Resource for Schools and Parents Working with Young People with Disabilities*. London: Family Planning Association.

McKee, L., Kempton, W. and Stiggall-Muccigrosso, L. (2001) *An Easy Guide to Loving Carefully for Women and Men*. Haverford, PA: Winifred Kempton Associates.

Scott, L. and Kerr-Edwards, L. (1999) *Talking Together... About Growing Up. A Workbook for Parents of Children with Learning Disabilities*. London: Family Planning Association.

Steege, M. and Peck, S. (2006) *Sex Education for Parents of Children with Autism*. Syracuse, NY: Program Development Associates.

Teach-a-Bodies: 指導を円滑にする人形を販売。人形は解剖学に則して作られている。文化背景を考慮した人形、等身大の人形、紙人形、小冊子、付属品が購入できる。www.teach-a-bodies.com

定型発達に関する親向けの書籍

Engel, B. (1997) *Beyond the Birds and the Bees. Fostering Your Child's Healthy Sexual Development in*

Today's World. New York, NY: Simon & Schuster.
Haffner, D. (1999) *From Diapers to Dating. A Parent's Guide to Raising Sexually Healthy Children*. New York, NY: Newmarket Press.
Haffner, D. (2002) *Beyond the Big Talk. Every Parent's Guide to Raising Sexually Healthy Teens--From Middle School to High School and Beyond*. New York, NY: Newmarket Press.

ビデオ
Hingsburger, D. and Hair, S. (2000) *Finger Tips: A Guide For Teaching About Female Masturbation* [video and manual]. Newmarket, ON: Diverse City Press, Inc.
James Stanfield Company: セクシュアリティ、同性・異性関係、虐待予防、ソーシャルスキル、ライフスキルなど広範囲のビデオが揃っている。www.stanfield.com
Program Development Associates (1991) *Person to Person: Sexuality Education for Persons with Developmental Disabilities* [video]. Syracuse, NY: Program Development Associates.
Program Development Associates (1999) *All of Us: Talking Together. Sex Education for People with Developmental Disabilities* [video]. Syracuse, NY: Program Development Associates.

セクシュアリティに関するウェブサイト
American Association of Sexuality Educators, Counselors, and Therapists. www.aasect.org
Sex Information and Education Council of Canada. www.sieccan.org
Sex Information and Education Commission of the United States. www.siecus.org

マスターベーションに関するウェブサイト
Corinna, H. *Is Masturbation Okay? (Yep.)* Scarleteen: Sex Ed for the Real World. マスターベーションの方法やオーガズムに関する情報を多数掲載。
　　www.scarleteen.com/article/pink/is_masturbation_okay_yep
How to Masturbate for Women. Cool Nurse. 女性のためのマスターベーションの方法を掲載。
　　www.coolnurse.com/masturbation_howto.htm
It's Normal, Healthy and Okay to Masturbate! Cool Nurse. マスターベーションに関する若者向けの重要情報を掲載。www.coolnurse.com/masturbation.htm

【第8章】
ASDの若者向けの書籍
Buron, K.D. (2007) *A '5' Is Against the Law! Social Boundaries Straight Up: An Honest Guide for Teens and Young Adults*. Shawnee Mission, KS: Autism Asperger Publishing Company.
Macavinta, C. and Pluym, A.V. (2005) *Respect: A Girl's Guide to Getting Respect and Dealing When Your Line is Crossed*. Minneapolis, MN: Free Spirit Publishing.
McGee, K. and Buddenberg, L. (2003) *Unmasking Sexual Con Games--A Teen's Guide*. Boys Town, NE: Boys Town Press.
Nunez, J. and Baladerian, N.J. (2006) *The Rules of Sex: Social and Legal Guidelines for Those Who Have Never Been Told*. Los Angeles, CA: Can Do Project.
Peter, V.J. and Dowd, T. (2000) *Boundaries: A Guide for Teens*. Boys Town, NE: Boys Town Press.
Roeher Institute (1991) *The Right To Control What Happens to Your Body*. Toronto, ON: The Roeher Institute.

当事者少女による手記・自伝
Jackson, N. (2002) *Standing Down, Falling Up*. Bristol: Lucky Duck Publishing Ltd.

当事者女性による手記・自伝
Birch, J. (2003) *Congratulations! It's Asperger Syndrome*. London: Jessica Kingsley Publishers.
Lawson, W. (2000) *Life Behind Glass. A Personal Account of Autism Spectrum Disorder*. London: Jessica Kingsley Publishers.（『私の障害、私の個性』ウェンディ・ローソン著　ニキ・リンコ訳　花風社）
Prince-Hughes, D. (2004) *Songs of the Gorilla Nation. My Journey Through Autism*. New York, NY: Harmony Books.
Purkis, J. (2006) *Finding a Different Kind of Normal*. London: Jessica Kingsley Publishers.

Willey, L.H. (1999) *Pretending to be Normal*. London: Jessica Kingsley Publishers.
　(『アスペルガー的人生』リアン・ホリデー・ウィリー著　ニキ・リンコ訳　東京書籍　絶版)

接触、プライバシー、身体の所有権、境界線に関する若者向けの物語

Aboff, M. (1996) *Uncle Willy's Tickles. A Child's Right to Say "No"*. Washington, DC: Magination Press.
Freeman, L. (1984) *It's My Body*. Seattle, WA: Parenting Press.
Girard, L.W. (1984) *My Body is Private*. Morton, IL: Albert Whitman & Company.
Hansen, D. (2007) *Those Are My Private Parts*. Redondo Beach, CA: Empowerment Productions.
Hindman, J. (1983) *A Very Touching Book... for Little People and for Big People*. Lincoln City, OR: Alexandria Association.
Kahn, R. (2001) *Bobby and Mandee's Too Safe for Strangers*. Arlington, TX: Future Horizons, Inc.
Kleven, S. (1998) *The Right Touch. A Read-Aloud Story to Help Prevent Child Sexual Abuse*. Bellevue, WA: Illumination Arts Publishing Company.
Maude Spelman, C. (2000) *Your Body Belongs to You*. Morton Grove, IL: Albert Whitman & Company.

親と専門家のための書籍

Briggs, F. (1995) *Developing Personal Safety Skills in Children with Disabilities*. London: Jessica Kingsley Publishers.
Debbaudt, D. (2002) *Autism, Advocates, and Law Enforcement Professionals. Recognizing and Reducing Risk Situations for People with Autism Spectrum Disorders*. London: Jessica Kingsley Publishers.
Dinerstein, R.D., Herr, S.S. and O'Sullivan, J.L. (1999) *A Guide to Consent*. Washington, DC: American Association of Mental Retardation.
Dubin, N. (2007) *Asperger Syndrome and Bullying. Strategies and Solutions*. London: Jessica Kingsley Publishers.
Heinrichs, R. (2003) *Perfect Targets: Asperger Syndrome and Bullying*. Shawnee Mission, KS: Autism Asperger Publishing Company.
Herron, R. and Sorenson, K. (2003) *Unmasking Sexual Con Games--A Parent Guide*. Boys Town, NE: Boys Town Press.
Hingsburger, D. (1995) *Just Say Know! Understanding & Reducing the Risk of Sexual Victimization of People with Developmental Disabilities*. Eastman, QC, Canada: Diverse City Press.
Molloy, H. and Vasil, L. (eds) (2004) *Asperger Syndrome, Adolescence, and Identity. Looking Beyond the Label*. London: Jessica Kingsley Publishers.
Walker-Hirsch, L. (2007) *The Facts of Life...and More. Sexuality and Intimacy for People with Intellectual Disabilities*. Baltimore, MD: Paul H. Brookes Publishing Co.

安全保持に関するカリキュラム

Becoming Date Smart 2. Avoiding Trouble and Listening for "No" [video program]. Santa Barbara, CA: James Stanfield Company.
Heighway, S. and Webster, S.K. (1993) *STARS 2 for Children: A Guidebook for Teaching Positive Sexuality and the Prevention of Sexual Abuse for Children with Developmental Disabilities*. Madison, WI: Wisconsin Council on Developmental Disabilities.
Walker-Hirsh, L. and Champagne, M.P. *Circles®: Stop Abuse* [video program]. Santa Barbara, CA: James Stanfield Company.

インターネットの安全性に関する親向けの書籍

Goodstein, A. (2007) *Totally Wired. What Teens and Tween are Really Doing Online*. New York, NY: St Martin's Griffin.
Willard, N.E. (2007) *Cyber-Safe Kids, Cyber-Savvy Teens. Helping Young People Learn to Use the Internet Safety and Responsibly*. San Francisco, CA: Jossey-Bass Publishers.

ウェブサイト

American Association of Sex Educators, Counselors, and Therapists (AASECT).www.aasect.Org
Ludwig, S.E. (2005) *After You Tell*. Public Health Agency of Canada.

www.phac-aspc.gc.ca/ncfv-cnivf/familyviolence/html/nfntsxarevel_e.html
Debbaudt, D. *Autism Risk & Safety Management: Information & Resources for Law Enforcement, First Responders, Parents, Educators and Care Providers*. Autism Safety & Risk, Denis Debbaudt. www.autismriskmanagement.com
Kidpower Teenpower Fullpower International™. www.kidpower.org
Mayer-Johnson [creators of Boardmaker]. www.mayer-johnson.com
Speak Up. Safeguarding People who use Augmentative and Alternative Communication (AAC) from Sexual Abuse/Victimization. Augmentative Communication Community Partnerships Canada (ACCPC). www.accpc.ca/Speak_Up/index.htm

インターネットの安全性に関するウェブサイト
Cyberbullying Research Center. https://cyberbullying.org
i-SAFE Enterprises. https://isafeventures.com/
WISE(Women in Science and Engineering). University of Michigan. https://wise.umich.edu/
Wiredsafety. Helping Everyone Stay Safer Online Since 1995. https://www.wiredsafety.com/

参考文献

Abelson, A.G. (1981) 'The development of gender identity in the autistic child.' *Child: Care Health and Development* 7, 343-356.
American Academy of Pediatrics (1999) *Caring for Your School-Age Child: Ages 5 to 12*. New York, NY: Bantam Books.
American Association of University Women Educational Foundation Sexual Harassment Task Force. (2001) *Harassment-Free Hallways. How to Stop Sexual Harassment in School. A Guide for Students, Parents, and Schools*. AAUW Educational Foundation: Washington, DC.
American Psychiatric Association (1994) *Diagnostic and Statistical Manual of Mental Disorders* (4th edition). Washington, DC: American Psychiatric Association.
Attwood, T. (1998) *Asperger Syndrome. A Guide for Parents and Professionals*. London: Jessica Kingsley Publishers.
Attwood, T. (2007) *The Complete Guide to Asperger Syndrome*. London: Jessica Kingsley Publishers.
Bacon, A.L., Fein, D., Morris, R., Waterhouse, L. and Allen, D. (1998) 'The responses of autistic children to the distress of others.' *Journal of Autism and Developmental Disorders 28*, 129-142.
Baladerian, N. (1991) 'Sexual abuse of people with developmental disabilities.' Sexuality and Disability 9, 4, 323-335.
Baron-Cohen, S. (2003) *The Essential Difference: Male and Female Brains and the Truth about Autism*. New York, NY: Basic Books.
Baron-Cohen, S. and Hammer, J. (1997) 'Is autism an extreme form of the male brain?' *Advances in Infancy Research 11*, 193-217.
Baron-Cohen, S., Tager-Flusberg, H. and Cohen, D.I. (2000) *Understanding Other Minds: Perspective from Autism* (2nd edition.). Oxford: Oxford University Press.
Bauer, S. (1996) *Asperger Syndrome*. Online Asperger Syndrome information and support website. Accessed March 26, 2008 at www.udel.edu/bkirby/asperger/as_thru_years.html
Bellini, S. and Akullian, J. (2007) 'A meta-analysis of video modeling and video self-modeling interventions for children and adolescents with autism spectrum disorders.' *Exceptional Children 73*, 261-284.
Berndt, T. (2002) 'Friendship quality and social development.' *Current Directions in Psychological Science 11*, 7-10.
Bettelheim, B. (1967) *The Empty Fortress: Infantile Autism and the Birth of the Self*. New York, NY: The Free Press.
Bloss, C.S. and Courchesnem, E. (2007) 'MRI neuroanatomy in young girls with autism: a preliminary study.' *Journal of the American Academy of Child and Adolescent Psychiatry 46*, 515-523.
Bradley, E., Summers, J., Wood, H. and Bryson, S. (2004) 'Comparing rates of psychiatric and behavior disorders in adolescents and young adults with severe intellectual disability with and without autism.' *Journal of Autism and Developmental Disorders 34*, 151-161.
Brantlinger, E.A., Klein, S.M. and Guskin, S.L. (1994) *Fighting for Darla. The Case Study of a Pregnant Adolescent with Autism. Challenges for Family Care and Professional Responsibility*. New York, NY: Teachers College Press.
Brereton, A., Tonge, B.J. and Einfeld, S.L. (2006) 'Psychopathology in children and adolescents with autism compared to young people with intellectual disability.' *Journal of Autism and Developmental Disorders 36*, 8 63-870.
Brewster, K.L. and Tillman, K.H. (2008) 'Who's doing it? Patterns and predictors of youths' oral sexual experiences.' *Journal of Adolescent Health 42*, 73-80.
Brizendine, L. (2006) *The Female Brain*. New York, NY: Morgan Road Books.
Cantino, R. (2007) 'Epilepsy in autism spectrum disorders.' *European Journal of Child and Adolescent Psychiatry 16*, 61-66.
Carr, E.G., Horner, R.H., Turnbull, A.P. et al. (1999) *Positive Behavior Support for People with Developmental Disabilities: A Research Synthesis*. Washington, DC: American Association on Mental Retardation.
Carr, E.G., Newsom, C.D. and Binkoq, J.A. (1980) 'Escape as a factor in the aggressive behavior of

two retarded children.' *Journal of Applied Behavior Analysis 13*, 101-117.

Carter, A.S., Black, D.O., Tewani, S., Connolly, C.E., Kadlec, M.B. and Tager-Flusberg, T. (2007) 'Sex differences in toddlers with autism spectrum disorders.' *Journal of Autism and Developmental Disorders 37*, 86-97.

Centers for Disease Control (CDC) (2005) *Advanced Data 362. Sexual Behavior and Selected Health Measures: Men and Women 15-44 Years of Age, United States, 2002*. 56 pp. National Center for Health Statistics.

Celiberti, D.A., Bobo, H.E., Kelly, K.S., Harris, S.L. and Handleman, I.L. (1997) 'The differential and temporal effects of antecedent exercise on the self-stimulatory behavior of a child with autism.' *Research in Developmental Disabilities 18*, 139-150.

Chalfant, A.M., Rapee, R. and Carroll, L. (2007) 'Treating anxiety disorders in children with high functioning autism spectrum disorders: a controlled trial.' *Journal of Autism and Developmental Disorders 37*, 1842-1857.

Charlop-Christy, M.H., Le, L. and Freeman, K (2000) 'A comparison of video modeling with in vivo modeling for children with autism.' *Journal of Autism and Developmental Disorders 30*, 6, 537-552.

Cobb, N.I. (1996) *Adolescence: Continuity, Change and Diversity*. Mountainview, CA: Mayfield Publishing.

Cohen-Sandler, R. (2005) *Stressed-Out Girls. Helping Them Thrive in the Age of Pressure*. New York, NY: Penguin Books.

Constantino, J.N. and Gruber, C.F. (2005) *Social Responsiveness Scale*. Los Angeles, CA: Western Psychological Services.

Constantino, J.N., Przybeck, T., Friesen, D. and Todd, R.D. (2000) 'Reciprocal social behavior in children with and without pervasive developmental disorders.' *Journal of Developmental and Behavioral Pediatrics 21*, 2-11.

Cook, E.H., Kieffer, I.M., Charak, D.A. and Leventhal, B.L. (1993) 'Autistic disorder and post-traumatic stress disorder.' *Journal of American Academy of Child and Adolescent Psychiatry 32*, 1292-1294.

Cornell, I.L. and Halpern-Felsher, B.L. (2006) 'Adolescents tell us why teens have oral sex.' *Journal of Adolescent Health 38*, 299-301.

Couwenhoven, T. (2007) *Teaching Children with Down Syndrome about their Bodies, Boundaries, and Sexuality. A Guide for Parents and Professionals*. Bethesda, MD: Woodbine House.

Crick, N.R. and Grotpeter, I.K. (1995) 'Relational aggression, gender, and social-psychological adjustment.' *Child Development 66*, 710-722.

Didden, R., Duker, P. and Korzilius, H. (1997) 'Meta-analytic study on treatment effectiveness for problem behaviors with individuals who have mental retardation.' *American Journal on Mental Retardation 101*, 387-399.

Didden, R., Korzilius, H., Oorsouw, W. and Sturmey, P. (2006) 'Behavioral treatment of challenging behaviors in individuals with mild mental retardation: Meta-analysis of single-subject research.' *American Journal on Mental Retardation 111*, 290-298.

Duncan, N. (1999) *Sexual Bullying. Gender Conflict and Pupil Culture in Secondary Schools*. New York, NY: Routledge.

Durand, V.M. and Crimmins, D.B. (1988) 'Identifying the variables maintaining self-injurious behavior.' *Journal of Autism and Developmental Disorders 18*, 99-117.

Durand, V.M., Crimmins, D.B., Caulfield, M. and Taylor, J. (1989) 'Reinforcer assessment: I. Using problem behavior to select reinforcers.' *Journal of the Association for Persons with severe Handicaps 14*, 113-126.

Ehlers, S. and Gillberg, C. (1993) 'The epidemiology of Asperger syndrome. A total population study.' *Journal of Child Psychology and Psychiatry 34*, 1327-1350.

Erikson, E.H. (1950) *Childhood and Society*. New York, NY: WW Norton.

Erikson, E.H. (1968) *Identity: Youth and Crisis*. New York, NY: WW Norton.

Field, A., Camargo, C., Taylor, B., et al. (1999) 'Overweight, weight concerns, and bulimic behaviors among girls and boys.' *Journal of the American Academy of Child and Adolescent Psychiatry 38*, 754-760.

Fombonne, E. (1999) 'Epidemiological surveys of autism: a review.' *Psychological Medicine 29*, 769-786.

Fombonne, E. (2001) 'Prevalence of pervasive developmental disorders in the British Nationwide

Survey of Child Mental Health.' *Journal of the American Academy of Child and Adolescent Psychiatry 40*, 820-827.
Gadow, K.D., Devincent, C.J., Pomeroy, I. and Azizian, A. (2005) 'Comparison of DSM-IV symptoms in elementary school-age children with PDD versus clinic and community symptoms.' *Autism 9*, 392-415.
Gagnon, I.H. and Simon, W. (1973; 2005) *Sexual Conduct. The Social Sources of Human Sexuality.* (2nd edition). London: Transaction Publishers.
Gallaher, M., Christakis, D. and Connell, F. (2002) 'Health care use by children diagnosed as having developmental delay.' *Archives of Pediatrics & Adolescent Medicine 156*, 246-251.
Gallucci, G., Hackerman, F. and Schmidt, W. (2005) 'Gender identity disorder in an adult male with Asperger's Syndrome.' *Sexuality and Disability 23*, 35-40.
Gaub, M. and Carlson, C.L. (1997) 'Gender differences in ADHD: a meta-analysis and critical review.' *Journal of the American Academy of Child and Adolescent Psychiatry 36*, 1036-1045.
Gaus, V.L. (2007) *Cognitive-Behavioral Therapy for Adult Asperger Syndrome.* New York, NY: The Guilford Press.
Ge, X., Conger, R.D and Elder, G.H. (1996) 'Coming of age too early: pubertal influences on girls' vulnerability to psychological distress.' *Child Development 67*, 3386-3400.
Ghaziuddin, M. (2002) 'Asperger syndrome: associated psychiatric and medical conditions.' *Focus on Autism and Developmental Disabilities 17*, 138-144.
Ghaziuddin, M., Ghaziuddin, N. and Greden, J. (2002) 'Depression in persons with autism: Implications for research and clinical care.' *Journal of Autism and Developmental Disorders 32*, 299-306.
Ghaziuddin, M., Tsai, L. and Ghaziuddin, N. (1992) 'Comorbidity of autistic disorder in children and adolescents.' *European Child & Adolescent Psychiatry 1*, 209-213.
Gillberg, C. and Billstedt, E. (2000) 'Autism and Asperger syndrome: coexistence with other clinical disorders.' *Acta Psychiatrica Scandinavica 102*, 321-330.
Gillberg, C. and Rastam, M. (1992) 'Do some cases of anorexia nervosa reflect underlying autistic-like conditions?' *Behavioural Neurology 5*, 27-32.
Gillot, A., Furniss, F. and Waiter, A. (2001) 'Anxiety in high-functioning children with autism.' *Autism 4*, 117-132.
Grandin, T. (1995) *Thinking in Pictures.* New York, NY: Doubleday.
Grandin, T. (2006) 'Foreword.' In C. Sicile-Kira, *Adolescents on the Autism Spectrum: A Parent's Guide to the Cognitive, Social, Physical, and Transition Needs of Teenagers with Autism Spectrum Disorders.* New York, NY: Berkley Publishing Group.
Gray, J. (1992) *Men Are From Mars, Women Are From Venus.* New York, NY: HarperCollins Publishers.
Gresham, F.M. and Elliot, S.N. (1990) *Social Skills Rating System.* Bloomington, MN: Pearson Assessments.
Griffiths, D., Quinsey, V.L. and Hingsburger, D. (1989) *Changing Inappropriate Sexual Behavior.* Baltimore, MD: Paul H Brookes.
Groden, I., Baron, M.G. and Groden, G. (2006) 'Assessment and Coping Strategies.' In M.G. Baron, I. Groden, G. Groden and L. P. Lipsitt (eds), *Stress and Coping in Autism.* New York. NY: Oxford University Press.
Hall, A.V., Abramson, R.K., Ravan, S.A., Wright, H.H. et al. (2006) 'ADHD Symptoms as a Function of Speech, Race, and Gender in Individuals with Autistic Disorders.' Poster presented at the International Meeting for Autism Research, Montreal, Canada. June 1-3 2006.
Hall, G.S. (1904) *Adolescence* (vols. 1 & 2). Englewood Cliffs, NJ: Prentice Hall.
Havinghurst, R.I. (1971) *Developmental Tasks and Education* (3rd edition). New York, NY: Longman.
Hellemans, H., Colson, K., Verbraeken, C., Vermeiren, R. and Deboutte, D. (2007) 'Sexual behavior in high-functioning male adolescents and young adults with autism spectrum disorder' *Journal of Autism and Developmental Disorders 37*, 260-269.
Henault, I. (2004) 'The sexuality of adolescents with Asperger Syndrome.' In L.H. Willey (ed.)., *Asperger Syndrome in Adolescence. Living with the Ups, the Downs, and Things in Between.* London: Jessica Kingsley Publishers.
Henault, I. and Attwood, T. (2002) The Sexual Profile of Adults with Asperger's Syndrome: The Need for Understanding, Support, and Sex Education. Paper presented at the Inaugural World Autism Congress, Melbourne, Australia, November 10-14, 2002.

Hensel, D.J., Dennis Fortenberry, J. and Orr, D.P. (2008) 'Variations in coital and noncoital sexual repertoire among adolescent women.' *Journal of Adolescent Health 42*, 170-176.

Hingsburger, D. (1995) *Just Say Know! Understanding & Reducing the Risk of Sexual victimization of People with Developmental Disabilities.* Edmonton: Alberta Tourism Education Council.

Hingsburger, D., Griffiths, D. and Quinsey, V. (1991) 'Detecting counterfeit deviance.' *The Habilitative Mental Healthcare Newsletter 10*, 51-54.

Howlin, P. and Clements, J. (1995) 'Is it possible to assess the impact of abuse on children with pervasive developmental disorders?' *Journal of Autism and Developmental Disorders 25*, 337-354.

Howlin, P., Mawhood, L. and Rutter M. (2000) 'Autism and developmental receptive language disorder--a follow-up comparison in early adult life II: Social behavioral and psychiatric outcomes.' *Journal of Child Psychology and Psychiatry and Allied Disciplines 41*, 561-578.

Hsieh C.C. and Trichopoulos D. (1991) 'Breast size, handedness and breast cancer risk.' *European Journal of Cancer 27*, 13l-135.

Ingudomnukul, E., Baron-Cohen, S., Wheelwright, S. and Knickmeyer, R.C. (2007) 'Elevated rates of testosterone-related disorders in women with autism spectrum conditions.' *Hormones and Behavior 51*, 597-604.

Johnson, W. and Kempton, W. (1981) *Sex Education and Counseling for Special Groups.* Springfield, IL: Charles Thomas.

Karakoussis, C., Calkins, C.F. and Eggeling, K. (1998) *Sexuality: Preparing your Child with Special Needs.* Kansas City, MO: Developmental Disabilities Resource Center on Sexuality.

Kim, J., Szatmari, P., Bryson, S., Streiner, D. and Wilson, F. (2000) 'The prevalence of mood problems among children with autism and Asperger syndrome.' *Autism 4*, 117-132.

Koegel, L.K., Koegel, R.L. and Dunlap, G. (1996) *Positive Behavioral Support: Including People with Difficult Behavior in the Community.* Baltimore, MD: Paul H Brookes.

Koenig, K. and Tsatsanis. K. (2005) 'Pervasive developmental disorders in girls. In D. Bell-Dohn, S.L. Foster and E.J. Mash, (eds). *Behavioral and Emotional Problems in Girls*. New York, NY: Kluwer Academic/Plenum Press.

Koller, R. (2000) 'Sexuality and adolescents with autism.' *Sexuality and Disability 18*, 125-135.

Kopp, S. and Gillberg, C. (1992) 'Girls with social deficits and learning problems: autism, atypical Asperger Syndrome or a variant of these conditions.' *European Child and Adolescent Psychiatry 1*, 89-99.

Lainhart, J.E., Piven, J., Wzorek, M., et al. (1997) 'Macrocephaly in children and adults with autism.' *Journal of the American Academy of Child and Adolescent Psychiatry 36*, 282-290.

Leitenberg, H., Detzer, M. and Srebnik, D. (1993) 'Gender differences in masturbation and the relation of masturbation experience in preadolescence and/or early adolescence to sexual behavior and sexual adjustment in young adulthood.' *Archives of Sexual Behavior 22*, 87-98.

Lenhart, A. (2007) 'American Teens & Online Safety: What the research is telling us:.' The First Family Online Safety Institute Conference and Exhibition. Washington, DC, December 6.

Linblad, F., Gustafsson, P., Larsson, I. and Lundin, B. (1995) 'Preschoolers' sexual behavior at daycare centers: an epidemiological study.' *Child Abuse and Neglect 19*, 569-577.

Lipton, B. (1996) 'Are you wearing the wrong size bra?' *Ladies Home Journal, March*, p.46.

Lord, C., Rutter, M., DiLavore, P. and Risi, S. (1999) *Autism Diagnostic Observation Schedule--WPS Edition.* Los Angeles, CA: Western Psychological Services.

Lord, C., Rutter, M. and LeCouteur, A. (1994) 'Autism Diagnostic Interview-Revised: a revised version of a diagnostic interview for caregivers of individuals with possible pervasive developmental disorders.' *Journal of Autism and Developmental Disorders 24*, 659-685.

Lord, C., Schopler, E. and Revicki, D. (1982). 'Sex differences in autism.' *Journal of Autism and Developmental Disorders 12*, 317-329.

Lotter, V. (1966) 'Epidemiology of autistic conditions in young children: I. Prevalence.' *Social Psychiatry 1*, 124-137.

Lucyshyn, J.M., Horner, R.H., Dunlap, G., Albin, R.W. and Ben, K.R. (2002) 'Positive behavior support with families.' In J.M. Lucyshyn, G. Dunlap and R.W. Albin (eds). *Families and Positive Behavior Support: Addressing Problem Behavior in Family Contexts.* Baltimore, MD: Paul H Brookes.

Mandell, D.S. (2008) 'Psychiatric hospitalizations among children with autism spectrum disorders.' *Journal of Autism and Developmental Disorders 36*, 6, 1059-1065.

Mandell, D.S, Walrath, C.M., Manteuffel, B., Sgro, G. and Pinto-Martin, J.A. (2005a) 'Characteristics of children with autistic spectrum disorders served in comprehensive community-based mental health settings.' *Journal of Autism and Developmental Disorders 36*, 475-485.

Mandell, D.S., Walrath, C.M., Manteuffel, B., Sgro, G. and Pinto-Martin, J.A. (2005b) 'The prevalence and correlates of abuse among children with autism served in comprehensive community-based mental health settings.' *Child Abuse and Neglect 29*, 1359-1372.

Marcia, J.E. (1980) 'Ego Identity Development.' In J. Adelson (ed.), *Handbook of Adolescent Psychology*. New York, NY: Wiley.

Marcia, J.E. (1994) 'The Empirical Study of Ego Identity.' In H.A. Bosma, T.L.G. Graadsma, H.D. Grotevant, and D.J. De Levita (eds), *Identity and Developmet*. Newbury Park, CA: Sage.

Marshall, W.A. and Tanner, J.M. (1969) 'Variations in pattern of pubertal changes in girls.' *Archives of Disease in Childhood 44*, 291-303.

Martin, A. Koenig, K., Anderson, G. and Scahill, L. (2003).'Low dose fluvoxamine treatment of children and adolescents with pervasive developmental disorders: a prospective, open-label study.' *Journal of Autism and Developmental Disorders 33*, 77-85.

Martinovich, J. (2006) *Creative Expressive Activities and Asperger's Syndrome. Social and Emotional Skills and Positive Life Goals for Adolescents and Young Adults*. London: Jessica Kingsley Publishers.

McDougle, C.J., Kresch, L.E., Goodman, W.K., et al. (1995) 'A case-controlled study of repetitive thoughts and behaviour in adults with autistic disorder and obsessive-compulsive disorder.' *American Journal of Psychiatry 152*, 772-777.

McLennan, J.D., Lord, C. and Schopler, E. (1993) 'Sex differences in higher functioning people with autism.' *Journal of Autism and Developmental Disorders 23*, 217-227.

McClure, E. (2000) 'A meta-analytic review of sex differences in facial expression processing and their development in infants, children, and adolescents.' *Psychological Bulletin 126*, 424-453.

Mendle, J. Turkheimer, E. and Emery, R.E. (2007).'Detrimental psychological outcomes associated with early pubertal timing in adolescent girls.' *Developmental Review 27*, 151-171.

Mesibov, G. (1982). Sex Education for People with Autism: Matching Programs to Levels of Functioning. University of North Carolina, Chapel Hill. Paper presented to the National Society for Children and Adults with Autism.

Miltenberger, R.G., Roberts, J.A., Ellingson, S., et al. (1999) 'Training and generalization of sexual abuse prevention skills for women with mental retardation.' *Journal of Applied Behavior Analysis 32*, 385-388.

Mithaug, D. (1991) *Self-Determined Kids: Raising Satisfied and Successful Children*. Lexington, MA Lexington Books.

Mortlock, J. (1993) The Socio-Sexual Development of People with Autism and Related Learning Disabilities. Paper presented at the Inge Wakehurst Trust study weekend, UK. Accessed on July 8, 2008 at www.nas.org.uk/nas/jsp/polopoly.jsp?d=364&a=2187

Mosher, W.D., Chandra, A. and Jones, J. (2005) 'Sexual behaviors and selected health measures: men and women 15-44 years of age.' *Advance Data from Vital and Health Statistics. 362*. Hyattsville, MD: National Center for Health Statistics. Accessed on March 26, 2008 at http://www.cdc.gov/nchs/data/ad/ad362.pdf

Mukkades, N.M. (2002) 'Gender identity problems in autistic children.' *Child: Care, Health and Development 28*, 529-532.

Muris, P., Steerneman, P., Merckelbach, H., Holdrinet, I. and Meesters, C. (1998) 'Comorbid anxiety symptoms in children with pervasive developmental disorder.' *Journal of Anxiety Disorders 12*, 387-393.

Murphy, N.A. and Elias, E.R. (2006) 'Sexuality of children and adolescents with developmental disabilities.' Pediatrics 118, 398-403.

National Information Center for Children and Youth with Disabilities (NICHCY) (1992) 'Sexuality education for children and youth with disabilities.' *NICHCY News Digest 17*, 1-37.

New York Times. (2007) 'When the bullies turned faceless.' 16 December.

Newsweek. (2006) 'Growing up with autism.' 27 November.

Nyden, A., Hjelmquist, E. and Gillberg, C. (2000) 'Autism spectrum and attention disorders in girls.' *European Child and Adolescent Psychiatry 9*, 180-185.

O'Sullivan, L.F. and Brooks-Gunn, J. (2005) 'The timing of changes in girls' sexual cognition and behaviors in early adolescence: a prospective, cohort study.' *Journal of Adolescent Health 37*, 211-219.

Penn, H.E., Perry, A., McMullen, T., Freeman, N.L. and Dunn Geier, J. (2007) 'Differences in Autism Symptoms and Adaptive Functioning in Preschool Girls and Boys with Autism Spectrum Disorders.' Poster presentation at the Society for Research in Child Development Biennial Meeting, Boston, MA, March 29-April 1.

Perkins, D.F. (2001) *Adolescence: Developmental Tasks. Fact Sheet FCS2118*. Gainsville, FL: University of Florida IFAS Extension.

Pickles, A., Bolton, P., MacDonald, H., Bailey, A., Le Couteur, A. and Sim, C.H. (1995) 'Latent-class analysis of recurrence risk for complex phenotypes with selection and measurement error: a twin and family history study of autism.' *American Journal of Human Genetics* 57, 717-726.

Piran, N. and Ross, E. (2006) 'From Girlhood to Womanhood: Multiple Transitions in Context.' In J. Worell and C.D. Goodheart (eds) *Handbook of Girls' and Women's Psychological Health: Gender and Wellbeing Across the Lifespan*. New York, NY: Oxford University Press.

Reaven, J.A., Blakeley-Smith, A., Nichols, S., Flanigan, E. and Hepburn, S. (in press) 'Cognitive-behavioral group treatment for anxiety symptoms in children with high-functioning autism spectrum disorders.' *Focus on Autism and Other Developmental Disabilities*.

Reaven, J. and Hepburn, S. (2003) 'Cognitive-behavioral treatment of obsessive-compulsive disorder in a child with Asperger's Syndrome: a case report.' *Autism: International Journal of Research and Practice* 7, 145-164.

Reese, R., Richman, D., Belmont, J. and Norse, P. (2005) 'Functional characteristics of disruptive behavior in developmental1y disabled children with and without autism.' *Journal of Autism and Developmental Disorder* 35, 419-428.

Rice, F.P. and Dolgin, K.G. (2005) *The Adolescent: Development, Relationships, and Culture* (11th edition). New York, NY: Allyn & Bacon.

Rosen, D.S. (2003) 'Eating disorders in children and young adolescents: etiology, classification, clinical features, and treatment.' *Adolescent Medicine* 14, 49-59.

Rosenthal-Malek, A. and Mitchell, S. (1997) 'Brief report: The effects of exercise on the self-stimulating behaviors and positive responding of adolescents with autism.' *Journal of Autism and Developmental Disorders* 27, 193-202.

Rossi, G., Posar, A. and Parmaggiani, A. (2006) 'Epilepsy in adolescents and young adults with autistic disorder.' *Brain Development* 22, 102-106.

Santrock, J. W. (2007) *Adolescence* (11th edition). New York, NY: McGraw Hill.

Schellenberg, G.D., Dawson, G., Sung, Y.J. et al. (2006) 'Evidence for multiple loci from a genome scan of autism kindreds'. *Molecular Psychiatry* 11, 1049-1060.

Schreck, K.A. and Williams, K. (2006) 'Food preferences and factors influencing food selectivity for children with autism spectrum disorders.' *Research in Developmental Disabilities* 27, 353-363.

Seligman, M.E.P. (2002) *Authentic Happiness*. New York, NY: Free Press.

Shearin Karres, E.V. (2004) *Mean Chicks, Cliques, and Dirty Tricks: A Real Girl's Guide to Getting Through the Day with Smarts and Style*. Cincinnati, OH: Adams Media Corporation.

Sicile-Kira, C. (2006) *Adolescents on the Autism Spectrum*. New York, NY: Berkley Publishing Group.

Sexuality Information and Education Council of the United States (SIECUS). (1992) *Sexuality Healthy Adolescents*. SIECUS Report, 21:29, December 1992/January 1993.

SIECUS (1996) *Guidelines for Comprehensive Sexuality Education. Kindergarten through Grade 12*. (2nd edition). Accessed on October 9, 2008 at www.siecus.org/_data/global/images/guidelines.pdf

SIECUS (2005) *Position Statements*. Accessed on March 23, 2008 at www.siecus.org/about/abou0001.html

Smith, T. (1997) 'Sexual differences in pervasive developmental disorders.' *Medscape Psychiatry and Mental Health e-Journal* 2.

Smolak, (2006) 'Body Image.' In J. Worell and C.D. Goodheart (eds) *Handbook of Girls' and Women's Psychological Health: Gender and Wellbeing Across the Lifespan*. New York, NY: Oxford University Press.

Sobsey, D. (1994) *Violence and Abuse in the Lives of People with Disabilities: The End of Silent Acceptance?* Baltimore, MD: Paul H Brookes.

Sobsey, D. and Doe, T. (1991). 'Patterns of sexual abuse and assault.' *Sexuality and Disability* 9, 243-259.

Sofronoff, K., Attwood, T. and Hinton, S. (2005) 'A randomized controlled trial of a CBT intervention for anxiety in children with Asperger syndrome.' *Journal of Child Psychology and*

Psychiatry 46, 1152-1160.
Sparrow, S.S., Balla, D.A. and Cicchetti, D.V. (1984) *Vineland Adaptive Behavior Scale*. Circle Pines, MN: American Guidance Service, Inc.
Spencer, N., Devereux, E., Wallace, A., et al. (2005) 'Disabling conditions and registration for child abuse and neglect: A population-based study.' *Pediatrics 116*, 609-613.
Steinberg, L., Belsky, J. and Meyer, R. (1991) *Infancy, Childhood, and Adolescence: Development in Context*. New York, NY: McGraw Hill.
Sterling, L., Dawson, G., Estes, A. and Greenson, J. (2008) 'Characteristics associated with presence of depressive symptoms in adults with autism spectrum disorder.' *Journal of Autism and Developmental Disorders 38*, 6, 1011-1018.
Stiver, R.L. and Dobbins, J.P. (1980) 'Treatment of atypical anorexia nervosa in the public school: an autistic girl.' *Journal of Autism and Developmental Disorders 10*, 67-73.
Sukhodolsky, D.G., Scahill, L., Gadow, G.D., et al. (2008) 'Parent-rated anxiety symptoms in children with pervasive developmental disorders: Frequency and association with core autism symptoms and cognitive functioning.' *Journal of Abnormal Child Psychology 36*, 117-128.
Sullivan, H.S. (1953) *The Interpersonal Theory of Psychiatry*. New York, NY: WW Norton.
Sullivan, P. and Knutson, J. (2000) 'Maltreatment and disabilities: a population-based epidemiological study.' *Child Abuse & Neglect 24*, 1257-1273.
Szatmari, P., MacLean, J.E., Jones, M., Bryson, S.E., Zwaigenbaum, L. and Bartolucci, G. (2000) 'The familial aggregation of the lesser variant in biological and nonbiological relatives of PDD probands: a family history study.' *Journal of Child Psychology and Psychiatry 41*, 579-586.
Tolman, D. (2002) *Dilemmas of Desire. Teenage Girls talk about Sexuality*. Cambridge, MA: Harvard University Press.
Tsai, L.Y. and Beisler, J.M. (1983) 'The development of sex differences in infantile autism.' *British Journal of Psychiatry 142*, 373-378.
Tsai, L, Stewart, M.A. and August, G. (1981) 'Implication of sex differences in the familial transmission of infantile autism.' *Journal of Autism and Developmental Disorders 11*, 165-173.
Twenge, J.M. and Nolen-Hoeksema, S. (2002) 'Age, gender, race, socioeconomic status, and birth cohort differences on the Children's Depression Inventory: a meta-analysis.' *Journal of Abnormal Psychology 111*, 578-588.
Van Bourgondien, M.E., Reichle, N.C. and Palmer, A. (1997) 'Sexual behavior in adults with autism.' *Journal of Autism and Developmental Disorders 27*, 113-125.
Varley, J.A., Estes, A. and Dawson, G. (2007) 'Sex Differences in Autism Endophenotypes.' Poster presented at the International Meeting for Autism Research, Seattle, WA, May 3-5.
Verbalis, A.D., Sutera, S., Boorstein, H.C., et al. (2006) 'Sex Differences in Toddlers with Autism Spectrum Disorders.' Poster presented at the International Meeting for Autism Research, Montreal, Canada, June 1-3.
Vickerstaff, S., Heriot, S., Wong, M., Lopes, A. and Dossetor, D. (2007) 'Intellectual ability, self-perceived social competence, and depressive symptomatology in children with high-functioning autistic spectrum disorders.' *Journal of Autism and Developmental Disorders 37*, 1647-1664.
Volkmar, F.R., Szatmari, P. and Sparrow, S.S. (1993) 'Sex differences in pervasive developmental disorders.' *Journal of Autism and Developmental Disorders 23*, 579-591.
Waschbusch, D.A., King, S. and Northern Partners in Action for Children and Youth. (2006) 'Should sex-specific norms be used to assess attention-deficit hyperactivity disorder (ADHD) or oppositional defiant disorder (ODD)?' *Journal of Consulting and Clinical Psychology 74*, 179-185.
Wing, L. (1981) 'Sex ratios in early childhood autism and related conditions.' *Psychiatry Research 5*, 129-37.
World Health Organization. (2004) 'Sexual health – a new focus for WHO.' *Progress in Reproductive Health Research 67*. Accessed on March 26, 2008 at www.who.int/reproductive-health/hrp/progress/67.pdf
Zucker, N.L. LaBar, K.S., Losh, M., Bulik, C.M., Piven, J. and Pelphry, K.A. (2007) 'Anorexia nervosa and autism spectrum disorders: guided investigation of social cognitive endophenotypes.' *Psychological Bulletin 33*, 976-1006.

索 引

事 項

AAMR（アメリカ精神遅滞協会）American Association on Mental Retardation	318
AAUW 教育財団　American Association of University Women (AAUW) Educational Foundation	304
ADD（注意欠如障害）attention deficit disorder	45
ADHD（注意欠如・多動症）attention-deficit/hyperactivity disorder（当時の診断名：注意欠陥・多動性障害と表記した箇所もあり）	27, 38, 39, 45, 89, 135, 147, 184, 191
ADI-R（自閉症診断面接−改訂版）Autism Diagnostic Interview-Revised	32
ADOS（自閉症診断観察スケジュール）Autism Diagnostic Observation Schedule	32, 209
Advocates for Youth	244, 284
ASD（自閉スペクトラム症）Autism Spectrum Disorder（p.2 編集注, p.15 にて説明）	本書全編
BDM（脳の相違モデル）Brain Differences Model	35
CBT（認知行動療法）cognitive behavioral therapy	59, 60, 63, 189, 190, 210
DSM-Ⅳ（精神疾患の分類と診断の手引き 第4版）Diagnostic and Statistical Manual of Mental Disorders, fourth edition	39, 60
EEG（脳波検査）electroencephalogram	58
GVM（変動モデル）Greater Variability Model	35
IEP（個別指導計画）individualized education plan	83, 177, 194, 195, 225, 255, 279, 306, 349, 351, 355
IQ　intelligence (intellectual) quotient	26-29, 37, 143, 184-187, 210, 283, 346
LTM（傾向／閾値モデル）the Liability/Threshold Model	35
MRI　magnetic resonance imaging	38
NIH（国立衛生研究所）（米）National Institutes of Health	38
OCD（強迫症）obsessive-compulsive disorders	45, 89, 123, 135, 184, 191, 262, 347, 349, 374
ODD（反抗挑戦症）oppositional defiant disorder	38, 39
PDD-NOS（特定不能の広汎性発達障害 ⇒ ASD）pervasive developmental disorder -not otherwise specified	27, 29, 30, 56, 89, 105, 121, 135, 158, 191, 217, 315, 323, 373
PECS（絵カード交換式コミュニケーションシステム）picture exchange communication system	94
PMDD（月経前不快気分障害）premenstrual dysphoric disorder	133
PMS（月経前症候群）pre-menstrual syndrome	121, 126, 132, 133, 152, 181, 182, 370, 371
PTSD（心的外傷後ストレス障害）post-traumatic stress disorder	291, 292, 309
QOL（生活の質）quality of life	144
SIECUS（全米性情報教育協議会）Sexuality Information and Education Council of the United States	231, 232, 255, 278
SSRI（選択的セロトニン再取り込み阻害薬）selective serotonin reuptake inhibitor	134
TEACCH　Treatment and Education of Autistic and related Communication handicapped CHildren	82
WHO（世界保健機関）World Health Organization	231
Wii　任天堂のゲーム機	156

【あ】

「アーティストの廊下」"artist's walkway"	175
アイデンティティ　identity	6, 42, 48, 52-54, 172, 191, 196, 230, 231, 245, 247, 255, 280-284, 295
「赤いパーティー」"Red Party"	113, 114
アクセサリー　accessories	113, 169, 165, 166, 172, 281, 304
アスペルガー症候群　Asperger Syndrome	5, 16, 17, 19, 21, 25, 30, 32, 45, 58, 74, 83, 86, 104, 113, 114, 136, 137, 147, 149, 160, 165, 168, 179, 186-188, 192, 196, 202, 206, 208, 215, 268, 285, 289, 290, 303, 305, 314, 326, 329, 332, 333, 345-349, 351, 358, 362, 363, 368, 370, 371, 374
遊び　play	26, 27, 29, 37, 40, 51, 180, 201, 211, 214, 223, 334, 344
アダルトサイト　pornographic websites	242, 322, 323
アナルセックス　anal sex	237

アメリカ精神遅滞協会（AAMR）	American Association on Mental Retardation	318
『アメリカンガール』	American Girl	102, 103, 105, 157, 183, 284
嵐とストレスのとき	Storm and Stress	47
安全ネットワーク	safety circle	310
安全の権利	personal safety rights	288
安全の輪	"Ring of Safety"	293
暗黙の処置	silent treatment	40
怒り	anger, rage	59, 60, 64, 65, 100, 107, 133, 150, 183, 185, 186, 188, 189, 192, 213-215, 222, 243, 267, 268, 292, 327, 340-342, 353, 354
意思決定	decision-making	55, 60, 64, 73, 81, 171, 174, 246, 248, 249, 255, 276, 278, 292, 296, 303, 318
意志作用感	sense of agency	174, 177
いじめ	bullying, teasing	34, 41, 50, 75, 164, 173, 207, 209, 210, 220-222, 227, 287, 303-305, 326, 327, 333, 336, 337, 346, 350-363, 378, 384
異食症	pica	148
異性愛（＝ヘテロセクシュアル）		53, 282, 283
遺伝	genetics	26, 35, 38, 251
遺伝子	genes	35-37, 62
インスタントメッセージ	instant message (IM)	224, 227, 321, 326
インターネット	internet	21, 41, 42, 71, 99, 101, 102, 111, 126, 139, 145, 152, 165, 166, 172, 197, 224, 227, 242, 287, 319-327, 346, 366, 380, 387, 388
インターネットの安全性	online safety	227, 319, 321, 325, 387, 388
インド	India	111
インフォームドコンセント	informed consent	318
ヴァインランド適応行動評価尺度	Vineland Adaptive Behavior Scales	27, 28
うつ（病）	depression	21, 30, 42, 44-46, 49, 50, 57-60, 62, 114, 133-135, 184-189, 221, 243, 267, 308, 327, 347, 349, 351, 362-365, 379
運動	exercise	28, 48, 61-63, 67, 90, 91, 104, 107, 127, 128, 134, 151-154, 156, 157, 159, 162, 165, 166, 173, 177, 190, 265, 381
運動（の）スキル	motor skills	90, 91, 128, 129, 131, 136, 154, 159, 165
映画	movies	68, 71-73, 93, 152, 164, 166, 178, 202, 212, 217, 220, 221, 223, 230, 242, 244, 247, 251, 260, 271, 273, 274, 314, 320
衛生	hygiene	34, 63, 89, 96, 97, 107, 116, 126, 127, 254
栄養士	dietician	134, 150
栄養相談	nutritional counseling	63
絵カード	picture cards	87, 94, 119, 123, 175, 195, 306, 310, 311
絵カード交換式コミュニケーションシステム（PECS）	picture exchange communication system	94
疫学	epidemiology	24, 35, 62, 377
円の概念図	"circles" concept	256, 257
オーガズム	orgasm	242, 253, 263, 264, 386
オーラルセックス	oral sex	246
親教育	parent education	34

【か】

ガールフレンド	girlfriend	61, 243, 245, 269
介入	intervention	16, 28, 29, 33, 34, 41, 63, 65, 78, 148, 150, 188, 266, 315, 327, 337, 351, 354, 355, 363, 374
会話スキル	conversational skills	202, 207
顔の表情	facial expressions	39, 72, 183, 199, 207, 211, 215, 217, 241
鏡	mirror	117, 119, 137, 138, 145, 146, 149, 166, 301
学習障害	learning disorder	118, 317, 378
隠れた社会的ルール	unwritten social rules	251
過食症	bulimia nervosa	62, 150
仮想シナリオ	hypothetical scenarios	55
家族療法	family therapy	63
課題分析	task analysis	68, 92, 109, 129, 204
価値観	values	212, 231-233, 236, 245, 255, 271, 277, 284

401

学校心理士	school psychologist	30, 105, 280, 310, 341-343, 352, 355, 358, 363, 364
カフェイン	caffeine	133
下腹部の検査	pelvic exams	109, 140
過保護	overprotection	72, 76, 236
からかい	teasing	162, 163, 173, 186, 220, 304, 337, 350, 358
体の変化	body change	60, 63, 64, 75, 80, 98-100, 104, 124, 162, 243, 250, 323, 363
感覚過敏	sensory sensitivities	78, 276
感覚障害	sensory problems	45
感覚の防御	sensory defensiveness	106
関係性攻撃、関係的攻撃さ	relational aggression	40, 41, 219-222, 384
カンジタ膣炎	yeast infections	139
かんしゃく	tantrum	64, 65, 181, 184, 186, 307, 330
感情温度計	emotional thermometers	215
感情（の）理解	emotional understanding	107, 181-183, 215, 234, 253, 254, 275, 292
感情表現	expression of emotion	40, 181, 183, 258, 364
感情プログラム	emotional program	183
着替え	changing clothing	67, 84, 89, 96, 104-106, 124, 135, 136, 167, 170, 177, 350
季節性感情障害（～気分障害、～情動障害ともいう）	seasonal affective disorder (SAD)	362
基礎体温	daily waking temperature	126
「ギター・ヒーロー」	Guitar Hero	156
気づき	awareness	123, 124, 126, 127, 150, 151, 210, 211, 213, 252, 262, 275, 295, 297, 303, 345
気分障害	mood disorders	46, 183, 253
気分のむら	mood swings	107, 133, 135, 181
基本スキル	fundamental skills	82, 89, 96, 123
偽薬（プラシーボ）	placebo	33
虐待	abuse	42, 234, 239, 241, 253, 254, 277, 287, 289, 291-293, 295-297, 299-303, 307-309, 312, 313, 317, 319, 386
虐待のサイン	signs of abuse	306, 307, 309
虐待防止	abuse prevention	241, 254, 293, 300
逆行連鎖	backward chaining	129, 130
キャミソール	camisole	159, 162
究極の男性脳	extreme male brain	36
境界設定者	boundary setter	235
境界線	boundaries	96, 235, 240, 253-256, 260, 269, 271, 274, 276, 285, 288, 293, 295, 297, 303, 306, 313-316, 318, 322-324, 387
強化子	reinforcement	33, 69, 72, 129, 142, 156, 260
共感反応	empathic responsiveness	40
協調運動能力	motor coordination	61, 63, 79, 134, 137, 147, 152, 154, 166
強迫症（OCD）	obsessive-compulsive disorders	45, 89, 123, 135, 184, 191, 262, 347, 349, 374
恐怖	fears	59, 98, 183, 186, 200, 292-294, 307
拒食症	anorexia nervosa	62, 149, 150
筋緊張	muscle tension	60
グーグル	Google	141, 321
空腹	hunger	147, 150, 151
クリトリス	clitoris	263, 264
グループセラピー	group therapy	41, 201, 218, 223, 249
グループデート	group outing	272, 273
経血	menstrual blood	116, 117, 119-124, 127-131, 136, 138, 140
傾向/閾値モデル（LTM）	the Liability/Threshold Model	35
経口避妊薬（ピル）	birth-control pill	126, 134, 135, 370, 371
形式的操作思考	formal operational thought	54
月経	menstruation	34, 41, 49, 57, 60, 61, 63, 64, 67, 71, 80, 87, 109-121, 123-140, 152, 159, 185, 193, 202, 238, 242, 243, 363, 374, 380
月経カレンダー	menstruation calendar	128, 130
月経困難症	dysmenorrhea	139
月経周期	menstrual cycle	7, 33, 34, 114-116, 119, 120, 124, 126-128, 135, 139, 140, 363, 370, 380
月経痛	menstrual cramps	242

402

月経前不快気分障害（PMDD） premenstrual dysphoric disorder	133
月経前症候群（PMS） pre-menstrual syndrome	121, 126, 132, 133, 152, 181, 182, 370, 371
結婚　marriage	37, 52, 75, 77, 229, 237, 255, 268, 275, 277, 278, 347
血糖値　blood sugar	133
血尿　blood in urine	116
血便　blood in stool	116
けんか（喧嘩）　fight	40, 41, 53, 64, 320
言語障害　language disorder	5, 40, 44
言語療法　speech-language services	155, 210, 224, 349, 355, 363
言語療法士　speech pathologist	207, 225, 294, 298, 365, 372, 414
恋　attraction	202, 229, 243, 264, 267-271
恋人　lover	257, 258, 274, 323
更衣室　locker room	67, 78, 104-106
抗うつ薬　antidepressants	63, 135
高機能自閉症　high-functioning autism	17, 19, 58, 77, 88, 90, 100, 104, 125, 191, 206, 208, 211, 215, 218, 282, 302, 316
向社会性行動（＝プロソーシャル行動）　prosocial behavior	40
口臭　bad breath	94, 95
構造化　structure	2, 32, 153, 154, 178, 179, 189, 204, 208, 209, 214
交代　turn-taking	211, 214, 215
行動心理士　behavioral psychologist	129, 134
行動的慣性　behavioral momentum	129, 130
行動療法　behavioral treatments	33, 63, 65, 129, 130, 298, 322, 363
広汎性発達障害（PDD）　pervasive developmental disorder	2, 19, 24, 26, 29, 309, 331, 346
肛門　anus	116
コーピングスキル（＝対処スキル）coping skills	51
国際自閉症研究大会　International Meeting for Autism Research (IMFAR)	27
国立衛生研究所（NIH）（米） National Institutes of Health	38
心の理論　theory of mind	40
固執行動　perseverative behavior	60
誤診　misdiagnosis	30, 38, 42, 44, 46, 147, 148, 347
個人空間　personal space	82
『コスモガール』Cosmo Girl	103
個性　personal sense	163, 166, 171, 201, 212, 231, 348, 366, 368
こだわり　rigidity	8, 56, 60, 148, 181, 242
ごっこ遊び　pretend play	27, 29
古典的自閉症　classic autism	189
個別カウンセリング　individual counseling	216, 249
個別指導計画（IEP）　individualized education plan	83, 177, 194, 195, 225, 255, 279, 306, 349, 351, 355
コミュニケーション　communication	5, 23, 26, 27, 29, 31, 32, 34, 36, 39, 40, 99, 114, 132, 177, 186, 200, 202-204, 210, 211, 217, 222, 225, 240, 241, 255, 259, 281, 294, 295, 302, 303, 306, 307, 310, 323, 325, 344, 355, 381
コミュニケーションスキル　communication skills	29, 40, 176, 181, 294
コミュニケーション（の）障害　communicative impairments	23, 26, 241, 277, 307
孤立感　isolation	182, 196, 214, 221, 357
コンドーム　condoms	277
コンピュータ　computer	15, 21, 95, 151, 152, 156, 200, 227, 273, 319, 320, 322-326, 346, 347, 366

【さ】

作業療法　occupational therapy	63, 91
作業療法士　occupational therapist	129
搾取　exploitation	234, 239, 241, 292, 313
自意識　sense of self	147, 173, 175, 181, 188, 196, 226, 277, 293
ジーンズ　jeans	85, 167-170
ジェスチャー　gestures	39, 199, 203, 207, 215, 217
ジェンダー　gender	6, 19, 36, 66, 230, 231, 281-284, 377

ジェンダーアイデンティティ	gender identity	280-283
支援付きデート	supported dating	272, 273
視覚支援	visual supports	65, 68, 70, 71, 155, 189, 192, 256, 258
視覚受容力	visual reception skills	28
視覚スケジュール	visual schedule	180
視覚補助	visual supports, visuals	81, 84, 91-94, 96, 99, 101, 117, 118, 125, 128, 130, 131, 142, 161, 170, 177, 190, 204, 214, 220, 263, 271, 277, 278, 295, 296, 305, 378
子宮	uterus	118-120, 139
子宮癌検査	pap smear	140, 370
子宮頸管粘液	cervical fluid	126
視空間認知能	visual-spatial skills	137
自己アイデンティティ	personal identity	48, 52
自己依存	self-reliance	176
自己イメージ	self-images	146, 157
自己決定	self-determination	54, 194, 195, 381, 382
自己コントロール	self-regulation, self-control	107, 144, 174, 181-183, 188, 194, 210
自己刺激	self-stimulatory	240, 242, 262
自己受容	self-perception	143, 144, 149, 379
自己洞察	self-insight	178, 266, 273
自己認識	self-awareness	53, 123, 178, 194
自己評価	appraisal	145, 146, 194, 273
自己誘発嘔吐	self-induced vomiting	62
自己理解	self-understanding	171, 261, 283
自殺	suicide	7, 185, 188, 291, 326
自傷	self-injury	58, 64, 187, 188, 239, 267, 307, 379
視床下部-下垂体-卵巣系	hypothalamic-pituitary-ovarian system	37
自信	self-confidence	22, 44, 49, 69, 75, 111, 117, 141, 143-145, 152, 163, 164, 171-173, 176, 178, 185, 188, 197, 218, 227, 230, 249, 254, 266, 272, 273, 283, 293, 301, 306, 338, 374
視線	eye contact	27, 29, 46, 207, 217
自然食品	whole foods	133
自尊心	self-esteem	17, 34, 42, 45, 49, 51, 57, 59, 75, 103, 144, 150, 151, 173-175, 181, 182, 188, 194, 196-198, 221, 239, 246, 252-255, 261, 266, 267, 269, 273, 284, 301, 306, 308, 374, 379, 381
下着	intimate wear	50, 51, 85, 86, 104, 109, 115, 120-122, 124, 125, 128-130, 157, 160-162, 305
実行機能	executive function	55, 59, 79, 131, 150, 186, 243
嫉妬	jealousy	222, 267
実年齢	chronological age	79, 80, 229, 250, 253
指導の道具箱	teaching toolkit	66
自分探し	self-exploitation	171, 248
自閉症診断面接−改訂版（ADI-R）	Autism Diagnostic Interview-Revised	32
自閉症診断観察スケジュール（ADOS）	Autism Diagnostic Observation Schedule	32, 209
自閉症の重症度	severity of autism	38
自閉性障害	autistic disorder	27
社会規範	social norm	94
社会性の障害	social impairments	26, 29, 147, 149, 291, 292, 355, 367
社会性の発達	social development	51, 65, 79, 256
社会性の問題	social challenges	217, 240, 336, 348, 349, 364, 365, 368
社会的解剖	social autopsies	190
社会的行動マッピング	social behavioral mapping	208
社会的コミュニケーション	social communication	204, 211, 259
社会的相互作用	social interaction	26, 40, 41, 71, 215
社会的適応力	social competence	185
社会的動機	social motivation	211
社会的な気づき	social awareness	211, 252
社会的なルール	social rules	84, 85, 88, 254
社会的認知	social cognition	211

404

索引

社会的場面　social situations	32, 42, 45, 71, 187, 207, 259, 314
社会的不安症　social anxiety	45
社交　social sense	20, 51, 52, 64, 148, 154, 178, 184, 197, 206, 222, 227, 338, 344, 345, 347, 358, 359, 364
シャドウ　shadow	356, 361
シャワー　shower	63, 69, 70, 85, 89-92, 94, 104-106, 129, 131, 159, 178, 320, 322
受診　visiting the doctor	29, 80, 138-141
受容　acceptance	27, 76, 143, 163, 206, 222, 231, 237, 253, 261, 264
順行連鎖　forward chaining	129, 130
順番待ち　turn-taking	211
浄化行動　purging	62
情緒不安定　mood lability	221, 345
小脳　cerebellum	38
乗馬　horseback riding	154, 155, 178
食生活の乱れ　disordered eating	49, 50, 60-63
初潮　menarche	7, 49, 57, 79, 80, 88, 109-114, 121-125, 127, 141, 380
自律　autonomy	48, 55, 194
自立　independence	6, 47, 48, 51, 55, 59, 64, 89, 127, 141, 174, 176, 177, 194, 213, 247, 252, 288, 291, 307, 339, 369, 374
白黒思考　black-and-white thinking	348
神経解剖学的異常　neuroanatomical abnormalities	38
神経攻撃　nerve attacks	186
神経性無食欲症　anorexia nervosa	148
神経伝達物質　neurotransmitter	132
身体言語　body language	207, 211, 215, 217, 241, 253, 300, 301
身体図　body chart	271
身体的興奮　physical arousal	60
身体的接触　physical contact	274, 276, 297
診断基準　diagnostic norms	25, 32, 35, 39, 240
診断率　diagnostic rates	24
身長　height	49, 62, 98, 151
心的外傷後ストレス障害（PTSD）　post-traumatic stress disorder	291, 292, 309
心理士　psychologist	19, 30, 46, 129, 134, 150, 188, 216, 222, 225, 277, 294, 298, 322, 336, 340, 342, 344, 358, 360, 363
心理社会的モラトリアム　psychosocial moratorium	53
心理療法　psychotherapy	33, 150, 189
睡眠　sleeping	59, 60, 134, 152, 185, 186, 319
睡眠障害　sleep difficulty	151, 185, 307, 308
スカート　skirt	50, 86, 164, 167, 305
スキルトレーニング　skill training	190, 301
スクリーニング検査　screening instruments	29, 31
スクリプト　script	207, 225-227, 311
スケジュール　schedules	67, 70, 91, 92, 131, 134, 136, 138, 141, 151, 180, 186
スコート　skort	50
スタイル　style	51, 53, 91, 104, 144, 161, 163, 165-170, 172
ストーカー　stalking	241, 297, 314, 315, 317, 324, 327, 367
ストレス　stress	48, 51, 53, 64, 107, 110, 113, 134, 148, 150, 152, 156, 169, 184, 186, 188, 223, 244, 267, 295, 307, 334, 355, 358, 361, 363, 364, 370, 373, 377, 378
ストレスマネジメント　stress management	107, 134, 155, 244
スポーツ　sports	25, 53, 72, 74, 152-157, 159, 178, 381
スポーツブラ　sports bra	50, 157, 159
制汗剤　deodorant	61, 63, 87, 89, 100, 104
性感染（症）　sexually transmitted infections	237, 239, 246, 255, 277, 308, 318
性教育　sexuality education	6, 7, 230, 234, 239, 240, 249, 252, 279, 280, 293
性教育者　sex educator	235, 237
清潔　hygiene	18, 61, 63, 82, 89, 91-95, 97, 126, 129-131, 136, 138, 157, 172, 176, 202, 262, 269, 271, 299

405

性交　vaginal intercourse	117, 246, 255
成功経験　success experiences	174
性差　sex differences	7, 24, 26-28, 30, 33-39, 42, 57, 281, 377
成熟　puberty	18, 50, 57, 59, 61, 66, 79, 82, 103, 245
生殖　reproduction	115, 231, 254, 255, 277, 278, 295, 379, 380
生殖器　reproductive system	99, 116, 117, 120
精神運動の動揺　psychomotor agitation	60, 185
『精神疾患の分類と診断の手引き 第4版』（DSM-IV）Diagnostic and Statistical Manual of Mental Disorders, fourth edition	39, 60
精神障害　psychotic disorder	45, 183
精神保健　mental health	42, 144, 146, 184, 188
性的活動　sexual activity	231, 243, 244, 246, 275-277, 287, 317-319
性的興奮　sexual arousal	242, 318
性（的）指向　sexual orientation	231, 280, 282-284
性的神話　sexual myth	233
性的スクリプト　sexual script	251, 252
性的態度　sexual attitudes	232, 233
性的なアイデンティティ　sexual identity	280, 281
性的ないじめ　sexual bullying	304, 305, 356
性的な人間　sexual person	229
性的発達　sexual development	66, 234, 235, 237, 239, 244, 283
性的暴行　sexual assault	289, 292
性的欲求　sexual arousal	262
性の二重基準　sexual double standard	247
性毛　public hair	49, 57, 80, 98, 100, 118
性欲　sexual desire	261, 262
生理用ナプキン（＝ナプキン）maxipads	63, 67, 86-88, 96, 99, 109, 110, 112, 115, 121, 122-125, 127-131, 135, 136, 138, 159, 249
世界保健機関（WHO）World Health Organization	231
セクシュアリティ　sexuality	6, 18, 229-253, 255, 261, 275, 276, 278-280, 283, 285, 293-297, 301, 303, 317, 323, 379, 386
セクシュアリティ教育　sexuality education	236, 239, 240, 250, 253-255, 278-280, 296, 297, 303
セクシュアルハラスメント（＝セクハラ）sexual harassment	287, 303-306, 317, 350, 351
セクシャルヘルス　sexual health	139, 237, 239, 278, 279, 296, 381-383
セックス　sex	66, 75, 230-232, 237, 268, 272, 275-278, 280, 305, 323, 379
接触　touching	82, 96, 182, 202, 235, 240-243, 246, 248, 252, 254-257, 259, 260, 274, 276, 297, 300, 303, 311, 339, 387
接触のルール　touching rules	235, 243, 254, 256, 297, 300, 303
摂食障害　eating disorder	17, 44, 60-62, 149, 150, 308, 379
セルフアドボカシー（自己権利擁護）self-advocacy	193, 194
セルフコントロール　self-control	174
セルフトーク　self-talk	107
洗顔　washing face	89, 92
前帯状皮質　anterior cingulated cortex	37
洗濯かご　laundry basket	67, 128, 130
選択摂食　food selectivity	62
選択的セロトニン再取り込み阻害薬（SSRI）selective serotonin reuptake inhibitor	134
前頭皮質　prefrontal cortex	37
洗髪　washing hair	68, 77, 89, 90
全米性情報教育協議会（SIECUS）Sexuality Information and Education Council of the United States	231, 232, 255, 278
前立腺　prostate	139
騒音　noise	104, 106, 166, 334
早期介入プログラム　early intervention programs	28, 29
早期行動介入プログラム　early behavioral intervention programs	33
双極性障害　bipolar disorder	135
総合ビタミン剤　multivitamin	134

406

早熟　precocious puberty　57, 80, 304
ソーシャルコミュニケーション　social communication　294, 295, 303
ソーシャルスキル　social skills　29, 32, 40, 51, 52, 113, 155, 176, 181, 183, 196, 203-205, 207-211, 216, 218-220, 222, 224, 225, 227, 240, 247, 248, 252-254, 260, 273, 275, 294, 303, 314, 316, 340, 348, 349, 355, 360, 363, 365, 366, 386
ソーシャルスキル（の）グループ　social skill group　52, 113, 181, 196, 204, 207, 209, 210, 216, 218, 219, 222, 224, 225, 252, 267, 273, 314, 340, 348, 349, 355, 360
ソーシャルスキル評定システム（SSRS）Social Skills Rating System　209
ソーシャルスクリプト　social scripts　71
ソーシャルステータス　social status　217
ソーシャルストーリー　social stories　141, 225, 312, 314
疎外感　exclusion　59
側頭葉　temporal lobe　38
側頭葉てんかん発作　temporal lobe seizures　135

【た】
体育　physical education (PE)　104-106, 208, 350
体幹力　core strength　154, 155
体重　weight　49, 50, 59, 60, 62, 98, 146, 148, 149, 151, 153, 185, 206, 207
体重コントロール　weight management　144, 151
体重増加　weight gain　62, 98, 133, 151
大食　binging　62
対処スキル　coping skills　51, 80, 107, 134, 155, 169, 174-179, 181-183, 187, 188, 190, 273, 382
対人応答性尺度（SRS）Social Responsiveness Scale　210
大頭症　macrocephaly　37
代替校　alternative school　357, 359, 360, 362, 363, 365, 368
代弁者　advocate　176, 235, 236
台本　script　94, 207, 215, 225, 226, 251, 311
多重課題　multistep task　130
堕胎　abortion　237
多嚢胞性卵巣症候群　polycystic ovary syndrome　139
タブー　taboo　111, 191
ため込み　hoarding　150
タンクトップ　tank top　50, 159
「ダンスダンスレボリューション」Dance Dance Revolution　156
タンポン　tampon　71, 87, 114, 117, 121, 122, 127, 128, 135-138, 239
チームスポーツ　team sports　155
チェックリスト　checklist　70, 91, 92, 96, 131
乳首　nipples　162
膣　vagina　87, 115-120, 127, 138, 140, 141, 263, 277, 280
知的障害　cognitive impairment　59, 60, 62, 65, 132, 149, 187, 189, 238, 242, 252, 284, 289, 291, 293, 298
乳房　breast　140, 141, 160, 162, 243
乳房過敏　breast tenderness　126, 133
チャット　chats　227, 321, 322, 324, 326
注意欠陥障害（ADD）attention deficit disorder　44
注意欠陥・多動性障害⇒注意欠如・多動性障害⇒注意欠如・多動症（ADHD）attention-deficit/hyperactivity disorder　27, 38, 39, 45, 89, 135, 147, 184, 191
注意の持続力　attention span　153
中傷　name-calling　221, 304
抽象思考　abstract thought　54, 55, 79
注視力　visual tracking　153
中毒性ショック症状　toxic shock　135, 136
直感　gut feeling　296
『ツイスト』Twist　103
積み木課題　block construction task　27
『ティーン』Teen　103

『ティーン・ヴォーグ』 Teen Vogue	103
『ディスカバリー・ガールズ』 Discovery Girls	103
デート　dating	45, 75, 77, 94, 103, 200, 241, 243, 248, 249,
	251, 253, 258, 264-269, 271-276, 284, 285, 287, 303, 305, 314-316, 318, 337, 378
適応機能　adaptiva functioning	27, 28
適応行動評価　adaptive behavior assessment	176, 177
適応スキル　adaptive skills	27, 34, 131
適応評価　adaptive measures	176
テストステロン　testosterone	37, 139
デモンストレーター　demonstrator	235
テレビ　television	71-73, 111, 151, 152, 164, 178,
	202, 212, 217, 220, 235, 244, 247, 260, 271, 314, 327
てんかん発作　(epileptic) seizures	23, 57
「典型的」自閉症　"classic" autism	25
電話スキル　telephone skills	224-227
トイレのしつけ　toileting	116
動機づけ　motivation	94, 95, 105, 126, 157, 158, 202,
	209-211, 214, 227, 239, 247, 248, 253, 275, 320
統合失調症　schizophrenia	45
同性愛（＝ホモセクシュアル）	53, 282, 283
道徳　morals	66, 231, 236
動物　animals	42, 154, 155, 190, 212, 248, 320, 321
動揺　agitation	45, 60, 109, 110, 147, 184, 185,
	222, 304, 312, 324, 339, 343, 349, 354, 359, 365, 374
トークン法　token economies	65
読書　reading	71, 101, 178, 183, 190, 200, 284, 309, 312
独占欲　possessiveness	200, 219, 222
特定不能の広汎性発達障害（PDD-NOS）pervasive developmental disorder	
-not otherwise specified	27, 29, 30, 56, 89, 105, 121, 135, 158, 191, 217, 315, 323, 373
特別支援教育　special education	98, 194
特別支援教育委員会　Committee on Special Education (CSE)	349, 355
特別な興味　special interest	71, 242, 320, 321
友だち関係　friendship	26, 41, 42, 51, 52, 59, 103, 163, 181, 199, 200, 202-204,
	207, 209, 211, 213, 214, 216, 219, 221-223, 227, 284, 313, 338, 374, 379
友だち関係の発達段階　Development Stages of Friendship	211
友だちづくり　friendships	32, 192, 200, 201, 203, 205, 209, 211, 212, 216

【な】

内診　internal exams	139
内面　internal sense of self	15, 23, 144, 150, 151, 173, 251, 290, 379
ナプキン（＝生理用ナプキン）　pads	63, 67, 86-88, 96, 99, 109, 110,
	112, 115, 121, 122-125, 127-131, 135, 136, 138, 159, 249
匂い　smell	62, 69, 104, 106, 135, 148, 242, 276, 355
にきび　acne	57, 61, 98, 133, 149, 169
日課　routines	70, 82, 90-92, 97, 128, 260, 263, 320
ニモ　Nemo	72
『ニューズウィーク』Newsweek	179
『ニューヨーク・タイムズ』New York Times	32
入浴　taking a bath	83, 89, 91, 92, 129, 131, 190, 302
尿道　urethra	116
人気　popularity	102, 163, 212, 213, 217-220
妊娠　pregnancy	75, 119, 277, 287, 292, 318, 333, 371
認知行動療法（CBT）cognitive behavioral therapy	59, 60, 63, 189, 190, 210
認知障害　cognitive impairment	5
認知発達　cognitive development	54
ネット上のいじめ　cyberbullying	326, 327
脳　brains	5, 26, 35-38, 58

索引

脳イメージング	brain imaging	26
脳の相違モデル（BDM）	Brain Differences Model	35
脳波検査（EEG）	electroencephalogram	58

【は】

パーソナルスペース（個人空間）	personal space	82, 235, 254-260, 271, 297, 303, 313-316, 338
バイキン段階	"cootie" stage	51
排除	exclusion	222, 252, 327, 345, 357
バイセクシュアル（＝両性愛）	bisexual	53, 282, 283
バイブレーター	vibrators	264
排卵	bloating	98, 119, 120, 126, 127, 333, 370
破壊（的）行動	disruptive behaviors, compulsive behaviors	28, 29, 31, 33, 308
ハグ	hug	242, 245, 251, 256-260, 273, 274, 298, 300, 301
白質量	white matter volume	38
バスト	breasts	160-162
ハッキング	hacking	325
発生率	incidence rates	24
発達課題	developmental tasks	48, 55
発達障害	developmental disorder	5, 17, 38, 75, 78, 102, 109, 110, 139, 194, 233, 234, 239, 250, 251, 253, 278, 280, 281, 284, 287, 289, 293, 296, 299, 301, 307, 312, 313, 315, 331, 381, 383, 384
発達年齢	developmental age	229, 250, 253
パニック	panic	59, 69, 100, 106, 249, 342, 343
パニック攻撃	panic attacks	186
歯磨き	brushing teeth	69, 89, 90, 92, 95
パワーカード	power cards	71, 190, 192, 259
般化	generalization	68, 203, 205, 297, 302
反抗挑戦症（ODD）	oppositional defiant disorder	38, 39
パンティライナー	pantiliner	109, 121
反応性うつ病	reactive depression	184, 185
反復行動	repetitive behavior	28, 31, 56, 152, 242
引きこもり	withdrawal	59, 60, 182, 221, 308
非行	delinquency	50
微細運動機能の不全	fine motor deficit	63
微細運動スキル（能力）	fine motor skills	27, 56, 106, 153
ビデオゲーム	video games	112, 151, 156, 190, 227, 273, 299, 365, 366
ビデオモデリング	video modeling	70, 93, 208, 225, 258, 259, 271, 273, 314
避妊	contraception	237, 239, 255, 277
ヒューマンセクシュアリティ	human sexuality	279
ヒントカード	cue cards	94, 259
頻尿	frequent urinary tract	139
『ファインディング・ニモ』	"Finding Nemo"	72
ファッション	fashion	43, 45, 51, 85, 102, 103, 144, 163-172, 199, 206, 207, 230, 304, 378, 379
不安	anxiety	21-23, 42, 44, 45, 47, 53, 55, 59-61, 64, 69, 72, 75-77, 79-81, 98, 101, 104, 106, 110, 111, 113, 114, 120, 122-125, 133, 134, 136, 140, 148, 150-152, 155, 176, 177, 183, 185-189, 191, 213, 214, 220, 223, 225, 227, 230, 237, 242-245, 253, 267, 271, 273, 276, 277, 290, 292, 296, 312, 336, 343, 347, 349, 355, 358, 363-365, 368, 369, 373, 377- 379
不安症	anxiety disorder	23, 45, 46, 113, 114, 262, 351
不安症状・不安症	anxiety symptoms and disorders	184
フィッシング	phishing	325
フィットネス	fitness	103, 144, 152, 153, 155, 156, 379
服、服装	clothes, attire	23, 50, 67, 77, 82-86, 89, 97, 104, 113, 117, 122, 127, 130, 160, 162-171, 199, 207, 218, 241, 269, 271, 272, 281, 308, 378
副作用	side effects	64, 146, 151, 152, 253
婦人科	gynecology	132, 138-140, 239, 370, 380
不正出血	abnormal uterine	135

409

不注意尺度　inattention subscale	27
不眠症　insomnia	185
ブラ（＝ブラジャー）bra	50, 60, 61, 78, 86, 90, 100, 157-162, 166, 172, 378, 379
プライバシー　privacy	67, 82-84, 96, 97, 240, 245, 251-254, 258, 262, 264, 293, 297, 303, 306, 352
プライバシーの尊重　respecting privacy	82, 96, 254
プライベートな行動　private behaviors	88, 254
プライベートな話題　private behaviors	87, 254, 263
ブラジャー（＝ブラ）bra	50, 60, 61, 78, 86, 90, 100, 157-162, 166, 172
「ブラへの梯子」"bra ladder"	159
フラストレーション　frustration	91, 147, 178, 179, 181, 188, 225, 241, 330, 334-336, 340, 341, 347, 358, 370, 371
プリティーン　pre-teen	15, 383
フルボキサミン（プロザック）fluvoxamine (Prozac)	33
ブログ　blogs	42, 320-322
プロソーシャル行動（＝向社会性行動）prosocial behavior	40
ペアレントトレーニング　parent training	134, 309
ヘテロセクシュアル（＝異性愛）heterosexual	53, 282, 283
ペニス　penis	117, 277
偏食　food refusal	62, 134, 151
ペンシルベニア大学　University of Pennsylvania	291
扁桃体　amygdala	37
変動モデル（GVM）Greater Variability Model	35
弁別学習　discriminative learning	82, 91
暴行　assault	289, 292, 293, 307, 317
方法を行うこと（戦略の実行＝直訳）Implementing strategies	65
ボーイフレンド　boyfriend	61, 243, 245, 256, 258, 265, 267-270, 274, 366, 367
ボードメーカー　boardmaker	295
保護監獄　the prison of protection	76, 78
ポジティブ心理学　positive psychology	144
発作　seizures（自閉症の場合、主にてんかん発作のこと）	57, 58, 77, 135, 292
ボディイメージ　body image	49, 50, 53, 60, 62, 66, 144-146, 148-151, 157, 243, 245, 254
ホモセクシュアル（＝同性愛）homosexual	53, 237, 282, 283
ホルモン　hormones	33-35, 37, 57, 61, 64, 98, 107, 117-119, 132, 134, 139, 181, 182, 186, 243, 251, 363

【ま】

マスターベーション　masturbation	65, 66, 71, 243, 245, 248, 260-264, 275, 386
マッピング　mapping	206, 207, 220
満腹　full	150, 151
身だしなみ　grooming	63, 89, 91-95, 269, 271, 378
むくみ　bloating	123, 126, 133
迷惑メール　spam	325
メタ認知　metacognition	54
メルトダウン　meltdowns	64, 181, 303, 330, 342, 363
モデリング　modeling	70, 83, 92, 155, 215, 220, 225
問題行動　problem behavior	7, 56, 58, 64-66, 307, 340, 344, 362

【や】

薬物　substance	50
ヤングアダルト　young adult	19, 74, 193, 381, 382
有酸素運動　aerobic	134, 152, 153
有病率　prevalence	24, 25, 57, 62
ヨガ　yoga	60, 154-156
欲求不満耐性　frustration tolerance	184

【ら・わ】

卵管　Fallopian tube	118-120

410

索引

卵子　egg		118-120
ランジェリー　lingerie		50
卵巣　ovary		98, 118-120, 139
リスク遺伝子　risk genes		36
リマインダー　reminders		70, 131, 132
両性愛（＝バイセクシュアル）		53, 282, 283
両性具有　androgynous		281, 282
療法士　therapist		26, 54, 63, 129, 207, 225, 294, 298, 365, 372, 414
リラクゼーション　relaxation		105, 107, 134, 155, 188, 190, 378
臨床プログラム　clinical programs		41
冷蔵庫ママ　refrigerator mothers		34
レイプ　rape		302, 309
恋愛　romance		51, 52, 77, 98, 200, 237, 239, 240, 261, 265, 266, 268, 269, 271, 274-276, 367
廊下　hallway		106, 158, 175, 183, 316, 334, 338, 339, 341-343, 345, 350, 358
ロールプレイ　role-playing		70, 71, 81, 140, 207, 215, 220, 225, 226, 258, 271, 301, 302, 314, 327
ロッカー　lockers		106, 171, 338-342, 344, 348, 350, 352, 359
分かち合い　sharing		101, 205, 211
腋毛　underarm hair		49, 57, 98, 100

人　名

J・P・グロスマン　Grossman, J.P.	15
アトウッド、トニー　Attwood, Tony	25, 32, 184, 211, 213
アマリー（ケーススタディ、小学3年の高機能自閉症の少女）Amalie	218, 219
アマンダ（12歳のPDD-NOSの少女）Amanda	89, 105, 106, 191
アミ・クリン　Klin, Ami	33
アリソン（ケーススタディ、12歳のアスペルガー症候群の少女）Allison	113
アンジェラ（8歳のASDの少女）Angela	157, 158, 163, 171
アンドルー・ボンディ　Bondy, Andrew	94
イザベル・エノー　Henault, Isabelle	276, 283
イザベル・スミス　Smith, Isabel	16
イレイン・クーパー　Cooper, Elaine	118
ヴァーバリス　Verbalis, A.D.	27
ヴァーリー　Varley, J.A.	27
ヴィッカースタッフ　Vickerstaff, S.	185
ウィング　Wing, Lorna	35
ウェンディ・ローソン　Lawson, Wendy	43, 196, 206, 275, 283, 291
ウォシュブシュ、キング　Waschbusch, D.A. and King, S.	38
ウォレン・ジョンソン　Johnson, Warren	234
エイダ（十代前半の自閉症の少女）Ada	176
エイプリル・マシラマニ　Masilamani, April	145
エドモンズ（自閉症の女性）Miss Edmonds	155
エリク・エリクソン　Erikson, Erik	52, 53
オサリバンとブルクス＝ガン　O'Sullivan, L.F. and Brooks-Gunn, J.	246
カーター　Carter, A.S.	28
カーリ・ダン・ブロン　Buron, Kari Dunn	285, 316
カイラ（15歳の自閉症の少女）Kayla	121, 255, 287
カイリ（12歳の自閉症の少女）Kylie	158, 159
カシアヌ（25歳の高機能自閉症の女性）Kassiane	191
カッシアン・シブリー　Sibley, Kassiane	302
カナー　Kanner, Leo	5
カレン（16歳のPDD-NOSの少女）Karen	217
カレン（ケーススタディ、14歳の高機能自閉症の少女）Karen	22, 23, 88

411

ギャグノンとサイモン	Gagnon, J.H. and Simon, W.	251
キャサリーン・マギー	McGee, Kathleen	284
ギルバーグとビルステット	Gillberg, C. and Billlstedt , E.	149
ギルバーグとラスタム	Gillberg, C. and Rastam, M.	149
クック	Cook, E.H.	291
クリスティ（ケーススタディ、15歳の高機能自閉症の少女） Christie		90, 91, 315, 316
グリフィス、クインジー、ヒングズバーガー	Griffiths, D., Quinsey, V. and Hingsburger, D.	251
ケイトリン（ケーススタディ、14歳の高機能自閉症の少女） Caitlin		77, 86
ゲイリー・メシボフ	Mesibov, Gary	82
ゲイル・ペニングトン	Pennington, Gail	270
ケーニヒとツァツァニス	Koenig, K. and Tsatsanis, K.	31, 35
コンスタンティーノ	Constantino, J.N.	35
ザイラ（ケーススタディ、11歳の自閉症の少女） Zaira		298
サマラ・パルヴァー・テーテンバウム（本書の著者）Tetenbaum, Samara Pulver		15
サラ（ケーススタディ、13歳の自閉症の少女） Sarah		309, 326
サンディ（中学3年のアスペルガー症候群の少女） Sandi		303
サンドラ・ハール	Harr, Sandra	264
ジーナ・マリー・モラヴチク（本書の著者）Moravcik, Gina Marie		15, 17
ジーン・カーンズ・ミラー	Miller, Jean Kearns	282
ジェイムズ・マルシア	Marcia, James	53
ジェシカ（ケーススタディ、14歳のアスペルガー症候群の少女）Jessica		83, 84, 137, 194
ジェシカ・ピアーズ（アスペルガー症候群の女性） Peers, Jessica		149, 196
ジェネット・パーキス	Purkis, Jeanette	283
ジェリー・ニューポート	Newport, Jerry	285
シェレンバーグ	Schellenberg, G.D.	36
ジェン・バーチ	Birch, Jen	165, 167, 196, 281, 283, 289, 295
シャーロップ - クリスティ	Charlop-Christy	93
ジャック・エーデルソン	Edelson, Jack	15
シャナ・ニコルズ（本書の著者） Nichols, Shana		7, 17, 41
ジャネット・パーキス	Purkis, Jeanette	305
ジョエル・ブレグマン	Bregman, Joel	33
ジョン・D・アレン	Allen, John D.	284
ジョン・グレイ	Gray, John	36
スーザン・E・ルートヴィヒ	Ludwig, Susan E.	312
スミス	Smith, T.	33
ゾーシャ・ザクス	Zaks, Zosia	273, 283
ソフィー（11歳の自閉症の少女） Sofie		192
ターシャ（ケーススタディ、ASDの少女） Tasha		192, 193
ダーラ（15歳の自閉症の少女） Darla		292
タリア（ケーススタディ、ASDの少女） Talia		223, 224
ツァイ、スチュワート、オーガスト	Tsai, L., Stewart, M.A., and August, G.	35
デイヴィッド・ドゥカヴニー	Duchovny, David	314
ディック・ソブシー	Sobsey, Dick	289
デイヴ・ヒングズバーガー	Hingsburger, Dave	76, 264, 293
デニス・デボート	Debbaudt, Dennis	314
デボラ・トルマン	Tolman, Deborah	261
テリ・コーウェンホーヴェン	Couwenhoven, Terri	251
テンプル・グランディン	Grandin, Temple	5, 42, 59, 186, 196, 265
ドーン・プリンス＝ヒューズ	Prince-Hughes, Dawn	154, 196
ドナ・ウィリアムズ	Williams, Donna	5, 42, 196
ナタリー（12歳の高機能自閉症の少女） Natalie		125
ニール・ダンカン	Duncan, Neil	304
ニタ・ジャクソン	Jackson, Nita	187, 196, 213, 229, 314
ニッキ・クリック	Crick, Nicki	40

ノーラ・J・バラデリアン	Baladerian, Nora J.	289, 317
ハウリンとクレメンツ	Howlin, P. and Clements, J.	307, 309
パット・クリッシー	Crissey, Pat	95
バラデリアン、ノーラ・J	Baladerian, Nora J.	289, 317
ハリー・セーリア	Ceglia, Halley	15
バロン＝コーエン	Baron-Cohen, Simon	35, 139
ハンナ（15歳のアスペルガー症候群の少女）	Hannah	147, 160
ピーター・ザトマリ	Szatmari, Peter	33
フォンボン	Fombonne, E.	24
ブレアトン	Brereton, A.	184
ブレンダ・スミス・マイルズ	Myles, Brenda Smith	251
ブロスとクーシェン	Bloss, C.S. and Courchesne, M.	37, 38
ベーコン	Bacon, A.L.	40
ベサニー（ケーススタディ、15歳のASDの少女）	Bethany	95
ヘレマンズ	Hellemans, H.	282
ペン	Penn, H.E.	28
ヘンセル、フォーテンベリー、オー	Hensel, D.J., Fortenberry, J., and Orr, D.P.	246
ポーラ（ケーススタディ、10歳のPDD-NOSの少女）	Paula	323
ポーラ（ケーススタディ、13歳の高機能自閉症の少女）	Paula	100, 124
ホール	Hall, A.V.	27, 47
マーティン・ストーンハウス	Stonehouse, Martine	283
マーティン・セリグマン	Seligman, Martin	144
マーリン（アニメ映画『ファインディング・ニモ』の登場人物）	Marlin	72
マイケル・ベーマイヤー	Wehmeyer, Michael	194
マクレナン、ロード、ショプラー	McLennan, J.D., Lord, C., and Schopler, E.	26
マディソンとケイトリン（ケーススタディ）	Madison and Caitlin	86
マンディ（ケーススタディ、小学5年の高機能自閉症の少女）	Mandy	208
ミーガン・マイヤー（13歳のいじめの被害者）	Meier, Megan	327
ミシェル・ガルシア・ウィナー	Winner, Michelle Garcia	208
ミッシェル	Michelle	148
ミルテンバーガー	Miltenberger, R.G.	301
メアリー・ニューポート	Newport, Mary	229, 285
メアリー・マーガレット	Margaret, Mary	282
メアリー・ローベル	Wrobel, Mary	94
メリンダ・コッポラ	Coppola, Melinda	374
モーラ（ケーススタディ、17歳のアスペルガー症候群の少女）	Maura	168, 169
モーラ・ペトロ	Petro, Maura	16, 329-372
モーリーン・ペトロ	Petro, Maureen	16, 329
ユアン・マクレガー	McGregor, Ewan	314
ラインハート	Lainhart, J.E.	37
ラター	Rutter, Michael	5
リアン・ホリデー・ウィリー	Willey, Liane Holliday	16, 18, 42, 167, 170, 195, 196, 201, 270, 276, 290, 296
リース	Reese, R.	28
リーとフリーマン	Le, L. and Freeman, K.	93
リンダ・ホジソン	Hodgson, Linda	94, 99
ルーアン・ブリゼンディン	Brizendine, Louann	37
レイチェル	Rachel	187
レスリー（13歳のPDD-NOSの少女）	Lesley	373
レンハート	Lenhart, A.	324
ローラ・ブッデンバーグ	Buddenberg, Laura	284
ロビン・ウィリアムズ	Williams, Robin	314
ロリ・フロスト	Frost, Lori	94

著者・監修者・訳者等 紹介

シャナ・ニコルズ　Shana Nichols
カナダのダルハウジー大学およびコロラド大学健康科学センター修了。臨床心理士、Ph.D.。現在 Nicholas Psychological Services を運営。臨床心理士かつ研究者として ASD に取り組んで 20 年以上になる。とりわけ ASD の女性の成長期・成人期の諸問題に取り組み、ニューヨーク州ハンティントンをベースにして診断から相談・支援・研修・講演・ワークショップ開催など、活動は多岐に渡る。馬をつかった心理療法も行う。《著書》：本書のほか、治療用マニュアル Fighting Worries and Facing Fears: A Coping Manual for Children with High-Functioning Autism Spectrum Disorder and Their Families の共同執筆者でもある。

ジーナ・マリー・モラヴチク　Gina Marie Moravcik
セント・ジョンズ大学大学院修了。自閉症と社会的コミュニケーションを専門とする言語療法士。フェイ・J・リンドナー自閉症・発達障害センターの教育・言語サービスコーディネーター兼セント・ジョンズ大学の言語療法プログラム助教を経て、Sunrise Speech and Language Services のオーナーに。

サマラ・パルヴァー・テーテンバウム　Samara Pulver Tetenbaum
ニューヨーク州立大学ストニー・ブルック校臨床心理学博士課程。フェイ・J・リンドナー自閉症・発達障害センターにて ABA 専門家としても活動。

辻井 正次　つじい まさつぐ
中京大学 現代社会学部 教授。NPO 法人アスペ・エルデの会 CEO。浜松医科大学 子どものこころの発達研究センター客員教授《主な著訳書》：『発達障害のある子の育ちの支援：家族と子どもを支える』（単著）2016 年 中央法規、『発達障害のある子どもたちの家庭と学校』（単著）2015 年 遠見書房、『発達障害児者支援とアセスメントのガイドライン』（監修・共著）2014 年 金子書房、『発達障害のある子どもができることを伸ばす！学童編』（共著）2011 年、『発達障害のある子どもができることを伸ばす！幼児編』2013 年 いずれも日東書院本社、『友だち作りの科学―社会性に課題のある思春期・青年期のための SST ガイドブック』（監訳）2017 年 金剛出版、『発達障害支援に生かす適応行動アセスメント』（監訳）2021 年 金子書房 など。

稲垣 由子　いながき ゆうこ
神戸大学大学院医学研究科修了 医学博士。専門は発達行動小児科学・子ども学。甲南女子大学 名誉教授。2019 年 4 月より明石こどもセンター嘱託医。日本子どもの虐待防止学会 理事・監事。《主な著書》：『実践に役立つ小児の MRI 診断』（共著）1991 年、『子育て支援のための小児保健学』（共著）2003 年 いずれも日本小児医事出版社、『人間の発達と健康』（共著）1997 年 大修館書店、『子ども学概論』2012 年 丸善プラネット、『子ども学がひらく子どもの未来』（共著）2019 年 北大路書房 など。

テーラー 幸恵　テーラー ゆきえ　Yukie Taylor
北海道に生まれる。フリーライターを経て、現在は翻訳に携わる。《主な訳書》：『レット症候群ハンドブック II』（監共訳）2013 年 日本レット症候群協会翻訳事務局、『アスペルガー症候群への支援：思春期編』（共訳）2006 年、『アプローチ＆メソッド 世界の言語教授・指導法』（共訳）2007 年、『眼を見なさい：アスペルガーとともに生きる』2009 年、『アスペルガーの男性が女性について知っておきたいこと』2013 年、『自閉症スペクトラムへの ABA 入門―親と教師のためのガイド』2015 年、『アスペルガーと愛：AS のパートナーと幸せに生きていくために』2015 年、『もう、あばれない、かみつかない、さけばない』2021 年 など、いずれも東京書籍。

本書を読んで（執筆）
泉 流星　いずみ りゅうせい
子どもの頃から周囲との違和感に悩み、さまざまな社会的・精神的トラブルを経て、30 代半ばに自閉スペクトラム症と診断される。《著書》『地球生まれの異星人―自閉者として、日本に生きる』2003 年 花風社、『僕の妻はエイリアン「高機能自閉症」との不思議な結婚生活』2005 年、2008 年 文庫化、『エイリアンの地球ライフ―おとなの高機能自閉症 / アスペルガー症候群』2008 年 いずれも新潮社。《訳書》『発達障害の子どもの視覚認知問題への対処法』2010 年 5 月 東京書籍。

DTP 編集 山本 幸男 / 編集協力 原 佐知子 / 編集 大山 茂樹・金井 亜由美
装幀 難波邦夫（mint design）

※本書は、『自閉症スペクトラムの少女が大人になるまで』(2010年6月2日 第1刷)の用語を更新した増刷版です。

自閉スペクトラム症の少女が大人になるまで
親と専門家が知っておくべきこと

2010年6月2日　　第1刷発行
2022年7月28日　　第2刷発行

著者　シャナ・ニコルズ、ジーナ・M・モラヴチク、
　　　サマラ・P・テーテンバウム
監修　辻井 正次・稲垣 由子
訳者　テーラー 幸恵
発行者　渡辺 能理夫
発行所　東京書籍株式会社
　　　　東京都北区堀船 2-17-1 〒114-8524
　　　　営業 03-5390-7531／編集 03-5390-7512
印刷・製本　シナノ パブリッシング プレス

禁無断転載　乱丁・落丁の場合はお取り替えいたします。
東京書籍　書籍情報　http://www.tokyo-shoseki.co.jp
ISBN 978-4-487-80438-2　C0037 NDC378
Japanese edition text copyright © 2010 and 2022 by Yukie Taylor
All rights reserved. Printed in Japan